GOLDMANN

Buch

Warum sind einem einzelnen Menschen manchmal unzählige Prüfungen vom Schicksal aufgebürdet? Diese Frage drängt sich jedem auf, der Martin Grays erschütternden Lebensbericht »Der Schrei nach Leben« gelesen hat. Nach dem Tod seiner Familie steht er mit 45 Jahren wieder vor dem Nichts.

Für Martin Gray beginnt damit eine neue Phase des Gehetztseins und der Flucht vor der eigenen Person. Während sein Buch Tausenden von Menschen neuen Lebensmut gibt, muß er selbst immer wieder gegen seine selbstzerstörerische Verzweiflung ankämpfen. Erst mit der Geburt seiner Tochter Barbara, der das vorliegende Buch gewidmet ist, findet Martin Gray zu Ruhe und Frieden.

Autor

Martin Gray, Jahrgang 1925, wächst als Sohn einer jüdischen Familie in Warschau auf. Nach dem Einmarsch der Deutschen in Polen wird er zusammen mit seiner Mutter und seinen Geschwistern in das Konzentrationslager Treblinka deportiert. Doch unter dramatischen Umständen gelingt ihm die Flucht. Als Partisanenkämpfer nimmt er am Aufstand des Warschauer Gettos teil. Von seinen Jahren des grausamen Überlebenskampfes legt der Autor in seinem Buch »Der Schrei nach Leben« Zeugnis ab.

Nach dem Krieg wird Martin Gray in Amerika erfolgreicher Geschäftsmann, zieht sich aber nach Südfrankreich zurück, um ganz für seine Frau und ihre gemeinsamen vier Kinder zu leben. Am 3. Oktober 1970 kommt seine Familie bei einem Waldbrand ums Leben. Heute lebt er mit seiner zweiten Frau Virginia und drei Kindern in der Provence.

Für sein literarisches Werk wurde Martin Gray 1974 in Brüssel mit dem internationalen Dag Hammerskjöld-Preis ausgezeichnet.

Als Goldmann Taschenbücher liegen bereits vor:

Der Schrei nach Leben (8575)
Des Lebens Ruf an uns wird niemals enden (8883)
Wie ein Baum gepflanzt an Wasserbächen (8930)
Wörterbuch des Lebens (..../Dezember 1988)

Martin Gray

LICHT AM ENDE DER NACHT

Die Fortsetzung von »DER SCHREI NACH LEBEN«

GOLDMANN VERLAG

Aus dem Französischen übertragen von Martin Schulte
Titel der Originalausgabe: La vie renaîtra de la nuit
Originalverlag: Editions Robert Laffont, Paris

Deutsche Erstveröffentlichung

Der Goldmann Verlag
ist ein Unternehmen der Verlagsgruppe Bertelsmann

Made in Germany · 6/88 · 1. Auflage

Umschlaggestaltung: Design Team München
Umschlagfoto: artfoto polke/Gruner + Jahr Fotoservice, Hamburg
Satz: Uhl + Massopust, Aalen
Druck: Elsnerdruck, Berlin
Verlagsnummer: 9082
Lektorat: Ulrike Kloepfer
Redaktion: Ria Schulte
Herstellung: Ludwig Weidenbeck
ISBN 3-442-09082-2

Für Virginia,
die mir Barbara geschenkt hat

Inhalt

Ich sah nur Virginias Augen	9
Die Bitterkeit erstickte meine Freude	14
Man hat mir die Schuld gegeben, ich weiß es	21
Wieder im Krieg	38
Ich mußte den Weg noch einmal gehen	64
Mein Leben stand plötzlich im Rampenlicht	87
Ich bin's, Mietek	110
Warum?	118
Wir alle sind verwundbar	128
In dieser Nacht habe ich auf ein Zeichen gewartet	139
Helen, meine Freundin	173
Der Arbeitslose – Der König	197
Das Ende des Zirkus	208
Das Haus im Wald	228
Ich habe mich umgewandt, und mein Leben war verändert	238
Wir haben das Geheimnis bewahrt	249
Sie kam	257
Wir waren ein Paar	267
Der Sturm hatte sich noch nicht gelegt	272
Für Barbara	289
Anhang	292

Ich sah nur Virginias Augen

Ich sah nur Virginias Augen. Dieses neue tiefe Leuchten, das ihr von der Anstrengung gezeichnetes Gesicht ganz erfüllte. Virginia biß sich die Lippen, versuchte, mir zuzulächeln, dann teilte eine senkrechte Falte ihre Stirn, und sie öffnete den Mund weit wie zu einem Schrei. Aber kein Laut des Schmerzes kam über ihre Lippen; sie begann wieder zu lächeln, sie murmelte etwas, und ich beugte mich vor, um sie zu küssen, um mir ihr zu wiederholen: »Es kommt, es wird schön sein.«

Ich hielt ihre Hand. Ich streichelte ihre Stirn.

Eine Schwester kam herein. »Wollen Sie ein Beruhigungsmittel?«

Virginia preßte ihre Finger um meine Finger, sie schüttelte den Kopf, sie sagte nein, und immer dieser neue, leuchtende Blick, die unschuldige Schönheit ihrer Augen. Ich sagte in meinem Herzen: Danke, daß du sie mir geschenkt hast, und laut fügte ich hinzu: »Du bist stark, du bist jung und stark, du wirst das größte Werk des Lebens, das einfachste und das geheimnisvollste, vollbringen, du bist stark.«

Virginia hat ihre Finger zusammengekrampft. »Es ist da«, hat sie gesagt.

Der Arzt kam herein. Alles ging jetzt sehr schnell. Meine Kehle war heiß und trocken. Virginias Augen leuchteten noch tiefer, die Falte war verschwunden; und dann in dem Spiegel über dem Bett der Kopf, der hervorkam, dieser schwarze Flaum, diese runde Form.

»Nicht nachlassen, nicht nachlassen jetzt«, habe ich zu Virginia gesagt. »Halte durch, meine Frau.«

Sie hat den Kopf ein wenig zurückgeworfen, ihn in das Kissen gepreßt, den zerbrechlichen Hals von der Anstrengung so angespannt, daß unter der weißen Haut die Adern hervortraten.

»Alles in Ordnung«, hat der Arzt gesagt, »es geht vortrefflich, vortrefflich.«

Virginia lächelte, das Gesicht schweißbedeckt, sie keuchte, und ich keuchte mit ihr, ich wagte nicht einmal, in den Spiegel zu schauen. Aber dann stützte sie sich ein wenig auf die Ellbogen, drückte meine Hand und sagte: »Martin, Martin, schau doch.«

Ohne Virginias Hand loszulassen, näherte ich mich dem Fußende des Bettes, um den Augenblick zu erleben, wo das neue Leben, das Leben unseres Kindes, aus dem Schoß Virginias hervorkam, noch mit ihrem Körper verbunden, aber schon ein eigenes Wesen, verschieden von ihr und mir. Ich habe die geschlossenen Augen diesen neuen Menschenkindes gesehen, ich habe seinen Oberkörper gesehen, die Schwellung in der Mitte seines Leibes, durch die es genährt worden war, ich habe gesehen, daß es ein Mädchen war, und ich glaube, im selben Augenblick, als es seinen ersten Lebensschrei ausstieß, habe ich geschrien: »Ein Mädchen, Virginia.«

Und ich war glücklich, daß das erste meiner Kinder, das mir auf der Schwelle des neuen Lebens geboren wurde, des Lebens, das ich nach sieben Jahren neu begann, ein Mädchen war, das später selbst das Leben würde weitergeben können.

Der Arzt hat das Kind auf den nackten Leib Virginias gelegt, und wir haben es mit seinem Namen begrüßt, dem Namen, den wir für unser erstes Kind gewählt hatten, wenn es ein Mädchen würde: Barbara - unsere Barbara, so klein noch, aber doch so groß und so schwer, daß ich mir kaum vorstellen konnte, wie eine Frau in ihrem Leib das Wunder dieses vollkommen geformten Körpers eines Kindes tragen konnte. Zur Überraschung des Arztes suchte es schon die nährende Brust Virginias.

Ich lachte in diesen ersten Augenblicken, ich weinte sicher auch, das Gesicht hinter dem Arm verbergend, und Virginia suchte mich zu zwingen, sie anzuschauen.

Aber eine dunkle Angst hatte mich gepackt, wurde stärker und stärker, kroch wie eine schwarze Spinne durch meinen Kopf und meine Brust, begann die Freude, die ich empfand, zu zerstören. Ich weiß, daß ich Virginias Hand losgelassen, mich vom Bett entfernt habe, und ich hörte noch, wie sie mich rief: »Martin, Martin.«

Ich erkannte ihre angsterfüllte Stimme. Doch die Bestie in meinem Innern hielt mich in ihren Krallen; sie trug die Farbe des Todes, dem ich so viele Male begegnet war. Sie war der Krieg im Warschauer Getto, als die Kinder auf den Straßen starben und man ihre Leichen mit Zeitungspapier zugedeckt fand. Sie war die Grube, die wir jeden Tag im Vernichtungslager Treblinka füllten, und manchmal fanden wir lebende Babys, die ihre Mütter vor der Gaskammer hatten retten können und die wir töten mußten, bevor wir sie unter dem Sand verscharrten.

Die Bestie, das waren die Angst und der Tod. Die Erinnerung an alle die Tragödien, in die mein Leben hineingezogen worden war. Es war ein hoffnungsloser Kampf. Immer wieder stürzte mich das Schicksal in den Abgrund. Immer wieder kletterte ich verzweifelt die schroffen Wände hoch, und immer wieder stürzte es mich in die Tiefe zurück. Jedesmal war der Abgrund tiefer, der Sturz unerwarteter.

Sieben Jahre nur, sieben Jahre, die ein Jahrhundert zählten, sieben Jahre, kaum genügend Zeit, meine Augen hinter dem Arm zu verbergen, um nicht diese schreckliche Schlucht zu sehen, die meine Familie verschlungen hatte – Dina und meine Kinder, die in den Flammen des brennenden Waldes umgekommen waren –, die sie mit gelbem Sand bedeckt hatte, ähnlich dem, mit welchem die große Vernichtungsmaschine in Treblinka ihre Opfer zugedeckt hatte.

Sieben Jahre Überleben, sieben Jahre, um von neuem aus dem Abgrund hochzuklettern, den Ort zu erreichen, wo man den Himmel sieht und wo man atmet.

Sieben Jahre, damit Virginia – die neue Frau, das Wunder, dem ich schließlich begegnete – diesem Kind das Leben schenkte, das ich vor mir sah, auf ihren Leib gelegt, den Kopf zwischen ihren Brüsten.

Und ich hatte Angst, daß meine Vergangenheit eine Bedrohung für diese beiden sein würde, für Virginia und Barbara. Ich glaubte in diesem kleinen Gesicht die Züge Nicoles wiederzuerkennen, meiner ersten Tochter, die nicht mehr war, und ich hätte weinen mögen, ich hatte solche Angst, mir war, als sagte diese schwarze Bestie in meinem Innern: Du bist Zeuge zu vielen Leids, Überlebender zu vieler Abgründe, und du wagst es noch, Leben zu zeugen? Wirst du den Mut haben, dich zu Virginia und Barbara zu legen? Mußt du nicht fürchten, in jedem Augenblick, daß sich ein Abgrund unter ihren Füßen auftut? Hast du keine Angst, du, der die Erfahrung des Unglücks besitzt, der weiß, daß das Schlimmste immer möglich ist, daß es schon eines starken Glaubens bedarf, um es nicht für unvermeidlich zu halten? Zitterst du nicht, du Vermessener, daß du es gewagt hast, nach allem, was du erlebt hast, nach allem, was du gesehen hast, nach allem, was dich das Schicksal immer wieder gelehrt hat – daß du es gewagt hast, dich gedankenlos über deine bittere Erfahrung hinwegzusetzen und in den Dschungel, der das Leben ist, dieses neugeborene Kind, deine neue Tochter Barbara, hineinzustoßen?

Jemand hat mich geschüttelt, die Schwester oder der Arzt. »Monsieur Gray, geht es Ihnen nicht gut? Wollen Sie etwas trinken? Es ist so heiß hier!«

Ich habe die Augen geöffnet. Ich habe Barbara und Virginia gesehen.

Virginia schaute mich an, ernst und zärtlich. Sie hielt immer noch ihr Kind an der Brust. Ich fühlte mich plötzlich als ein Fremder, als jemand, der in eine andere Geschichte gehört, allein gelassen mit meiner Vergangenheit und meinen Fragen. Verschüttet meine Freude, meine Hoffnung.

In diesem Augenblick, den ich so sehr herbeigesehnt hatte, nach sieben Jahren, als ich endlich den langen Aufstieg geschafft hatte, in dem Augenblick, wo sich meinen Augen das neue Land der Verheißung zeigen mußte, in das ich mit den Meinen ziehen wollte, in diesem Augenblick empfand ich wieder nur Verwirrung, Unsicherheit, den bitteren Geschmack des Scheiterns und der Schuld. Ich, der während sieben Jahren im Namen meiner toten Lieben die Botschaft verkündet hatte, daß man den Kräften des Lebens vertrauen müsse, daß das Buch des Lebens uns Glück, Mut und Hoffnung lehre, ich entdeckte jetzt, daß ich schwach war, geschlagen, vom Kummer niedergedrückt wie so viele von denen, die mir geschrieben hatten und denen ich geholfen hatte, neuen Lebensmut zu gewinnen.

Virginia streckte mir die Hand entgegen, als man das Kind weggenommen hatte, aber ich zögerte, mich ihr zu nähern, mir war, als trüge ich eine ansteckende Krankheit in mir, die ich durch die Berührung mit meiner Hand auf sie übertragen könnte. Virginia zeigte auf das zweite Bett im Zimmer. »Du wirst hier schlafen«, sagte sie. »Du rückst das Bett neben meines, ich werde deine Hand halten. Ich brauche es. Ich fühle mich leer.«

Ich konnte nicht.

Ich wäre am liebsten in Panik fortgerannt, ich, den man sieben Jahre lang für ein Muster an Entschlossenheit und Kraft gehalten hatte. Ich habe den Kopf geschüttelt. Ich habe gesagt: »Ich muß heute abend nach Les Barons hinauffahren. Ich muß da oben sein, im Tanneron. Verzeih mir. Verzeih mir, es ist notwendig. Diese Nacht da oben.«

Virginia hat mich lange angeblickt. Ich habe die Traurigkeit in ihren Augen gesehen, dann das Lächeln.

»Wir erwarten dich morgen früh, Barbara und ich«, sagte sie. »Da du gehen mußt, geh rasch.«

Ich habe kaum ihre Stirn berührt, ich bin von ihr gegangen wie ein Fliehender.

Die Bitterkeit erstickte meine Freude

Ich habe den Weg zum Tanneron genommen. Die Straße lag wie ausgestorben im Licht des verschleierten Mondes. Es war ein außergewöhnlich schöner Februar.

Vor wenigen Stunden erst hatte ich Virginia auf den Rücksitz des Wagens gepackt und war mit ihr in die Klinik gefahren. Ich war langsam gefahren, Virginia hatte die Hände auf meine Schulter gelegt und summte ein Lied. Sie unterbrach sich oft, um mir zuzuflüstern: »Martin, morgen wird für uns alles anders sein, morgen werden wir drei sein, für immer.«

Mit rhythmischen Hupentönen begleitete ich Virginias Lied, gab ich meiner Freude und Hoffnung Ausdruck. Der Himmel hatte ein unwahrscheinliches Blau. Ich trug Virginia auf den Armen in die Empfangshalle der Klinik. Das war nicht nötig, aber ich wollte sie an meiner Brust spüren, sie und das Kind, wenn wir die Schwelle dieses Ortes überschritten, den wir als eine Familie wieder verlassen würden.

Ich hatte – in meinem früheren Leben – Dina selbst entbunden, ohne die Hilfe eines Arztes. Ich hatte damals das Leben in meine Hände nehmen wollen. Bei Virginia hatte ich darauf verzichtet. Ich wußte, daß ich ihr nahe sein, mit ihr sprechen mußte, sie war noch so jung, daß sie meinen Zuspruch brauchte, um sich sicher zu fühlen. Ich kannte sie als stark und mutig, aber ich wußte auch, daß sie in dieser ersten Geburt die eigentliche Bewährung unserer Liebe sah, so sicher sie sich ihrer auch war. Ich war daher am Kopfende des Bettes geblieben, während sie mit den Wehen kämpfte. Sie hatte mir zugelächelt, die leuchtenden Augen weit geöffnet.

Jetzt fuhr ich wieder auf der Straße zum Tanneron, allein.

Was suchte ich, daß ich so schnell zu meinem Haus, dem Gut Les Barons, fuhr, was suchte ich in meiner leeren Burg?

Ich bin gefahren wie ein Blinder, im letzten Augenblick bremsend, wenn ich in die jähen steilen Kehren hineinfuhr. Suchte ich jetzt, wo mir das Glück geschenkt wurde, den Unfall, das Ende, weil ich – ich habe mich das später oft gefragt – in dieser Nacht nach Barbaras Geburt Angst vor der Zukunft hatte? Angst vor ihrer Zukunft, Angst, mich mit ihr diesem Leben zu stellen, das sie erwartete?

Ich bekenne mich schuldig. Ich bin schwach gewesen, ich bin verantwortungslos gewesen. Ich hatte die Seitenfenster des Wagens geöffnet, der Wind peitschte mir das Gesicht. Er war erfüllt von dem Duft der Mimosen und der Blumen eines zeitigen Vorfrühlings. Ich habe erst in dem Augenblick angehalten, als ich die neue Straße erreichte, und ich weiß, daß ich vergessen habe, die Handbremse anzuziehen. Der Wagen begann zurückzurollen, auf diese unendliche Weite zu, die Lichter der Küste, die Inseln, die man wie schwarze Klötze auf dem schimmernden Meer liegen sah. Ich hatte den Kopf auf das Lenkrad gelegt. Ich schreckte hoch, als die Hinterräder des Wagens gegen den Randstein der Straße stießen, direkt über dem steilen Abhang. Ich habe die Bremse angezogen.

Die schrecklichen Erinnerungen ließen mich nicht los. Ich wußte, ich konnte dem Schicksal nicht entkommen. Immer war es in meinem Leben so gewesen: Wenn ich glaubte, das vollkommene Glück erreicht zu haben, hatte das Schicksal mich wieder eingeholt.

Ich stellte das Radio an. Eine schrille Musik durchdrang die Landschaft hier auf der Höhe des Tanneron, so wie vor sieben Jahren, als ich, um meinen furchtbaren Gedanken zu entfliehen, das Ohr gegen den Lautsprecher eines Transistorgerätes gepreßt hatte.

Ich habe lange so gesessen, ich weiß nicht, wie lange. Mein Kopf ist langsam leer geworden, wie nach einer Migräne, wenn man die wohltuende, aber nur kurze Wirkung einer Schmerztablette spürt.

Ich bin ausgestiegen, ich bin auf der Straße weitergegangen. Die Stille war zurückgekehrt, meine Schritte hallten wider, ich wurde von einer Macht geführt, die ich nicht erkannte. Wußte ich, wohin ich ging? Auf einmal habe ich unter mir die Schlucht gesehen, diesen Graben tief unterhalb der Straße. Die wilden Mimosen haben wieder diesen schroff abfallenden Hang erobert. Man erkennt nicht einmal mehr die Felsen, den braunen Erdboden. Das Licht des Mondes streifte nur die Spitzen der Sträucher. Ich bin über die Brüstung gestiegen, habe versucht, den Hang hinunterzuklettern, die Zweige schlugen mir ins Gesicht. Ich bin mehrmals gefallen, ich habe schließlich diese Stelle erreicht, wo meine Familie, wo meine Frau Dina und meine Kinder in dem Flammenmeer umgekommen waren.

Sollen die Leute sagen, was sie wollen. Sollen die Leute, die sich immer als Richter aufspielen – und wenn die Gelegenheit sich bietet, werden sie auch leicht zu Henkern –, sich aufregen, was für ein Skandal es ist, daß ich hier bin, jetzt, wo ich eine neue Frau habe, wo ich wieder Vater geworden bin und meine Tochter erst wenige Stunden auf der Welt ist. Sie verstehen nichts, diese Leute, sollen sie mich doch verachten als den Mann, der seine Familie im Stich läßt, den Schwächling, der sich von dem vergangenen Unglück nicht frei machen kann, der nicht weiß, was er wirklich will. Was kümmern mich die Worte der Schwätzer und der selbsternannten Richter, die Verdammungsurteile der Leute, die glauben, menschliches Verhalten müsse sich immer nach ihren Vorstellungen richten. Sie begreifen nicht, wie eng Freude und Leid oft beieinander sind.

Ja, in dieser Nacht nach der Geburt Barbaras war ich auf dem Gipfel des Glücks, und gleichzeitig hatte ich nicht den Mut zu leben. Ja, ich hatte Barbara und Virginia verlassen, um mich hier wiederzufinden, allein, auf diesem Steilhang des Tanneron, inmitten der Mimosen, an diesem Ort des Todes, wo ich damals meinen Lebensgrund verloren hatte. Ich hatte das Bedürfnis, den Schmerz der Vergangenheit noch einmal zu empfinden, die Landschaft zu sehen, die meine Frau und meine Kinder gesehen hatten, bevor sie in den Flammen umkamen. Ich wollte diesen schrecklichen Schmerz ihres letzten Blicks spüren. Und wenn man mir in dieser Nacht das Leben genommen hätte, ich glaube, ich wäre glücklich gewesen, erleichtert. Zu groß die Spannung, zu stark die Emotion, zu viele widersprüchliche Empfindungen in mir, die ich nicht beherrschen konnte.

Ich bin den Hang wieder hinaufgeklettert, zur Straße gelaufen, ich bin bis zu der Stelle gegangen, in die zur Erinnerung an die

Tragödie vom 3. Oktober 1970 der Name Dinas und die Namen meiner Kinder eingemeißelt waren. Jeden Tag, das ganze Jahr hindurch, schmückten Unbekannte dieses Grabmal. In dieser Nacht schien es mir, vielleicht war es eine Illusion, daß es nie zuvor so reich geschmückt gewesen war, als ob jemand mich hätte mahnen wollen, sie nicht zu vergessen in dem Augenblick, wo ihre Schwester, Barbara, meine neue Tochter, geboren wurde.

Ich habe lange bei der Stelle gestanden.

Die Zeit begann zu verschwimmen, die Orte verwirrten sich. War das wirklich Barbara, deren Geburt ich heute erlebt hatte, oder hatte ich nicht diesen Augenblick vor Jahren erlebt, als Nicole geboren wurde, meine erste Tochter, deren Namen in diesen Stein unter den Mimosen eingeschnitten war?

Ich habe in dieser Nacht streckenweise den Begriff der Zeit verloren. Virginia, Dina... Aber was war denn das Leben, wenn die Tage dahingehen und Gesichter auslöschen, sie aber dem Gedächtnis so gegenwärtig lassen? Alle meine schmerzlichen Fragen waren wieder da. Die, die mich nach dem Tod der Meinen verfolgt hatten, die des Gettos, die des Tanneron, meiner Familie, die sich in meiner Erinnerung vermischten. Ich, dem das Leben gerade Barbara geschenkt hatte, ich, der das Glück gehabt hatte, Virginia zu begegnen, zu erleben, wie von neuem ein Band der wahren Liebe zwei Menschen untrennbar miteinander verbunden hatte, ich, der so viele Worte der Zuversicht geschrieben hatte, dem so viele Leser in ihren Briefen bezeugt hatten, daß seine Bücher ihnen Trost und Hilfe gebracht hatten, ich zweifelte am Leben.

Und nie zuvor war der Zweifel so groß gewesen. Ich verstand es nicht.

Ich bin weitergegangen, habe den Wagen stehenlassen, bin zu meinem Haus Les Barons aufgestiegen, das einmal mein und meiner Familie Heim gewesen war, das ich so viele Jahre lang als meine schützende Burg angesehen hate und das vor nunmehr sieben Jahren das Feuer eingeschlossen hatte. Je näher ich ihm kam, um so mächtiger und gedrungener schien es da zu liegen, wie ein schwerer dunkler Felsen. Kein Bellen eines Hundes begrüßte mich, kein Licht hieß mich willkommen. Ich hatte diese Konfrontation gewollt, hatte mich diesen Erinnerungen stellen müssen.

Vielleicht wollte ich leiden? Mich bestrafen, indem ich an die Schwelle der Wiedergeburt meines Lebens zurückkehrte?

Ich bin durch die Eukalyptuspflanzen gegangen, an den Bäumen vorbei, die ich vor einigen Jahren gepflanzt hatte. Vorher, vor den sieben Jahren, blühten hier Pfirsichbäume. Vorher spielten hier meine Kinder.

Die Bitterkeit erstickte meine Freude.

Ich bin in mein Haus gegangen, bin in das große Zimmer eingetreten. Es war verwüstet. Möbel umgeworfen, Fenster zertrümmert, eine Unordnung, als hätte der Krieg mein Haus heimgesucht. Und auch das hatte ich allein sehen wollen, in dieser Nacht. Seit zwei Tagen wohnte ich mit Virginia wieder in Les Barons. Aber als sie bei mir war, fröhlich, rund und dick von dem wachsenden Leben, litt ich nicht so sehr unter den Zerstörungen, die diese »Barbaren« in meiner Burg angerichtet hatten, diese Familie, an die ich sie zu einer Zeit verkauft hatte, als ich mir durch einen solchen Akt beweisen wollte, daß ich bereit war, ein neues Leben zu beginnen. Aber ein Baum lebt nicht ohne Wurzeln. In meiner Burg Les Barons waren die Wurzeln meines Lebens. Auch meines Lebens mit Virginia. Ich hatte das vergessen, als ich mein Haus verkaufte. Das Schicksal rief es mir in Erinnerung: Die Käufer plünderten mein Haus, sie bezahlten nichts. Sie griffen mich an, sie schlugen Virginia.

Alles das hatte mich in meinem Entschluß bestärkt, und ich war nach Les Barons zurückgekehrt, Virginia an meiner Seite; die Zerstörungen taten weh, aber ich war froh, meine Steine wiederzufinden, meine Erde. Und Virginia hatte hier, in Les Barons, die ersten Wehen gespürt, und von Les Barons aus war ich mit ihr in die Klinik gefahren.

Doch in dieser Nacht besuchte ich meine Burg allein. Und die hundertjährigen Bäume, deren Äste bis oben abgeschnitten waren, meine zerschlagenen Möbel, der Rasen, in dem die Disteln wucherten und der mit Schutt und Unrat bedeckt war – alle Wunden öffneten sich, als nähme ich wirklich zum erstenmal das Böse wahr, das man mir durch die Verwüstung meines Hauses angetan hatte.

Ich war verrückt gewesen, mich von ihm trennen zu wollen. Doch wer irrt sich nicht? Ich ging durch die Zimmer mit den offenen Schränken, ich betrat die Küche, in der sie alles zerschlagen hatten. Mein Haus war wie ein Spiegelbild meines Lebens. Und wenn ich Barbara und Virginia verlassen hatte, wenn ich sie allein gelassen hatte, war der Grund nicht gewesen, daß es mich drängte zu sehen, den Weg hinter mir zu betrachten, bevor ich einen neuen Weg begann?

Ich habe mich auf dem Boden ausgestreckt, wie ich es vor sieben Jahren getan hatte, in der Nacht der Feuersbrunst.

Sieben Jahre, damit Barbara geboren werde. Sieben Jahre Ruhelosigkeit, Reisen, Betriebsamkeit, auch Zorn und Bitterkeit, sieben Jahre, in denen es *up and down* ging, von Hoffnungen zu Fehlschlägen, von ergreifenden menschlichen Begegnungen zu herben Enttäuschungen, sieben Jahre, die aus mir, ohne daß ich mich widersetzte, eine bekannte Persönlichkeit gemacht hatten, nach der man sich auf der Straße umdrehte. Und es kam auch vor, daß eine Hosteß im Flugzeug mich lächelnd fixierte, wenn sie mir ein Getränk servierte: »Entschuldigen Sie, Monsieur, aber Sie sind doch...« Mir war das passiert, dem Unbekannten. Mein Name stand auf den Umschlägen von drei Büchern, mein Foto auf der ersten Seite der Zeitungen, meine Geschichte wurde im Fernsehen erzählt, und ich hatte sogar eingewilligt, dabei meine Rolle zu spielen, meine Sätze zu sprechen.

Ich, der vor sieben Jahren noch der glückliche Vater war, der in dieser Landschaft der goldenen Farben, dem Tanneron, lebte, ich hatte Vorträge in Montreal und Brüssel, in Genf und Paris gehalten, ich hatte vor den Kameras der Fernsehstudios von Houston und Lyon gelächelt, ich war eine Art Reisender in Sachen Hoffnung, Mut und Glück geworden.

Und das Schreiben hatte mir geholfen, die sieben Jahre zu überleben, schreiben war mein Mittel geworden, zu den anderen zu sprechen und sie zu hören, denn sie antworteten mir.

Sieben Jahre, in denen ich mich auf eine andere Weise als während des Krieges geschlagen hatte. Wer wird mir glauben, daß es mich mehr Kraft gekostet hat, diese sieben Jahre durchzustehen, als aus dem Lager Treblinka zu fliehen oder aus dem in Flammen stehenden Getto zu entkommen? Sieben Jahre: Die *Fondation Dina Gray* – die Dina-Gray-Stiftung – war gegründet worden, und ich hatte sie, oft mit knapper Not, durch alle

Wechselfälle hindurchgesteuert. Jetzt war die Ökologie in Mode gekommen – wer hatte sich im Jahr 1970 dafür ereifert?

Die Nacht ging dem Ende zu. Ich hatte seit gestern wieder eine Familie – warum also diese Qualen? War es, weil ich Barbara und Virginia allein gelassen hatte in dem Klinikzimmer, ging es mir wie diesen Davongekommenen einer Tragödie, die nicht mehr den Frieden in sich selbst finden können, wenn sie gerettet sind, wenn der Krieg zu Ende ist?

Als es Morgen wurde, lag ich noch auf dem Boden des Zimmers in Les Barons. Das Telefon hat mehrere Male geläutet, und ich bin langsam zum Apparat gegangen. Die schwarze Bestie in mir weckte wieder die Angst, daß die Stimme in diesem Hörer mir eine neue schlimme Botschaft bringen würde. Aber es war der fröhliche Klang von Virginias Stimme, die wiederholte: »Wir warten auf dich, Martin. Barbara, wenn du wüßtest, sie trinkt, sie trinkt schon, und ich habe so viel Milch!«

Ich habe gelacht, ich habe den Kopf geschüttelt, als ob ich so diese schrecklichen Gedanken vertreiben könnte, die mich seit gestern abend unerträglich quälten.

»Du kommst ...« Virginia ließ nicht locker.

»Ich komme.«

Aber zuerst wollte ich anfangen zu schreiben, damit beginnen, diese sieben Jahre meines Lebens zu erzählen, die mich hierher geführt hatten, vom Tod zum Leben.

Sieben Jahre, um einen Menschen neu zu schaffen.

Man hat mir die Schuld gegeben, ich weiß es

Man hat mir die Schuld gegeben, ich weiß es.

Als ich vor sieben Jahren in meinem leeren Haus Les Barons ruhelos von Zimmer zu Zimmer ging, von schrecklichen Bildern gequält, als mir zugleich mit dieser Tragödie alle Tragödien, die ich erlebt hatte, wieder bewußt wurden, hätte ich wissen müssen, daß es unter den Menschen immer Schakale gibt, die sich auf den Unglücklichen stürzen, der am Boden liegt, Menschen, die nicht begreifen wollen oder können.

Ich hatte sie schon in meinem anderen Leben kennengelernt.

Als ich, nachdem ich den Krieg überlebt hatte, in die Vereinigten Staaten gekommen war, hatte ich dort manchmal, sehr selten, ein paar Worte über das, was ich im Warschauer Getto und in Treblinka erlebt hatte, geäußert. Jedesmal passierte dann dasselbe: Ich sah, wie die Augen sich abwendeten, und manchmal zeigte mir auch ein Achselzucken, daß man mir nicht glaubte. Einige sprachen es aus: »Wenn das so schrecklich war, wieso ist es Ihnen dann gelungen, zu fliehen? Hören Sie mal, Sie wollen uns doch nicht weismachen, daß Sie das gesehen haben und am Leben sind?«

Und ich habe erfahren, wie andere – wenn sie an die Tragödie meines Volkes glaubten, und nicht alle akzeptierten diese Wahrheit – erkennen ließen, daß mein Bericht sicher irgend etwas verheimlichte. Dem Toten hätte man geglaubt: Aber ich war am Leben, also verdächtig, nicht wahr?

Daher hatte ich mir angewöhnt zu schweigen, nicht mehr von dem zu sprechen, was ich erlebt hatte. Ich hatte tief in mir die Erinnerung vergraben, wie Dr. Korczak und seine Krankenschwestern die Kinder in Reih und Glied zum Vernichtungslager führten. Ich holte nie mehr aus meinem Gedächtnis das Bild dieser Kämpfer hervor, die ich mit einer Granate oder einer Benzinflasche in der Hand in den brennenden Straßen Warschaus auf einen

Panzer hatte springen sehen. Ich wollte nicht mehr das Geräusch der Baggerschaufel hören, die den gelben Sand Treblinkas aushob.

Und dann hatte ich Kinder. Sie würden nicht den Krieg kennenlernen. Warum sollte ihnen das Gehirn vergiftet werden mit diesen Greueln, die meine Jugend gezeichnet hatten?

Später, viel später, würde ich ihnen erzählen, würde ich mit ihnen darüber sprechen, aus welchen Gründen ich überlebt hatte. Ich würde ihnen von meinem Vater erzählen, von den Kolonnen armer unschuldiger Menschen, die man zum *Umschlagplatz* schleppte und die man in die Waggons trieb, die sie in den Tod fuhren.

Manchmal, wenn wir vor unserem Haus Les Barons in der frischen Höhenluft des Tanneron saßen und die Kinder auf ihren Akkordeons spielten und dazu sangen, stand ich auf und entfernte mich, weil die Musik mich zu sehr bewegte, zu viele Erinnerungen weckte. Immer versuchte dann eins der Kinder, mich zurückzuhalten, fragte mich: »Wohin gehst du, Papa? Ich komme mit dir, laß mich mit dir gehen.«

Ich nahm es dann auf den Arm und sagte: »Ich werde ein wenig laufen.«

Und Dina, die wußte, kam zu uns, schaute mich an, nahm ihren Sohn oder ihre Tochter bei der Hand, sagte: »Laß Papa, laß ihn, er wird wiederkommen, er muß allein sein. Er hat zu denken.«

Das war ihre Formel, ich erinnere mich.

Ja, ich hatte zu denken. Ich stieg hinab in den Buschwald, ich bahnte mir einen Weg bis zum schmalen Fluß im Grund des Tals, oder ich ging lange auf der Straße. Es war immer wieder notwendig, diese grausamen Erinnerungen zur Ruhe zu bringen, damit ich leben konnte.

Ich kehrte zurück, die Kinder liefen mir entgegen, und Dina winkte mir von der Schwelle meiner Burg aus zu.

Ihre Leben waren mir anvertraut wie ein Vermächtnis all dieser Leben, die vor meinen Augen durch den Krieg und die Barbarei der Menschen zerstört worden waren.

Wird man nach diesen Worten besser verstehen, was der 3. Oktober 1970 für mich bedeutete – daß er mich tot zurückließ? Das Wort ist nicht zu stark, tot, ja, eine leere Hülse, die nur wie Leben aussah.

Ich machte Gesten, Gebärden, aber waren das noch Zeichen des Lebens?

Der Tod meiner Frau und meiner Kinder machte aus mir für einige Monate eines dieser Schattenwesen, neben denen ich in den Lagern hergegangen war, abgezehrte Gestalten, dahintaumelnd mit fiebrigen Augen, bis eines Tages die Hand eines Henkers sie packte und sie starben.

Ich habe darauf gewartet, ohne es zu wagen, meinem Leben selbst ein Ende zu setzen. Das Bild meines Vaters, dieses tapfere und ernste Gesicht, das er mir immer gezeigt hatte, die Worte, die er zu mir gesprochen hatte, die Art, wie ich ihn im weißen Staub des Kampfes auf die Soldaten hatte zugehen sehen, die auf ihn schossen und ihn zu Boden streckten, das war es, was mich zurückgehalten hat.

Aber es hat mich nicht hindern können, innerlich zu sterben, wie ein Baum, der äußerlich noch gesund aussieht, der aber keinen Lebenssaft mehr in sich hat.

Und jetzt kamen die Ankläger, die neuen Henker, die Schakale.

Ich habe nie von ihnen gesprochen. Warum zeigen, wie häßlich das Antlitz des Menschen sein kann? Und vielleicht hatte ich auch nicht den Mut, laut auszusprechen, was sie flüsterten.

Einige telefonierten. Ich erinnere mich.

Das war in einer der ersten Nächte nach dem 3. Oktober 1970. Vor sieben Jahren. Ich war allein in der Burg. Mein Freund David Douglas D. hatte mich verlassen, er war jetzt sicher, daß ich nicht versuchen würde, mich umzubringen. Er hatte die Jagdwaffen, die ich besaß, mitgenommen. Er wollte am Morgen zurückkommen, und ich hatte zum erstenmal eingewilligt, einige Beruhigungstabletten zu nehmen. Doch ich konnte trotzdem nicht schlafen.

Was vermag ein Medikament gegen den tiefen Schmerz?

Ich hatte nur einen grauen Schleier vor den Augen, einen trockenen Mund, ich konnte die Arme nur mit Mühe bewegen, ich war betäubt und starr. Aber klar in mir, lebendig, das Grauen des Unglücks und des Leidens.

Plötzlich das Telefon.

Ich habe es lange läuten lassen. Was konnte man von mir wollen? Es waren schon einige Artikel in der Lokalpresse erschienen, und zweifellos war das wieder ein Journalist, der den Mann interviewen wollte, der in der Feuersbrunst seine Frau und seine vier Kinder verloren hatte.

Es bereitete mir zu großen Schmerz zu sprechen, ich begnügte mich meist damit, auf Fragen durch eine Kopfbewegung zu antworten. Aber das Telefon läutete weiter. Ich stand auf. Es hörte auf zu läuten. Zu spät.

Und plötzlich packte mich die Angst: Ich hatte nicht geantwortet, vielleicht, vielleicht... Das war, ich wiederhole es, in den erste Nächten, als mein Kopf völlig umnebelt war, voller Wahnvorstellungen, als ich alle Grausamkeiten, deren Zeuge ich gewesen war, noch einmal durchlebte, als ich nicht wußte, wo ich war, in Treblinka oder im Warschauer Getto, ob es der Augenblick war, als meine Mutter, meine Brüder und meine Freundin Riwka fortgeführt wurden. Oder war ich in Les Barons, waren meine Frau und meine Kinder tot? Ich war plötzlich überzeugt, daß dieser Anruf von ihnen kam, daß sie gerettet waren. Wahnsinn, denn ich hatte ihre Leichen, den ausgebrannten Wagen gesehen.

Aber wer kann sicher sein, daß sein Verstand gesund bleibt, wenn ein solches Unglück ihn trifft!

Ich bin im Zimmer hin und her gelaufen wie ein eingesperrtes Tier. Und das war ich ja: Gefangener meines Schmerzes, Gefangener meiner selbst. Als das Telefon erneut geläutet hat, bin ich hingesprungen, ich habe hineingeschrien, damit man nicht auflegte, damit man es mir sagte, und ich habe gehört. Eine trockene, ruhige Stimme, eine helle Stimme, ohne Erregung, eine Stimme, nicht anders, als wenn jemand auf der Straße mit Ihnen zusammenstößt und sagt: »Entschuldigen Sie bitte«, eine sehr normale, höfliche Stimme.

»Monsieur Gray, Martin Gray?«

Im selben Augenblick war der Schmerz wieder da, nach dieser Fata Morgana, dieser wahnwitzigen Vorstellung, daß man mir mitteilen würde, alles, was ich in den letzten Tagen durchgemacht hatte, sei nur ein Alptraum gewesen. Doch die eiskalte, glatte Stimme machte mir plötzlich bewußt, daß ich hier war, allein in dem toten Haus, vor mir die Akkordeons, die ich für meine Kinder gekauft hatte; ihre unbewegten Tasten bewahrten für immer die zerbrochenen Lieder.

Ich habe der Stimme am Telefon nicht geantwortet, ich ließ sie wiederholen: »Ich bin mit Monsieur Martin Gray verbunden, nicht wahr? Im Tanneron?«

Ich schwieg.

»Haben Sie Angst, mir zu antworten? Sie sind nicht tot, Sie nicht, Monsieur Gray. Leute wie Sie lassen die anderen sterben, und manchmal töten sie sie, nicht wahr?«

Ich hörte, ich ließ diese Stimme mich zerreißen, mich peitschen, und ich hätte gewünscht, daß jedes dieser Worte mich töten könnte. Daß man endlich Schluß mit mir machte, der hier allein geblieben war.

»Ihre Frau war keine Jüdin, Monsieur Martin Gray, und Sie sind Jude, nicht wahr? Und die Juden schießen wie Unkraut aus der Erde. Sie sind sogar Hitler und Stalin entkommen, da wird Sie ein kleiner Waldbrand nicht umbringen, ist es nicht so? Ihr Juden...«

Ich habe nicht aufgelegt. Ich ließ die Stimme fortfahren. Mir schien, ich hörte wieder diese Bauern, die mir, als ich aus einem Lager entflohen war, alles nahmen, was ich besaß, und mich dazu ihre Verachtung spüren ließen. Ich dachte an diese Menschen, die doch mit den Partisanen kämpften, die aber zögerten, Juden wie wilde Tiere niederzumetzeln, und ich wußte auch, daß andere Bauern für ein paar Kilo Zucker Juden den Henkern auslieferten.

Und jetzt erreichte mich diese Stimme hier, im tiefsten Unglück. Und ich, der sich immer aufgelehnt hatte, ich hörte ihr wehrlos zu. Zu groß war die Verzweiflung. Ich verstand nicht, warum das Schicksal das alles mir antat. Vielleicht war ich auserwählt. Immer Opfer und doch immer entkommen.

»Sie schämen sich, he, Monsieur Martin Gray, Sie haben sie fortgehen lassen...«

Die Stimme schwieg.

Der Mann hatte den Hörer aufgelegt; und ich, ich blieb da stehen, den Hörer in der Hand.

Während dieser ersten Nächte und während sieben Jahren bin ich anderen Anklägern begegnet. Sie waren niemals direkt, geradeheraus; sie versteckten ihre Gedanken hinter einem Lächeln. Aber ich habe in meinem Leben zu viele Gesichter gesehen, um nicht die Seele der Menschen hinter ihr erkennen zu können. Sie hatten diese zu rasche Art, die Augen abzuwenden, oder dieses schnelle Zurückziehen der Hand oder diese Art zu sagen: »Ach ja, Monsieur Martin Gray?«

Ich wußte. Und heute, nach sieben Jahren, will ich all das aussprechen, was sie mir Böses angetan haben, diese falschen Freunde, diese Leute, die, kaum hatte ich mich einige Schritte von ihnen entfernt, zu flüstern begannen, Geflüster der Verleumdung.

Wenn man das erlebt hat, was ich erlebt habe, wenn man die ganze Bevölkerung einer Stadt hat sterben sehen, wenn man gesehen hat, wie Tausende Männer, Kinder, Frauen im Laufschritt nackt in einen Raum getrieben wurden, in die Gaskammer, und wenige Minuten später nichts waren als ein Haufen lebloser Körper, wenn man das gesehen hat, dann sollte man auf seiner Haut die vergifteten Pfeile der Verleumdung nicht mehr spüren.

Sie werden mich nicht umbringen. Manchmal frage ich mich sogar, ob nicht, als alles leer in mir war, diese Angriffe mich gezwungen haben, wieder aufzustehen, um zu zeigen, daß ich einem Volk angehörte, daß das Unglück nicht zerbricht, daß ich der Meinen würdig zu sein wußte, des Beispiels und der Lehre meines Vaters – all dieser Hoffnungen, all dieses pulsierenden Lebens, das durch das Gas und den Sand erstickt war, dort in Treblinka.

Wenn ich heute von diesen Gerüchten und Verdächtigungen spreche, dann also nicht, um mich zu verteidigen oder anzuklagen, sondern einfach, um zu sagen: Seht, das hat ein Mensch zu erwarten, wenn das Unglück ihn den anderen preisgibt. Und ich will daraus für mich, für die anderen eine Lehre ziehen.

Es gab Leute, die mir einen Vorwurf daraus machten, daß ich noch am Leben war. Daß ich mich nicht getötet hatte.

Ich sehe wieder das Gesicht dieses Touristen, der nach dem Brand von der Küste hierhergefahren war und mir entgegenkam, als ich aus dem Haus trat, der vor mir stehen blieb, seine Frau ein paar Schritte hinter ihm. Sie rührten sich nicht von der Stelle, als wollten sie mir den Weg versperren. Schließlich, als ich dem Mann direkt gegenüberstand, sagte er: »Wie machen Sie das, Monsieur Gray, daß Sie überleben? Warum haben Sie sich nicht umgebracht? Wir an Ihrer Stelle...«

Ich habe sie mit dem Arm aus dem Weg geschoben.

Aber andere, so viele andere...

Diejenigen, die Subtilsten, die immer wieder sagten: »Martin, warum nicht eine Psychoanalyse? Sie leiden vielleicht an einem Wiederholungszwang, Sie haben alle Ihre Angehörigen ein erstes Mal während des Krieges verloren, Sie müssen, wie alle Überlebenden, ein tiefes, schreckliches Schuldgefühl haben, nach dem, was Sie gesehen haben. Sie haben das Glück mit Ihrer Frau und Ihren vier Kindern gefunden, nur ...«

Einer von ihnen, einer dieser Intellektuellen, der sich meinen Freund nannte, ich will ihn Marc nennen, er wird sich wiedererkennen, stützte sich auf den Steintisch in meinem Garten, sah mich an und zeigte auf das Haus.

»Dieses Glück, im Grunde deines Herzens dachtest du, du verdientest es nicht ... Und das ist völlig normal ... Wenn man die Todeslager gekannt hat, wenn man getan hat, was du getan hast, dann sagt man sich, daß man das Glück all denen gestohlen hat, die zugrunde gegangen sind, deiner Familie, Martin.«

Ich hörte ihm zu. Ich ließ meinen Blick über den verbrannten Wald streifen, die verbrannten Pfirsichbäume, ich dachte an meine Kinder, wie sie sich am Ende des Gartens an die Äste der Kirschbäume hängten und dann, wie alle Kinder, die Ohren mit Kirschen behängt, den Mund rot vom Saft, zum Haus zurückgelaufen kamen.

Was wollte Marc sagen, mit diesen Phrasen, mit denen er mich wie mit Stricken zu fesseln versuchte? Auf seine Art sprach er genauso wie die anderen.

»Kann ich fortfahren, Martin, bist du bereit, mir zuzuhören?« fragte er.

Ich machte eine zustimmende Handbewegung: Mach weiter, damit ich weiß, bis wohin deine Gedanken führen können.

»Es ist nicht unvorstellbar«, fuhr er fort, »daß du dich durch einen Zerstörungswillen in einen seelischen Zustand gebracht hast, in dem du von neuem ein unermeßliches Unglück brauchtest. Verstehst du? Um dich zu bestrafen, um leiden zu müssen.«

Verrückt. Wer war der Verrückte? Ich, sie? Ich, der die Schwere meines Leidens kannte, sie, die sich nicht mit einfachen und wahren Erklärungen begnügen konnten? Die Angstschreie der Kinder, die Feuersbrunst, deren Stärke ich nicht abschätzen konnte, der Öltank im Keller, dessen Explosion ich verhindern wollte, weil sie unser Haus bedrohte. War es verrückt, wenn ich meine Frau allein mit den Kindern zur Küste fahren ließ, wo sie doch, wie ich wußte, außer Gefahr waren? Wer konnte den Rauch voraussehen, der plötzlich über die Straße zog, die Angst, das Herumreißen des Steuers vielleicht, die mißlungene Kehrtwendung und die Schlucht? Wer? Welcher Gott? Ich nicht.

Sie, die Ankläger, wußten alles, jetzt, im nachhinein.

»Um dich zu bestrafen«, sagte Marc, »hast du die Deinen allein fahren lassen. Du hast das Schicksal herausgefordert. Letzten Endes hast du dich in die Situation des bedrohten Individuums versetzt, das überleben will und das die anderen behindern, verstehst du? Das ist keine Schuldzuweisung, nein, nur ein Erklärungsversuch.«

Sie klopften mir auf die Schulter, diese guten Freunde, nachdem sie mich mit ein paar Worten als Feigling oder Mörder hingestellt hatten.

Und es gab die Leute, die sagten, daß mein Geist gestört sei. Und es gab ... Es gibt sie sicher noch immer.

In den ersten Tagen trafen mich diese Worte, diese Fragen, als töte man meine Familie noch einmal.

Ich wartete auf Hilfe, auf Beistand. Er kam natürlich von einigen Freunden, aber von den meisten sogenannten Freunden erhielt ich nur schamlose Neugier oder verletzende Fragen. Sie waren ohne Erbarmen. Sie weigerten sich, das zu sehen, was einfache, zu einfache Wahrheit war: einen Mann, der um das trauert, was allein seinem Leben Sinn gegeben hatte.

Später, viel später, im Verlauf dieser sieben Jahre, habe ich verstanden, warum die Menschen sich mir gegenüber so verhielten.

Man liebt nicht, was einem nicht ähnlich ist.

Man hält den, der anders ist als man selbst, für anormal.

Ich war ein Anormaler, ja. Ich bin es noch immer, und jetzt, wo ich die Geschichte dieser sieben Jahre zu erzählen beginne, wird mir bewußt, in welchem Ausmaß ich, in jedem Augenblick meines Lebens, mich unterscheide, von den Regeln abweiche. Das ist so, es gelingt mir nicht, mir das Aussehen des »Normalen« zu geben.

Ich war anormal zunächst, weil ich Jude war. Das hatte man mir klargemacht seit dem Tag im Jahre 1939, als man mich aus einer

Stadt, die ich für meine Stadt hielt, ausstieß, mich wie ein Stück Vieh kennzeichnete und mit meinen Leidensgenossen in einen Pferch zusammentrieb.

Die anderen, die Henker, die »normalen« Bewohner der Stadt, die manchmal an die Mauern des Gettos kamen, um uns wie wilde Tiere in einem Zoo leben zu sehen, die anderen, das waren die *Menschen*, wir waren die *Untermenschen*.

Sie, die sich *Menschen* nannten, die sich noch immer anmaßen, normale Menschen zu sein, und ich, nicht wahr, ich bin der Überlebende, der Anormale, ich habe sie von der anderen Seite der Mauer unserer Gettostadt gesehen, in der Nähe des Tores, an dem die Straßenbahn vorbeifuhr, mit der ich, wenn es mir gelang, sie zu erreichen, die Mauern überwand, ich habe sie warten sehen, daß ein Soldat (ein Henker) sein Gewehr anlegte, um auf ein Kind wie auf ein wildes Tier zu schießen – einen meiner Brüder, einen aus meinem Volk –, der kriechend versuchte, eine Kartoffel aufzulesen, weil er vor Hunger starb.

Ich habe sie gesehen, diese normalen Menschen, wie sie während des Gettoaufstandes der Zerstörung der Häuser mit Feuer und Schwert zuschauten, in denen sich, ohne Waffen, die wenigen Überlebenden verteidigten. Ein großartiges Spektakel!

Ich habe sie gesehen, diese normalen Menschen, wie sie neugierig die Züge anstarrten, die, beladen mit Tausenden der Unseren, vorbeirollten, und sie wußten genau, daß die Henker (andere normale Menschen, nicht wahr?) uns ausrotten, vertilgen würden wie Ungeziefer. Wie hätten sie es nicht wissen sollen, wo es doch manchmal einigen der Opfern gelang, aus dem Zug oder den Lagern zu fliehen, und die normalen Menschen sie für ein paar Geldstücke oder ein paar Kilo Zucker dem Henker auslieferten!

Und das sind dieselben Leute, ich werde davon später erzählen, die ich während der sieben Jahre so häufig ihre Feigheit und ihren Egoismus habe beweisen sehen, die ihre Augen abwendeten, wenn sie in den Straßen einer Stadt Zeugen von Aggression waren, und sich weigerten einzugreifen.

Ja, für diese, die Passiven, die Schweigenden, die sich in ihr Leben einschließen, für die, die es vorziehen, sich blind zu stellen, um nicht zu sehen, ja, für alle die, die sich entschieden haben, daß nichts Unangenehmes, das außerhalb der Grenzen ihres persönlichen Lebens passiert, sie berührt, für diese – sollen sie sich normal nennen, wenn sie wollen – war ich, bin ich ein Anormaler.

Ich bin es immer gewesen.

Und glauben Sie nicht, daß ich diese oder jene Menschen, dieses oder jenes Volk anklage. Was nutzt es, anzuklagen! Ich will zeigen, ich will verstehen, warum ich, seit den ersten Stunden meines Leidens, von manchen Leuten zum Schuldigen abgestempelt wurde.

Schuldig, am Leben zu sein. Schuldig, nicht schweigend meine Trauer zu tragen, erstickt von gelbem Sand in meinem Mund.

Schuldig, zu sagen: Wir können verhindern, das sich das wieder ereignet, wir können andere Leben schützen, andere Kinder, die eines Tages das Feuer auch bedrohen könnte.

Man hätte akzeptiert, daß ich mich tötete. Man hätte ein paar schöne Artikel verfaßt, man hätte gesagt: Er hat seine schreckliche Trauer nicht ertragen können, weinen wir über ihn.

Aber daß ich meinen Schmerz herausschrie, ihn zeigte, das erschien diesen schönen Seelen schockierend. Er soll schweigen, dieser Anormale! Was geht es uns an, daß er leidet!

Ich erinnere mich, in einem Wald in Polen, als ich aus Treblinka geflohen war, als ich wußte, was die Henker mit uns machten, einer Kolonne jüdischer Arbeiter begegnet zu sein. Sie waren noch frei und kehrten nur abends in ihr Getto zurück. Ich habe ihnen gesagt, was sie erwartet. Ich habe gesagt: »Flieht von hier. Laßt uns kämpfen.«

Sie haben mich fortgejagt, ich war der Unglücksvogel, der Ruhestörer.

Damals vor sieben Jahren habe ich, um mich vor den Voyeuren in Sicherheit zu bringen, die das Unglück wittern, um nicht mehr die Stimmen aus dem Telefon zu hören, mein Haus Les Barons verlassen, und ich bin in die Natur hinausgegangen, die die Feuersbrunst verwüstet hatte.

Ich brauchte die Natur, ich brauchte die Weite.

Ich bin ein Kind der Stadt, aber das Warschau, in dem ich geboren bin – das ist mir später klargeworden, als ich die Städte in den Vereinigten Staaten kennenlernte –, war noch eine mit dem Land eng verbundene Stadt. Die Felder begannen jenseits der Vororte, der Fluß war nicht weit. Ich habe gelitten, als ich dieser Natur beraubt wurde. Und das war im Getto der Fall: überfüllte Straßen, Gedränge, die Wohnungen vollgepfercht mit Menschen, keine Bäume, asphaltierte Gehwege, die Ziegelmauer, die die Straße nach außen absperrte. Die Natur war nicht erreichbar, wollte man nicht sein Leben aufs Spiel setzen.

Danach kam das Lager Treblinka mit seinem nackten Sand, seiner baum- und strauchlosen Steppe, seiner toten oder eingesperrten Natur.

Auch jenseits des Stacheldrahts hatten die Henker die Bäume gefällt, damit ein unbewachsenes Gelände es ihnen leichter machte, eventuelle Fliehende zu hetzen.

Als es mir gelang, aus dieser Hölle zu entkommen, da war die Freiheit für mich zuallererst die lebendige Natur: ein Bach, das hohe Gras einer Böschung, das mich aufnahm, als ich aus dem Waggon sprang, in dem ich mich versteckt hielt, und vor allem die Bäume, der Wald, das Unterholz, in dem ich schlief, die Stille, die nicht mehr vom Motor des Schaufelbaggers zerrissen wurde oder von den Schreien der Opfer. Nur der Wind, die Vögel, die Musik einer freien schönen Natur. Auch die Weite des Raums ... der tiefe Wald Polens oder die reichen Felder vor der Ernte. Der Himmel schließlich, den kein unheilverkündender Rauch mehr verdeckte.

Dort, während der Monate des Winters und dann der Milde des Frühlings, habe ich die Natur und den Raum kennengelernt. Ich konnte lange, ohne dessen müde zu werden, das Hin- und Herfliegen der Vögel beobachten, die ihr Nest bauten, oder dem ruhelosen Herumspringen der Eichhörnchen zuschauen oder der Fährte eines Fuchses folgen. Manchmal verbarg ich mich, als ich bei den Partisanen war, an der Grenze eines Feldes im Wald, um die Arbeit der Bauern zu beobachten, und ich liebte ihre bedächtigen Bewegungen, lauschte ihren Liedern, die den Krieg vergessen ließen.

Dort, in meinem ersten Land, habe ich mich entdeckt, wie sehr die Natur den Menschen formt.

Ich habe also mein Haus Les Barons verlassen und bin inmitten der verbrannten Eichen, der zu Asche gewordenen Mimosen herumgewandert. Der Pfirsichgarten bestand nur noch aus schwarzen Stämmen, und die ganze Hügellandschaft des Tanneron war, so weit ich sehen konnte, zerstört.

Ich habe mich auf die Erde gesetzt. Vor mir lag mein Tod, die Natur war ein Abbild meines Lebens, zerstört. Ich konnte diesen Anblick nicht ertragen, der für mich wie der Widerschein meines Geistes war, meines eigenen Unglücks. Mein Gärtner hat sich zu mir gesellt. Er war ein hoch aufgeschossener junger Mann, der die Pflanzen und Bäume bis ins kleinste kannte und mit Liebe pflegte. Er lehrte meine Kinder, Dina und mich das Leben der Pflanzen, er pflegte zu sagen: »Jede Pflanze hat ihr eigenes Gesicht.« Er zeigte es uns an einem Blatt, das er auf seine Hand legte, an den Knospen einer Blume, die er auseinanderfaltete.

Jetzt saß er neben mir und weinte, über den Tod der Meinen und über den Tod der Natur, und für ihn, das fühlte ich, vermischte sich das eine mit dem anderen.

Er fing an zu sprechen: »Monsieur Gray, das ist unsere Schuld – nicht Ihre, nicht meine, sondern die Schuld all dessen, was man hier gemacht hat, die elektrischen Leitungen, die Lichtmasten, diese vielen Glasscherben, die man im Wald zurückläßt. Vorher, als es hier nur Bauern gab, da kannte man das Feuer, man wußte es zu bekämpfen. Wer schützt jetzt die Natur, wer? Wenn wenigstens« – er wischte sich die Augen, er stand auf –, »wenn wenigstens das, was Sie leiden müssen, wenn das nützen würde, wenn wenigstens ...«

Er ballte die Faust, ich ließ ihn gehen, sagte nichts. Ich sah seiner hoch aufgeschossenen Gestalt nach. Er bückte sich oft, nahm tote Äste vom Boden auf, versuchte zu entdecken, ob vielleicht irgendwo ein geschützter Trieb, der vom Feuer nicht zerstört war, neues Leben verhieß. Ich sah, wie er zornig die Achseln zuckte. Und plötzlich kam mir eine Erinnerung. Mein Vater, der mich auf einem Platz in Warschau in eine Ecke zog, während die schwarzgekleideten Henker auf arme Menschen einprügelten, mein Vater, der sich zu mir niederbeugte: »Du mußt dafür sorgen, daß das, was du hier siehst, den anderen nützt, Martin. Erinnere dich daran, lebe, um zu sagen, was du gesehen hast.«

Mein Vater schüttelte mich, sein Zorn gegen die Barbaren übertrug sich auf mich durch diese Spannung, die er mir mitteilte. »Das, was wir erlebt haben, muß zur Lehre, zur Warnung dienen, für uns, für alle Menschen, und es sind die Jungen wie du, die es später sagen müssen, du Martin, du wirst überleben.«

Auf den von der Feuersbrunst verwüsteten Feldern, auf diesem Hügel von Les Barons, wo die Bäume nur noch als schwarze Stümpfe in den Himmel ragten, glaubte ich meinen Vater zu sehen und zu hören, und um ihn standen die, die mir in den Gefängnissen und den Lagern die Fackel des Lebens übergeben hatten, denn das war ihre Art, sich an den Henkern zu rächen, die uns ausrotten wollten.

Ich sah den alten Schicksalsgefährten aus dem Lager Zambrow, der mir ein Stück Brot zugesteckt hat, ich sah den Kameraden aus Treblinka, der an meiner Stelle, weil ich an einer Krankheit zu krepieren drohte, sich abgerackert hat, um die Winde zu drehen, der seine letzten Kräfte für mich geopfert hat.

Für mich, der ich hier auf dem verbrannten Feld sie in meinem Schmerz vor mir zu sehen glaubte: meinen Vater und meine Kameraden, die mich dem Tod entrissen und mir Mut gegeben haben.

Ich bin aufgestanden, ich bin hinter dem Gärtner hergelaufen, ich habe ihn eingeholt. Er hatte sich gebückt, er schob die Erde auseinander, zeigte mir junge Triebe von hellem Grün, über die das Feuer zu schnell weggezogen war, um sie zu vernichten.

Er richtete sich auf und zeigte auf die Mimosentriebe: »Sehen Sie, Monsieur Gray, diese hier hat er nicht gekriegt.«

»Er«, das war für ihn das Feuer, das Böse, die Macht der Zerstörung.

»Rémy, was, glauben Sie, könnte man tun?«

Ich fragte ihn, aber ich lief schon weiter, auf das Haus zu, ich schrie, ich erinnere mich: »Es muß etwas geschehen, man muß etwas tun.«

Ich schrie.

Manche Leute werden sagen, daß ich diese Aktivität brauchte, um zu überleben, daß ich mich auf die erste Idee stürzte, die mir in den Sinn kam, so wie andere sich aufs Trinken gestürzt hätten. Aber was bedeutet mir das Gerede der Leute, die alles aus ihrer engstirnigen Sicht beurteilen. Ihre Urteile entsprechen ihren Maßstäben.

Ja, ich schrie, als ich ins Haus lief und auf das Telefon zustürzte.

»Man muß etwas tun, das darf nie wieder passieren, nie wieder.«

Ich weiß, daß damals in meinem großen Wohnzimmer mehrere Personen waren, deren Namen ich vergessen habe. Aber ich sehe noch ihre erstaunten Augen, ihren genierten Gesichtsausdruck. Meine Schreie, meine Gemütsbewegung erschienen ihnen sicherlich unpassend. Ich schrie, ich rief sie zu Zeugen an.

»Sie, wußten Sie es? Wie konnte ich wissen, daß man hier, wenn es einen Waldbrand gibt, sich ins Haus einschließen und abwarten muß, daß der Wind das Feuer vertreibt! Und wenn man das meinen Kindern in der Schule gesagt hätte, wenn man sie darüber belehrt hätte, glauben Sie, daß sie dann tot wären?«

Und ich schrie noch lauter: »Glauben Sie, daß ich dann allein wäre, jetzt, glauben Sie das? Und was tun Sie, um zu verhindern, daß das wieder geschieht?«

Ich war verrückt vor Zorn, vor Verzweiflung. Immer stärker wurde meine Gewißheit, daß so wenig genügt hätte, um meine Tragödie zu vermeiden.

Plötzlich habe ich aufgehört zu schreien. Ich hörte sie flüstern, meine Kameraden, meine älteren Freunde aus den Lagern und dem Getto. Sie erklärten uns, wie einige von ihnen seit langer Zeit vorhergesehen hatten, was passieren würde, daß aber niemand hatte auf sie hören wollen. Sie waren Rufer in der Wüste gewesen. Auch hier hörten die Verantwortlichen nicht, auch sie weigerten sich, die zu warnen, deren Vertreter sie waren, die sie eben deshalb in ihre Stellung gewählt hatten, damit sie rechtzeitig erführen, von wo die Gefahr kommen würde.

Oft hätten sie warnen können, warnen müssen. Sie hatten dazu die Zeit und die Mittel.

Vielleicht haben die recht, die behaupten, daß es für mich ein notwendiger Akt der Selbstbefreiung war, zu glauben, ich hätte eine Mission zu erfüllen? Es ist jetzt ohne Bedeutung. Ich war sicher, daß ich wiederum Zeugnis ablegen mußte.

Ich habe angefangen zu telefonieren.

»Ich bin Martin Gray, ich will einen Feldzug zum Schutz des Menschen gegen die Gefahren des Feuers führen, verstehen Sie, Monsieur?«

Die Leute, mit denen ich persönlich oder am Telefon sprach, Bürgermeister, Beamte, verantwortliche Persönlichkeiten, Lehrer, sie hatten oft, das fühlte ich, Mitleid mit mir, aber ich verstand auch, daß ich sie in ihren Gewohnheiten störte. Ich forderte, ich sprach mit zu großer Heftigkeit, zweifellos, ich legte mich mit allen Behörden an, indem ich ihnen vorwarf, die Bevölkerung nicht aufgeklärt, nicht vorgewarnt zu haben. Die Erschöpfung, der Schmerz, der Mangel an Schlaf, meine Besessenheit, die Zustände zu ändern, um andere Kinder zu schützen, um zu versuchen, den natürlichen Lebensrahmen des Menschen zu retten, das alles ließ mein Verhalten sicher exzessiv erscheinen. Ich sprach schlecht Französisch, ich war Amerikaner, ich war ein Mensch, der furchtbarstes Leid zu tragen hatte; welches Recht hatte ich hier in Frankreich, Forderungen zu stellen?

Irritiert antworteten mir manche Beamte: »Aber wir haben Verordnungen, Gesetze, Monsieur, es ist Vorsorge getroffen.«

Ich schlug mit der Faust auf den mit Dokumenten und Akten bedeckten Schreibtisch, ich sagte: »Und haben Ihre Verordnungen, Ihre Gesetze meine Kinder geschützt? Die sind doch hier geboren, ich lebe seit zehn Jahren in Frankreich. Wer hat mich geschützt, wer hat mir erklärt, was man hätte tun müssen?«

Das war in einem dieser Büros mit verschlossenen Fenstern, wie es sie bei allen Behörden gibt. Der Beamte ist aufgestanden: »Monsieur, ich verstehe Ihren Schmerz, ich habe Mitleid, aber einen Unfall, nicht wahr, kann niemand voraussehen.«

»Unfall!« Das Wort brachte mich zur Weißglut.

Es war kurz nach dem Tod meiner Frau und meiner Kinder. Mein Herz war so von Schmerz erfüllt, und ich grübelte unaufhörlich darüber nach, wie leicht es gewesen wäre, das Unglück zu verhindern, man hätte nur die Verhaltensregeln kennen müssen, oder ein einfaches Warnsystem hätte melden können, daß die Fluchtstraße zum Meer abgeschnitten war.

»Nein«, habe ich den Beamten angeschrien, »das war kein Unfall, man hat sie getötet.«

Das habe ich gesagt, und das war zuviel. Ich wollte begreiflich machen, daß man weitere Tragödien vermeiden müsse. Der Beamte hat mich aufgefordert zu gehen. Ich habe mich geweigert.

»Sie werden mich anhören.«

»Sie sind verrückt, Monsieur, ich kann es Ihnen nicht verdenken, aber Sie sind verrückt. Sie wissen nicht mehr, was Sie tun, was Sie sagen ...«

Mit Hilfe eines seiner Kollegen hat er mich auf den Gang hinausgeschoben. Dort hing an der Wand ein roter Feuerlöscher mit einer schönen Anweisung, wie man ihn im Falle eines Brandes benutzen müsse.

»Lassen Sie uns jetzt arbeiten, Monsieur. Versuchen Sie zu vergessen.«

Als wenn ich das könnte, als wenn ich das wollte.

»Wir haben im Amt eine Reihe einschlägiger Dienstvorschriften.«

»Im Amt!«

Ich hängte den Feuerlöscher ab.

»Das ist eine Ihrer Vorschriften, wir werden sehen, ob sie funktioniert.«

Ich hielt den Apparat nach unten, drückte auf den Auslöser. Nichts kam aus der Öffnung heraus.

»Sie werden mitsamt Ihren Dienstvorschriften verbrennen ...«

Ich habe ihnen den Feuerlöscher zugeworfen. Sie sind beiseite gesprungen, der Feuerlöscher ist mit Getöse auf den Boden geprallt, aber noch immer kam kein Schaum heraus.

Ich wußte nun, daß ich, bevor ich auf die Mitarbeit der anderen rechnen konnte, selbst eine Macht aufbauen mußte, eine Institution, die den Verantwortlichen notfalls Lösungen aufdrängen oder sie zwingen würde, sich um diese Fragen zu kümmern, um die Natur, die man ausplündern ließ, um den Menschen, der in ihr und durch sie lebte.

Niemand sprach damals, 1970, von ÖKOLOGIE! Die Mode – und diese Mode soll leben! – hatte sich noch nicht der grünen Farbe angenommen, um aus ihr die Fahne so vieler Vereinigungen zu machen. Ich aber brauchte nicht die Mode, um zu wissen, daß die Natur zerstört werden kann und daß man sie schützen muß.

War ich den anderen voraus?

Ich habe dafür bezahlt, den anderen voraus zu sein.

Ich habe also vor sieben Jahren beschlossen, die Fondation Dina Gray zum Schutz des Menschen in seinem Lebensrahmen zu gründen.

Das war für mich wie ein Rettungsring, den meine tote Frau und meine toten Kinder mir zuwarfen, um mich vor dem Ertrinken zu retten.

Wieder im Krieg

Ich war wieder im Krieg, ich glaubte, daß ich wie ehemals in Polen eine Mission hatte. Ich mußte die Menschen überzeugen, sie aus ihrem Egoismus und vor allem aus ihrer Gleichgültigkeit und ihrer Unbewußtheit aufrütteln. Damals, in Polen, konnten sich die jüdischen Arbeiter, denen ich nach der Flucht im Wald begegnete, nicht vorstellen, daß die Henker sie schon verurteilt hatten, daß man sie nur für einige Wochen in Freiheit und Ruhe leben ließ, um sie besser in der Hand zu haben. Ich hatte versucht, sie aufzurütteln. Sie hatten mir nicht geglaubt. Aber zum Schluß, im Warschauer Getto, versuchten wir, die Jungen, die sich entschlossen hatten zu kämpfen, nicht mehr, zu überzeugen: Wir *forderten*, daß man uns half, daß man uns Geld gab, um Waffen zu kaufen. Wir zwangen die Furchtsameren zur Unterstützung.

Es ist wahr – als ich nach meinen ersten Besuchen bei den Behörden mich wieder in Les Barons befand, als ich wieder die verkohlten Bäume sah, als ich auf dem Bett die Schürzen meiner Kinder liegen sah, die sie abgenommen hatten, bevor sie zum Wagen liefen, da habe ich gedacht: Du wirst handeln wie im Getto, du wirst sie zwingen, dir zu helfen, los, Martin, es ist notwendig.

Ich habe begonnen, von meinem Unglück zu reden.

Man mag das nicht, niemand, in keinem Land der Welt, aber vor allem nicht in Frankreich. Die Leute verbergen ihr Gesicht unter den schwarzen Schleiern der Trauer. Sie verbergen auch ihre Freude. Sie halten es für unschicklich, zu sagen, ob man reich oder arm ist. In Frankreich ist man liebenswürdig, aber man lädt Sie nicht zum Dîner nach Hause ein. Was privat ist, muß im verborgenen bleiben.

Ich hatte mich entschieden, anders zu handeln. Es war notwendig. Ich hatte lange in den Vereinigten Staaten gelebt, wo die Zeitungen keine Tabus kennen. Ich hatte nicht dieselbe Vorstellung von Privatleben wie die Franzosen. Ich wußte das, als ich mich ins Handgemenge stürzte. Ich wußte es, weil ich, seit ich mich mit Dina in Les Barons niedergelassen hatte, die Reserviertheit der Bauern kennengelernt hatte. Natürlich hatte ich zu einigen von ihnen – vor allem zu Mme. Lorenzelli, die jeden Tag zu uns kam, um Dina zu helfen – Kontakt. Aber ich war der Amerikaner, ein Mensch mit einem leichten Spleen, dessen Kinder nackt auf dem Rasen herumliefen, wir waren die Milliardärsfamilie, die sich nur von Kräutern ernährte. Komische Leute, Vegetarier, die niemals Wein tranken, kurz: Verrückte. Man betrachtete uns mit nachsichtigem Wohlwollen, aber darüber ging es nicht hinaus. Ich hatte mich vollkommen mit dieser Situation abgefunden, meine Freunde, das waren meine Kinder und meine Frau. Meine Stadt und mein Universum waren das Haus Les Barons und die Felder und Wälder ringsum. Wir waren für uns allein eine glückliche Gemeinschaft. In der Schule von Tanneron fanden meine Kinder nette Spielgefährten. Das genügte.

Jetzt, als ich plötzlich allein war, mußte und wollte ich die Türen der Gleichgültigkeit aufbrechen, wollte schreien, damit man auf mich aufmerksam wurde, wollte die Zeitungen mobilisieren, ja, ihre Sensationsgier ausnützen, damit man von meinem Unglück sprach. Ich mußte eine bekannte Persönlichkeit werden, ein Mensch, an dessen Namen man sich erinnerte: »Martin Gray, Sie wissen ja, der Mann, der seine Frau und seine Kinder bei dem Waldbrand verloren hat.«

Während der zehn Jahre, die ich im Tanneron wohnte, hatte niemand etwas von meiner Vergangenheit gewußt. Jetzt sollte sie Schlagzeilen machen. Man sollte mich sehen, man sollte von mir sprechen, man sollte wissen, woher ich komme, wie das Schicksal mich verfolgt hatte. Dann vielleicht, wenn mein Name in fettgedruckten großen Lettern auf der ersten Seite der Zeitungen stehen wird, wird man mich hören müssen, damit eine neue Tragödie dieser Art vermieden wird.

Das sind Gedanken, die mir jetzt, nach sieben Jahren, klar sind; damals handelte ich, ohne genau zu wissen, was ich tat. Ich konnte keine Ruhe ertragen. Ich schlief fast nicht mehr. Ich hatte immer ein Transistorgerät am Ohr kleben. Ich brauchte dieses ständige Dröhnen der Musik, um zu überleben, um das Rauschen in meinem Kopf zu übertönen. Wenn ich es abstellte, mußte ich mit überlauter Stimme sprechen, weil die Stille mich umgebracht hätte.

Wenn ich mich weiter in meinen Kummer vergraben hätte, was wäre aus mir geworden? Ich kannte nicht den Weg innerer Gelassenheit. Mein Temperament ließ mir nur zwei Möglichkeiten: mich in mich zu verschließen und damit selbst zu zerstören oder aber aus mir herauszugehen, meine Kräfte zu erproben, zu planen und zu handeln.

In meinem ganzen vergangenen Leben hatten mich das Beispiel meines Vaters und auch meine biologische Vitalität, warum es leugnen, aber ebenso – ich sage das ohne falsche Bescheidenheit – die große menschliche Mission, die die Meinen mir anvertraut hatten, den zweiten Weg wählen lassen – die Aktion.

Das Verlangen nach Aktion war so stark in mir, daß ich zu fiebern begann.

»Sie machen mir angst, Monsieur Gray«, sagte Mme. Lorenzelli.

Sie wußte über mein Leben Bescheid. Sie ging in diesen Tagen ruhelos im Haus hin und her, verloren und verlassen wie ich. Ich sah sie oft weinen, und manchmal konnte ich mich kaum beherrschen, sie nicht anzuschreien, hätte ich sie am liebsten aus dem Haus gejagt. Es drängte mich, ungerecht zu sein, ihr zu sagen: Kommen Sie niemals mehr her, niemals, Sie erinnern mich an zu viele Dinge, an Dina und die Kinder, die immer um Sie waren, gehen Sie, gehen Sie. Aber wir sahen uns nur schweigend an, die Augen gerötet, und oft drückten wir einander die Hand.

»Sie machen mir angst, Monsieur Gray. Wenn Sie so weitermachen, wird auch Ihnen etwas zustoßen, man könnte meinen, daß Sie einen Unfall suchen, wenn man Sie fahren sieht, oder das Herz wird versagen, ich weiß nicht...«

Ich fühlte mich manchmal so energiegeladen, daß es mir schien, als habe sich all das Unglück in Kraft, Ungestüm und Zorn verwandelt. Aber ich fühlte auch, daß dies eine Energie war, die meinen Körper spröde und zerbrechlich machte wie einen zu harten Guß. Mein Rücken tat mir weh, ich war steif, der Schmerz hatte meinen ganzen Körper durchdrungen, war in jedes meiner Gelenke geströmt. Er hielt mich aufrecht, aber je mehr er sich verdichtete, um so mehr blockierte er mich. Ich mußte etwas dagegen tun, bevor ich an die Aufgabe, meine Stiftung zu gründen, herangehen konnte. Ich hatte während des Krieges einen alten Arzt gekannt; im Getto suchte ich ihn manchmal auf. Mir imponierte seine straffe Haltung, seine Magerkeit war von ganz anderer Art als die der anderen Gettobewohner. Wie machte er das? Obwohl er wie wir Hunger litt, hatte sein Körper noch eine gute Muskulatur. Ich hatte ihn gefragt, und er hatte mir erklärt, je schlimmer das Unglück auf uns laste, desto notwendiger sei es, daß man seinen Körper zu seinem Verbündeten mache, ihn kennenlerne, ihn durch regelmäßiges Üben fit halte. Jeden Morgen machte der alte Doktor seine Gymnastik und seine Atemübungen.

Ich habe also morgens, wenn die Sonne über den Inseln aufging, auf dem taubedeckten Rasen meine gymnastischen Übungen gemacht, um die Kontrolle über meinen Körper wiederzugewinnen und die Energie in die richtigen Kanäle zu leiten.

Doch manchmal, wenn ich ausgestreckt auf dem Boden lag und den Himmel über mir betrachtete, überkam mich eine große Müdigkeit. Wozu das alles? Für wenn soll ich mich gesund erhalten? Wo waren die, die ich liebte? Und diese Frage bedeutete auch: Wo waren die, die mich liebten?

Denn das war vielleicht das Schmerzhafteste: Ich hatte das Gefühl – und ich versuchte, mich dagegen zu wehren –, von Gleichgültigkeit und oft von Feindseligkeit umgeben zu sein. War diese Katastrophe, nachdem der Krieg mich schon allein zurückgelassen hatte, nicht ein neuer Beweis dafür, daß das Schicksal mich vernichten wollte?

Als ich mit einem Bürgermeister in unserem Departement telefonierte, spürte ich, wie abweisend und reserviert er auf meine Vorstellungen reagierte. Ich fuhr trotzdem fort: »Herr Bürgermeister, ich will nach Paris fahren, ich will erreichen, daß der Minister Mittel zur Verfügung stellt, um ein Warnsystem aufzubauen für alle Menschen, die von einem Waldbrand bedroht werden können, verstehen Sie? Wissen Sie, wieviel Hektar Wald jedes Jahr abbrennen? Meinen Sie, daß man diese Zerstörung akzeptieren kann?«

Und das ungeduldige Atmen, das ich vom anderen Ende der Leitung hörte, sagte deutlich: Ja, wir wissen das. Aber schreien Sie nicht so, Monsieur Gray, nichts pressiert. Und der folgende Seufzer bedeutete: Lassen Sie uns in Ruhe tun, was wir wollen.

Ja, ich stieß überall auf Gleichgültigkeit, und ich fühlte mich verlassen wie ein Schiffbrüchiger.

Ich stand auf. Man hatte mir das Recht eingeräumt, die Urnen mit der Asche meiner Lieben in Les Barons aufzubewahren. Ich hatte sie im Musikzimmer aufgestellt, vor dem großen Fenster, durch das man auf die hundertjährigen Bäume und auf die Gebirgskette der Alpen sah, deren höchste Gipfel von Schnee bedeckt waren. Ich setzte mich oft auf den Steinboden und blickte auf die Urnen und ins Land hinaus. Ich blieb lange schweigend sitzen, viele Stunden, denn oft kam die Nacht, ohne daß ich es bemerkte, und der Tag brach wieder an. Die Stunden bewegten sich nicht, die Zeit war in dem Augenblick stehengeblieben, als alle meine Lieben mir genommen waren.

Manchmal schüttelte Mme. Lorenzelli mich, und ich spürte am Zittern ihrer Hände, daß sie Angst hatte, ich sei von einem bösen Zauber befallen. Mein Schweigen und meine Erstarrung waren deutliche Zeichen. Sie schien zu fürchten, daß ich, wenn sie mich berührte, zu Staub zerfallen würde, wie die toten Bäume, die auch nur den Schein ihrer Existenz bewahrt hatten, die unter ihrer Rinde nur Asche waren. Manchmal drang auch das Läuten des Telefons wie von weit her zu mir durch, ich wollte aufstehen, schnell antworten, aber mein Körper war wie Blei, der Weg vom Hören bis zur Bewegung war zu lang. Sobald ich in das Musikzimmer eintrat, sobald ich den Meinen gegenübersaß, existierte die Welt nicht mehr. Sie nahmen von mir Besitz, die Erinnerungen waren so lebendig, so nahe. Sie sprachen auch mit mir, Dina, meine Kinder, sie saßen auf dem Fenstersims, den Rücken an die Scheibe gelehnt, und eins von ihnen sagte: »Erzähle.«

Ich hatte im Haus Les Barons einen Raum eingerichtet, den ich mein »Geheimkabinett« nannte. Dina allein kannte ihn. Der Gedanke war mir gekommen, als ich den Besitz kaufte. Eine fixe Idee, ein Überbleibsel des Krieges. Das Haus lag einsam auf diesem Plateau des Tanneron. Ich wußte nur zu gut, daß das Unmögliche immer möglich ist. Ich hatte so viele Bekannte dank dieser in die Wohnungen eingebauten Verstecke überleben sehen, daß ich mich, sobald die Maurer, die das Haus umbauten, abgezogen waren, daranmachte, aus Gips und Ziegelsteinen einen Verschlag zu bauen, ihn durch eine Bücherwand zu tarnen, von der ein Teil sich unsichtbar um eine Angel drehte. Ich setzte diesen Verschlag in ein zum Garten hin offenes Zimmer, das man durch eine große Schiebetür verschließen konnte. Oft ist es gut, das, was man verstecken will, offen zu zeigen. Dann wird es beim Suchen nicht beachtet. Was zu einfach aussieht, ist oft die beste Tarnung.

»Aber warum, Martin? Warum?«

Ich zuckte die Achseln. Ich wußte es selbst nicht genau. Doch ich wollte, daß wir in Les Barons unsere geheimnisvolle Höhle hatten. Den von mir allein geschaffenen geheimen Ort, den niemand finden würde. Ich machte mich also an die Arbeit. Ich baute mit eigenen Händen die Gipswand, installierte im Innern des Geheimkabinetts einen Stromanschluß. Man konnte da leben. Abwarten, bis die schlimmste Gefahr einer Hetzjagd vorüber war, von denen ich so viele erlebt hatte. Ja, im tiefsten Frieden war ich vom Krieg, von dem Schrecklichen, das ich gesehen hatte, gezeichnet. Wären Sie es nicht auch gewesen, wenn Sie hätten ansehen müssen, wie alle, die Sie liebten, alle Bewohner Ihres Viertels, die ganze Bevölkerung Ihrer Stadt wie eine Herde Schafe zur Schlachtbank geführt wurden?

Als das Versteck fertig war, gingen Dina und ich manchmal hinein. Wir schlossen uns ein, ich zog die drehbare Wand zu. Das kleine Zimmer war völlig still. Dina hatte ein paar von den Bildern, sie sie gemalt hatte, an die Wände gehängt. Mit den hellen Farben der Vorhänge machte das Zimmer einen sehr heiteren Eindruck. Hier, in diesem Zimmer, sagte Dina das erstemal zu mir: »Martin, du hast mir nie richtig erzählt, was du da draußen erlebt hast, niemals. Ich weiß einige Dinge, aber nicht alles. Ich möchte, daß du es heute tust, für mich, für die Kinder später.«

Sie hatte sich an mich geschmiegt. Sie kam dem starken Verlangen entgegen, das mich manchmal packte, meine Alpträume vom Umschlagplatz, von den Gruben, vom Schnauben des Zuges, der nach Treblinka rollte, herauszuschreien.

Dort, in dem geheimen Zimmer, habe ich angefangen zu schreiben. Das war kein wirklicher Bericht, ich schrieb nur nieder, was mir in den Sinn kam, so wie man aufs Geratewohl den verschlungenen Pfaden in einem Wald folgt. Ich schrieb dort, allein. Dina klopfte an die Bücherwand, unser Signal, Ich öffnete. Sie schlich herein, umarmte mich.

»Lies mir vor.«

Ich las mit leiser Stimme, wir hielten uns bei der Hand. Ich wurde wieder das Kind aus dem Getto, das der Krieg an einem Septembertag überrascht hatte. Sie war meine Gefährtin von damals, sie trug den Namen meiner Mutter, sie nannte sich auch Riwka, sie trug den Namen aller Frauen, die die Henker getötet hatten, den Namen all derer, die zu rächen ich geschworen hatte, die ich überlebt hatte und von denen ich geträumt hatte. Sie war meine Frau.

So schrieb ich Seite auf Seite, in meinem Versteck, das den Verstecken des Gettos glich.

Ich dachte daran, als ich im Musikzimmer vor den Urnen saß, und mir schien, ich hörte sie sagen: »Erzähle.«

Ich bin aufgestanden. Ich habe den beweglichen Teil der Bücherwand gedreht, ich habe mich in meinem Versteck eingeschlossen, und ich habe noch einmal gelesen, was ich geschrieben hatte. Ich entdeckte, daß ich nicht alles gesagt hatte. Jedes wiedergelesene Wort weckte in mir andere Bilder, ließ andere Ereignisse lebendig werden, und ich fühlte, ich mußte diesem schwarzen, ungestümen Quell der Vergangenheit freien Lauf lassen. Für uns alle, für mich.

Ich weiß nicht, wie lange Zeit ich so vor den beschriebenen Seiten gesessen habe, mit dieser Idee im Kopf, die stärker und stärker wurde, daß ich alles, was ich im Krieg erlebt hatte, das ganze Martyrium meines Volkes niederschreiben mußte, um verständlich zu machen, wie sehr für mich die Feuersbrunst, die mich meines neuen Lebens beraubte, Teil einer fernen Vergangenheit war, als ob das Feuer mich immer verfolgt hätte, vom Getto bis nach Les Barons.

Ich hörte, wie Mme. Lorenzelli mich rief, wie beunruhigt sie war, daß sie mich nicht fand. Ich liebte es, das Geräusch ihrer Schritte auf dem Steinboden zu hören, ich ließ sie ihren Ruf »Monsieur Gray, Monsieur Gray« wiederholen, eine menschliche Stimme der Solidarität, die ich sehr nötig hatte.

Als ich mein Versteck verließ, war es Nacht. Ich habe meinen Wagen geholt. Die Idee war mir jetzt klargeworden, daß die

Schaffung der Stiftung sich auch auf den Bericht über mein Leben stützen, daß es zwischen beiden einen Austausch geben mußte. Ich wußte noch nicht genau, wie ich das durchführen würde: ein Buch zu schreiben, eine Stiftung zu gründen. Wie ich die Behörden aus ihrem Aktenstaub aufrütteln, ihre Gleichgültigkeit und Saumseligkeit besiegen konnte.

Ich wußte, ich war weder ein Schriftsteller noch ein einflußreicher Mann. Ich war einfach ein Mensch, der litt. Aber ich war zuversichtlich. Ich hatte in meinem Leben zu oft die Schranken durchbrochen, hinter denen man die Menschen einsperrt, um nicht zu wissen, daß dem, der den Willen hat, nichts unmöglich ist.

Und ich hatte den Willen.

Ich bin an der Schlucht vorbeigefahren, dem Einschnitt zwischen zwei Gebirgen, der sich zu einer Ebene öffnet. Ich wußte nicht, daß ich zu Jo fahren wollte, meinem Freund, dem ehemaligen Maurer, der Bauer geworden war. Ich schätzte seine Klugheit, seine Menschenkenntnis, seine Gabe, Zukünftiges vorauszuahnen; das, was die Menschen von ihrer Zukunft in sich trugen.

»Du warst im Ungleichgewicht«, sagte er zu mir. »Das Feuer zwingt dich, die gute Seite deines Selbst zu wählen. Wer weiß?«

Seine Frage erschien mir geheimnisvoll und dunkel. Wollte er sagen, daß dies alles nur geschah, damit ich einen neuen Weg in meinem Leben wählte?

Ich wagte nicht, ihn zu fragen. Aber als ich ihn verlassen hatte, war ich ruhiger, entschlossener, zu sprechen und zu handeln. Für die Meinen, für die anderen, für mich.

Ich schreibe dies alles heute, nachdem sieben Jahre vergangen und mir nur die stärksten Augenblicke dieser Tage gegenwärtig sind, die der Tragödie des Monats Oktober 1970 gefolgt waren. Aber diese Augenblicke will ich durch mein Buch lebendig erhalten, um mit meiner Vergangenheit verbunden zu bleiben, ihr die Treue zu bewahren. Auch wenn mein heutiges Leben glücklich ist, ich bin Mensch nur durch das, was mich geformt hat, nur durch die, die mich vor sieben Jahren, die mich vor noch längerer Zeit im Krieg geliebt haben, die ich so sehr geliebt habe, daß ich glaubte, den Verstand zu verlieren, als sie mir genommen wurden.

Ich bin also nach meinem Besuch bei Jo entschlossener und ruhiger nach Les Barons zurückgekehrt. Das Samenkorn der Gelassenheit, das er gepflanzt hatte, würde später aufgehen. Ich hatte noch viele schmerzliche und deprimierende Tage zu überstehen.

Auf dem Rasen von Les Barons erwarteten mich Menschen, Journalisten, die aus den größeren Städten an der Küste und aus der Hauptstadt kamen. Ich habe sofort gesehen, daß sie in mein Haus eingedrungen waren; die Tür zum großen Wohnzimmer stand offen. Ich bin an ihnen vorbeigegangen, ohne zu grüßen, und sie folgten mir ins Haus. Ich habe begriffen, daß sie auch in das Musikzimmer eingedrungen waren, und ich bin vor ihnen hineingegangen, bin vor den Urnen stehengeblieben. Sie hatten die Urnen – was waren das für Menschen, die so etwas taten? – herumgeschoben und die Akkordeons der Kinder dazugelegt. Für ein Foto! Ich habe mich niedergebeugt; ein Blitzlicht, ein weiteres, und als ich mich aufrichtete, um sie zu stellen, fotografierten sie mich noch einmal. Einer von ihnen, sehr groß, mit einem dünnen schwarzen Schnurrbart und sonnengebräuntem Gesicht, lächelte mich an und sagte: »Können Sie diese Geste wiederholen, Monsieur Gray?«

Er trat zu mir, faßte mich am Arm, um mir zu zeigen, daß ich das Akkordeon in die Hand nehmen sollte. Ich habe mich mit einer heftigen Bewegung frei gemacht und den Journalisten zurückgestoßen, die drei anderen sahen mich überrascht an.

»So geht das nicht«, sagte der Große, »wir tun nur unsere Arbeit, oder? *Sie* haben doch dieses ganze Aufsehen gemacht, oder? Das waren doch Sie. Wissen Sie denn überhaupt, was Sie wollen? Publicity oder was sonst?«

Er sagte zu einem seiner Kollegen: »Du hast es gesehen, er ist verrückt, dieser Kerl.«

Ich glaube, an diesem Tag habe ich das einzige Mal in meinem Leben in Gegenwart anderer Menschen haltlos geschluchzt. Sie haben die Unverschämtheit besessen, mich zu fotografieren, während ich weinte, und ich hatte nicht die Kraft, mich auf sie zu stürzen. Wozu auch? Hatten sie nicht recht? War ich es nicht selbst, der die Sensationsgier der Presse auf meine Tragödie gelenkt hatte? Ich habe lange Zeit geweint und geschluchzt, ich gestehe es. Soll man doch sagen, daß es schamlos ist, das zu erzählen, es berührt mich nicht. Ich folge meinem eigenen Gesetz, denn ich habe auch mein eigenes Schicksal zu tragen.

Was mich am Auftreten und an der Handlungsweise der Journalisten so aufgebracht hatte, war nicht die hemdsärmelige Art, wie sie ihr Handwerk betrieben, es war ihre Gleichgültigkeit, das Fehlen jeder Solidarität, das ich spürte. Ich bin immer sensibel für die Ausstrahlung der Menschen gewesen, für diese Wellen, die von ihrem Körper und ihrer Seele auszugehen scheinen. Woher habe ich diese Intuition, dieses Vorherwissen, das mich das Wesen eines Menschen, die Wahrheit, die er zu verbergen sucht, erkennen läßt, bevor er nur ein Wort gesprochen hat? Schon mein Vater hatte diese Gabe bei mir festgestellt. Ich erinnere mich: Am Anfang des Krieges, als mein Vater verfolgt wurde und wir mit unserer Mutter allein waren, hatte ich gespürt, daß ein Mann ein Spitzel der Henker war, und ich konnte so verhindern, daß man uns verhaftete. Und mein Vater hatte gesagt, als ich es ihm erzählte: »Martin, du witterst die Menschen, du hast diese Gabe, ihr Inneres zu erkennen, sie ist selten, ich hoffe, du wirst sie dir bewahren.«

Ich hatte sie bewahrt und sogar weiter ausgebildet, denn das Leben hing während des Krieges oft vom ersten Blick ab. Entweder beurteilte man einen Menschen richtig und hatte die Chance zu überleben, oder man täuschte sich und starb. Ich hatte diese Witterung. Keiner täuschte mich durch große Worte oder Verstellung. Ich sah, was er war. Ich spürte sein wahres Wesen. Und ich besitze auch heute noch diese Fähigkeit.

Die Journalisten, das spürte ich, waren gleichgültig und kalt wie Eis. Fast unmenschlich. Ich war schon wenige Stunden nach der Brandkatastrophe von meinem Freund David D. D. fotografiert worden, einem der besten Fotografen der Vereinigten Staaten, einem Mann, der bei allen Kämpfen an allen Fronten der Kriege unserer Zeit dabeigewesen war, um Zeugnis vom Tod und vom Mut der Soldaten zu geben. Und vom Wahnsinn der Menschen.

Ich habe diese Fotos noch, sie sind mein Schmerz, meine Wahrheit. Ich habe niemals einen gleichgültigen Blick von David gespürt, während er mich fotografierte. Der Blick seiner Augen durch das Objektiv der Kamera und sogar die Bewegung seines

Körpers, wenn er sich bückte, waren Gesten der Brüderlichkeit.

Die Journalisten sind gegangen. Kalte, gleichgültige Menschen. Ich habe lange über das Abenteuer nachgedacht, in das ich mich stürzte, in dem ich schon mittendrin war, bei dem ich viele solcher Leute treffen würde, die nur dem Aussehen nach Menschen waren. Sensationsgierige – Journalisten, Politiker und viele andere –, Machthungrige – Beamte oder Minister –, alle diese Leute, die in erster Linie Masken sind und die, um ihre Rolle besser spielen zu können, oft den wirklichen Menschen in sich getötet hatten.

Würde auch ich einer von ihnen werden? Würde auch mich der gesellschaftliche Ehrgeiz zugrunde richten, der das Herz tötet, der aus einem Menschen einen Namen macht?

Schon waren mein Name, meine Geschichte in den Zeitungen, auch mein Gesicht. Schon riefen mich unbekannte Leute an, belagerten mein Haus, brachen in meiner Abwesenheit sogar die Tür auf.

Gilt der noch als Mensch, dessen Name das Interesse der Öffentlichkeit gefunden hat? Stellen die Leute, die in den Zeitungen »Martin Gray« lesen, sich vor, daß ich etwas anderes bin als ein Name? Ich gehöre ihnen. Sie gehen bei mir aus und ein, als wären sie hier zu Hause. Dieses Risiko wurde mir schon nach wenigen Tagen klar, noch bevor meine Stiftung überhaupt bekannt geworden war.

Doch was ist das Leben ohne Risiko?

Ich war mir sicher, daß ich mir selbst treu bleiben würde. Daß ich nicht nur eine Fassade sein würde. Daß man in mir nicht die wahre Stimme, die Stimme der Meinen, zum Schweigen bringen würde. Ich würde laut und ohne Umschweife sprechen, mein Name würde in den Zeitungen stehen, ich würde den Bericht meines Lebens schreiben, ich würde ein bekannter Mann werden. Und ich würde das bleiben, was immer zu sein ich mich bemüht hatte: frei und wahrhaftig.

Ich habe also weitergemacht.

Auf dem Rasen von Les Barons habe ich die Bürgermeister der von den Waldbränden bedrohten Departements des Midi empfangen, ich habe zu ihnen gesprochen, ich, der die französische Sprache nur so mangelhaft beherrschte, der den Verwaltungsapparat dieses Landes nicht kannte, der einen Bürgermeister nicht von einem Präfekten unterscheiden konnte. Aber ich habe das schnell begriffen. Ich begreife schnell. Das Leben hat es mich gelehrt: die Realität begreifen oder sterben.

Ich habe also zu den Bürgermeistern gesprochen. Sie saßen vor mir, die gewählten Vertreter des Volkes. Mein seltsames Schicksal hatte mich bis hierher geführt. Mich, der aus den Lagern und der Barbarei entkommen war, der nach Amerika emigriert war, dort ein erfolgreicher Geschäftsmann geworden war, der sich von den Geschäften zurückgezogen und hier in seiner Festung, seiner Burg mit Dina und den vier Kindern, die sie ihm geschenkt hatte, ein Leben in Frieden und Sicherheit geführt hatte, bis eine Tragödie ihm alles wieder nahm. Die Bürgermeister unterzeichneten eine Vollmacht, mit der sie mich beauftragten, sie zu vertreten, in ihrem Namen mit der Regierung zu verhandeln.

Sie traten in das Musikzimmer, gingen einer nach dem anderen an den Urnen Dinas und der Kinder vorbei. Szenen, die ich mir noch vor wenigen Tagen nicht hätte vorstellen können. Und die doch Wirklichkeit waren. Die Präfekten, die Unterpräfekten, die Abgeordneten, die Senatoren empfingen mich, ich überreichte ihnen Petitionen, Erklärungen, die Unterschriften der Bürgermeister. Die Journalisten unterviewten mich. Die Fondation Dina Gray begann Realität zu werden. Ich stellte Untersuchungen an. Ich entdeckte, daß der Waldbrand vielleicht durch eine unvorsichtige Linienführung der Hochspannungsleitungen verursacht worden war – nur eine Hypothese, doch sie löste eine heftige Diskussion und polemische Angriffe aus. Ich befand mich, ohne es zu wollen, mitten in der Schlacht.

Abends, wenn ich mit den Besuchen, den Telefongesprächen, dem Redigieren der ersten Broschüren der Stiftung fertig war, schloß ich mich manchmal in mein Geheimkabinett ein, um dort meinen Tränen freien Lauf zu lassen.

Wie habe ich nur die ersten Wochen durchgehalten?

Ich schlief nicht oder immer nur wenige Minuten, wurde immer wieder von dem gleichen Alptraum geweckt. Ich war mit meinen Kindern und meiner Frau zusammen. Das heißt, einige Minuten lang war ich in meinem Traum überzeugt, daß sie noch lebten, daß wir alle gemeinsam eine Wanderung machten. Dann kam plötzlich die Feuersbrunst. Und ich glaubte fest, daß das nur ein Alptraum war – nicht die Realität. Ein entsetzlicher Alptraum. Ich sagte mir also in diesem zerbrechlichen Schlaf: Wach auf, Martin, und der Alptraum wird zu Ende sein, du brauchst nur in ihre Zimmer zu gehen, und du wirst sie friedlich schlafen sehen. Ich wachte schweißbedeckt auf, doch der Alptraum war die Wirklichkeit. Ich war allein in meinem Haus Les Barons, hatte mich in mein Geheimkabinett verkrochen, war wie erschlagen.

In diesen Nächten kam fast immer Lady zu mir. Sie war jetzt mein einziger Hund. Der andere war mit Dina und den Kindern umgekommen, nahe beim Wagen in der Schlucht. Lady war bei mir geblieben, aber seit der Tragödie irrte sie im Haus umher, verlassen und verloren auch sie. Oft versteckte sie sich am Tage unter dem Bett eines der Kinder. Das Schluchzen – ich wüßte dafür kein anderes Wort –, das sie manchmal ausstieß, ein langer spitzer Schrei, zerriß mir das Herz. Nachts wußte Lady, wo sie mich finden würde. Sie kratzte an der Wand des Geheimzimmers. Ich öffnete ihr. Sie leckte mir die Hände, dann legte sie sich neben mir hin, den Kopf auf die Pfoten ruhend, im Schlaf seufzend.

Wieder einmal lernte ich die liebevolle Zärtlichkeit, die Empfindsamkeit der Tiere kennen, die doch so viele Menschen in ihrer Überheblichkeit für gefühllos halten. Wie könnte ich den Kater vom Ufer des Flusses in Warschau vergessen, der zu einer Zeit, als so viele Menschen nur reißende Tiere waren, für mich, das verfolgte Kind, die Sanftheit und Liebe selbst war!

Hier, in Les Barons, hatte ich erlebt, wie unsere großen starken Hunde sich von den Kindern hatten reiten lassen, mit ihnen gespielt hatten, bei ihren Bewegungen darauf achtend, ihnen nicht weh zu tun, mit einer geradezu menschlichen Besorgnis um den Jüngsten. Und zweifellos hatte Yellow, statt zu fliehen, als die Flammen den Wagen erreichten, bei meinen Kindern bleiben wollen, bis zum Ende, und war so mit ihnen umgekommen.

Und jetzt war es Lady, die mit mir litt, die das Fressen verweigerte, als wollte sie nicht mehr leben, und ich mußte ihr das Fleisch Bissen für Bissen geduldig hinhalten, sie praktisch immer wieder zum Fressen zwingen. Ich mußte ihr zureden: »Siehst du, Lady, von uns allen sind nur noch wir zwei. Du willst mich doch nicht verlassen? Du willst mich nicht allein lassen? Du willst doch bei mir bleiben. Aber dann mußt du fressen.«

Lady schaute mich mit ihren traurigen sanften Augen an. Sie schluckte, aber es fiel ihr schwer. Sie zwang sich dazu, das spürte ich, um mich zufriedenzustellen, aber etwas in ihr sträubte sich. Sie hatte keinen Lebenswillen mehr. Und für mich, der sich in jedem Augenblick zwingen mußte, weiterzuleben, war die Gegenwart Ladys, ihre Verzweiflung, die sie nicht durch Worte ausdrücken konnte, die sich aber in ihrem ganzen Verhalten zeigte, eine ständige Verführung, den Kampf aufzugeben. Oft hätte ich mich neben ihr ausstrecken mögen, und wir hätten Seite an Seite den Schlaf erwartet, der uns zu denen hinführen würde, die wir beide liebten.

Aber ich war ein Mensch.

Ein Mensch, das ist für mich jemand, der nicht aufgibt. Den die Verzweiflung zerfrißt, aber der gegen sie kämpft. Ich versuchte also, weiterzuleben und auch Lady zu zwingen, zu leben und zu fressen.

Nur, ich mußte nach Paris fahren.

Ich hatte meine ersten Ziele wirklich erreicht: Die Bürgermeister, die Präfekten und die Unterpräfekten, die Abgeordneten, die Senatoren, diese ganze Hierarchie von Notabeln und Funktionären, waren, seit sie mich gesehen oder empfangen hatten, überzeugt, daß man mich nicht aufhalten würde.

Einer von ihnen, er war in Uniform, hatte mich stehend in der halbgeöffneten Tür angehört, ohne mir Gelegenheit zu geben einzutreten. Und von Zeit zu Zeit warf er, während er mir eine zerstreute Aufmerksamkeit widmete, einen Blick auf seine Uhr. Dann sagte er: »Es tut mir leid, Monsieur Gray, aber ich muß jetzt gehen.«

Und er erklärte mir, daß er eine wichtige Persönlichkeit aus dem Ausland empfangen müsse. »Ich muß unbedingt zum Flugplatz fahren. Legen Sie mir alles in einem ausführlichen Schreiben dar, ich verspreche Ihnen, es mit einer befürwortenden Stellungnahme nach Paris weiterzuleiten. Wir werden Ihre Vorschläge ganz genau studieren.«

Er legte mir die Hand auf die Schulter. »Sie kennen die französische Administration nicht? Sie ist die beste auf der Welt.«

Er nahm meine Hand, schüttelte sie, ließ mich im Büro seiner

Sekretärin zurück, und ich sah durch das Fenster, wie er eilig die Treppen hinunterlief, sicher mit dem Gefühl, einem lästigen Menschen entkommen zu sein.

Doch er kannte mich nicht. Ich habe mich zu seiner Sekretärin umgewendet: »Ich soll ihn in seinem Büro erwarten.«

Und bevor sie antworten konnte, bin ich auf das Büro zugegangen, bin eingetreten, habe meine Aktentasche geöffnet und angefangen, meine Dossiers vorzubereiten. Ich hatte den Entwurf einer Broschüre bei mir, in der die Vorsichtsmaßnahmen erklärt wurden, die im Falle eines Feuerausbruchs zu treffen waren. Die Broschüre sollte nach meiner Vorstellung an alle Schulkinder in Frankreich verteilt werden. Alle Leute, die die Administration des staatlichen Erziehungswesens – der *Education nationale* – kannten, versicherten mir, es sei völlig unmöglich, daß das Ministerium die Genehmigung erteile, einen von einer Privatperson verfaßten Text durch die Lehrer verteilen zu lassen.

Unmöglich? Wie oft war mir dieses Wort auf meinem Weg entgegengehalten worden: Unmöglich, das Getto zu verlassen, unmöglich, mehrmals täglich die Mauer zu überwinden, unmöglich, aus Treblinka zu fliehen, unmöglich, beim Aufstand im Warschauer Getto nicht zu sterben, unmöglich, daß ein Waldbrand meine Frau und meine Kinder wenige Kilometer von Cannes entfernt tötet.

Unmöglich – dieses Wort kannte ich nicht.

Ich hatte die Broschüre redigiert. Sie würde verteilt werden.

Die Zeit verging. Ich saß noch im Büro. Ich habe das Licht eingeschaltet, die Tür offenstehen lassen. Manchmal trat jemand aus der Verwaltung ein, schien überrascht zu sein, mich zu sehen, und ging diskret wieder hinaus. Einmal hat die Sekretärin sich geräuspert, um meine Aufmerksamkeit auf sich zu ziehen. »Ich weiß nicht, ob Monsieur le préfet in sein Büro zurückkommen wird. Es findet ein Empfang im Rathaus statt ...«

Ich habe den Kopf geschüttelt. »Er hat mich gebeten, hier auf ihn zu warten. Machen Sie sich keine Sorgen, ich werde warten. Ich arbeite.«

Ich zeigte auf die Akten, die auf meinen Knien lagen.

Die Sekretärin hat einen Augenblick gezögert, schließlich ist sie seufzend hinausgegangen. Wenn man Entschlossenheit zeigt, geben die Leute schließlich immer nach. Man muß nur lange genug durchhalten können.

Nach weiteren Stunden hörte ich ein Flüstern, eine geheime Beratung, dann laut die irritierte Stimme des Präfekten. Er hat die Tür aufgestoßen; sein Gesicht zeigte Erstaunen und Zorn. Ich habe meine Akten zusammengepackt, und bevor er etwas sagen konnte, habe ich gesprochen: »Ich habe alle Ihre Mitarbeiter belogen, Monsieur le préfet. Man muß manchmal ein Risiko eingehen, nicht wahr? In Warschau gelang es mir, mich als Pole deutscher Abstammung auszugeben. Warum ich gelogen habe? Ich wollte Sie sehen, Sie selbst, ich wollte, daß Sie mich persönlich anhören, mit Ihrem Herzen, Monsieur le préfet. Dann, das weiß ich, werden Sie mein Verbündeter werden.«

Er hat mich lange angesehen, hat seine Schirmmütze abgenommen, sich mit der Hand über das Haar gestrichen und sich seufzend hingesetzt.

»Ich höre, Monsieur Gray. Ich fürchte, daß mir nichts anderes übrigbleibt, nicht wahr?«

»Sie können mich verhaften lassen, natürlich. Aber ich werde ausreißen und wiederkommen.«

Er hat laut aufgelacht. Und ich habe zum erstenmal seit der Tragödie gelächelt.

So fand ich in der hartnäckigen Aktion, die ich unternommen hatte, einen ersten Schimmer neuen Lebens. Ich entdeckte Menschen und eine Welt, die ich nicht kannte.

Der Präfekt nahm mich am Abend mit zu sich nach Hause. Wir speisten mit seiner Frau. Beide wurden meine Freunde.

Es gibt oft, davon konnte ich mich überzeugen, unter der Maske der Gleichgültigkeit, hinter den Rollen, die man die Beamten zu spielen zwingt, wirkliche Menschen, die für ihre Mitmenschen offen sind.

In Paris begegnete ich einigen dieser verständnisvollen Menschen, allerdings auch anderen. Zum großen Erstaunen einiger Journalisten, die mir nachspionierten, empfing mich ein Minister; die technischen Berater des Premierministers hörten mich an. Einer von ihnen – ich will ihn Serge nennen – schien mir sehr interessiert zu sein; er lud mich zum Mittagessen ein: »Ich möchte, daß wir gründlich über Ihre ›Affaire‹ sprechen.«

»Das ist keine ›Affaire‹.«

Ich beherrschte die Feinheiten der französischen Sprache noch nicht. »Affaire«, das war für mich »Business«. Meine Stiftung war kein Geschäft.

Serge saß mir in einem dieser eleganten Restaurants gegenüber, wo man die Journalisten, die Politiker, die Persönlichkeiten von Tout-Paris antrifft, die ihr gesellschaftliches Renommee zur Schau stellen müssen.

Ich bin vielleicht übertrieben puritanisch, aber ich habe immer ein gewisses Mißtrauen gegen Leute, die zuviel Wert auf gutes Essen und Trinken legen. Serge wunderte sich, daß ich Wein und Fleischgerichte ausschlug. Ich war zu dieser Zeit noch Vegetarier, und ich bestellte einen rohen Salat, ohne Dressing. Das rief einen kleinen Aufstand hervor, hatte besorgte Fragen des Maître d'Hôtel und mitleidige Blicke der Kellner und M. Serges zur Folge. Ich war ein Barbar, der nichts von Lebenskunst verstand. Aber für mich bedeutete Leben mehr als eine gute Mahlzeit. Serge trank mit Genuß, aß mit Appetit.

»Ihre Stiftung«, sagte er, »da brauchen Sie sich keine Sorgen zu machen, die werden Sie durchbringen. Gut, Sie haben investiert, vielleicht fehlen Ihnen jetzt die flüssigen Mittel, aber das Geld ist nie ein Problem. Nicht nur der Staat kann helfen. Lassen Sie mich nur machen. Wenn die Sache einmal in Gang gekommen ist, dann läuft sie von selbst; das garantiere ich Ihnen.«

Als ich M. Serge verließ, hatte ich ein ungutes Gefühl. Ich sagte es schon: Ich erkenne Menschen intuitiv. Und M. Serge mit seiner Selbstsicherheit, dieses zu rasche Vertrauen, diese übertriebene Art, mich überzeugen zu wollen, beunruhigte mich. Ich weiß zu gut, wie groß die Hindernisse sind, um mich nicht zu wundern, wenn die Tür sich rasch öffnet, ohne daß man sie aufstoßen muß. Als ich in den polnischen Wäldern mit den Partisanen kämpfte und viele von uns vor Kälte krepierten, kam es manchmal vor, daß wir in einer Hütte eine Menge Holz entdeckten, trockene Scheite, man brauchte sie nur anzuzünden. Der Kamin war in Ordnung, so schien es. Erfahrene Partisanen aber stiegen dann aufs Dach, und oft kamen sie mit einem ganzen Bündel Granaten zurück, einer Ladung Dynamit, die unsere Feinde in die Kaminzüge gesteckt hatten.

Natürlich konnte ich nicht die Fallen entdecken, in die M. Serge mich locken wollte. Ich kannte nichts von dieser Welt der Menschen, die Macht ausüben. Ich mußte also warten. Ich kehrte in mein Hotel zurück, erschöpft von diesen Konferenzen in den Büros der Ministerien, vom Warten in den Vorzimmern, vom vielen Händeschütteln. Und wie oft stieß ich doch auf scheinheilige Ausflüchte, auf Mißtrauen gegen das Engagement, das ich ihnen vorschlug.

In meinem Hotelzimmer legt ich mich aufs Bett. Ich war krank vor Schlaflosigkeit und Übermüdung. Ich konnte die Stille so wenig ertragen wie den Blick auf die Straße. Ich ließ die Jalousien herunter, zog die Vorhänge zu, stellte das Radio an. Ich öffnete meine Fotoalben. Das war vielleicht ein kindisches Verhalten, krankhaft auch, denn was vermögen Fotografien gegen den Tod, aber ich hatte das unbezwingbare Bedürfnis, sie immer wieder anzusehen. Ich blätterte, starrte auf Nicole oder Richard, Dina, Suzanne oder Charles. Was war nur aus mir geworden? Das Hotelzimmer sah wie die der amerikanischen Hotels oder der Pensionen in Westberlin aus, in denen ich gewohnt hatte, wenn ich für meinen Antiquitätenhandel durch die Vereinigten Staaten reiste oder wieder Europa besuchte. Meine ganze wahre Vergangenheit, die des Glücks mit meiner Familie, war im Nichts versunken. Ich stand am Rande eines Abgrunds, der sie verschlungen hatte, und starrte ins Leere. Dieses Zimmer, diese Zimmer erinnerten mich an meine Situation vorher, vor meiner Begegnung mit Dina, als ich auf der Suche nach dem Glück umherirrte, ein Vermögen aufhäufend, das mir, ich wußte es, keine Befriedigung geben konnte, denn ich hatte niemand, den ich liebte und mit dem ich es teilen konnte.

Wenn dann die Nacht hereinbrach, begann sich alles um mich herum zu drehen.

Wozu? Wozu das alles?

Mir war übel. Ein brennender Schmerz preßte mir das Herz zusammen und erstickte mich. Ich versuchte, mich zu beruhigen. Ich zwang mich, an meinen Vater zu denken, an alles das, was ich während des Krieges ausgehalten hatte, wie ich der Panik widerstanden hatte. Oft nutzte es nichts: Der Krieg war ein Ereignis, das mich mit Millionen anderer Menschen getroffen hatte. Die

Brandkatastrophe schien sich gegen mich allein gerichtet zu haben.

Ich mußte mich gegen die Vorstellung wehren, die mich quälte. Ich war nicht das Opfer eines grausamen Schicksals, sondern der Unwissenheit und Ungeschicklichkeit von Menschen, und dagegen sollte sich die Gründung meiner Stiftung wenden.

Im Hotel baten mich oft Journalisten um ein Interview. Ein langer Artikel in *France-Soir* hatte über die wichtigsten Episoden meines Lebens ausführlich berichtet. Ich war zur Sensationsfigur geworden: Nicht jeder hatte im Aufstand des Warschauer Gettos gekämpft, war aus Treblinka entflohen, war Hauptmann der Roten Armee geworden und ... Geschäftsmann in den Vereinigten Staaten. Es war mir nicht klar, daß ein Leben wie meines bester Stoff für die Sensationspresse war, daß Leute wie ich die Stars eines Augenblicks für Illustrierte und Erfolgsbücher waren. Ich hatte das rasch begreifen müssen. So bekam ich eines Abends, als ich von einer Besprechung mit einem Beamten der *Education nationale* zurückkehrte, dem ich wieder einmal mein Projekt vorgetragen hatte, den Besuch eines Vertreters eines großen Verlagshauses. Er begleitete mich auf mein Zimmer. Den ganzen Tag hatte ich keine Gelegenheit gehabt, die Fotos meiner Lieben anzuschauen, und ohne ihm zu erklären, was ich tat, habe ich meine Alben geöffnet und begonnen, sie langsam durchzublättern. Für sie, nur für sie, mußte ich mit meiner Arbeit fortfahren.

Der Vertreter sagte: »Ihre Geschichte ist ein Filmstoff. Und man wird einen Film daraus machen. Haben Sie nichts geschrieben?«

Ich hob den Kopf.

»Ein sehr guter Schriftsteller ist bereit, mit Ihnen ein Übereinkommen zu treffen. Die Autorenrechte sind... Das Buch wird Ihnen einbringen...«

Er sprach von Geld, nur von Geld, immer von Geld. Und von Publicity und von Marktchancen.

Aber was war denn nur aus mir geworden, daß man mich so behandelte? Wie eine Ware, die man verkaufen wollte, als ob mein Leben, das Leben der Meinen, Produkte wären, die man auf den Markt wirft.

»Sie haben Vertrauen zu uns? Sie unterschreiben einen Exklusivvertrag mit uns, und wir garantieren....«

Ich habe diesem Mann die Fotoalben hinübergereicht. Er hat sie mit einem affektierten Lächeln, einem den Umständen angepaßten Ausdruck angeschaut.

»Ach, das sind sie? Wir werden übrigens mehrere Seiten mit Fotografien am Ende des Buches bringen. Natürlich werden Sie sie selbst auswählen. Farbfotos sind leider nicht möglich, nur auf dem Schutzumschlag.«

Er schloß die Alben, ich nahm sie zurück.

Was war nur aus mir geworden? Ich schüttelte den Kopf, zum Zeichen, daß ich ablehnte. Nachdem er noch einige Zeit insistiert hatte, stand er auf.

»Ich verstehe Sie nicht, Monsieur Gray«, sagte er. »Sie scheinen doch Publicity zu suchen? Ich versichere Ihnen, Sie werden sie bekommen.«

Verstand er denn nicht, daß er mir mit seinem Gerede auf die Nerven ging? Daß mein Buch, wenn ich eins schreiben sollte, eine Seele haben mußte, daß es der Wahrheit verpflichtet sein würde, daß es mir nicht auf wohlklingende Worte ankam?

Ich hatte noch einen schwierigen Weg vor mir. Die *Education nationale* widersetzte sich meinen Vorschlägen. Überall in den Büros der Behörden galt ich als ein Mann, der »verrückt vor Schmerz« war, als ein »Amerikaner«, ein »Barbar, fast ein Analphabet«, als jemand, der »nicht bei vollem Verstand« ist, den man anhören mußte, dem man aber nicht nachgeben durfte.

Diese Hindernisse gaben mir in gewisser Weise neuen Auftrieb. Sie erinnerten mich an die Zeit meiner Ankunft in den Vereinigten Staaten, als ich nichts anderes besaß als meine Jugend und das Verlangen, frei zu sein in einer Gesellschaft, in der das Geld der Schlüssel zur Unabhängigkeit ist. Ich mußte Dollars verdienen; es gelang mir, sie zu verdienen. Mußte mein jetziges Ziel nicht leichter zu erreichen sein, widerstrebenden Verwaltungskörperschaften nützliche, uneigennützige Maßnahmen aufzudrängen?

Eines Morgens, ich war gerade dabei, mein Hotelzimmer zu verlassen, um mich mit einem Beamten zu treffen, der mir Ratschläge für die Vorlage des Textes meiner Broschüre bei den pädagogischen Kommissionen geben sollte, läutete das Telefon. Es war ein Anruf aus Les Barons. Ein Nachbar, Monsieur C., einer von denen, die in den ersten Nächten bei mir Wache gehalten hatten, als Gefahr bestand, daß ich dem Alptraum meiner Erinnerungen durch einen Schuß in den Kopf ein Ende machte, teilte mir mit: »Lady, Ihre Hündin, ist verschwunden. Madame Lorenzelli kann sie nicht finden...« Ich beschloß, sofort nach Les Barons zurückzukehren und das Treffen mit dem Beamten auf einen späteren Zeitpunkt zu verschieben. Ich war von Ladys Verschwinden aufs tiefste erschüttert. Wer wird das verstehen? Sie war nur ein Tier, aber wir hatten gemeinsam die Freude erlebt, mit den Kindern zu spielen. Sie hatte sich von Suzanne umwerfen lassen, sie hatte auf Richard aufgepaßt, wenn er auf dem Rasen herumkrabbelte. Sie hatte überlebt wie ich, und jetzt ging sie von mir. Ihr Verschwinden traf mich hart. Im Flugzeug fragte mich die Hosteß, ob ich mich unwohl fühlte, ob ich etwas brauchte, weil ich mit gesenktem Kopf dasaß, den Arm über die Augen gelegt. Man entriß mir einen letzten Teil meiner Existenz, aber ich lebte; und ich machte mir Vorwürfe, daß ich lebte, daß ich nicht wie Lady den Weg gewählt hatte, zu verschwinden, ohne Aufsehen, ins Unbekannte.

In Les Barons erklärte man mir, daß sie, seit ich nach Paris abgereist war, jede Nahrung verweigert hatte. Daß sie sich vor die Urnen gelegt hatte, sich nicht rührte und nur von Zeit zu Zeit einen Klagelaut ausstieß. Dann, eines Nachmittags, war sie aufgestanden und fortgelaufen, zum Skelett abgemagert, zielstrebig, ohne daß Mme. Lorenzelli sie hatte zurückhalten können.

»Man hatte den Einruck, daß sie wußte, wohin sie lief«, sagte Mme. Lorenzelli zu mir. »Ich habe sie gerufen, sie hat ein wenig gezögert, am Ende des Obstgartens, dahinten unter dem Kirschbaum, aber als ich auf sie zugegangen bin, ist sie fortgelaufen.«

Ich bin nun ebenfalls über das Feld gegangen, bin dem Weg gefolgt, den nach meiner Vorstellung Lady genommen hatte. Ich wußte, an welchen Punkten sie vorbeigekommen war. Sie war quer über das Feld gelaufen wie meine Kinder, wenn sie, den Mund rot vom Saft der Früchte, zum Haus zurückkamen. Dann war sie über die Hecke gesprungen, um die Straße zu erreichen. Nicole versteckte sich dort oft, wenn wir spielten. Es war eine dunkle, neblige Nacht. Das Land lag verlassen da, aber ich sah die Stümpfe der verbrannten Bäume. Ich bin weitergegangen. Sie hatte, auch sie, direkt auf die Schlucht zulaufen müssen. Ich habe die Kurve erreicht, ich bin über die Schutzplanke gestiegen, und ich begann hinabzusteigen, da, wo der Wagen mit Dina und den Kindern im Rauch abgestürzt war.

In dieser Nacht lag alles in grauem, feuchtem Nebel. Ich war von Angst und Entsetzen wie gelähmt. Zum erstenmal seit dem Tag des Waldbrands machte ich wieder diesen Weg. Ich erreichte das Wrack des Wagens. Ich berührte die mit eisigen Nebeltröpfchen bedeckte Karosserie.

Ich habe angefangen zu rufen: »Lady, Lady...«

Ich war sicher, daß die Hündin hierhergelaufen war, geführt von ihrem Instinkt, ihrer Liebe, möchte ich es nennen.

Ich glaubte, ein Geräusch von brechenden Zweigen zu hören. Dann bemerkte ich Lady.

»Lady, Lady«, habe ich wieder gerufen, leise, um sie nicht zu erschrecken.

Sie ist noch etwas näher gekommen.

»Ich bin es, ich«, habe ich gemurmelt und bin auf sie zugegangen. Und sie ist mit einem Riesensatz verschwunden – sie hat mich verlassen.

Ich habe verstanden, daß ihr Entschluß endgültig war. Daß sie es nicht länger ertragen konnte, mit mir zu leben, ohne die Meinen.

Ich habe lange auf dem mit Asche bedeckten Boden gesessen, die Kälte hat mich durchtränkt, ich bin erst heimgekehrt, als die Sonne aufging, die allmählich den Nebel auflöste. Fort war Lady, fort mein vergangenes Leben, fort sie, die es geteilt hatte.

Man muß ein Mensch sein, um das Überleben ertragen zu können. Glücklicherweise war mir die Stiftung, die allmählich Wirklichkeit wurde, eine große Hilfe. Ich konnte nicht mehr isoliert von der Welt leben, sie kam zu mir. Ich hatte die Menschen aufgerüttelt, Türen aufgestoßen. Man antwortete mir, man lud mich ein einzutreten. Es kamen Anrufe von Ministerien, von Präfekturen, von einem Drucker, einem Journalisten, von Privatpersonen, die in den Zeitungen über mich gelesen hatten und mir ihre Hilfe anboten. Man richtete an mich die Bitte, Dokumente zu vervollständigen, den Bürgermeister von... zu treffen, den Rektor von..., die Abgeordneten der Mehrheitsfraktionen oder der

Opposition. Ich befand mich im Mittelpunkt eines Netzes, das ich selbst gesponnen hatte, und es trug mich. Was hätte ich sonst angefangen?

Manchmal gab es auch empörende Versuche skrupelloser Geschäftemacher, mich und mein Werk für ihre Interessen einzuspannen. Sie hatten nur den Erfolg, mich wachsamer und vorsichtiger zu machen.

So sah ich eines Tages in Les Barons M. Serge auftauchen, den technischen Berater des Premierministers, in Begleitung eines Mannes von etwa sechzig Jahren, kräftig gebaut, selbstzufriedener Gesichtsausdruck, der mich mit einem festen Händedruck begrüßte und den M. Serge höchst respektvoll vorstellte.

»Das ist Monsieur..., Sie kennen ihn, nicht wahr?«

Ich werde seinen Namen nicht nennen, ich werde ihn als *der Händler* bezeichnen, denn er kaufte und verkaufte. Ich wußte nichts von ihm, kannte nicht einmal seinen Namen. Ich war kein Kunde für die Art Gift, die er verkaufte. Ich brauche keine anderen Drogen als das Leben.

»Sie kennen mich nicht?«

Der Händler schien zugleich überrascht und amüsiert zu sein. »Gibt es das auch? Da sind sie wirklich der einzige in Frankreich.«

»Monsieur Gray ist Amerikaner«, kommentierte M. Serge.

»Aber Sie wohnen schon lange hier, nicht wahr?«

»Zehn Jahre«, antwortete ich dem Händler.

Ich bat sie ins Haus, ohne Begeisterung, ich war auf der Hut. Mir gefiel dieses süffisante Lächeln nicht, dieser überhebliche, anmaßende Blick des Händlers. Er legte ein kleines Buch auf den Tisch.

»Monsieur Gray«, sagte er, »da Sie mich nicht kennen, gebe ich Ihnen hier ein Buch, in dem man mein Leben berichtet. Sie werden daraus erfahren, wer ich bin. Auch Sie haben eine außergewöhnliche Lebensgeschichte, nicht wahr?«

Ich legte ein Scheit in das Kaminfeuer. Dann schaute ich ihn fragend an.

»Monsieur Grays Leben«, warf M. Serge ein, »gleicht einem Roman.«

»Ich glaube, daß Sie und ich uns verstehen können, meinen Sie nicht auch? Monsieur Serge sagte mir, daß Sie eine Stiftung zum

Schutz der Natur gegründet haben. Das ist eine sehr gute Idee ... Wissen Sie, daß ich sehr viel für die Natur tue? Ich stecke einen Teil meines Gewinns da hinein, verstehen Sie?«

Er lächelte.

»Ich sagte Ihnen ja schon, Monsieur Gray«, der technische Berater war wieder an der Reihe, »Geld ist nie ein Problem, das kann man immer finden.«

Der Händler stand auf. »Wenn Sie das Buch gelesen haben, werden Sie verstehen, wer ich bin, und Sie werden wissen, wo ich lebe und was ich tun kann. Mehr soll jetzt nicht gesagt werden. Wenn Sie wollen«, der Händler stand schon auf der Türschwelle, »schicke ich Ihnen meinen Privatchauffeur. Wollen Sie?«

Ich schüttelte den Kopf.

»Ich werde kommen«, sagte ich, »aber so, wie ich es will.«

»Gut. Sie werden Leute bei mir treffen, die Sie nicht erwarten. Sie werden eine Überraschung erleben.«

Ich begleitete sie bis zum Gartentor.

»Sie haben eine Idee gehabt, Monsieur Gray. Ihre Stiftung zum Schutz der Natur, das ist eine sehr gute Idee. Aber jetzt«, er lachte, »lassen Sie mich das machen, ich und meine Freunde, wir werden Ihre Idee für Sie verkaufen. In einem Jahr werden Sie mir sagen: ›Ich hatte ja keine Ahnung, was Sie alles tun können.‹ Ich bin ein Mensch, dem nichts unmöglich ist. Serge wird Ihnen die Einzelheiten mitteilen.«

M. Serge, den ich in einem staatlichen Büro getroffen hatte, ein hoher Beamter, beeilte sich, dem Händler die Tür zu öffnen. Er drückte mir rasch die Hand und flüsterte mir zu: »Das ist Ihre Chance; ich hatte es Ihnen ja gesagt. Ich rufe Sie an, versäumen Sie nicht das Treffen.«

Ich mochte den Händler nicht. Ich mochte M. Serge nicht. Ich kannte die Menschen zu gut, um nicht bei diesen beiden das Odium der Bestechlichkeit und des nackten Egoismus zu spüren. Nicht ein Wort vom Händler über das tragische Schicksal der Meinen. Nichts. Kein Wort über die Zerstörung der Natur. Nichts. Sein Blick war nur auf den eigenen Vorteil gerichtet. Ich las das Buch, das er mir dagelassen hatte. Ich fand darin nur die Arroganz und die Selbstzufriedenheit, die immer die richtige Wahl getroffen, nie einen falschen Weg eingeschlagen hatte. Ein absoluter Herrscher hätte sich nicht anders darstellen können. Und M. Serge war der Höfling des Händlers.

Ich kann Höflinge nicht ausstehen. Sie haben eine verklemmte Seele vom Katzbuckeln vor ihrem Herrn. Ich hatte so viele von ihnen gesehen: Höflinge der Henker, Höflinge der mächtigen Ganoven des Gettos, Höflinge der Polizisten, Höflinge der Unternehmer. Einschmeichelnde Stimme, kraftlose Gesten: Für mich waren das keine wirklichen Menschen. Ich mochte immer und mag heute noch Menschen, die stolz und bescheiden zugleich sind. Die offen sagen, was sie denken, und die ohne Hochmut sind, weil sie wissen, daß sie sich irren können und daß sie nicht besser sind als andere Menschen.

Der Händler liebte es, sich mit Höflingen und Domestiken zu umgeben. Das sagte deutlich genug, daß er kein Mann von Format war. Daß etwas faul an ihm war.

Und ich sah mich bestätigt, als ich ihn auf der Insel aufsuchte, die sein Eigentum war, wo er mich in seinem kleinen Schloß empfing, umgeben von seinem Hofstaat.

Sie waren alle zugegen, die ihm Kränze flochten und ihn mit Schmeicheleien überschütteten – und die von seinem Geld lebten. Zwei oder drei hohe Beamte, ein paar Leute aus dem Hochadel, Ingenieure und Anwälte, auch ein Priester, einige schöne Frauen, eine große Tischgesellschaft unter Olivenbäumen. Auf dem weißen Tischtuch glänzten silberne Kerzenleuchter; die Diener servierten einen Wein, der den Tischgenossen Ausrufe des Entzükkens entlockte. Aus Höflichkeit benetzte ich meine Lippen. Es war ein edles Gewächs, von schöner Farbe. Und der mit Kräutern gekochte Fisch zerschmolz auf der Zunge. M. Serge, der neben mir saß, faßte mich am Handgelenk. »Mit ihm«, sagte er und zeigte auf den Händler, der in der Mitte saß, »mit ihm wird Ihre Stiftung eine ganz große Sache werden. Er kann daraus eine mächtige Institution machen, und ich versichere Ihnen, es wird in Frankreich und auch im Ausland niemanden geben, der den Namen Dina Gray nicht kennt. Sie wissen, daß er überall auf der Welt Geschäfte macht. Und wenn er es will – und er will es –, kann jeder seiner Vertreter auch Delegierter der Fondation Dina Gray werden. Ist Ihnen das klar?«

Es war mir klar. Man nennt das Produktförderung. Meine

armen Toten sollten die Produkte des Händlers »fördern«. Ja, natürlich, auch für mich würde dabei etwas abfallen. Die Fondation Dina Gray würde ihren Namen auf großen Werbetafeln finden, und in den Rundfunkprogrammen würde es heißen: »Die Gesellschaft... stellt der Fondation Dina Gray diese Sendezeit zur Verfügung.« Und ich würde hinzufügen müssen: »Wir danken der Gesellschaft... für ihre großzügige Unterstützung.« Man würde mal hier, mal dort einen Baum pflanzen, und man würde das Firmenzeichen der Gesellschaft des Händlers an ihm befestigen.

Ich lasse mich nicht verkaufen. Dina und die Kinder sind nicht gestorben, um verkauft zu werden. Ich ziehe es vor, nur einen einzigen Baum zu pflanzen, aber mit meinen eigenen Händen, und helfen sollen mir nur Menschen, die wirklich an das Schicksal meiner Familie denken. Ich danke für eine Großzügigkeit, die nach Profit riecht.

Ich habe die erlesene Tischgesellschaft verlassen, ohne etwas zu sagen. Ich werde nicht mehr auf M. Serge zählen können, der großen Einfluß in den Geschäftszimmern der Ministerien hat. Um so schlimmer. – Meine Erinnerungen sind nicht zu verkaufen.

Ich habe es nicht bedauert, daß ich den Händler kennenlernen mußte. Ich weiß jetzt besser, welche Grenzen ich nicht überschreiten darf.

Ich mußte den Weg noch einmal gehen

Eine Begegnung kann das Leben ändern. Ich habe das schon immer gewußt. Manchmal entscheidet sich alles beim ersten Blick. Ich spreche hier nicht nur von der Liebe, von Dina, die mich, seit meine Augen sie zum erstenmal erblickten, auf den Weg in ein neues Leben geführt hat. Ich spreche auch von Freunden und von Feinden. Von dem Soldaten in Warschau, der mich auf der Plattform der Straßenbahn lange anschaute und sich dann abwendete; und diese Geste genügte, daß ich am Leben blieb. Ich spreche vom ersten Händedruck zwischen Mokotow, genannt Mokotow das Grab, einem Warschauer Ganoven, und mir: Von diesem Augenblick an hatten wir Vertrauen zueinander. Ich spreche von Riwka, meiner Gefährtin auf den Dächern des Gettos, wenn wir die Stadt beobachteten, ich spreche von Tolek, meinem Freund in der Roten Armee, und ich spreche auch vom alten Joseph Goldman, der mir in New York eine Chance gab, weil er mir und ich ihm Vertrauen schenkte. »Viel Glück«, schrieb er, als er mir diesen Scheck schickte, dieses Geschenk, das aus mir einen Antiquitätenhändler machen sollte und mir so einen neuen Weg eröffnete, den der Unabhängigkeit und des geschäftlichen Erfolgs. Alle diese Menschen, und ich könnte endlos Namen nennen, im guten und im schlechten Sinn: der Freundesblick des Kapos im Konzentrationslager Treblinka, bevor er mir den Arbeitsplatz zuweist, der mir Gelegenheit zur Flucht gibt; der haßerfüllte Blick Frankensteins, der mich streift und mir den Tod verheißt; der Blick des Offiziers mit den weißen Augen, der mich zum Todeskandidaten macht, als er auf mich fällt – bei allen diesen Menschen, ob Freund oder Feind, habe ich vom ersten Augenblick an gewußt, ob sie für mich waren oder gegen mich. Und ich habe auch gewußt, daß unsere Begegnung mein Leben verändern würde. Oder unser Leben.

Aber nun sind Jahre vergangen, in denen ich dieses Gefühl nicht mehr gekannt habe. Ich war glücklich. Ich hatte mich im Frieden eingerichtet. Ich lebte mit meiner Familie in Les Barons, in der herrlichen Landschaft des Tanneron. Von unserem Haus aus sahen wir morgens, wie der Himmel über dem Meer allmählich blau wurde. Ich glaubte, daß nun mein Leben nie mehr von einer Begegnung abhängig sein würde. Für mich waren die Würfel seit zehn Jahren gefallen: Frau, Kinder, Vermögen, Glück. Ich hatte das große Los gezogen. Ich verwaltete mein Vermögen mit Klugheit und Umsicht. Wir waren alle bei guter Gesundheit. Ich traf schon Vorsorge in unserer Burg Les Barons für die Zeit, wenn die Kinder erwachsen sein, wenn sie selbst eine Familie haben würden. Ich stellte mir vor, daß sie ihre Häuser auf meinem Grund bauen würden und daß Dina und ich von unserer Terrasse aus die Dächer und die Fenster ihrer Häuser sehen würden. Was konnte hier eine Begegnung bedeuten?

Die Katastrophe traf uns. Der Krieg kam wieder. Es kam wieder die Zeit der Begegnungen.

Vom ersten Augenblick an mißtraute ich M. Serge und seinem Herrn, dem Händler. Ich hatte wieder dieses intuitive Gefühl, das Unglück verheißt. Ich war auf der Hut. Zu spät jedoch. Wenn ich immer wachsam geblieben wäre, wenn ich nicht vergessen hätte, daß das Schicksal uns niemals losläßt, daß es nur darauf wartet, bis wir uns in Sicherheit wähnen, um plötzlich zuzuschlagen, dann wären Dina und die Kinder vielleicht noch am Leben. Doch ich war so sicher, der Hölle entkommen zu sein. Im Schutz meiner Burg war ich so friedfertig geworden wie ein gesättigtes Raubtier.

Ein Tag genügte, mir mein altes Mißtrauen zurückzugeben. In meiner Verzweiflung wurde ich wieder der wachsame Einzelkämpfer. Die Zeit des Friedens war vorbei. Alles hing wieder vom Blick eines Menschen ab.

Ich kehrte nach Paris zurück. Jetzt wurde ich im Hotel erwartet. Als ich eintraf, fand ich Botschaften vor: Rufen Sie bitte Monsieur X an. – Der Verleger Y hat nach Ihnen gefragt. – Z von der Zeitung ... möchte ein Interview mit Ihnen machen.

Ich ging auf mein Zimmer. Ich legte mich aufs Bett. Ich hatte ein festes Ritual: Ich legte die Fotoalben neben die Akten der Stiftung. Ich las die Seiten, die ich für Dina geschrieben hatte, auf denen ich mein Leben erzählte. Ich schaltete das Radio ein. Sollte ich wirklich vor aller Augen die ganze Wahrheit über meine Lebensgeschichte ausbreiten? Allen alles sagen? Dina war die einzige Hüterin meiner Vergangenheit gewesen. Und jetzt wollte ich sie der Neugier der Gleichgültigen vorwerfen: Da habt ihr mich, das war ich, von daher komme ich.

Ich spürte die Neugier bei allen, denen ich begegnete: »Sie sind Amerikaner?« fragten sie mich. »Aber was war vorher? Sie sind doch nicht in den Vereinigten Staaten geboren?«

Sie versuchten, meine Vergangenheit wie ein Puzzle aus Zeitungsartikeln zusammenzusetzen. Sie wunderten sich. Sie brachten ihre Zweifel zum Ausdruck. Doch das war für mich nicht das Wesentliche. In mir wuchs die zwanghafte Vorstellung einer großen Eruption, wurde immer mächtiger. Mich wie der Krater eines Vulkans unter dem Druck der Lava öffnen und diese blutige Vergangenheit herausschreien, diese Unmenschlichkeit, in die ich seit meiner Kindheit gestoßen worden war. Von der Barbarei – aber auch der Solidarität sprechen. Alles in Worte fassen, um selbst wirklich zu erkennen, wer ich war.

Ich stand vor dem Nichts.

Stellen Sie sich vor, was das heißt, ein ganz neues Leben aufgebaut zu haben, nachdem man der Überlebende eines unbarmherzigen Krieges gewesen war – und wieder von neuem alles zu verlieren.

Stellen Sie sich vor, was das heißt, kein liebendes Herz mehr zu haben, bei dem man Zuflucht findet. Nur noch tote Objekte. Les Barons war mit den Meinen gestorben. Kein Mensch mehr, der zu mir gehörte, der Onkel in den Vereinigten Staaten hatte nichts mit meinem Leben hier zu tun.

Allein in einer Wüste. Ich mußte sprechen, um zu wissen, wer ich war. Mich wiederfinden, mich wiederentdecken.

Eines Abends klopfte es an die Tür meines Hotelzimmers.

Ich hatte den ganzen Tag Besprechungen mit Beamten verschiedener Ministerien gehabt. Außerdem war eine Expertenkommission zusammengetreten, um Wort für Wort den von mir verfaßten Text zu diskutieren, eine Art Führer für Kinder, eine Anleitung, wie sie sich im Falle eines Feuerausbruchs verhalten sollten. Ich wußte nicht mehr, mit wem ich mich sonst noch verabredet hatte.

Aber es klopfte. Auf dem Bett lagen die geöffneten Fotoalben, und ich hatte noch andere Aufnahmen auf der Bettdecke und auf dem Boden ausgebreitet, ich saß auf der Erde, an den Pfosten des Kopfendes des Bettes gelehnt.

Es klopfte noch einmal.

Ich habe mich nicht vom Platz gerührt, habe nur »Herein« gerufen. Die Tür wurde geöffnet, die Silhouette eines Mannes erschien, blieb auf der Schwelle stehen, ein Blick haftete lange auf mir, wanderte dann weiter zu den Fotos. Der Mann schloß die Tür, trat näher, setzte sich neben mich auf den Boden, ohne sich vorzustellen, nahm die Fotos eins nach dem anderen in die Hand, sah sie lange aufmerksam an, ohne ein Wort zu sagen. Und ich fing an, sie ihm hinüberzureichen, blätterte mit ihm die Alben durch, gab Erläuterungen. »Dies hier ist Charles.« Ich sprach, manchmal schüttelte er den Kopf, bat mich um eine Erklärung, nahm ein Foto noch einmal in die Hand, um es genauer zu betrachten. Wir saßen so eine lange Zeit Seite an Seite, ohne daß ich wußte, wer er war, ich ahnte, daß die Begegnung mit ihm wichtig war. Für mich. Vielleicht auch für ihn.

Eine Begegnung, das sind zwei Schicksale, die sich kreuzen und die von nun an ein Stück Weges gemeinsam gehen, und jeder von ihnen wird dadurch ein anderer Mensch, als er vorher war.

»Ich bin Schriftsteller«, sagte er.

In einem Fotoalbum hatte er Aufnahmen von mir in der Uniform eines Offiziers der Roten Armee gesehen. Er suchte sie heraus, legte daneben die Fotos meiner Kinder. »Natürlich, Sie können all das vielleicht nicht so sehen, wie ich es sehe. Aber Ihr Leben muß erzählt, muß geschrieben werden, weil Sie ein Zeuge des Wahnsinns unserer Zeit sind. In Ihrem Leben sind alle Leben enthalten. Sie müssen sich entschließen zu sprechen. Sie haben nicht das Recht zu schweigen. Sie müssen darüber sprechen, nicht weil Sie das Bedürfnis dazu fühlen, sondern weil Hunderttausende Leser es durch Sie erfahren werden. Zu schweigen wäre Verrat.«

Er sprach mit einer energischen Stimme, schnell. Und er war der erste, der genau das aussprach, was mich seit Wochen innerlich beschäftigte.

Ich schaute ihn an. Wie lange war es her, daß er in dieses Zimmer eingetreten war? Es kam mir vor, als hätte ich schon mit ihm mein Leben geteilt. Mit ihm würde ich arbeiten können. Ich fühlte, daß dies eine der wichtigen Begegnungen in meinem Leben war. Und ich wußte, daß ich mich nicht täuschte.

»Ich heiße...«

Ihm verdanke ich das Zustandekommen meines ersten Buches. Seit dem Tage, von dem ich spreche, haben sich unsere Wege voneinander entfernt. Er ist ein bekannter Schriftsteller geworden; er hat viele erfolgreiche Romane geschrieben. Ich habe ebenfalls mehrere Bücher geschrieben. Wir bearbeiten jeder unser eigenes Feld, aber noch heute frage ich ihn um Rat. Er liest meine Manuskripte, erteilt mir oft Ratschläge. Ich habe Vertrauen in seine Offenheit und seine Begabung. Natürlich haben sich unsere Beziehungen geändert. Bei meinem ersten Buch haben wir mehrere Monate lang an derselben Aufgabe gearbeitet.

Wer kann bei dem Werk, das wir gemeinsam geschaffen haben, den Anteil des einen oder des anderen messen? Wir haben beide unser Bestes gegeben. Ich mein Leben, die Worte, die ich bereits geschrieben hatte, er seine ganze Lauterkeit, seine Erfahrung, seine Solidarität, sein Vertrauen und, auch er, sein Leben.

Sein Name: Max Gallo. Doch was bedeutet nur ein »amtlicher« Name, was bedeutet es mir, daß es ein bekannter Name ist? Nicht das Offenkundige macht den Menschen aus, und nicht der Erfolg ist der Maßstab des Talents. Und Talent ist, so glaube ich, nichts ohne ein großes Herz.

Ich möchte den Schriftsteller »Bruder« nennen.

Wir haben unsere Erinnerungen geteilt, wir haben sie vereinigt, wir haben aus ihnen ein Buch gemacht.

Ich möchte ihn sogar einfach »der Schriftsteller« nennen, weil er für mich zuerst das war, der Mann, der die wunderbare Gabe des Wortes besaß.

Doch wenn wir uns treffen, dann ist er Max, und so wird er hier heißen.

Max hat seit unserer Begegnung viel geschrieben, man hat viel Rühmliches über ihn gesagt. Wer aber kennt ihn wie ich? Wer weiß, was er vollbringen kann, wenn nicht ich? Und ich bin stolz, ihm begegnet zu sein, als er noch nicht diese große Leserschaft hatte wie heute. Er hat mir, der so wenig von Worten verstand, die

Entdeckung vermittelt, wie groß ihre Macht sein kann, was sie zu bewegen vermögen. Und er, der noch keine Vorstellung von der Kraft hatte, die er besaß, hat durch mich das Bewußtsein der Macht gewonnen, über die er verfügte. Und auch der Verpflichtung, die er hatte – er sprach zu mir so oft von der meinen –, zu schreiben, da er die Gabe der Worte hatte.

Er sagte zu mir: »Martin Gray, Sie müssen Ihr Leben erzählen, um nicht die zu verraten, deren Zeuge Sie gewesen sind.« Und ich habe später zu ihm gesagt: »Sie müssen schreiben, und zwar genau das schreiben, was Sie empfinden, um nicht den zu verraten und zu betrügen, der Ihnen diese Gabe geschenkt hat. Geben Sie acht, daß dieser goldene Strom nicht versickert.«

Unsere Begegnung war, glaube ich, für uns beide, für Max und für mich, ein wichtiger Augenblick in unserem Leben. Und nun, sieben Jahre später, sind wir beide andere Menschen geworden, als wir vorher waren, weil wir uns begegnet sind.

Einige Zeit nachdem ich begonnen hatte, dieses Buch zu schreiben, habe ich ihn informiert, daß ich von ihm sprechen, einiges von unseren Gesprächen aus der Zeit vor sieben Jahren wiedergeben müsse. Vielleicht würde ich, weil die Erinnerung manchmal nicht genau ist, ihm einige Äußerungen zuschreiben, die er so nicht wiedererkennen würde. Und ich würde ihn an eine längst vergangene, grausame Zeit seines Lebens erinnern.

Ich brauchte sein Einverständnis.

Ich rief Max an. Ich spürte, daß er zögerte. Er schwieg lange. Dann sagte er: »Erfreut darüber bin ich nicht, Martin, aber –« Er unterbrach sich, schwieg wieder eine Weile, dann fuhr er fort: »Ich akzeptiere, doch unter einer Bedingung: Zeigen Sie mir nichts, fragen Sie mich nichts. Schreiben Sie, wie Sie empfinden. Ich werde das Buch später lesen –«

Jetzt unterbrach ich ihn: »Sie wollen es nicht vorher lesen?«

»Glauben Sie, daß das zwischen uns nötig ist?«

Es war nicht nötig. Er wußte es. Ich wußte es.

Ich fuhr fort zu schreiben, und ich fand in meinen Erinnerungen die Atmosphäre wieder, wie sie vor sieben Jahren gewesen war.

Vor sieben Jahren also hatte ich mich entschlossen, mit Max zu arbeiten. Ich hatte vollkommenes Vertrauen zu ihm, als er sagte: »Martin, ich brauche Ihre Fotos für einige Tage. Und auch das, was Sie geschrieben haben. Ich muß das alles in mich aufnehmen, ein wenig Sie werden. Verstehen Sie?«

Und ich, der nicht ohne sie leben konnte, ohne die Nähe dieser Gesichter, ohne diese Aufnahmen, in denen sich wie in einem Spiegel mein vergangenes Leben reflektierte, ich habe sie ihm anvertraut. Ich habe nur ein paar Fotos zurückbehalten. Und ich war nicht beunruhigt. Ich hatte Vertrauen zu Max. Ich verstand, daß er mit mir fühlen mußte, wie ich fühlen mußte. Und an den Abenden saß ich, statt in den Alben zu blättern, in der Dunkelheit und bereitete mich auf meine Aufgabe vor. Ich rief mir die Episoden meines Lebens in Erinnerung, über die ich würde sprechen müssen.

Nach einigen Tagen rief Max mich an. »Ich bin soweit. Ich erwarte Sie. Wir fangen an.«

Es wurde die seltsamste Zeit meines Lebens.

Wir trafen uns in einem Atelier im Dachgeschoß eines Hauses in einer ruhigen Straße. Ich erinnere mich vor allem an die Farbe Blau: das Blau des Himmels, das das Atelier erfüllte, in dessen Tiefe sich mein Blick verlor, wenn ich zu Max sprach. Und es schien mir derselbe Himmel zu sein, in den ich in den Wäldern Polens geblickt hatte. Dasselbe Blau. Eine seltsame Periode meines Lebens, eine Periode der Reflexion. Ich war bisher immer ein aktiver Mensch gewesen. Immer in Bewegung. Als Junge im Krieg, um dem Henker zu entkommen, nach dem Krieg als junger Einwanderer im Dschungel des Geschäftslebens in den Vereinigten Staaten, als ich von Straße zu Straße lief, um illegal Taschentücher zu verkaufen, treppauf, treppab, von einem Häuserblock der Bronx zur anderen. Dann als Antiquitätenhändler, der nach Berlin oder Paris flog und antike Gegenstände nach Amerika verschiffte. Und selbst in der Zurückgezogenheit des Tanneron war ich immer in Bewegung gewesen, hatte mit meinen Kindern gespielt, die Hänge von verdorrtem Gesträuch gesäubert, Bäume gepflanzt. Und meine Tragödie hatte mich nur kurze Zeit zu Boden gestreckt. Ich hatte wieder angefangen: in den Ministerien die Türen eingerannt, mit den Verantwortlichen telefoniert; hektisch, fieberhaft, das ja, vielleicht bis an den Rand des Wahnsinns. Nun saß ich untätig in einem Sessel Max gegenüber, mit den Händen das Gesicht bedeckend oder den Blick im hellen Blau des Himmels verloren. Die einzige Bewegung war das Hingleiten der Zeit und der Worte in meinem Gedächtnis, alle diese Bilder, die wiederkamen, so klar, daß mich die Angst überfiel, als ich meine ersten Erfahrungen im Oktober 1939 beschrieb, die Ausstoßung, die mich wie ein Blitz traf, dem Haß preisgegeben, nur weil ich Jude war. Und ich litt Qualen wie damals, als ich die Errichtung der Ziegelmauer sah, die die Straßen des Gettos abschloß.

Ich sprach. Wenn mein Blick sich aus dem Blau des Himmels löste oder wenn ich die Hände vom Gesicht nahm, sah ich Max vor mir. Sein freundliches Gesicht, seinen mitfühlenden Blick. Er machte sich Notizen, ohne auf das Blatt Papier zu schauen, auf das er schrieb. Nur wenige Worte für lange von mir erzählte Episoden. Manchmal wunderte ich mich darüber.

»Es ist Ihr Gesicht, das spricht«, sagte er auf meine Frage. »Ich will zunächst das verstehen, was das Gedächtnis Ihres Körpers ist. Später werden wir auf die Einzelheiten zurückkommen. Was mir jetzt wichtig ist, das ist die Farbe dessen, was Sie sagen, und deshalb schaue ich Sie an und mache mir nur wenige Notizen.«

Manchmal packte mich die Unruhe. Dann fragte ich Max: »Glauben Sie, daß Sie es schaffen werden?«

»Sie werden es selbst beurteilen. Aber zunächst müssen Sie fortfahren zu sprechen.«

Fortfahren? Je tiefer ich in meine Erinnerungen eindrang, um so dichter und undurchdringlicher wurde das Entsetzliche, das ich erzählen mußte. Ich stieß auf Widerstände in mir. Ich tat, als ob ich mich nicht erinnerte, während ich doch sehr genau das vor Augen hatte, was ich erzählen sollte. Aber wie konnte ich von den Gruben sprechen? Wie meine Mutter, meine Brüder, Riwka in der Kolonne wiederfinden, die zum Umschlagplatz marschierte?

Ich durchlebte das alles noch einmal. Wie habe ich sprechen können, während ich den tiefsten Kummer empfand? Als ich Max' Atelier verließ, machte ich ihm und mir Vorwürfe. Wahnsinn zu glauben, man könnte Klarheit oder auch Hilfe finden, wenn man das Entsetzen und die Verzweiflung ans Tageslicht brachte. Vielleicht wäre es besser gewesen, mich mit der Gründung der

Stiftung zu begnügen. Nicht zu versuchen, einen schlafenden Vulkan zum Leben zu erwecken.

Mein Bericht an Max zerfraß mich innerlich, nicht nur während ich sprach, sondern auch vor und nach jeder Sitzung. Ich hätte am liebsten ohne Unterbrechung gesprochen, ohne zu schlafen, ohne das Atelier zu verlassen, um von einem Ende meines Lebens bis zum anderen, von einer Tragödie zur anderen zu gehen. Aber ich konnte es nicht. Max gegenübersitzen, ihm zu erzählen, seinem brüderlichen Blick zu begegnen, das war nicht das Schlimmste. In gewissem Sinn beruhigte es mich sogar. Aber nachher... Wenn ich zu Fuß ins Hotel zurückkehrte, mit diesem Grauen des Krieges in mir, diesem Heulen der Hunde der Henker von Treblinka, dem Knirschen des Schaufelbaggers, der sich in den Sand fraß, und dem Knarren der Türen der Gaskammer. Die Hölle! Und schon begann sich wieder das Räderwerk der Erinnerung zu drehen. Morgen würde ich zu Max sprechen. Die Bilder kamen.

Oft rief ich ihn mitten in der Nacht an. Zu viele Bilder, die auf mich eindrangen. Zu schrecklich die Erinnerung. Wenn ich kein Ventil für sie fand, würden sie mich zerreißen.

»Ich bin es.«

»Ich weiß«, sagte er. »Ich habe Ihren Anruf erwartet. Es ist unerträglich für Sie heute abend, nicht wahr? Ich bin mir darüber klar gewesen.«

Er hatte mir vorgeschlagen, bei ihm zu bleiben. Doch ich hatte auch das Bedürfnis, allein zu marschieren, allein zu kämpfen.

»Es gibt so viele Dinge, die ich Ihnen nicht gesagt habe, ich muß –«

»Sprechen Sie, Martin, sprechen Sie.«

Ich erzählte, die Telefonmuschel an meinem Ohr wurde warm, ich sprach Stunden in die Nacht hinein, ich flüsterte: »Wir waren auf den Dächern, Riwka und ich, ich habe Ihnen von Riwka erzählt, sie war so sanft, so liebevoll...«

Diese Dinge konnte ich oft nur flüstern, es fiel mir schwer, sie in Max' Gegenwart zu sagen. Und er verstand das, denn er fragte nie weiter, drängte nicht, wenn ich stockte. Er sagte dann: »Ich werde Sie heute abend anrufen, Martin, ist es Ihnen recht?« Oder: »Wir werden am Telefon sprechen. Ich erwarte Ihren Anruf.«

Oft legte Max seinen Bleistift auf das Blatt Papier, öffnete die

Glastür zum Balkon über der schmalen Straße. Ich stützte mich neben ihm auf die Brüstung. Vor dem Schaufenster der Drogerie debattierten ein paar Frauen lebhaft miteinander, wir hörten einige Wortfetzen. Auf dem Dach des Hauses gegenüber lag zusammengerollt eine Katze zwischen zwei Kaminen in der Sonne. Diese Minuten des Schweigens zwischen uns setzten das Gespräch fort. In diesem Augenblick wußte ich, daß Max den Ton meiner Stimme, die Geschichte meines Lebens getreu und wahr wiedergeben würde. Ich spürte es, und ich teilte ihm – ohne ein Wort zu sprechen – mit: Ich habe Vertrauen, volles Vertrauen. Er richtete sich auf, blinzelte mir zu: »Wollen wir fortfahren?«

Er lächelte, fügte hinzu: »Später, Martin, wird es an mir sein, Ihnen mein Leben zu erzählen.«

So fand ich in dieser Wüste aus Lava und Asche, die ich noch einmal durchschreiten mußte, Stärkung durch die Freundschaft. Ohne Max, der mir half, voranzugehen, hätte ich es nicht ertragen, die Jahre des Krieges und dann die Tage der Feuersbrunst in Les Barons noch einmal zu durchleben.

Sieben Jahre später habe ich Mühe, mir die Ereignisse dieses Monats November 1970 zu vergegenwärtigen. Mir scheint, so seltsam arbeitete das Gedächtnis, daß nichts dieses Jahr von den Jahren des Krieges trennte. 1970, das ist für mich 1939, 1940, 1941, 1942, 1943, die dunkelste aller Zeiten, als die Barbarei regierte.

Ich sprach, und was ich sprach, erlebte ich. Und weil ich gerade meine Frau und meine Kinder verloren hatte, war ich in einem ähnlichen Geisteszustand wie in den entsetzlichen Tagen, als ich Riwka, meine Brüder, meine Mutter den Weg in die Gaskammer gehen sah, ohne sie zurückhalten zu können. Nur kämpfen, um durchzuhalten, um eines Tages zu sprechen. Zum Überleben verpflichtet, weil mein Vater und mein Volk mir als Vermächtnis hinterlassen hatten – so empfand ich es –, mich dem Tod zu verweigern.

Ich sprach.

Die härtesten Tage waren die, als ich noch einmal den Weg gehen mußte, der nach Treblinka, in das Vernichtungslager führte. Ich mußte mich in den Zug einsperren lassen, ich mußte meine Brüder in den Armen halten, die die wahnsinnige Angst der in den

Waggons eingepferchten Männer und Frauen zu ersticken drohte. Diese Schreie, von denen ich zu Max sprach, hörte ich jede Nacht, während der ganzen Zeit, die mein Bericht dauerte. Und Max fragte hartnäckig: Er wollte wissen. Er hatte vor sich ein weißes Blatt Papier liegen, auf dem er einen Plan einzeichnete.

»Martin.« Seine Stimme war drängend, auch gequält, aber er fuhr fort, mich auszufragen. »Sie müssen sich erinnern, wo das Lager Nr. 1 war, wo die Gruben waren ... Dort?«

Er zeichnete eine Linie, ein Rechteck, ich schloß die Augen, ich sah – die Baracke, die Lagertore – ich hörte. Ich wollte nicht weitermachen. Max schwieg ein paar Minuten.

»Martin«, sagte er, »es muß sein.«

Ich hatte mich selbst dazu entschieden.

Ich fuhr also fort, und der gelbe Sand der Gruben von Treblinka drohte mich zu ersticken.

Ich erinnere mich an die härteste Nacht. Ich erzählte ... Aber unnütz, das alles hier noch einmal auszubreiten. Ich sage nur: Es war die härteste Nacht, weil ich noch einmal die Körper dieser Kinder an mich pressen mußte, die wir manchmal noch lebend fanden, wenn wir die Türen der Gaskammer geöffnet hatten. All das durchlebten Max und ich gemeinsam.

Ich brachte es nicht mehr fertig, in meinem Hotelzimmer das Radio aufzudrehen. Zu stark waren die Schreie des Krieges. Ich lief, die Hände vor den Ohren, von einem Ende des Zimmers zum anderen. Ich setzte mich auf das Bett. Ich ging auf den Balkon hinaus. Und da habe ich Max auf dem Bürgersteig gegenüber stehen sehen. Er gab mir ein Zeichen. Ich bin hintergegangen. Wir haben uns umarmt, als ob wir uns seit Monaten nicht gesehen hätten, wo wir doch erst vor zwei Stunden auseinandergegangen waren.

»Ich konnte nicht schlafen«, sagte er. »Und ich habe mir gedacht, daß Sie es auch nicht können. Also bin ich herumgelaufen und befand mich schließlich hier, vor Ihrem Hotel. Sehen Sie, ich nehme an Ihrem Leben so intensiv teil, daß es mir manchmal angst macht. Ich weiß nicht, warum, aber es gibt Augenblicke, da frage ich mich: Wenn du so tief in sein Leben eindringst, wenn du so sicher bist, die richtigen Worte zu finden, um es zu beschreiben, was bedeutet das? Wo doch mein Leben so anders ist, so ruhig, und wo ich nichts erlebt habe von dem, was Sie durchgemacht haben, nichts. Sicher, ich habe fast alles über den Krieg, diese Politik der Henker gelesen, aber das ist nicht erlebt. Und doch empfinde ich das alles, in meinem Innern, als wäre es ein Teil meiner Erinnerung.«

Wir gingen durch die Straßen, kamen auf die Seine-Quais, überschritten Brücken.

»Sie kennen die Ile St-Louis nicht?« fragte er mich.

Ich schüttelte den Kopf. Wenn ich früher geschäftlich nach Paris kam, hatte ich keine Zeit für Besichtigungen. Ich fuhr vom Flughafen zum Flohmarkt oder zu den Antiquitätenhändlern. Nie hierher.

»Als wenn Ihr Leben in meiner Erinnerung wäre«, nahm er den Faden wieder auf. »Verstehen Sie das? Irgend etwas macht mir dann angst. Ich sage mir: Du könntest das nicht so stark empfinden, wenn es nicht in der Tiefe deines Wesens eine Tragödie gäbe, die dir nicht bewußt ist. Wenn du so im Einklang mit Martin bist, dann kann das nur bedeuten, daß eine Tragödie dich bedroht oder daß du sie erfahren und vergessen hast, irgendwann, vielleicht in einen früheren oder einem zukünftigen Leben.«

Er lächelte.

»Kann man an so etwas glauben, Martin?« fragte er. »Erinnerung an ein früheres Leben oder Vorahnung dessen, was geschehen wird? Was wissen wir schon?«

Ich habe keine Antwort darauf. Doch ich wußte, daß ich richtig gehandelt hatte, als ich Max mein Vertrauen schenkte.

»Das erstemal«, sagte er,« bin ich in Ihr Hotel gekommen, ohne recht zu wissen, was ich von Ihnen erwartete. Ich wollte Ihnen begegnen. Um ein Buch über Sie zu schreiben? Gemeinsam mit Ihnen den Bericht Ihres Lebens zu schreiben? Ich kann es nicht mit Sicherheit sagen. Bizarr, nicht wahr? Seit Ihre Geschichte durch die Zeitungen bekanntgeworden ist, habe ich den Wunsch gehabt, Ihnen zu begegnen. Ich habe mir gesagt: Dies ist kein gewöhnlicher Mensch, sein Schicksal hat exemplarischen Charakter. Ich versichere Ihnen...«

Er hielt ein, lehnte sich auf die Brüstung, und wir schauten auf die Seine hinab, in der sich die Lichter der Ufer spiegelten.

»Ich versichere Ihnen«, fuhr er fort, »daß ich ein eher verschlossener Mensch bin. Warum also, wo ich doch so selten den ersten Schritt tue, dieses atypische Verhalten? Sie erinnern sich? Sofort als ich in Ihr Zimmer eingetreten bin, habe ich den Eindruck gehabt, daß wir uns schon kannten, und als ich Ihre Fotos betrachtet habe, glaubte ich etwas wiederzuerkennen, von dem ich bereits wußte.«

Ich sah Max an. Er sprach aus, auf seine Art, was auch ich damals empfunden hatte.

»Und das macht Ihnen angst?« fragte ich.

»Irgendwie, unbewußt, ja. Denn wenn ich auf Sie zugegangen bin, auf Ihre Geschichte, wo doch andere, ich weiß das, Widerwillen empfinden, wo andere einer Geschichte wie der Ihres Lebens aus dem Wege gehen, dann sage ich mir, ein so starkes Mitempfinden setzt voraus, daß etwas in mir Verborgenes angerührt wird. Etwas Beunruhigendes vielleicht.«

Max hatte zu mir noch nie von seinem Leben gesprochen, und in dieser Nacht tat er es vielleicht, um mich von meinen Erinnerungen zu befreien. Er begann ...

Ich mache mir Vorwürfe, daß ich ihm nicht aufmerksam genug zugehört habe. Aber wer kann wissen, was die Zukunft bereithält? Die Probleme, von denen er zu mir sprach – Familienprobleme –, erschienen mir wie gutartige Krankheiten im Vergleich zu dem Krebs, der mich zerfraß. Ich verstand nicht, daß er Antworten bei mir suchte. Ich war in meinem Schmerz eingeschlossen, ich hatte nicht die Großherzigkeit, ihn zu drängen, weiterzugehen, mir zu sagen, sich selbst zu sagen, welches Unheil er in dem vorausempfand, was so banal erschien. Die Zeit war noch nicht gekommen.

Ist es immer so, daß man die Krankheiten, die uns bedrohen, zu spät entdeckt, meistens erst dann, wenn sie ausgebrochen sind? Warum können wir sie so selten bekämpfen, wenn sie entfliehen, sie nicht einmal sehen? Warum ziehen wir es vor, den Blick abzuwenden?

»Schwierig zu wissen«, sagte Max, »was ich meiner Tochter sagen soll ... Sie ist intelligent. Aber wie zu ihr sprechen? Wenn ich es tue, stoße ich an eine Mauer. Sie ist da, mir gegenüber, und ihr Blick geht durch mich hindurch, sie sieht mich nicht einmal. Und meine Worte dringen nicht zu ihr. Das ist ein schrecklicher Eindruck, wissen Sie, Martin. Man sagt sich: Sie müßte es doch verstehen. Man weiß, daß man recht hat. Aber nein, nichts dringt durch, eine Mauer.«

Mein Egoismus sagte: Seine Tochter ist am Leben. Das sind Probleme von Lebenden. Die Toten geben keine Probleme auf.

Wir haben in einem der Bistros, die früh öffnen, Kaffee getrunken. Und dort, plötzlich, nachdem ich Max fast gleichgültig zugehört hatte, dort, bei dem Geräusch der Stimmen, dem Klirren der Tassen, als er schwieg, das Gesicht von der schlaflosen Nacht gezeichnet, habe ich Angst um ihn bekommen, um seine Tochter. Ich habe gesagt: »Passen Sie auf sie auf, Sie müssen die ganze Zeit mit ihr sprechen. Ich weiß nicht, wollen Sie, daß ich sie treffe, daß ich mit ihr spreche? Versuchen Sie, möglichst oft mit ihr zusammenzusein. Verlassen Sie sie nicht.«

Ich sprach rasch, drängend. Noch heute, nach sieben Jahren, erinnere ich mich an den Rhythmus meiner Worte.

»Verlassen Sie sie nicht.«

Max lächelte müde. »Schwierig«, sagte er. »Ich tue, wie ich schon gesagt habe, alles, was ich kann, und immer habe ich den Eindruck, daß es von ihr abgleitet, verstehen Sie? Es gleitet von ihr ab, ich erreiche sie nicht.«

Ich habe geschwiegen. Er wußte zweifellos besser, was möglich war und was nicht. Aber hatte er genügend Zähigkeit, genügend Willenskraft, um sie nicht loszulassen? Mir wurde, als ich Max zuhörte, zum erstenmal wirklich bewußt, wie schwierig die Beziehungen zwischen Eltern und Kindern sein können. Ich kannte Max, seine Seele hatte sich mir offenbart, als ich ihn vor den Fotos meiner Lieben gesehen hatte, ich hatte, als ich von meinem Leben erzählte, beobachtet, wie der Schmerz sein Gesicht verwandelte, der Schmerz, den er mit mir teilte. Ich stellte mir seine Tochter vor, sicherlich war sie ein bemerkenswerter Mensch. Warum entfernten sich diese beiden Welten voneinander, von denen eine aus der anderen hervorgegangen war? Wen traf die Schuld? Die Zeit, zuviel Intelligenz, die vielleicht den Instinkt schwächte? Ich wußte es nicht. Ich habe noch einmal zu Max gesagt: »Passen Sie auf sie auf.«

Wir kamen in diesen Tagen zum Ende meiner Erzählung. Max hatte noch einige Fragen, und ich mußte auch den Text vervollständigen, den ich ihm übergeben hatte. Dann würde er an die

Arbeit gehen. Und oft, trotz des Vertrauens, das ich ihm entgegenbrachte, fragte ich ihn: »Wird es Ihnen gelingen, das alles wiederzugeben? Sicher, Sie sind Schriftsteller, ich weiß, daß Sie Ihr Metier beherrschen, aber hier... Es ist von Schreien zu sprechen, von Dingen, die man sich nicht vorstellen kann. Ich möchte, daß die jungen Menschen verstehen, was da gewesen ist, und ich möchte...«

Wir saßen im Atelier nebeneinander, blickten in den Himmel vor uns, über den weiße Wolken rasch dahinzogen.

»In drei Tagen«, sagte Max, »werde ich Ihnen die ersten Seiten vorlesen.« Er lächelte. »Ich habe keinerlei Befürchtungen, Martin, es wird wahrheitsgetreu sei, weil Sie es sind, der sprechen wird.«

»Sie und ich«, erwiderte ich. »Sie auch, und wenn es Ihre Worte sind, sie geben unverfälscht wieder, was ich zu Ihnen gesprochen habe.«

»Dieses Buch«, sagte ich, »war am Anfang nur für Dina, für meine Kinder, für mein Gedächtnis bestimmt. Und dann zur Unterstützung der Stiftung. Nach und nach habe ich begriffen, daß es mehr sein wird, ein Buch für alle die Meinen.«

»Da haben wir den Titel«, sagte Max. »Für alle die Meinen.«

Er wurde schließlich: *Au nom de tous les miens* – Im Namen der Meinen.*

Drei Tage nach diesem Gespräch rief Max mich an. »Kann ich jetzt kommen?«

Er brachte mir die ersten Seiten. Er nahm in einem der Sessel meines Hotelzimmers Platz. Ich schloß die Augen.

»Ich werde vorlesen«, sagte er.

Wir schwiegen lange. Er war bewegt, ich auch.

»Ich werde vorlesen, nicht wahr, Martin?« wiederholte er schließlich.

Ich nickte zustimmend.

»Ich lebe«, begann er. »Oft ist das nicht leicht. Gestern morgen kam wieder ein Journalist zu mir; ich kenne sie jetzt schon recht gut.«

Es war meine Stimme, die da sprach: »Mein Leben begann mit dem Krieg. Sirenen heulten, Bomber flogen über die Dächer.«

* Titel der deutschen Ausgabe: *Der Schrei nach Leben.*

Meine Stimme, echter noch, als wenn ich selbst gesprochen und geschrieben hätte, meine innere Stimme, die nur ich selbst verstand und die allein Dina kannte. Ich hörte Max. Ich hörte mich. Max kam zum Ende. Fast zwei Stunden waren vergangen, ohne daß ich es bemerkt hatte. Ich öffnete die Augen, ich hatte Mühe, das Hotelzimmer wiederzuerkennen. Ich war in der Senatorska-Straße und in der Szuch-Allee in Warschau, und ich hörte meinen Vater mit Stolz und Besorgnis sagen, als ich ihm meine Absicht mitteilte, die Mauern des Gettos zu überwinden: »Und du glaubst, du, ein Junge von fünfzehn Jahren, kannst allein ...«

Ich habe zu Max gesagt: »Danke, im Namen der Meinen.«

Er hielt die Blätter in den Händen, sortierte sie, ohne mich anzusehen. »Sie sind es, denen wir beide danken müssen.«

Wir sind lange beisammengeblieben, schweigend.

»Meine Frau, meine Kinder«, habe ich schließlich gesagt, »sie werden nicht vergessen werden, dessen bin ich mir sicher. Sie werden lebendig bleiben für jeden Leser, immer.«

Max schüttelte den Kopf, lächelte. »Dieses Buch wird ihr Andenken bewahren, weil Sie wahrheitsgemäß berichten, Martin. Aber wird man ihre Stimme hören? Das kann ich nicht voraussagen.« Eine Geste seiner Hände unterstrich die Ungewißheit. Ich ballte die Fäuste. »Sie zweifeln?« rief ich ungläubig. »Sie zweifeln, daß man dieses Buch lesen wird?«

»Man weiß das nie. Manchmal werden die besten –«

Ich unterbrach ihn, hob die geballten Hände. »Glauben Sie mir, dieses Buch wird – es muß – ihre Herzen aufrütteln. Und ich werde dafür kämpfen.«

Dieses Buch sollte für mich keine nostalgische Erinnerung sein. Nicht nur ein verzweifelter Aufschrei meines Herzens. Es mußte eine Macht werden. Jetzt, wo mir viele Tage lang die geliebten Gestalten so nahe gewesen waren, die Gesichter von Vater und Mutter, von Riwka und den Brüdern, wo ich wieder durch die Straßen des Gettos gewandert war und die klagenden Stimmen der Kinder gehört hatte, die vor Hunger starben, jetzt, wo die glücklichen Tage meiner Begegnung mit Dina, die Geburt meiner Töchter und meiner Söhne wieder lebendig geworden waren, wo ich wieder die Feuersbrunst durch die Wälder und über die mimosenbedeckten Hänge des Tanneron um meine Burg hatte brausen sehen, jetzt, wo in Worten, in einem Buch, mein ganzes Leben offengelegt worden war – jetzt mußte es, ja, es mußte die Menschen aufrütteln. Für die Meinen, für den Erfolg meiner Stiftung.

Ich kannte die Welt der Presse, des Verlagswesens, des Fernsehens nicht. In Les Barons lasen wir wenig Zeitungen, und Dina und ich hatten uns entschieden, kein Fernsehgerät zu kaufen. Manchmal fragten uns die Kinder danach, wenn sie von der Schule zurückkamen. »Fabienne, ihr wißt, die Tochter von ...« sagte Nicole, »hat mir gesagt, sie zeigen im Fernsehen ...«

Ich setzte Nicole auf meine Knie. Ich erklärte ihr: »Hör zu, du weißt doch, wie wir leben, nicht wahr? Die anderen verstehen euch nicht, wenn ihr Obst in der Pause eßt, wenn ihr ihnen sagt, daß ihr kein Fleisch verzehrt. Ist es nicht so? Nun, schmeckt dir die Nahrung nicht, die du bekommst?«

Nicole lachte.

Manchmal, wenn wir eine Reise machten, suchten wir ein Restaurant auf. Wir bestellten die Speisen, die uns am gesündesten erschienen, die am besten unseren Ernährungsregeln entsprachen. Aber wenn die Kinder diese gesalzenen, mit Soße bedeckten Gerichte kosteten, verzogen sie das Gesicht. Ihr Geschmack war von dem echten Saft der gesunden natürlichen Speisen gebildet worden.

»Entbehrst du das Fleisch?«

Nicole schüttelte den Kopf. Ich fragte weiter: »Langweilst du dich hier, bei uns?«

Nicole verstand nicht einmal, was das Wort Langeweile bedeutet. Wie hätte einer von uns sich langweilen können? Wir spielten, unsere Hunde tollten um uns herum, trieben mit der Schnauze Bälle vor sich her, wir bespritzten uns mit klarem Wasser, wir lachten miteinander. Wir pflanzten Bäume, dann legten wir uns auf der Terrasse oder auf dem Rasen unter dem hellen Blau des Himmels in die Sonne. Wir hörten Musik. Dina malte oder spielte Klavier. Gemeinsam mit ihr organisierten die Kinder oft, was ich »mein kleines Konzert« zu nennen pflegte.

Die älteren Kinder spielten, von ihrer Mutter angeleitet, Akkordeon, sie begannen auch schon mit Klavierübungen. Einen großen

Teil des Jahres hindurch fuhren wir früh am Morgen zu den leeren Stränden hinunter, badeten in dem kaum bewegten Wasser. Die Tage vergingen so schnell; wer von uns hätte wissen können, was Langeweile ist?

Bei Tisch, beim Mittagessen, wollten alle auf einmal sprechen. Dann mußte Dina für Ruhe sorgen. Sie sagte: »Laßt Papa reden, hört ihm zu.« Oder sie ließ uns alle schweigen, um ein Gedicht zu rezitieren, wobei ihr Gesicht zärtlich und ruhig, ganz friedlich wurde.

Wo war da Platz für das Fernsehen, diese abgehackten Bilder, die ich in den Vereinigten Staaten gesehen hatte, diesen brutalen Ausschnitt des Lebens, den es zeigte? Ich wollte bei uns die lebendigen Bindungen der Familie, der Sprache, des Spiels und des Lebens in der Natur bewahren. Wir brauchten nicht das Eindringen einer fremden Welt, die mit ihren Revolverschüssen, ihrem Indianergeheul, dem Lärm der Polizeisirenen unseren Frieden stören würde. Meine Kinder würden früh genug Gewalt und Unrecht kennenlernen, von den Kriegen erfahren, in denen ihr Vater gelitten und gekämpft hatte. Wir wollten ihnen die Kraft in diesem Frieden unserer Familie geben, den Mut und das Selbstvertrauen, das sie brauchten, um allein auf diese Reise ins Ungewisse zu gehen, die man das Leben nennt.

Ich wollte nicht, daß schon ihre Kindheit mit Verbrechen und Gewalt konfrontiert wurde, die ihr ganzes Leben vergiften würden.

Jetzt würde auch meine Stimme in den Familien gehört werden. Ich schwor beim Andenken der Meinen, ich wiederholte diesen Schwur jeden Tag, daß ich niemals von Haß oder Rache sprechen würde. Ich wünschte mir, daß die Worte meines Buches trotz der Unmenschlichkeit, von der sie berichteten, Träger von Frieden und Hoffnung, von Glück sein würden.

Ich diskutierte darüber oft mit Max, wenn er mir die einzelnen Kapitel des Manuskripts vorlas. Ich unterbrach ihn manchmal mitten im Satz. Ich sagte: »Sicher, ich habe das gesagt, Sie haben das, was ich erzählte, genau richtig wiedergegeben. Aber jetzt, wenn ich es höre, bekomme ich Angst, daß es zu schwarz, zu grausam ist. Schließlich will ich nicht Rache oder Haß säen. Ich will nur, daß man versteht.«

Max hörte mir ruhig zu. Dann gab er mir mit einer Bewegung seiner Hand zu verstehen, ich solle Geduld haben, seine Intention zu verstehen versuchen. Er las den Satz noch einmal, und ich stellte fast immer fest, daß wir doch übereinstimmten, daß er wie ich darauf bedacht war, nur die Henker zu verurteilen, nicht ein Volk, welches es auch sei, mit Haß zu verfolgen. Und daß er wie ich überzeugt war, ein Mensch, der schreibt, der spricht, der um ein Publikum wirbt, muß jedes Wort auf die Waagschale legen, weil er eine größere Verantwortung hat: er muß dem Menschen helfen, seinen Weg zu finden, Klarheit zu gewinnen. Er muß sich der Moral verpflichtet fühlen, und er muß seinen Lesern und Zuhörern Achtung entgegenbringen.

Wenn wir einen Abschnitt beendet hatten, gingen wir meist ein paar Schritte. Ich erzählte ihm von der Stiftung, deren Ziele auch ihm am Herzen lagen. Er empörte sich wie ich über die Langsamkeit gewisser Behörden, über die Gleichgültigkeit vieler Verantwortlicher. Er wunderte sich über meine Erfolge.

»Martin«, sagte er, »je länger ich Sie kenne, um so mehr überraschen Sie mich. Vor einem Monat wußten Sie noch nicht einmal genau, was ein Ministerium ist, und wenn ich Sie jetzt höre, habe ich den Eindruck, es mit einem Experten in Verwaltungsrecht zu tun zu haben. Sie wissen mehr als ich über das Erziehungsministerium, und ich bin fünfzehn Jahre Lehrer gewesen!«

Er lachte. Ich stimmte ein, aber schon bald, wenn ich wieder allein war, würden die schrecklichen Bilder der Erinnerung zurückkommen. Max wußte das. Er verließ mich erst spät. Er erzählte mir von seinen Plänen für die Zeit nach Abschluß dieses Buches. Er vertraute mir seine Zweifel an, und ich versuchte, ihm Mut zuzusprechen. »Ich bin sicher, und ich habe, wie Sie wissen, viele Menschen kennengelernt, ich bin sicher, daß Sie sich Gehör verschaffen werden. Ich weiß es, ich lese ja das, was Sie nach meinem Bericht geschrieben haben, und glauben Sie mir, wenn man das hat erzählen können ...«

Ich drückte seinen Arm. Ich verstand diese Angst nicht, die ich so oft bei ihm spürte, wenn wir schwiegen. Ich sagte mir: Warum? Er ist ein gebildeter Mensch – im Gegensatz zu mir, der nie eine richtige Ausbildung genossen hat –, ein Mann, der die Gabe hat, sich auszudrücken; er ist Vater, was fehlt ihm denn, um Frieden zu finden? Daß schöpferische Arbeit quälend sein kann, das leuchtete mir ein, aber woher diese tiefe innere Zerrissenheit? Manchmal, wenn er mich verließ, dachte ich lange über ihn nach, den ich jetzt doch so gut kannte. Vielleicht hing diese Lebensangst damit zusammen, daß unsere Zivilisation so orientierungslos geworden war. Ich sagte mir, wenn ein Mensch wie Max von Selbstzweifeln gepeinigt wird, wie sehr mußten dann Millionen anderer Menschen leiden, die nicht seine Gaben besaßen, die nicht die Möglichkeit hatten, sich durch das Schreiben selbst zu befreien. Ich erinnerte mich an die schreckliche Angst, die Margaret so oft überfiel, meine Freundin in den Vereinigten Staaten, durch die ich Dina kennengelernt hatte. Ich dachte an Jane, eine Schauspielerin, die Dina und ich in New York gekannt hatten, die sich in die Jagd nach dem Erfolg gestürzt hatte und von deren Selbstmord wir eines Tages in Cannes erfuhren. So viele Männer und Frauen, die mit dem Leben nicht fertig wurden. Und wenn ich an unsere Nachbarin in Les Barons denke, Mme. Slutton, die eine so gelassene Selbstsicherheit zur Schau trug: Welche Ängste unter der Maske des lächelnden Gesichts verrieten mir ihre Augen!

Bei Max war das anders. Er kannte sich. Er konnte darüber sprechen. Aber auch er war unglücklich. Und ich, der nach zehn Jahren des Glücks – zehn Jahre, das ist eine so kurze Zeit – in den Abgrund gestürzt war, ich lernte wieder, die Menschen um mich wahrzunehmen, ihre Verwirrung zu sehen. Und Menschen kamen zu mir, angezogen von meinem Unglück, weil auch sie das Leben verletzt hatte. Ich sprach darüber mit Max.

»Vielleicht gehöre ich auch zu ihnen.«

Ich zuckte die Achseln.

»Es ist wichtig, daß die Menschen dieses Buch als eine Hilfe für ihren Lebenskampf annehmen, daß sie sich sagen: Wenn dieser Mann all das durchgemacht hat, dann kann auch ich mit meinem Unglück, meiner Angst fertig werden. Glauben Sie, daß die Leser das begreifen werden?«

Mir wurde bewußt, daß ich vielleicht über die Stiftung, über den Schutz des Menschen in seinem Lebensrahmen hinaus anderes zu sagen, zu tun hatte.

Der Gedanke faszinierte mich. Max hatte mir die Passage über meine Begegnung mit Dina vorgelesen. Und die Erinnerung war so stark in mir, als wir am frühen Nachmittag durch den Jardin du Luxembourg gingen, als wir vor dem Wasserbassin stehenblieben, das mit einer dicken Eisschicht bedeckt war, die Ergriffenheit, die ich empfand, war so groß, daß ich *sah*, was ich tun mußte. Es war wie eine Intuition. Als ob Dina es mir eingebe.

»Dieses Glück«, sagte ich zu Max, »dieses Glück, das mir geschenkt worden ist, das müßte jeder Mann, jede Frau finden. Man müßte ihnen dabei helfen. Ich möchte ihnen helfen. Dina verstand das Leben, wußte sich in ihm einzurichten. Wir verstehen es nicht. Ich habe zu Ihnen davon gesprochen, Sie haben es geschrieben. Als ich sie kennenlernte, war ich ein ruheloser Mensch. Mein Leben war nichts als Jagd nach Geld, und ich wußte, wenn ich nicht aufhörte, würde ich einer Katastrophe entgegengehen, ich würde nie das Glück kennenlernen. Dina verstand das. Man muß den Menschen zeigen, was Leben sein kann ... Ich habe dank Dina, dank meinen Kindern zehn Jahre das Glück erlebt, ich weiß, daß man glücklich sein kann, und wenn ich jetzt überlebe ...«

Ich schwieg. Wir standen noch immer vor dem zugefrorenen Bassin. Ein Kind warf Steine über die dicke Eisschicht. Sie hüpften zum Rand des Beckens.

»Dank Ihnen, Max, dank der Kraft, die das Glück gibt, bin ich am Leben. Sie haben mir den Mut gegeben weiterzuleben. Und in meinen früheren Jahren, vor Dina und den Kindern, hat mir die Liebe meines Vaters und meiner Mutter geholfen, den Krieg zu überleben.«

So hatte ich noch nie gesprochen. Solche Gedanken waren neu für mich. Aber ich ahnte, ich wußte, daß sie einen immer größeren Platz in meinem Leben einnehmen würden. Es war die erste Frucht dieses Buches, das wir gerade vollendet hatten.

»Jetzt«, sagte Max ein paar Tage später, »geht es nur noch darum, ob es gelesen wird.«

Vor ihm lagen die maschinengeschrieben Seiten des Manuskripts; ich hatte sie ihm zurückgegeben, nachdem ich sie sorgfältig gelesen hatte. Ich hatte einige Korrekturen angebracht, da, wo mir der Ton meiner Stimme und der Stimmen meiner Lieben nicht genau getroffen zu sein schien.

»Hoffentlich geht es rasch«, sagte ich.

Ich brannte jetzt darauf, meine Erinnerungen mitzuteilen. Damit die Meinen durch diese Worte, die in das Herz der Leser eindringen würden, wieder zum Leben erweckt würden. Aber es dauerte Wochen. Das Räderwerk kam nur langsam in Gang. Schließlich lernte ich den Verleger kennen. Er sprach wenig, aber an der Art, wie er mich ansah, wie er mir die Hand drückte, erkannte ich, daß er Anteil nahm.

Noch bevor er etwas sagte, hatte ich Vertrauen zu ihm, absolutes Vertrauen. Ich hatte einen wahren Menschen vor mir. »Ich bin glücklich«, sagte er, »glücklich und bewegt, daß dieses Buch bei mir erscheint. Für einen Verleger ist es eine Pflicht und eine Ehre, sich der Verbreitung eines solchen Buches anzunehmen.«

Ich war froh, daß er mein Verleger war. Er dachte nicht zuerst an das Geschäft, an den Verkaufserfolg, auch ihm lag daran, daß dieses Buch gelesen würde, weil seine Wahrheit gehört werden mußte.

Als ich die Druckfahnen sah, in denen mir die Namen meiner Lieben ins Auge sprangen, die vom Warschauer Getto, von den Kameraden, die ich im gelben Sand von Treblinka zurückgelassen hatte, erzählten, als ich später das fertige Buch in den Händen hielt, das die Erinnerung an meine Lieben lebendig erhalten würde, in dem Glück und Unglück, Geburt und Tod sich miteinander vermischten, da wußte ich, daß es richtig gewesen war zu sprechen. Ich war sicher, daß jeder meiner Leser verstehen würde, was wir erlebt hatten und warum ich noch immer kämpfte. Und dieses Buch würde mir die finanziellen Mittel verschaffen, um die Aktionen der Fondation Dina Gray zu vervielfachen. Im Verlagshaus sagte mir jeder, den ich auf den Gängen, auf den Treppen sprach, ein paar aufmunternde Worte.

Ich hatte das Vertrauen zu den Menschen wiedergewonnen. Man muß an das Gute im Menschen glauben.

Ich hatte bei Max recht gehabt. Ich würde mich auch in anderen nicht täuschen. Ich, der diese Bestien in Menschengestalt, diese Henker so gut kannte, ich glaubte nicht, daß die Menschheit nur aus Wölfen besteht. Selbst unter der Maske der reißenden Tiere verbirgt sich manchmal ein Mensch.

Das hatte ich in meinem Buch sagen wollen.

»Das, was ich an Ihrem Buch liebe«, sagte mir einer der Lektoren des Verlagshauses, »ist, daß Ihre Feinde nur die wirklichen Henker sind, und selbst für die suchen Sie eine Erklärung.«

Max und ich hatten also unser Ziel erreicht. Jetzt wußte ich, daß man das Wesentliche verstehen würde. Ich konnte nun wagen, das zu tun, was mir so sehr am Herzen lag, wozu ich aber bisher nicht den Mut gefunden hatte.

»Ich möchte«, sagte ich zu Max, »diesem Buch eine Widmung voranstellen.«

»Es ist nicht mehr viel Zeit«, sagte er, »morgen geht das Buch in die Druckerei.«

Er schob mir ein Blatt Papier herüber. Ich schrieb:

Allen Kindern gewidmet.

Mein Leben stand plötzlich im Rampenlicht

Ich habe begonnen, im Rampenlicht zu leben. Ich wußte nicht, wie bedrückend, wie unerträglich das sein kann.

Aber ich akzeptierte, mein Leben, unser Leben zur Schau zu stellen. Der Vorhang hatte sich gehoben, ich mußte auf die Bühne treten, vor ein Publikum, das ich nicht sah. Ich fürchtete mich nicht, Menschen gegenüberzutreten, deren Gesichter ich sah; aber wo sind die Leser eines Buches? Wer sind die Fernsehzuschauer oder die Leute, die mein Foto in einer Zeitung oder Illustrierten ansehen?

Am Anfang war ich überrascht, ich empfand es als unangenehm, wenn am Tage nach einem Fernsehauftritt sich auf der Straße Passanten nach mir umdrehten, miteinander tuschelten. Manche blieben sogar stehen. Wollten sie mich etwas fragen, wollten sie mit mir sprechen? Aber nein, wenn ich mich meinerseits umdrehte, schienen sie sich zu genieren und gingen rasch weiter.

Mir wurde bewußt, wie seltsam doch die Kommunikation ist, die heute unser Leben beherrscht. Millionen Augen sahen mich an, als ich in einem langen Auftritt im Fernsehen über mein Buch sprach. Ich war ihnen für einige Minuten vertraut geworden; ich hatte mit dem Journalisten diskutiert, und während ich mit ihm sprach, hatte ich die Kamera vergessen. Aber war das ein Gespräch mit den Zuschauern? Kommunikation ist für mich Dialog. Ich wollte nicht nur sprechen, sondern auch zuhören. Von meinem Leben sprechen, von meinem Unglück und meinem Glück, ja, aber man sollte mir antworten.

Nach mehreren Zeitungsartikeln, einer Sendereihe im Rundfunk, einigen Fernsehauftritten war ich enttäuscht. Ich diskutierte darüber mit Max, und ich begriff, daß unsere Medien, die zeigen, enthüllen, berichten, die intimsten Geheimnisse eines Lebens ins

Scheinwerferlicht zerren, in Wirklichkeit keinen echten Austausch vermitteln. Ich sprach zu den Menschen durch dieses große Mittel der Kommunikation, ich war für einige Tage der Star der Massenmedien geworden – doch ich sprach ins Leere.

»Das ist es nicht, was ich will«, sagte ich zu Max. »Ich will nicht wie ein Akrobat meine Nummer in der Zirkusarena vorführen, ich will nicht wie ein Schauspieler auf der Bühne meinen Part aufsagen. Ich habe nicht in diesem Buch mein Leben ausgebreitet, ich habe nicht die Dina-Gray-Stiftung gegründet, um wie ein Bühnenstar den Applaus der Zuschauer einzuheimsen, und wenn der Vorhang fällt, ist die Vorstellung zu Ende.«

»Sie sind unersättlich«, sagte Max. »Sie haben schon alles bekommen, was ein Autor bekommen kann.«

»Aber ich bin kein Autor wie die anderen. Ich suche den Kontakt, ich will mit den Menschen sprechen, ich will wissen, was sie denken. Ich will keinen Monolog halten. Und vor allem ...«

Ich ergriff Max' Hände. Dieser große Erfolg des Buches, dieser ganze Pressewirbel, den man für mich inszenierte, brachte mich aus der Fassung. Ich ließ diesen ganzen Rummel, den man um mein Buch, um mich, um die Meinen machte, mehr oder weniger schuldbewußt über mich ergehen. Manchmal ekelt er mich an. Ich wäre am liebsten geflohen, hätte mich irgendwo versteckt, um nichts mehr davon zu sehen und zu hören. »Heute erzählt uns Martin Gray wieder aus seinem Leben.« Noch einige Sekunden für die einleitenden Worte des Ansagers, dann werde ich aus meinem Buch vorlesen, meinem Leben einige Erinnerungen entreißen und sie dem Publikum preisgeben.

Wer waren die, die mir zuhörten? Ein Zeichen würde meine Lesung unterbrechen, und man würde einen Werbespot einblenden: »Für Ihre Möbelkäufe empfehlen wir ...«, grelle Musik ... Und wieder ich, das Blut der Opfer, die Gettokämpfer, bloße Hände gegen Panzer, oder das Brausen der Feuersbrunst, die ihre jungen Leben einschließt und vernichtet.

Es quälte mich. Ich ertrug es nicht mehr, diese aufreißerischen Schlagzeilen zu sehen: »Martin Gray der Überlebende«, »Martin Gray oder der unmögliche Tod.« Ich glaubte, ein Sakrileg zu begehen.

Doch all das hatte ich ja selbst gewollt, ich hatte es vorausgesehen. Aber eine Sache ist es, sich etwas vorzustellen, eine andere, es zu erleben.

»Und vor allem, immer diese Leute um mich – diese Journalisten, Leute vom Rundfunk oder vom Fernsehen, ihr Milieu, ich kann es nicht ausstehen.«

Max zuckte die Achseln. »Sie sind abgestumpft, das stimmt. Es sind Professionelle. Bücher, Lebenserinnerungen, auch solche wie Ihre, lesen sie, sie berichten darüber am laufenden Band, was könnte sie noch erschüttern?«

Wir saßen in einem dieser Cafés am Boulevard Saint-Germain, am Tage nach meinem Auftreten in einem Fernseh-Literaturmagazin. Ich war unzufrieden. Ich hatte mich nicht ausdrücken können, wie ich es gewünscht hätte. Man hatte mir eine Frage über das Getto und über die Vernichtungslager gestellt, ich hatte angefangen zu sprechen. Vielleicht war ich zu umständlich, ich war es ja nicht gewöhnt, vielleicht formulierte ich ungeschickt, schon nach wenigen Sekunden war eine andere Frage gekommen, über mein Leben in den Vereinigten Staaten.

Wie konnte ich so einen Eindruck von dem Leiden der Meinen vermitteln? Wie konnte ich überzeugend diese Botschaft von Kampf und Hoffnung überbringen, die mein Vater mir anvertraut hatte und die ich jetzt, da meine Kinder umgekommen waren, anderen weitergeben wollte? Ich stellte fest, daß ich nicht nur gezwungen war, Monologe zu halten, ohne wirklichen Austausch mit denen, die mich hörten und mich sahen, sondern daß ich gefesselt war, ein Gefangener.

Ich konnte frei reden, und doch konnte ich es nicht.

Es gab Spielregeln: die Regeln der Medien. Von ihrer Existenz wußten die Fernsehzuschauer oder die Zeitungsleser nichts, sie ahnten sie allenfalls manchmal. Und man mußte sich den Spielregeln beugen.

Drei Minuten für Martin Gray, drei Minuten, und das Lächeln nicht vergessen, eine andere Frage, ein Werbespot, ein anderes Buch, ein anderer Titel.

Max legte mir die Hand auf die Schulter. «Martin, Sie können doch nicht die ganze Sendung für sich beanspruchen. Das ist nun einmal so.«

Ich schrie fast: »Aber ich kann nichts sagen! Man kann so nicht verständlich machen, was man auf dem Herzen hat.«

»Es gibt Ihr Buch. Darin ist Ihr Herz.«

»Aber wenn sie von mir nichts sehen als dieses geschminkte Gesicht – denn vor jeder Sendung wird man geschminkt –, wenn sie nur diese paar Worte hören, wie können dann alle diese Zuschauer meine Botschaft überhaupt begreifen? Und sie glauben dann noch, daß sie mich jetzt kennen!«

Ich unterbrach mich. Ich hatte über diese Art von Problemen nie nachgedacht. Ich habe es schon gesagt: In Les Barons, in unserer Burg, hatten wir kein Fernsehen, wir fanden unser Glück, unsere Zufriedenheit in der Unmittelbarkeit des Lebens in der Natur, zwischen Mimosen, Himmel und Meer.

Ich begriff, daß unsere Gesellschaft aus zweiter Hand lebt. Man präsentierte mich Millionen von Zuschauern – und ich mußte denen dankbar sein, die mich einluden, weil sie mir Gelegenheit gaben, über mein Buch zu sprechen. Doch welche Rolle spielte ich da? War ich ein lebendiger Mensch, oder glich ich nicht vielmehr diesen Früchten aus Pappmaché mit ihren leuchtenden Farben, die man in den Vitrinen auf silbernen Platten bewundert? Verwandelt das Fernsehen nicht jeden seiner Akteure in einen Homunkulus, in eine künstliche Stimme? Beraubte es mich nicht meines Lebens, das doch ohne die Beziehung zu anderen Menschen nicht existieren konnte? War das Leben nicht vor allem unmittelbarer Kontakt, ein Händedruck, ein verständnisvoller Blick, eine Stimme, die man hört?

Man hatte mich kaum in diese künstliche Welt des Fernsehens eintreten lassen, da hatte ich nur noch den Wunsch, schnellstens wieder herauszukommen, um wieder mit Menschen aus Fleisch und Blut zusammenzusein, mit Männern und Frauen, die mein Buch gelesen hatten und mit mir über mein und ihr Leben sprechen wollten. Und es gab noch etwas anderes, das mich stark bewegte. Ich wagte noch nicht, mit Max darüber zu sprechen. Erst ein kleines Erlebnis, eine an sich unbedeutende Begebenheit, änderte das.

Als wir so Seite an Seite auf der Terrasse des Cafés saßen, kehrten zwei junge Frauen, die auf dem Bürgersteig vorbeigegangen waren, plötzlich um und blieben vor der Fensterfront der Terrasse stehen. Sie blickten zu mir herüber. Dann trat eine von ihnen in das Café ein und kam auf unseren Tisch zu. Sie zögerte, ich lächelte ihr zu. Als sie vor uns stand, sagte sie: »Entschuldigen Sie, Monsieur, sind Sie es, der gestern abend im Fernsehen gesprochen hat?«

Ich bejahte mit einem Kopfnicken.

»Mein Freundin wollte es nicht glauben.«

Die junge Frau war verlegen. Ich selbst wußte nicht, was ich sagen sollte. Max zeigte auf einen freien Stuhl, doch bevor er etwas sagen konnte, winkte sie ab, wie erschreckt: »Nein, nein, ich muß gehen.«

»Wollen Sie sich nicht setzen?« fragte Max. »Rufen Sie doch Ihre Freundin. Martin Gray würde sicher gern wissen, was Sie von der Sendung halten.«

Die junge Frau schüttelte den Kopf.

»Man vergißt, was gesagt wird«, sagte sie. »Es sind so viele Leute, die sprechen, die ganze Zeit wird gesprochen. Aber das Gesicht prägt sich ein, und dann Ihr Auge, ich hatte bemerkt, daß Ihr linkes Auge...«

Sie hielt plötzlich ein, als hätte sie sich bei einer Unhöflichkeit ertappt. »Nun, Sie haben ein Gesicht, das auffällt, und dann, Sie haben diesen schrecklichen Krieg überlebt.«

Ich nickte. »Mein Auge, das stammt aus dem Gettoaufstand, als ich mich mit den Henkern geschlagen habe. Es hat mich nicht beleidigt, daß Sie das erwähnt haben. Mein linkes Auge habe ich damals verloren.«

»Und Ihre Frau, Ihre Kinder, diese Brandkatastrophe, wir haben das in den Zeitungen gelesen. Ihr Name ist doch...«

Sie suchte, kam nicht darauf: »Das geht alles so rasch, man ist gerade mit etwas beschäftigt, man versteht nicht, oder man vergißt...«

»Martin Gray«, sagte Max.

Die junge Frau wurde rot. »Sie haben es schon gesagt, nicht wahr, vor ein paar Sekunden erst, Sie sehen, ich habe kein Gedächtnis. Wirklich nicht.«

Sie ging zwischen den Tischen hindurch zum Ausgang. Ich stand auf, holte sie ein. Ich gab ihr ein Exemplar meines Buches, das ich aus meiner Aktentasche genommen hatte. »Ich möchte, daß Sie es lesen«, sagte ich. »Ich denke, daß Sie meinen Namen, den Namen der Meinen, nicht mehr vergessen werden. Danke.«

Sie hielt das Buch unschlüssig in den Händen, wendete es hin und her. Sie murmelte ein paar unverständliche Worte. Als sie ihre Freundin erreichte, zeigte sie ihr das Buch. Während sie sich entfernten, drehten sie sich ein paarmal um. Bevor sie aus unserem Gesichtskreis verschwanden, blieben sie noch einmal stehen, und die junge Frau winkte mir freundlich zu.

»Wenn Sie jedem Fernsehzuschauer ein Buch schenken«, sagte Max lachend, »dann weiß ich nicht, mit welchen Autorenhonoraren Sie Ihre Stiftung finanzieren wollen.«

Ich antwortete nicht gleich. Durch die Begegnung mit dieser jungen Frau war mir klargeworden, daß ich es nicht akzeptieren konnte, wenn man die Lebensgeschichte der Meinen so verstümmelte. Da ich selbst mein Leben der Öffentlichkeit hatte preisgeben wollen, aus eigenem Entschluß, damit jeder in ihm vom Schicksal der Meinen, meines Volkes lesen könnte, mußte ich dafür sorgen, daß man es auch vollständig berichtete, daß man dem Publikum nicht nur Bruchstücke vorsetzte.

Daß man die ganze Wahrheit erfuhr.

Welchen Sinn hätte es sonst gehabt, mein, unser Leben der Neugier zum Fraß vorzuwerfen! Wenn nichts Tiefes, Nachhaltiges daraus entstand, wenn keine Beziehung zwischen uns geknüpft wurde – zwischen mir, der im Namen der Meinen sprach, und ihnen, den Lesern, den Hörern, den Zuschauern, die mir, das spürte ich, durch ihr Mitgefühl, ihr Vertrauen soviel Kraft geben konnten. Für mich, für mein Überleben, aber auch für andere, auf die ich eines Tages zugehen, denen ich Hilfe bringen konnte.

Um das zu erreichen, mußte ich jedoch wirklich mit ihnen sprechen, durfte ich mich nicht mit Grimassen und kurzen Phrasen vor der Kamera begnügen, durfte ich nicht geschminkt wie ein Schauspieler auf der Bühne meinen Part aufsagen. Durfte ich nicht ihre Spielregeln akzeptieren. Oder wenn ich doch einmal in diesem Showgeschäft auftreten mußte, dann so kurz wie möglich. Ich mußte meine Zeit vor allem dem direkten Kontakt mit Menschen widmen, zu ihnen sprechen, sie hören und mit ihnen diskutieren.

Diese letzte Geste der jungen Frau, ihr freundschaftliches Zuwinken, war für mich wie ein erstes Zeichen, eine Aufmunterung, diesen Zwang abzuschütteln. Diese Geste öffnete mir die Augen. Ich konnte jetzt auch mit Max darüber sprechen. Übrigens wußte ich, ohne daß er mir irgend etwas gesagt hätte, daß er meine Empfindung teilte!

»Ihr Milieu«, sagte ich, »diese Autoren, diese Ansager und Moderatoren, diese Leute, die ich durch Sie kennengelernt habe...«

»Sie mögen sie nicht?«

Ich schüttelte den Kopf. »Sie sind intelligent. Ich habe nie in so kurzer Zeit so viele geistreiche Menschen getroffen. Allenfalls in New York, als Dina mich in ihren Freundeskreis einführte, aber...«

Ich sprach lange mit Max, versuchte, ihm meine Gedanken verständlich zu machen. Dinas Freunde waren ebenfalls Intellektuelle, sie waren in der Nazizeit aus Deutschland geflohen. Sie hörten Bach, rezitierten Rilke, diskutierten über Bertolt Brecht. Ich verstand sie, ich, der ich nie Gelegenheit gehabt hatte, mir Bildung anzueignen, dessen lückenhaftes Wissen aus Büchern stammte, die mir zufällig in die Hand gekommen waren, ich, der was ich zum Überleben brauchte, in den Straßen der Gettos, in den Baracken der Konzentrationslager und in den Wohnblocks der Bronx gelernt hatte, wo ich Taschentücher und Hemden von Tür zu Tür verkaufte.

»Man lernt auch auf diese Weise, Max, wissen Sie. Ich habe in meinem ganzen Leben nicht mehr als drei oder vier Romane gelesen, aber ich kenne die Menschen. Ich weiß bei der ersten Begegnung, was ein Mann oder eine Frau wert ist. Ich weiß, was sie hier haben.« Ich klopfte mir mit der Faust auf die Brust. Was ich sagen wollte, war: Ich weiß, was ihr Herz wert ist. Ob sie einen Freund verraten können oder alles für ihn opfern würden, was sie besitzen. Ich weiß, ob sie in jedem Menschen einen Rivalen sehen oder einen Freund. »Das, was sie hier haben, im Kopf, ist das so wichtig, wenn es das Herz erstickt?«

In den extremen Situationen, mit denen ich in meinem Leben konfrontiert worden war, hatte ich gesehen, wie bescheidene und unwissende Menschen über sich hinauswuchsen, sich durch Großherzigkeit, Selbstlosigkeit, Urteilsschärfe, Entscheidungsfreude und Wagemut auszeichneten. Und ich war hochangesehenen, gebildeten Menschen begegnet, die in schwierigen Situationen zu feigen, egoistischen Schindern und Spitzeln wurden.

»Entscheidend ist immer das Herz«, sagte ich. »Herz und Charakter. Erst danach kommt das, was Sie Kultur nennen.«

Und in dem Kreis, zu dem ich durch die Veröffentlichung meines Buches Zutritt erhalten hatte, traf ich viele sehr talentierte, gebildete Menschen, die sich, wenn man mit ihnen sprach oder von ihnen interviewt wurde, als herzlose Karrieristen entlarvten. Ihre wohlklingenden Worte verbargen nur ihre innere Leere.

Natürlich gab es auch andere. Nicht jeder Journalist stellte solche sarkastischen Fragen: »Für einen Polen, der Amerikaner geworden ist und dem unsere Sprache noch etwas fremd ist, ist Ihr Buch bemerkenswert gut geschrieben. Hat man Ihnen dabei geholfen?«

Selbst wenn dieser Journalist das Buch nur überflogen hatte, mußte ihm aufgefallen sein, daß Max Gallos Name deutlich auf dem Umschlag angegeben war. Außerdem hatte Max in einem Vorwort seine Arbeitsweise erläutert. Es konnte also für niemanden einen Zweifel geben. Doch darauf kam es diesen Leuten nicht an. Sie wollten mit schönen Worten brillieren. Für sie waren ich und mein Buch nur eine Gelegenheit, sich selbst in Szene zu setzen. Mein Buch lieferte ihnen den Stoff für ihre geistreichen Aperçus. Ich machte ihnen daraus keinen Vorwurf, aber ich verübelte ihnen ihre Teilnahmslosigkeit, ihre innere Kälte.

Sie beurteilten – und das traf nicht nur auf mein Buch zu, das galt auch für andere Bücher, andere Autoren, über die sie schrieben – die Werke und die Menschen nach unwesentlichen, nebensächlichen Kriterien. Ihre Argumentation war pedantisch, kleinlich. Sie waren nicht in der Lage, das Große zu sehen, den Intentionen des Autors Gerechtigkeit widerfahren zu lassen. Kleines, Lächerliches, Schmutziges gibt es überall. Warum sich damit aufhalten. Sehen wir den Menschen in die Augen und ins Herz. Schauen wir nicht auf den Staub und Schmutz, durch den die Füße wandern.

Einige von ihnen hatten, wie ich gesagt habe, eine andere Einstellung als die Masse der Journalisten. Ich erinnere mich an einen von ihnen, mit dem Max und ich kurz nach Erscheinen des Buches zum Mittagessen verabredet waren. Er war klein von

Gestalt, die Haare kurz geschnitten. Er hatte in der Résistance gekämpft, hatte lange politischen Journalismus gemacht und war dann Chefredakteur einer großen Tageszeitung geworden. Er erklärte mir, daß er eigentlich nicht zum »Kreis« der Feuilletonisten und Literaturkritiker gehöre.

»Man wird Sie nicht mögen«, sagte er. »Zunächst – Ihr Buch wird Erfolg haben. Aber ja«, wiederholte er zu Max gewandt, »aber ja, mein Lieber, großen Erfolg. Weil es nämlich stimmt, daß die Leser, die einfachen Leser, ein Gespür dafür haben, ob der Ton echt ist. Und der echte, authentische Ton setzt sich gegen alle Widerstände durch. Nur, man mag es nicht, daß jemand Erfolg hat. Und auch die Schöngeister werden das Gesicht verziehen. Sie sprechen von zu schrecklichen Dingen. Schlechter Geschmack, Martin Gray, sehr schlechter Geschmack. Und dann: Wenn ich Sie reden höre, Sie sind kein bescheidener Mensch. Ihr Leben entspricht nicht den Normen, entzieht sich unseren Gewohnheiten. Sie sind auch nicht diskret. Man wird nicht wagen, Sie zu attackieren, weil niemand das, was Sie sagen, leugnen kann, und man kann ein moralisches Buch, ein Buch mit so hohen sittlichen Ansprüchen und erhabenen Gefühlen, nicht denunzieren, nicht wahr? Aber man wird es mit den Fingerspitzen anfassen. Sie müssen sich, das ist eine absolute Notwendigkeit, von diesem Kreis lösen. Suchen Sie die Begegnung mit wirklichen Menschen. Nicht mit diesen hier. Mit solchen, die richtig lesen.«

Ich bin diesem Rat gefolgt. Ich habe den Dialog gesucht. Und meine Hoffnung hat sich erfüllt. Sogar über meine kühnsten Erwartungen hinaus.

Es war keine Sache der Organisation. Die Begegnungen kamen oft erst im letzten Augenblick zustande. Man wußte nicht einmal immer, ob der Saal, in dem ich sprechen sollte, auch frei sein würde. Und würden meine Leser die Einladung zum Dialog auch annehmen? Ich war zuversichtlich. Ich fürchtete nicht das Gespräch mit wirklichen Menschen, mit denen, die ein Herz hatten, auch wenn sie nicht sehr belesen waren. Sie würden die Stimme der Meinen verstehen. Max war skeptisch.

»Wissen Sie«, sagte er, als wir uns zu einem Vortragssaal in Genf begaben, wo meine erste Begegnung mit Lesern stattfinden sollte, »heute abend wird im Fernsehen ein großes Fußballspiel übertragen. Und Sie müssen auch bedenken, daß die Leute überhaupt nicht mehr gern zu solchen Veranstaltungen gehen. Warum sollten sie auch? Sie haben Ihr Buch gelesen, sie haben Sie auf dem Bildschirm gesehen.«

Ich schüttelte den Kopf.

»Selbst Sie, der diese Worte geschrieben hat, kennen nicht ihre Macht.«

Ich ergriff Max' Arm. Ich fuhr fort: »Ich kenne ihre Macht, weil sie in meinem Leben, in dem Leben aller Meinen ihren Ursprung haben. Ich kenne die Kraft dieser Worte, weil Sie sie mit der Kraft Ihrer Seele niedergeschrieben haben. Weil sie wahr sind, weil in dem Chor der Stimmen nicht eine falsche Note zu finden ist. Es ist das Lied meines Volkes und seines Schicksals. Ich erkenne in ihm die Stimmen der Kinder des Dr. Korczak, die mit ihm zum Umschlagplatz marschieren. Ich erkenne in ihm die Stimmen meiner Kinder, die Stimme Dinas. Müssen wir ihnen nicht Gehör verschaffen?«

»Ich möchte Sie vor einer Enttäuschung bewahren«, sagte Max. »Heutzutage ist es schwierig, die Leute in Versammlungen dieser Art zu bringen, auch wenn es sich um eine wichtige Sache handelt.«

»Und ist das nicht die wichtigste Sache, sie einzuladen, über die Barbarei, über das Glück, das Schicksal zu diskutieren? Und ist es nicht eine wichtige Sache, gemeinsam zu sagen, sie und wir, daß man trotz allem hoffen muß?«

»Das ist die wichtigste aller Sachen«, sagte Max. »Zweifellos. Aber –«

Ich unterbrach ihn: »Sie steht über der Politik. Sie steht über allen anderen. Sie ist die Sache der Menschlichkeit.«

Ich war aufgeregt. Ich wollte die Bestätigung sehen, daß man meiner Einladung zur Begegnung gefolgt war. Wir gingen durch die engen, dunklen Straßen des alten Genf zu dem Haus, in dem der Vortrag stattfinden sollte. Kein Mensch war in der Nähe zu sehen. Nur die parkenden Wagen am Straßenrand, dunkle, leere Behälter.

»Kein Mensch ist auf der Straße zu sehen«, sagte Max, »obwohl wir doch nicht mehr weit entfernt sind. Man müßte doch Leute sehen, die hingehen. Wir sind nicht zu spät dran.«

Er schaute auf seine Armbanduhr. Ich drückte seinen Arm. »Sie sind schon dort, sie erwarten uns.«

Max schüttelte den Kopf. »Bitte, Martin, setzten Sie nicht soviel Hoffnung auf diesen Abend. Erwarten Sie nicht zuviel.«

Ich verstand ihn. Er war mein Freund. Er wollte mir eine Enttäuschung ersparen.

»Nein, Max, nein, glauben Sie mir, sie sind da.«

Eine kleine Lampe vor dem Vortragssaal beleuchtete ein handgeschriebenes Plakat, auf dem ich in großen, unbeholfenen Lettern meinen Namen erkannte:

Heute abend
um 21 Uhr
Gespräch
mit Martin Gray
über sein Buch
»Der Schrei nach Leben«

Ich habe dieses erste Plakat aufgehoben. Seitdem sind viele andere Plakate hinzugekommen, gedruckte Plakate mit meinem Foto, Plakate in grellen Farben von wohlhabenden Vereinen, Einladungen von Universitäten zu Diskussionen und Kolloquien, Plakate überklebt mit einem Querbalken: »Wegen Überfüllung geschlossen«, weil der Saal oder die Halle für tausend, für fünftausend Personen – bis zu zehntausend in Kanada – nicht ausreichte. Aber dieses erste Plakat, zerknittertes weißes Papier, mit Zeichenkohle geschriebene Buchstaben, hat mich am stärksten beeindruckt. Ein Anfang.

Ich öffnete die Tür. Die Eingangshalle war hell erleuchtet. Sie war leer und still.

»Sehen Sie«, murmelte Max.

Ja, ich sah. Ich stieß Max an, zeigte auf die Garderobe, die mit Mänteln und Hüten bis auf den letzten Platz, den letzten Haken gefüllt war, auch auf einem Tisch waren Mäntel, Jacken, Hüte aufgestapelt.

Ich hatte noch nie in meinem Leben einen öffentlichen Vortrag gehalten, aber ich war nicht nervös. Als ich hinter dem kleinen

Tisch Platz genommen hatte, als ich alle diese Gesichter, die auf mich gerichteten Augen sah, als ich diesen Strom der Sympathie spürte – ich fühlte ihn psychisch wie eine freundschaftliche Umarmung –, da wußte ich, und die Stille im Saal während meines Vortrags sollte es später bestätigen, daß man mich verstehen würde, auch wenn mein Französisch zu wünschen übrig ließ. Das war es, was ich brauchte: das direkte Gespräch, die Aufmerksamkeit von ehrlichen, unverbildeten Männern und Frauen. Ich deutete ihre Anwesenheit an diesem Abend nicht als ein Zeichen der Bewunderung für mich, ich wußte, sie waren gekommen, weil ich in meinem Buch wesentliche Wahrheiten über unsere Zeit, unsere Gesellschaft ungeschminkt ausgesprochen hatte. Sie waren aus demselben Grund hier wie ich. Wir waren, auch wenn ich mich auf dem Podium befand, auch wenn mich der Veranstalter mit zu lobenden Worten vorstellte, wir waren gleich, sie und ich, wir erfüllten dieselbe Pflicht: denen unsere Ehrerbietung zu zollen, die Mut bis zur Selbstaufopferung bewiesen hatten, unsere Solidarität mit den Opfern zu bezeugen und das Leben, den Mut und die Hoffnung in Ehren zu halten.

Ja, wir waren alle hier versammelt, um uns der Überwindung der Barbarei und des Todes durch menschliche Größe und menschliche Solidarität zu erinnern.

Dina und meine Kinder, das wußte ich an diesem Abend, würden nicht vergessen werden. Dank ihnen, durch sie würden so viele Leben aus dem Dunkel der Vergessenheit, in das die Henker sie gestoßen hatten, zu neuem Leben erweckt werden. Dank ihnen, durch sie würde die Stiftung mehr Gutes wirken können. Dank ihnen, durch sie würde ich vielleicht dazu beitragen können, daß Männer und Frauen neues Selbstvertrauen gewannen, daß sie sich weigerten, vor einem grausamen Schicksal zu kapitulieren.

Dank meiner Kinder, dank meiner Frau.

Ich wurde aus meinen Gedanken gerissen, als der Veranstalter sich mir zuwandte und mit erhobener Stimme sagte: »Martin Gray, Sie haben das Wort.«

Die Zuhörer applaudierten. Es war nicht der hitzige Beifallssturm einer politischen Versammlung. Es war auch nicht das höfliche Begrüßungszeremoniell gesellschaftlicher Veranstaltungen. Ich spürte, was dieses lange, betont herzliche Klatschen ihrer

Hände sagen wollte: Freund, wir sind bei dir, bei den Deinen. Du hast uns das Beispiel gegeben, daß man aller Barbarei zum Trotz überleben muß.

»Ich bin kein Redner...« begann ich.

Heute, nach sieben Jahren, bin ich immer noch kein Redner, aber ich habe Dutzende von Vorträgen in fast allen Teilen der Welt gehalten, in einer kleinen Stadt am Rande der kanadischen Wälder ebenso wie in der Hauptstadt eines europäischen Königreiches.

Ich habe in Kirchen und Hangars, in Klassenzimmern und primitiven Kellerräumen gesprochen, ich habe Vorträge im Fernsehen gehalten, ich habe in deutscher, englischer und französischer Sprache gesprochen. Jetzt, nach sieben Jahren, bin ich noch immer kein Redner geworden, aber ich habe Routine bekommen.

An diesem ersten Abend in Genf jedoch hatte ich überhaupt keine Vorstellung davon, was ich sagen würde, was ich sagen sollte. Ich sprach, und so wie die Worte aus meinem Munde kamen, vergaß ich sie. Es war eine seltsame Empfindung: Die Worte kamen, als wenn sie gar nicht mir gehört hätten, als wenn ich sie nicht aus meinem Inneren hervorzuholen brauchte. Sie waren wie das Wasser eines Flusses, das dahinströmt, ohne daß man seinen Ursprung kennt. Ich war mir nur eines Phänomens bewußt: der Stille.

Die Stille. Sie ist, diese Erfahrung habe ich in den vergangenen sieben Jahren gemacht, das untrügliche Zeichen, daß das, was ein Redner sagt, gehört und verstanden wird. In diesem Saal wurde ich von der Stille getragen. Ich hörte die Menschen nicht einmal mehr atmen.

Ich schreibe das ohne Überheblichkeit. So wie ich es empfunden habe. Warum soll ich verhehlen, daß ich Frauen im Saal habe weinen sehen, aus Mitgefühl für die Meinen. Warum soll ich nicht sagen, daß nach dem Ende meines Vortrags tiefe Stille herrschte und daß wir lange unbeweglich im Schweigen verharrten.

Max, der rechts von mir saß, der Veranstaltungsleiter links neben mir, der jetzt hätte aufstehen müssen, und ich, wir sahen uns an. Ich hatte den Eindruck, daß alle diese Gesichter im Saal nur ein einziges Gesicht waren, aus dem mich zwei riesengroße Augen in tiefer Bewegung anschauten.

Dieses Schweigen nach meiner in so mangelhaftem Französisch

gehaltenen Rede ist mir als einer der stärksten Eindrücke dieser Jahre in Erinnerung geblieben.

Ich bin den Männern und Frauen, die mir damals, vor sieben Jahren, an einem Herbstabend in Genf, den Mut und die Kraft zum Weitermachen gegeben haben, zu Dank verpflichtet.

Dann brach der Beifall los. Max ergriff meine Hand: »Bravo, Martin. Bravo.«

Ich sah ihn an. Er wußte alles von meinem Leben. Wir hatten es gemeinsam aufgeschrieben; sein Gesicht war von Ergriffenheit gezeichnet. Was hatte ich gesagt, das ihn so erschüttert hatte? Ich wußte es nicht. Ich weiß es auch heute noch nicht.

»Ich möchte, daß sie sprechen, daß sie mir antworten«, flüsterte ich ihm zu.

»Ich bin sicher, daß sie das tun werden«, sagte Max.

Sie sprachen.

Eine alte Frau stand auf, ich verstand nicht, was sie sagte. Ich sah nur, daß sie mein Buch in der Hand hielt, daß sie darauf zeigte, daß die Leute klaschten. Ich verstand kein Wort. Welche Sprache war das? Ich beugte mich zu Max hinüber. Er schüttelte den Kopf.

»Sie brauchen nicht zu antworten«, flüsterte er.

»Ich verstehe nicht.«

Später, als wir, ein Kreis von zehn Leuten, in einem kleinen Genfer Café saßen, habe ich mir erklären lassen, was ich nicht verstanden hatte. Nach dieser Frau hatten noch mehrere Personen gesprochen. Alle mit einer Engagiertheit, die mich tief beeindruckte. Sie sprachen über ihr Leben, und ich war, als ich ihnen zuhörte, zum erstenmal seit Monaten im Frieden mit mir selbst. Seit ich in den Rauchschwaden der Feuersbrunst nach meinen Lieben gesucht hatte. Weil diese Stimmen sagten, daß meine Worte ihnen halfen, das Leben zu meistern. Sie sprachen einfach, ohne brillante Formulierungen, aber sie sprachen aus vollem Herzen.

»Was hat die erste Sprecherin gesagt, diese alte Frau, die zuerst aufgestanden ist?«

Max zuckte die Achseln. »Sie haben es doch verstanden, oder?«

Ich schüttelte den Kopf.

»Wollen Sie, daß ich es Ihnen wiederhole? Ist das etwa schon ein Anflug von Stareitelkeit?«

Durch die Art, wie ich ihn ansah, begriff Max, daß ich wirklich keine Ahnung hatte. Und mir wurde plötzlich klar: Wenn mein engster Freund, der alle meine Gedanken kannte, an mir zweifelte, wie sehr würden sich andere, denen mein Leben, meine Gefühle fremd waren, über mich und meine Intentionen täuschen.

»Entschuldigen Sie«, sagte Max. »Sie sprach sehr deutlich.«

»Ich habe sie nicht verstanden. Ich sah sie die Lippen bewegen, auf mein Buch zeigen, aber ich habe nichts verstanden; das müssen Sie mir glauben.«

Es mußte Max natürlich merkwürdig vorkommen, doch es war nun einmal Tatsache. Er beugte sich zu mir herüber und erklärte mir, was die alte Frau gesagt hatte. Sie hatte einen Bruder, der schon mehrere Selbstmordversuche unternommen hatte. Der Pastor hatte weder mit Vernunftgründen noch mit religiösen Ermahnungen irgend etwas bei ihm bewirkt. Der Bruder war ein gläubiger Mensch, aber er weigerte sich, die Bibel als Richtschnur seines Lebens zu akzeptieren. Eines Abends hatten sie zufällig beide eine Fernsehsendung gesehen, in der ich über mein Buch sprach. Die alte Frau hatte bemerkt, daß ihr Bruder entgegen seiner Gewohnheit der Sendung mit großem Interesse folgte. Sie hatte sich den Titel des Buches gemerkt. Am nächsten Tag hatte sie das Buch *Der Schrei nach Leben* gekauft und hatte es wie zufällig auf den Tisch gelegt, ohne ihrem Bruder etwas zu sagen. Er hatte das Buch in zwei Tagen gelesen. Dann hatte er es noch einmal gelesen. Und er war ein anderer Mensch geworden. Würde es andauern? Die alte Frau konnte es nicht sagen. Aber es war eine Besserung eingetreten, zum erstenmal seit Monaten.

»Besser als die Bibel, nicht wahr, Monsieur Gray, das ist doch eine gute Formulierung!«

Ich hob den Kopf. Mir gegenüber saß ein junger Mann mit lebhaften, spöttischen Augen. Ich sah ihn erstaunt an.

»Ich bin Journalist, hier in Genf.«

Er nahm eine dünne Zigarre aus der Jackentasche und zündete sie an, ohne seinen forschenden Blick von mir zu nehmen. Jemand am anderen Ende des Tisches stellte mir eine Frage, und ich vergaß den Journalisten einen Augenblick. Als ich wieder zu ihm hinblickte, sagte er mit demselben spöttischen Gesichtsausdruck: »Sie wollen also ein neuer Prophet werden, nicht wahr? Eine Art

Billy Graham? Ihr Buch ist eine Bibel, und jetzt ziehen Sie durch die Welt, um es« – er zögerte, lächelte –, »wenn ich bissig wäre, würde ich sagen, um es zu verkaufen. Nun, sagen wir, um es bekannt zu machen.«

Er lehnte sich zurück, die Zigarre zwischen den Lippen. »Ich habe Sie reden hören«, fuhr er fort. »Ich kenne die Vereinigten Staaten gut; Sie versuchen, hier in Europa eine Sekte zu gründen. Wissen Sie, Sie haben ein großes Talent für Publicity. Ich kann mir vorstellen, daß Sie in einigen Jahren ein Prophet sind, dem die Leute nachlaufen. Sie sind ein cleverer Verkäufer ganz simpler Ideen, nicht wahr?«

Ich antwortete nicht. Ich hörte ihm mit Verwunderung und ohne Zorn zu. Dieser junge Mann war mir nicht unsympathisch. War er überhaupt so feindselig, wie er sich gab? Ich war mir nicht sicher. Ich hatte eher den Eindruck, als wollte er zwischen uns eine Art Komplizenschaft herstellen. Sein Blick, sein Lächeln schienen zu sagen: Sie und ich, Monsieur Gray, wir sind zwei Schlauköpfe. Ich habe Ihr Spiel mit diesen einfachen dummen Leuten hier im Saal durchschaut, machen Sie Ihr Theater nur weiter, aber nicht mit mir, Monsieur Gray. Mir können Sie nichts vormachen. Sie wollen Ihr Buch verkaufen. Ich sehe darin nichts Schlechtes. Es amüsiert mich sogar, daß alle diese braven Leute Sie für einen großen Lehrer und Propheten halten. Ich allerdings bin ein Profi. Mich können Sie nicht zum Narren halten.

Er beugte sich zu mir herüber. »Schockiert es Sie nicht, was ich da sage?« fragte er. »Übrigens finde ich Ihr Buch ganz interessant, und es kann auch niemandem schaden.«

Er bot mir eine Zigarre an. Ich schüttelte den Kopf. »Aha, keine Schwächen«, sagte er. »Und Sie, Herr Mitautor, nehmen Sie eine Zigarre? Sie müssen sich köstlich amüsieren bei diesem Theater, denn unter uns ...«

Er tat mir leid, dieser junge Journalist, dieser Skeptiker, dieser Mann, der glaubte zu verstehen, der glaubte, mich durchschaut zu haben, und der überhaupt nichts begriff von dem, was zwischen Max und mir, zwischen meinem Buch und meinem Leben, zwischen meinen Worten und den Menschen, die mich hörten, vor sich ging.

Einmal mehr konnte ich mich überzeugen, daß es nur eine

wirkliche Intelligenz gibt: die des Herzens. Daß nur ein souveräner Geist einzusehen vermag, daß die Dinge einfach und klar sind. Prophet, Bücherverkäufer, Publicity, Sekte! Ich hätte ihm plötzlich jedes dieser Worte um die Ohren schlagen mögen. Wozu das alles?

»Wissen Sie«, sagte ich, »Sie sind Journalist. Ich bin mir nicht sicher, ob Sie unterscheiden können, was wichtig ist und was nicht. Vielleicht tragen Sie schon...« Ich machte eine Geste mit der Hand, das Wort fiel mir nicht ein. Ich wandte mich an Max. »Sagen Sie das Wort, dann hat er endlich die Bestätigung, daß Sie mir meine Ideen soufflieren.«

»Scheuklappen«, sagte Max lachend.

»Ja, zu beiden Seiten Ihrer Augen oder, noch schlimmer, direkt vor Ihren Augen. Sie« – und jetzt schaute ich ihn meinerseits ironisch an – »können nur nach der Seite sehen, an der Brille vorbei, diesen schwarzen Brillengläsern, die Ihnen die Sicht nach vorn versperren. Sie können nur die Seiten einer Sache, das Nebensächliche sehen. Jedenfalls erwecken Sie diesen Eindruck, Monsieur. Im übrigen können Sie denken und schreiben, was Sie wollen! Sie sind intelligent, Sie sind boshaft, also schreiben Sie Ihre Kommentare.«

Ich stand auf. Ich reichte ihm die Hand. »Auf ein anderes Mal vielleicht, Monsieur Schlaukopf!«

Ich konnte nicht vergessen, was er zu mir gesagt hatte; diese Nadelstiche machten mir klar, daß ich mich gegen Unverständnis und vielleicht gegen Verleumdung würde wehren müssen. Doch welche Bedeutung hatten schließlich die Kommentare dieser paar Informationsprofis, die nicht mehr begriffen, daß es Menschen gibt, die sind, was sie sagen, und tun, was sie versprechen? Schlimm für sie, schlimm auch für mich, der darunter zu leiden hatte.

Wer sich zeigt, macht sich zur Zielscheibe. Das wußte ich seit der Zeit des Krieges. Und ich hatte mich gezeigt.

Ich sprach darüber mit Max, als wir am nächsten Morgen am See entlang nach Lausanne fuhren. Er sagte, er habe sich zurückhalten müssen, um dem Journalisten nicht grob über den Mund zu fahren, so sehr habe ihn die aggressive und ironische Arroganz dieses jungen Mannes aus der Fassung gebracht, der weder den

Krieg noch die Konzentrationslager kennengelernt hatte, der nicht wußte, was es heißt, wenn höchstes Glück plötzlich in tiefstes Elend umschlägt. »Diese Selbstzufriedenheit, dieses Sich-verschließen gegen den Nächsten, das alles empört mich.«

Ich war nicht nachsichtiger als er, aber ich hatte wohl mehr Erfahrung auf diesem Gebiet.

»Ich erinnere mich«, erzählte ich ihm, »als Polen befreit worden war, kehrten einige von meinen Leidensgefährten, die der Vernichtung in den Konzentrationslagern oder während des Gettoaufstands entkommen waren, nach Hause zurück. Sie fanden ihre Wohnungen von den Nachbarn besetzt, und diese Leute waren durchaus nicht bereit, den Platz zu räumen. Einer meiner Freunde hat mir berichtet, die Polen hätten gesagt: ›Wir kennen euch Juden doch, ihr wißt euch schon zu helfen. Für jemanden, der aus einem KZ kommt, sehen Sie nicht so übel aus. Sie haben wohl wieder mal übertrieben, wie üblich, oder?‹ Und sie blinzelten ihm zu und lachten hämisch. Auch sie wollten sich nicht zum Narren halten lassen!«

»Und Ihr Freund?« fragte Max.

»Er schloß sich der Roten Armee an wie ich. Dort habe ich ihn getroffen. Er ist gefallen, kurz vor unserem Einmarsch in Berlin.«

Ich blickte auf den See, die sanften Hügel, die umzäunten Gehöfte, die Bäume, deren Blätter der Wind leicht bewegte. Wie verschieden doch die Schicksale waren, wie ungleich das Leben die Menschen behandelte. Hier in der Schweiz hatten Friede und Überfluß geherrscht. Während des ganzen Krieges waren die Schwäne und die Enten unbehelligt auf dem See geschwommen, und die Kinder hatten ihnen vom Ufer aus Brotstücke zugeworfen. Wie dagegen war es in Polen gewesen? Ich hatte Kinder gesehen, die sich auf Leben und Tod um ein paar Brotkrumen schlugen.

Ungerecht, dachte ich, ungerecht diese Ungleichheit, die aus den einen Opfer macht und die anderen wohlbehütet aufwachsen läßt. Wir müssen dafür kämpfen, daß eines Tages alle Kinder auf dieser Erde die gleichen Möglichkeiten, die gleichen Chancen haben.

Diese Gedanken wiederholte ich am Abend in einem der Salons eines großen Lausanner Hotels. Es war ein improvisierter Vortrag. Als die Zuhörer sich erhoben, weil einer von ihnen um eine Schweigeminute zur Erinnerung an die Opfer gebeten hatte, da wußte ich, daß ich über den ironischen Journalisten gesiegt hatte, da hatte ich die Gewißheit, daß auch bei denen, die meine Empfindungen nicht teilen konnten, die Solidarität, das Mitgefühl geweckt worden waren, daß sie das Eis der Gleichgültigkeit durchbrochen hatten. Ich erkannte unter den Personen, die der Zufall hier versammelt hatte, die alte Dame wieder, die am Nachmittag aus einem Dorf bei Lausanne gekommen war, um sich das Buch von mir signieren zu lassen. Sie war es, die den Vorschlag gemacht hatte: »Warum sprechen Sie nicht auch zu uns, Monsieur Gray? Ich werde heute abend gern in die Stadt zurückkommen, wenn Sie sprechen.«

Ich hatte einen kleinen Aushang gemacht, ihn über den Büchern befestigt: *Heute abend*... Und es waren viele am Abend noch einmal hergekommen. Sie waren in den Salon gegangen, ein wenig mißtrauisch, sehr reserviert, sie begrüßten sich nicht einmal, sie setzten sich, ohne sich umzuschauen. Ich hatte meinen Vortrag gehalten, wir hatten miteinander diskutiert, und jetzt, als der Abend beendet war, schienen sie sich zu kennen. Ich hatte die Verbindung zwischen ihnen hergestellt. Ich war der Vermittler, ich hatte sie mit meinen einfachen Worten zu einer Gemeinschaft Gleichgesinnter gemacht. So waren sie sich begegnet, und vielleicht, so hoffte ich, würden sie auch in Zukunft die Verbindung aufrechterhalten.

An diesem Abend in Lausanne, am zweiten Tag der Präsentation meines Buches, fing ich an zu begreifen, was alles ich tun konnte. Für die Erinnerung an die Meinen, für die Stiftung, aber auch für jeden einzelnen dieser Menschen. Ich hatte davon keine Vorstellung gehabt, bis zu dem Augenblick, als ich ihre zaghaften Stimmen hörte, die von ihrer Einsamkeit und ihrer Sehnsucht und Hoffnung sprachen. Von ihren Tragödien und ihren unerfüllten Träumen. Ich entdeckte, daß die Geschichte meines Lebens, die mit so vielen historischen und persönlichen Tragödien verknüpft war, ihnen Vertrauen gab, ihre Hemmungen löste.

»Mit Ihnen, Monsieur Gray«, sagte eine der Frauen nach der Versammlung in Lausanne, »kann ich ohne ein Gefühl der Scham über mich selbst sprechen, über meine Sorgen und Ängste. Wenn man Ihr Buch gelesen hat, dann weiß man, was Sie durchgemacht, was Sie erlitten haben. Daß Sie verstehen müssen.«

Mir wurde bewußt, welche Verantwortung ich trug. Max lächelte. Er sagte: »Während Sie Ihre Bücher signierten, habe ich einige Leute befragt. Wollen Sie Ihre Antworten hören?«

Wir saßen im Flugzeug auf dem Weg zurück nach Paris. Ich sah Max prüfend an. »Sie werden doch wohl nicht wie dieser Journalist reden, oder?«

Seine Stimme hatte etwas ironisch geklungen, vielleicht auch etwas irritiert. Schließlich hatte er dieses Buch geschrieben, am Erfolg hatte er aber keinen Anteil. Bei meinem zweiten Vortrag war mir aufgefallen, daß er etwas mißgestimmt zu sein schien. Es war ja auch merkwürdig, daß niemand ihm eine Frage stellte, obwohl doch auch sein Name auf dem Umschlag stand.

»Nun, Herr Schriftsteller«, lächelte ich etwas boshaft, »Sie scheinen nicht sehr zufrieden zu sein.«

Max zuckte die Achseln, wie das seine Gewohnheit war, dann mußte er lachen. »Verdammter Martin, Sie kennen anscheinend die Psychologie der Autoren. Es ist wahr, ich kann nichts dafür, aber ich möchte doch gern, daß jemand mal sagt: ›Der Regisseur‹ – denn das ist es, was ich bin – ›ist ausgezeichnet.‹ Aber nein, nicht ein einziges Wort. Ich weiß, ich weiß, es ist Ihr Leben, Ihre Stimme, aber ich habe doch schließlich auch meinen Teil beigetragen.«

»Sie meinen, ist das mein Buch oder Ihr Buch? Daß wir darüber diskutieren müssen?«

Ich hatte das Buch geöffnet auf meinen Knien liegen. »Hier steht mein Name« – ich zeigte auf den Umschlag –, »und dort der Ihre. Doch sehen Sie hier, wem das Buch wirklich gehört – das sind weder Sie noch ich.« Ich zeigte auf die Fotos der Kinder in zerrissenen Lumpen, die frierend im Schnee standen. Und ich zeigte auf das Foto meiner ältesten Tochter, die auf dem Rasen einen Tanzschritt übte. Ich zeigte auf ein Bild von Dina.

»Sie sind es, denen das Buch gehört. Und die, die es lesen werden.«

Wir schwiegen eine lange Zeit. Dann sagte er: »Sehen Sie, Martin, ich glaube, Sie haben da, ohne es zu wollen, an etwas für mich, für den Autor, der ich bin, sehr Wichtiges erinnert. Man vergißt immer wieder das Wesentliche.« Er sprach von der Welt der Autoren, der Literaturkritiker, der Feuilletonisten, in der es soviel Eifersüchteleien, soviel Klatsch und Mißgunst gab. »Wir sind nicht schlimmer als andere. Aber wir leben in einem sehr geschlossenen Zirkel, hundert oder zweihundert Personen, die sich ständig begegnen, die in den Zeitungen schreiben, die Bücher veröffentlichen. Jeder kennt jeden, weiß, was jeder ist und was er tut. Sogar was er verdient. Das Geld, Martin –«

»Es ist überall«, warf ich ein.

»Man sollte meinen, in unserer intellektuellen Welt... aber nein. Und nun kommen Sie und erinnern mich an das, was wichtig ist: Es ist nicht der Autor, es ist das, wovon er spricht, und die Art, wie seine Leser es aufnehmen. Homer, das ist schließlich nur ein Name, aber Odysseus, die *Odyssee*, das ist es, was noch heute lebt. Letzten Endes, Martin, gewinnen die Worte, die Ideen und die Bücher, das glaube ich.«

»Mein Vater«, sagte ich, »hat, wie mir scheint, auf eine andere Art ganz ähnliche Dinge gesagt.«

Wir waren zu ernst, zu bewegt. Max löste die Spannung. Er begann zu lachen. »Martin, ich bin jünger als Sie, vergessen Sie das nicht. Ich tauge nicht zur Vaterfigur.«

Ich lachte auch. Nach Monaten empfand ich zum erstenmal wieder ein wenig Freude. Dank Max' Freundschaft.

Doch diese Augenblicke waren kurz. Schlimmer noch: Die Freundschaft mit Max, die wohltuende Wärme der Begegnung mit meinen Lesern, sei es bei der Signierung meines Buches, sei es bei Vorträgen und Diskussionen, machten mir die eisigen Stunden der Einsamkeit noch unerträglicher. Die Tür eines Hotelzimmers schloß sich hinter mir, und ich war in den Klauen der Angst. Ich wußte nicht mehr, wer ich war, noch wo ich war. Genf, Brüssel, Lausanne, Paris, oder war es noch Warschau oder vielleicht New York? Ich stellte das Foto meiner Lieben auf den Nachttisch. Ich schloß die Augen.

Wieder schwebte ich zwischen Traum und Wachen, die ganze Nacht, ohne den einen oder anderen Zustand wirklich zu erreichen. Am Morgen war mein Gesicht von Müdigkeit geschwollen, und nur ein Gespräch mit Max oder die Freundschaftsbeweise meiner Leser konnten mir für einige Stunden des Tages das Gleichgewicht wiedergeben.

In diesen Nächten litt ich, ich übertreibe nicht, Höllenqualen, und schon vorher schnürte mir die Angst die Kehle zusammen. Wenn es mir nicht gelang, sie zu überwinden, würde sie mich über kurz oder lang zugrunde richten.

Ich begann darüber nachzudenken, wie ich die Selbstkontrolle wiedergewinnen könnte. Ich erinnerte mich an die Augenblicke, wo ich, unzulänglich versteckt, meine Angst unterdrücken mußte, damit die Patrouille der Henker mich nicht entdeckte. Jetzt war ich von einer anderen Angst besessen. Die Tragödie war nicht mehr *die* Geschichte, sondern meine Geschichte. Aber es würde mir auch jetzt nur gelingen zu überleben, wie es mir damals gelungen war: durch ein Ziel.

Ich fing an zu lesen, von Max beraten. Ich las mit der Gier eines Menschen, der sich zu betäuben sucht. Ich las, um das zu verstehen, was mir geschah, und das, was der Menschheit geschehen war.

Ich las, und ich entdeckte, wie Max mir vorhergesagt hatte, die Macht der Worte. Ich las, um mich von den Bildern, die mich verfolgten, den Gedanken, die immer wilder, rasender, quälender wurden, zu befreien. Ich las Geschichte, Psychologie, Philosophie. Natürlich verstand ich nicht alles, was ich verschlang. Ich legte mir die Worte nach meiner Art zurecht, und wenn ich zu meinen Lesern sprach, wurden sie zu meinem ganz persönlichen Eigentum.

»Sie sind eine merkwürdige Art von Autodidakt«, sagte Max. »Sie haben sich Ihre eigene Methode zurechtgelegt. Im Grunde sind Sie anderen gegenüber im Vorteil, wenn Sie alles ein wenig miteinander vermischen. Sie können es tun, weil Sie frei in Ihren Ideen sind. Sie haben keine Vorurteile.«

Was ich suchte, waren Lösungen, nicht hehre Prinzipien.

Ich hatte gesehen, gelitten. Ich litt noch immer. Ich hörte von Männern und Frauen aus allen Bevölkerungsschichten, in allen Städten, daß ihnen in ihren Sorgen, ihrem Kummer mein Buch Trost und Mut gab. Also »bastelte« ich nach meiner Art weiter. Ich war, wie Max sagte, ein »Autodidakt«. Na schön, aber ich war auch ein Mensch, der wußte, was er brauchte. Mit Worten und

Ideen fand ich meinen Weg ebenso, wie ich ihn früher im Getto oder später in den Vereinigten Staaten gefunden hatte, als ich Antiquitätenhändler geworden war.

Jedesmal hatten die »Spezialisten« mir gesagt: »Das ist unmöglich. Unmöglich, von einer Seite der Gettomauer auf die andere und wieder zurück zu kommen, mehrmals am Tage. Unmöglich, unter den Augen der Polizisten so viel Proviant herüberzuschaffen...« Ich, der Junge, der nichts vom Geschäft verstand, ich hatte das geschafft. Weil ich es schaffen wollte.

In den Vereinigten Staaten hatten die Antiquitätenhändler der Third Avenue mich ausgelacht, als ich mein Geschäft eröffnet hatte. »Zu viele Händler, zu viele Objekte und keine Kunden.« Aber ich war jeden Monat mehrmals nach Europa geflogen, mein Lager war voll mit guten Objekten, und ich verkaufte mehr, als ich importieren konnte. Ich hatte Erfolg gehabt.

Jetzt holte ich aus den Büchern, was mir fehlte. Aus den so oft widersprüchlichen Ideen, die ich in den Schriften der Philosophen aller Zeiten und Länder fand, baute ich mir meine eigene Philosophie auf. Was bedeuteten mir die Widersprüche der Gelehrten! Ich wollte denen, die mir zuhörten, nur Ratschläge für ein besseres Leben geben. Sie lehren zu hoffen. Ihnen zeigen, warum man trotz des Unglücks weiterleben muß.

Das Lesen half mir, meine Angst zu überwinden. Je mehr ich las, je mehr meine Gedanken sich ordneten, um so mehr Selbstvertrauen gewann ich, um so besser verstand ich, um so mehr konnte ich meinen Lesern geben.

Bastler? Autodidakt? Vielleicht, aber vor allem ein Mensch, der versuchte, dem Schicksal zu trotzen und seinen Mitmenschen zu helfen.

Ich bin's, Mietek

Mietek, so nannten mich meine Kameraden im Krieg; es war mein Name im Getto und in den polnischen Wäldern, mein Name in Treblinka. Mietek, Mischa, Namen aus dem anderen, dem früheren Leben, beim Aufstand im Warschauer Getto und als ich mit den Soldaten der Roten Armee in das zerstörte Berlin einzog. Seit Jahrzehnten waren diese Namen in meinem Gedächtnis begraben. Nur Dina kannte sie, und ich hatte sie Max anvertrauen müssen, als wir gemeinsam das Buch *Der Schrei nach Leben* schrieben. Als eines Tages das Telefon in meinem Pariser Hotel läutete und ich die Stimme einer Frau sagen hörte: »Ich bin's, Mietek«, eine ernste Stimme, die aus einem anderen Leben zu kommen schien, da war ich wie vom Blitz getroffen. Aus der Tiefe der Vergangenheit sah ich ein Gesicht auftauchen. Und ich antwortete sofort in polnischer Sprache: »Wer du?«

»Ich bin's, Mietek, Marysia« – sie lachte –, »Marysia Sebrien.«

Ja, ich sah wieder das kindliche Mädchengesicht, die schwarzen Haare, die zu großen Augen in einem vom Hunger eingefallenen Gesicht. Ja, ich erinnerte mich genau. Ich sagte leise: »Marysia.« Wiederholte, noch immer ungläubig: »Marysia.«

Sie lachte wieder, und ich ahnte in ihrem Lachen die Tränen.

»Die Stiefel«, sagte sie. »Die Stiefel. Man soll nie sagen, daß sich Schicksale nur einmal kreuzen.«

Mein Buch war wie ein Zauberschlüssel, der die Tür zur Vergangenheit öffnete, das Beste und das Schlimmste kamen zu mir zurück, von den Zeiten der Barbarei an. Ich hatte die Worte ausgesprochen, Mietek, Mischa, Treblinka, und Worte verhallen nie im Leeren. Sie schienen zu entschwinden – was sind Worte, was ist ein Buch? Ein paar schwarze Zeichen auf einer Seite, einige hundert Gramm Papier? – und plötzlich, wie ein Bumerang kamen sie zurück.

»Die Stiefel, die du mir geschenkt hast«, wiederholte Marysia. »Ich möchte dich sehen.«

Sie war in der Hotelhalle. Ich bat sie, ein paar Minuten zu warten, eine kurze Zeitspanne, die ich brauchte, um diesen Graben zu überspringen, der mich von den Ruinen in Skierniewice trennte.

Es war, was bedeutet schon das genaue Datum, im Krieg gewesen, und ich war Soldat. Wir waren angekommen, die Waffen über die Brust gehängt, von Wut erfüllt, weil wir vor uns die schwarzen Zeichen der Grausamkeit fanden, und ich schleppte immer die Erinnerung an die großen gelben Sandgruben von Treblinka mit mir.

Skierniewice war eine kleine Stadt nicht weit von Warschau. Die Ruinen versperrten die Straßen, fast die ganze Stadt war eine Steinwüste, und inmitten des Schutts, die Gesichter staubbedeckt, hausten die Davongekommenen. Wir blieben ein paar Tage in Skierniewice. Wir warteten, daß der Befehl zum Angriff auf die feindlichen Truppen gegeben würde. Ich ging durch die Trümmer, ich suchte Zeichen von Leben.

Wer nie die Labyrinthe einer verwüsteten Stadt durchstreift hat, kennt nicht die Stille, die die Steine bedeckt. Das ist nicht die Stille, die sich über die Felder und Wälder breitet. Es ist die Todesstille, die Stille der Angst. Eines Tages, ich erinnere mich, die Sonne war noch nicht durchgebrochen, das Grau des Nebels verdeckte die Ruinen, sah ich ein junges Mädchen, die Beine nackt trotz der Kälte. Sie trug mit beiden Händen eine mit Wasser gefüllte Wanne. Eine alte Frau, ein schwarzes Tuch um den Kopf gewickelt, saß am Eingang eines Kellers und wartete auf sie. Offenbar wohnten sie in dem Keller.

Ich trat näher. Ich hätte ihr anbieten können, die Wanne tragen zu helfen, doch ich sah so viel Stolz und auch Angst im Gesicht des Mädchens, daß ich ein wenig entfernt von ihr stehenblieb und erst auf den Eingang zum Keller zuging, als sie hineingegangen war. Ich setzte mich neben die alte Frau. Sie war für mich meine Mutter und meine Großmutter, sie war alle diese alten Mütter, die, Entsetzen in den Augen, auf die Baracken des Konzentrationslagers zugegangen waren, alle Mütter, die nicht verstanden, die zusehen mußten, wie man ihnen ihre Kinder wegnahm. Ich sprach zu ihr, dann kam das junge Mädchen heraus.

»Das ist Marysia«, sagte die Mutter.

Sie legte mir die Hand auf die Schulter, so weit wie möglich von meinem Gewehr entfernt, als hätte sie Angst, diesen Todesstahl zu berühren.

»Das ist Mietek«, sagte sie zu Marysia. »Mietek, er hat in Warschau gewohnt.«

Ich war ein junger Soldat, den die Einsamkeit erstickt. Ich nahm ein Foto von mir aus der Tasche, das in den Wäldern bei den Partisanen aufgenommen worden war, und reicht es dem jungen Mädchen. Sie betrachtete es ernst, gab es ihrer Mutter weiter.

»Gib es uns«, sagte die Mutter. »Ich hatte einen Sohn wie dich.«

Es begann kalt zu werden. Das Mädchen half der Mutter aufzustehen und führte sie in den Keller.

Ich kam am nächsten Tag wieder und an allen folgenden Tagen.

Ich brachte ihnen eins von unseren großen runden Broten mit harter Kruste und brauner Krume, Zwieback und Zwiebeln. Ich sah ihnen beim Essen zu. Die Mutter lächelte. Das Gesicht der Tochter war wie immer ernst. Die Mutter hatte mich eingeladen, in den Keller einzutreten. Die Tochter hatte mit einem Nicken des Kopfes zugestimmt. Ein paar Lumpen dienten als Bett, Stoffetzen mußten als Schuhe für das Mädchen herhalten. Ich sah, wie sie sich die Lappen um die Füße wickelte. Ich kniete mich vor ihr auf den Boden, um mir ihre wunden Füße anzusehen, ich wollte ihre Ferse in die Hand nehmen, aber sie zog die Beine erschreckt zurück. Langsam, mit leiser Stimme sagte ich: »Du kannst nicht so bleiben, laß sehen.«

Sie ließ mich gewähren. Ich wickelte die Lappen auf, die um ihre Füße gebunden waren, und sah kleine Wunden, Abschürfungen, Risse, die durch die Steine und die Kälte verursacht waren. Ich setzte einen Fuß auf meine Handfläche, und ich mußte lachen: »Deine Füße sind lang, sehr lang.«

Dann bin ich gegangen, ich habe die Stadt durchstreift. Ich hatte Zigaretten und zwei Pakete Tabak bei mir. Ich wußte intuitiv, wo ich die Händler finden würde. Zwischen den Trümmern auf einem alten Platz wurden Mäntel gegen Brot, Kochtöpfe gegen Zigaretten getauscht. Flüsternd standen die Leute in Gruppen herum,

Tauschgegenstände gingen von Hand zu Hand. Ich ging von einer Gruppe zur anderen. »Stiefel«, sagte ich, »ich brauche Stiefel.«

In der geschlossenen Hand hielt ich ein Paket Zigaretten, ließ es vorsichtig sehen. Schließlich faßte ein untersetzter Mann, der seine Mütze bis zu den Augenbrauen heruntergezogen hatte, meinen Arm: »Komm, ich hab', was du suchst.«

Er zog mich weiter in die Ruinen hinein, hob eine Decke hoch, die als Tür diente, und ich trat in eine richtige Räuberhöhle. Hier gab es Bratpfannen und Töpfe, Wein in Flaschen, Kisten voller Bücher, auf dem Boden waren Kleidungsstücke gestapelt. Er bückte sich, wühlte unter den Mänteln und brachte plötzlich ein Paar Stiefel zum Vorschein. Sie waren aus dunklem Leder, die Schäfte waren so hoch, daß sie die Beine bis zu den Knien bedecken würden. Die Sohlen allerdings waren aus Holz.

Ich stellte die Sohlen auf meine Handfläche. Sie hatten Marysias Größe. Der Mann hob zwei Finger. Ich gab ihm zwei Päckchen Zigaretten, und dann lief ich, die Stiefel unter der Jacke versteckt, durch den leise fallenden Schnee, froh vor mich hin lachend.

Das junge Mädchen saß zusammengekauert in der Höhle, die Mutter lag mit Lumpen zugedeckt auf ihrem Lager. Sie hielten sich bei der Hand. Ich hatte in meiner Tasche eine Flasche von dem harten Wodka, der die Kehle zerfrißt. Ich stellte die Flasche auf den Boden und zog die Stiefel unter meiner Jacke hervor.

»Für dich, Marysia«, sagte ich und lächelte. Es ist schön, schenken zu können. Marysia streichelte mit ihren Händen das Leder, sie sah mich an, dann warf sie einen Blick auf ihre Mutter. Sie zögerte, doch dann zog sie mit einer raschen Bewegung einen der Stiefel an, und ich sah erleichtert, daß er bequem saß. Es wäre auch zu ungerecht gewesen, wenn die Stiefel nicht gepaßt hätten. Der andere. Sie stand auf, machte ein paar Schritte, plötzlich drehte sie sich, tanzte auf den Spitzen wie eine Ballerina. Sie sprang in die Luft und lachte. Es war das erstemal, daß ich sie lachen hörte.

Ich nahm die Flasche, reichte sie der alten Frau. »Wir wollen darauf trinken.« Sie lächelte, nahm einen Schluck. Dann gab ich die Flasche an Marysia weiter, und schließlich trank auch ich. Und wir alle drei lachten aus vollem Herzen, Marysia schlug rhythmisch mit den Holzsohlen den harten Lehmboden.

Jetzt sah ich sie von neuem vor mir, Marysia Sebrien mit den schwarzen Haaren. Und als ich langsam auf sie zuging, lief sie mir entgegen und faßte meine Schultern. »Mietek«, sagte sie, »ich wußte, daß du es bist.«

Wir setzten uns vor den großen Wandteppich in der Halle. Sie hielt meine Hand.

»Zufällig«, erzählte sie, »kam ich eines Tages an einer Buchhandlung vorbei und bin hineingegangen. Ich lese zur Zeit nicht viel, aber an diesem Tag hatte ich plötzlich Verlangen nach einem Buch. Ich sah den Umschlag deines Buches, der Name des Autors sagte mir nichts – Martin Gray –, haben die Amerikaner dir diesen Namen gegeben? Ich weiß nicht, warum, aber ich wollte dieses Buch haben. Ich kaufte es. Ich war neugierig, ich konnte es nicht erwarten, mit dem Lesen zu beginnen. Ich habe mich in ein Café gesetzt. Ich schlug das Buch auf, sah ein Foto. Und du warst es, Mietek, du.«

Wir saßen lange, ohne zu sprechen. Wir waren Bruder und Schwester. Es war gestern gewesen, als ich sie verlassen hatte, ich sah sie noch inmitten der Trümmer stehen, stolz ihre Stiefel betrachtend.

Was bedeutet schon die Zeit?

»Ich habe dein Buch gelesen, Mietek. Ich habe gelesen, und ich weiß, Mietek, denn ich habe Kinder und Enkel. Ich bin schon Großmutter, Mietek.«

»Die Zeit«, habe ich gesagt, »wenn die Zeit das Leben gibt, dann ist es gut, sonst«, ich zuckte die Achseln, »sie geht vorbei.«

»Sie wird dir ein neues Leben geben, ich bin sicher, ganz sicher.« Marysia drückte mir die Hand, fest.

»Im Leben«, sagte sie, »da ist alles möglich. Sieh doch nur, nach fast dreißig Jahren, alle diese Wege und Umwege, die wir gegangen sind, und jetzt sind wir hier.«

Sie nahm eine elegante Leinentasche auf, die sie auf den Boden gestellt hatte, hob den Kopf und schaute mich an. »Errätst du es?«

Sie nahm das Paar Stiefel heraus, das Leder war im Lauf der Jahre rissig und brüchig geworden, aber ich erkannte die merkwürdige Form, die Holzsohlen und die langen Lederschäfte. Marysia lachte. »Ich habe damit Polen und Deutschland durchwandert, und als ich in Frankreich angekommen war, habe ich zu

Mama gesagt: ›Diese Stiefel werde ich bis zu meinem Tode aufbewahren.‹ Weißt du«, unterbrach sie sich, und das Lächeln verschwand, »Mama ist noch bei mir, sehr alt, aber sie erinnert sich, sie ist sehr alt.« Sie schwieg einen Augenblick, in Gedanken versunken. »Und dann« – sie begann wieder zu lächeln – »habe ich meinen Kindern die Geschichte der Stiefel erzählt. Und nun wollen sie dich sehen.«

Ich schüttelte den Kopf und sagte: »Noch nicht, Marysia, noch nicht.« Ich fühlte mich dazu noch nicht stark genug.

»Nun, wann du willst.«

Wir standen auf und gingen durch die friedlichen Straßen, die das Hotel umgeben, Arm in Arm.

»Für dich, Mietek, wird alles neu beginnen«, sagte Marysia. »Ich spüre in dir noch dieselbe Kraft, weißt du. Sie war es, die mich damals so beeindruckt hat, diese Kraft. Als du mir diese Stiefel gebracht hast, habe ich, die so schreckliche Angst hatte, mir gesagt: Diese Stiefel, das ist ein wenig von Mieteks Kraft. Ich hatte mich nicht getraut fortzugehen. Nun, mit ihnen«, sie schüttelte ihre Tasche, »habe ich Mut bekommen. Und Mama auch. Wir haben uns gesagt: Das ist ein Zeichen, wir werden fortgehen. Und sobald es möglich war, haben wir uns auf den Weg gemacht. So ist das, Mietek, du hilfst den anderen, ihren Weg zu finden.«

Als ich Marysia verlassen hatte und ins Hotel zurückgekehrt war, saß ich noch lange in meinem Zimmer, unbeweglich, die Hand vor den Augen. Ich dachte darüber nach, wie vieler zufälliger und schicksalhafter Ereignisse es bedurft hatte, damit unsere Wege sich nach Jahrzehnten noch einmal trafen. Es wurde mir bewußt, wieviel Macht doch die Worte meines Buches hatten. Max und ich hatten ihnen das Leben gegeben. Jetzt hatten sie sich von uns gelöst, machten allein ihren Weg. Durch sie würde ich die Kraft finden weiterzumachen. Durch sie, die Marysia zu mir geführt hatten, diese Freundin aus der fernen Vergangenheit, die Schwester, die plötzlich in meiner Einsamkeit erschienen war, die lebendige Verbindung zu meiner Vergangenheit. Ich wußte nicht, daß noch andere kommen würden.

Am nächsten Tag fuhr ich mit dem Zug nach Brüssel, wo ich im *Centre culturel* einen Vortrag hielt. Der Saal war voll besetzt. An diesem Abend zitterte meine Stimme. Ich war nicht mehr in Brüssel, sondern in Skierniewice mit Marysia. Die Jahre waren ausgelöscht. Ich trug wieder die Uniform, ich war kaum aus Treblinka entkommen. Ich war soeben aus dem zerstörten Getto geflohen. An mir klebte noch der Schlamm der Abflußkanäle, durch die ich gekrochen war. Ich kämpfte, um zu überleben, und ich dürstete nach Rache für die Toten meines Volkes.

Als ich meinen Vortrag beendet hatte und die Zuhörer noch in ergriffenem Schweigen verharrten, stand plötzlich ein Mann auf und sagte: »Wir, die wir die Konzentrationslager kennengelernt haben, wir haben zwanzig Jahre auf ein Buch wie Ihres gewartet. Danke.«

Wer war ich, daß man mir dankte? Ich war nur ein Überlebender. Der Dank gehörte den anderen, denen, die mir die Kraft gegeben hatten durchzuhalten. Denen, die sich geopfert hatten. Ich war nur ihre Stimme.

Man stellte mir zahlreiche Fragen. Ich antwortete, und während ich im Saal nach Wortmeldungen Ausschau hielt, fiel mir eine Gruppe von Personen auf, die im Hintergrund des Saales standen und höhnisch zu lachen schienen. Ich spürte ihre Feindseligkeit.

»Beweise«, schrie plötzlich einer von ihnen. »Bringen Sie Beweise, daß das, was Sie sagen, wahr ist.«

Im Saal entstand Unruhe, einige Männer standen auf, um die Störenfriede hinauszuwerfen. Ich hielt sie zurück.

»Keine Beweise«, sagte ich. »Es gibt keine Beweise. Keine Leichen. Die Toten in den Lagern wurden verbrannt. Es blieb nur Asche übrig.«

»Raus, raus«, schrie der Saal.

»Man kann einen Schakal nicht mit Worten überzeugen, daß er unrecht hat«, sagte ich. »Er muß selbst entscheiden, ob er glücklich ist, ein Schakal zu sein.«

Ich bin vom Podium in den Saal heruntergegangen. Die Leute drückten mir die Hand. Zuviel Emotion heute, ich fühlte mich wie zerschlagen. Ich wollte nicht, daß man mich zu meinem Hotel begleitete.

Ich ging zu Fuß, langsam, meine Schritte hallten auf dem Pflaster der Brüsseler Straßen, die den alten Straßen Warschaus ähnelten, vorher, als der Krieg noch nicht gekommen war.

Ich hatte Lust, mich vor eine Tür zu kauern, dort zu warten, bis der Tag anbrach, in der kalten, frostigen Nacht. Die Kälte war oft weniger grausam als die Unmenschlichkeit.

Ich bin lange durch die Nacht gewandert, die Müdigkeit, die Erschöpfung suchend, die die Fragen, die Gesichter, die Namen auslöschen würde. Schließlich befand ich mich vor dem Hotel. Der Nachtportier unterhielt sich draußen mit einem Taxifahrer. Er sah mich, kam auf mich zu.

»Geht es Ihnen nicht gut, Monsieur Gray?«

Ich schüttelte den Kopf.

»Warten Sie, warten Sie einen Augenblick.« Er ergriff meinen Arm, führte mich in das kleine Zimmer neben der Rezeption.

»Wärmen Sie sich ein wenig auf«, sagte er. »Ich werde Ihnen einen Tee bringen lassen.«

Er telefonierte, dann setzte er sich zu mir. »Meine Frau hat Ihr Buch gelesen«, sagte er. »Für sie gehören Sie jetzt ein wenig zur Familie, wissen Sie. Oh, ich vergaß, einen Augenblick.«

Er entfernte sich, kam mit einem Packen Briefe zurück. »Das ist alles für Sie. Ihr Buch, Monsieur Gray, das ist schon was. Ich habe angefangen zu lesen. Solche Bücher brauchen wir.«

In meinem Zimmer öffnete ich die Umschläge – Männer und Frauen kamen auf mich zu, Brüder, Schwestern.

Wir alle brauchen die anderen, die Mitmenschen. Ich schämte mich, daß ich einen Augenblick dem Pessimismus, der Verzweiflung nachgegeben hatte. Jeder dieser Briefe bot mir für diese Zeiten der großen Kälte ein Paar Stiefel mit Holzsohlen an.

Warum?

Ich fing an zu glauben, daß alle Welt mich verstehen müßte. Ich bildete mir ein, daß es genügt, die Wahrheit zu sagen, offen auf einen Menschen zuzugehen, damit er mir die Hand reicht. Ich glaubte, daß ich jetzt, da der Krieg nur noch eine Erinnerung war, keine Feinde hatte. Manchmal natürlich, ich sagte es schon, gab es auch sarkastische Fragen eines mißtrauischen Journalisten, aber was bedeutete das gegenüber den vielen Zeugnissen der Freundschaft.

Mein Buch war ein Bestseller geworden. Zeitungen, Rundfunk, Fernsehen, Vorträge. Ich hatte Hunderttausende Leser. Viele von ihnen schrieben mir, und fast immer war der Tenor: »Martin Gray, wir sagen Du zu Dir, denn seitem wir Dein Buch gelesen haben, gehörst Du zu unserer Familie.« Oft erzählten diese Unbekannten mir wie einem nahen Verwandten von den Schwierigkeiten ihres Lebens. Und ich versuchte die richtigen Worte zu finden, um ihnen zu helfen. Manchmal, wenn ich die Fragen las, die mir gewisse Zuhörer nach einem Vortrag schriftlich stellten, konnte ich mich eines ungläubigen Lächelns nicht erwehren. Gab es keine Grenzen für die Phantasie? Man hielt mich für eine Art James Bond, oder man glaubte, ich sei »der Spion, der aus der Kälte kam«. Eine Frage war folgendermaßen formuliert:

Wie, unter welchen realen Bedingungen, um den Preis welcher tatsächlichen Konzessionen hat M. Gray so leicht seinen hohen Posten in der sowjetischen Armee aufgeben können, um in die USA auszureisen? War die sowjetische Armee (oder eine ähnliche Organisation) ihm dabei behilflich? Hat sie ihn mit Missionen in den USA beauftragt? Das würde teilweise erklären:
1. den glänzenden Erfolg M. Grays in den USA;

2. *die ständigen Kontakte mit Berlin, wo sich offenbar der einzige Freund aus der Zeit seiner Zugehörigkeit zur sowjetischen Armee aufhält, mit dem er nach den Kriegsjahren in Verbindung geblieben ist.*
3. *War der Tod seiner Frau und seiner Kinder ein Unfall, oder war er ein erpresserisches Druckmittel auf einen Menschen, der sich aus seinen geheimdienstlichen Aktivitäten zurückziehen wollte?*

Doppel- oder Dreifachagent: CIA? KGB? Warum nicht ein extraterrestrischer Spion?

Das war der Preis, den ich dafür bezahlen mußte, daß ich jetzt ein bekannter Autor war, ein Mann, nach dem sich die Leute auf der Straße umdrehten. Ich machte die Erfahrung des Bloßgestelltseins: Ich war ich, und ich war nicht mehr ich. Ich sah in den Blicken der anderen einen Martin Gray, wie sie ihn in meinem Buch und in meinen Vorträgen entdeckt hatten. Einen Übermenschen Martin Gray, immer Sieger, nie verzweifelnd, der wie ein Zauberer über jede Schwierigkeit triumphiert. Einen Comicstrip-Helden Martin Gray. Ich wußte, daß ich das nicht war. Niemand kannte meine Nächte.

Je mehr Artikel über mich in der Presse erschienen, um so mehr war ich für die Öffentlichkeit dieser einfache und immer siegreiche Held, eine Art Superman, der sich im Getto allein gegen tausend Feinde geschlagen hatte. Und als ich mein Foto auf der Titelseite eines der großen englischen Sonntagsblätter, des *Observer,* sah, schaute ich lange nachdenklich auf dieses Porträt in Farbe vor mir: War das wirklich ich, dieser Star, der ein bißchen wie Richard Burton aussah? Welcher Unterschied zwischen dem, was ich empfand, was ich war, und diesem Kunstprodukt des Magazins!

Einmal mehr wurde mir bewußt, wie hart unsere sensationsgierige Gesellschaft, in der jedes Ereignis, selbst ein Tod oder ein Verbrechen, von den Massenmedien in ein Spektakel verwandelt wird, wie hart diese gewaltige Maschinerie der Sensationsproduktion mit den »Persönlichkeiten des öffentlichen Interesses« umging. Ich gehörte zu ihnen.

Diese Maschine machte aus mir ein Klischee, druckte es auf Hochglanzpapier, das in Millionen Exemplaren von Australien bis Kanada, von Irland bis Wales verbreitet wurde. Sie beraubte mich meiner wesentlichen Identität, ersetzte sie durch einen farbenprächtigen Starabklatsch. Und welche Vorstellung bekamen die Leser, die dieses Porträt sahen, die diese Schlagzeilen als Resümee meines Lebens lasen, von mir, von den Meinen?

Der Krieg wurde zu einem Western, ich wurde der Rächer, der mit seinem unfehlbaren Colt die Schurken gnadenlos zur Rechenschaft zieht.

Zum Glück veröffentlichte der *Observer* Auszüge aus meinem Buch, und dessen Sätze konnte man nicht entstellen. Aber ich mußte mich auch fragen: War diese Zerstückelung eines Buches in kleine Ausschnitte nicht dasselbe, als wenn man ein großes Gemälde in eine Folge von Comic strips zerlegt? Es beunruhigte mich, und gleichzeitig freute ich mich, daß ein so großer Leserkreis Auszüge aus meinem Buch kennenlernte. Aber daß man mir die Rolle eines Stars aufdrängen wollte, paßte mir gar nicht; nur, das eine zog das andere nach sich.

Ich mußte also versuchen, den Eindruck zu korrigieren.

Ich nahm daher die Einladung, in England eine Reihe von Vorträgen zu halten und an Diskussionen teilzunehmen, begeistert an. Ich würde Gelegenheit haben, dieses Zerrbild zurechtzurücken, wieder ich selbst zu werden. Ich würde nicht mehr ein Superman sein, sondern ein einfacher Mensch, der versucht, den Namen Mensch zu verdienen.

Während des Fluges nach London dachte ich darüber nach, daß es wohl zwangsläufig so weitergehen würde: In jedem Land, wo eine Übersetzung meines Buches erschien – Verleger aus achtzehn Ländern hatten sich bereits um die Übersetzungsrechte beworben –, würde ich eine Vortragstournee machen. Ich würde in die Vereinigten Staaten und nach Schweden, nach Finnland und nach Italien reisen. Und vor allem würde ich dann Deutschland aufsuchen. Ich hatte meinen Verleger gedrängt, vor allem einen deutschen Verlag zu finden. Das war offenbar nicht leicht. Aber ich bestand darauf. Mein Buch sollte dort gelesen werden, in dem Land, aus dem die Henker gekommen waren, die meinen Vater, meine Mutter, meine Brüder getötet hatten, in dem Land, gegen dessen Soldaten ich gekämpft hatte. Das sollte kein Racheakt sein, es sollte vielmehr dazu beitragen, daß in dem Land, aus dem die Barbarei hervorgegangen war, die volle Wahrheit über ihre Folgen bekannt wurde. Schließlich hatte mir mein Verleger mitteilen können, daß er die Rechte an einen großen deutschen Verlag verkauft hatte. Das Buch würde also auch ins Deutsche übersetzt und jenseits des Rheins veröffentlicht werden. Ich sprach Deutsch. Ich stellte mir schon meine Vortragsreise und die Konfrontationen vor. *Der Schrei nach Leben* war kein Buch der Rache, es war ein ungeschminkter Bericht der Wahrheit. Die jungen Menschen würden es annehmen, das wußte ich. Die anderen, diejenigen, die gewußt und geschwiegen hatten, die es hatten geschehen lassen, nun, sie sollten mit ihrer Vergangenheit konfrontiert werden.

Jeder Mensch muß den Mut haben, sich der Erinnerung an das, was er getan hat, zu stellen. Nur unter dieser Bedingung kann er sich ändern.

Auf dem Flug nach London dachte ich darüber nach, was ich in Deutschland sagen und tun würde, in diesem Land, das während sechs Kriegsjahren der Feind meines Volkes gewesen war. Ich wußte nicht, daß ich in London, das für mich die Zitadelle der Freiheit repräsentierte, im unbesiegbaren London, das ich immer für meinen Zufluchtsort gehalten hatte, meine ersten Feinde fand. Brutale, grausame Feinde. Ich begriff nicht, daß ich mich in dem Lande zur Wehr setzen mußte, in dem ich nur Freunde zu haben glaubte. Die Entscheidung fiel mir nicht leicht zurückzuschlagen. Doch wenn ich nach all den Jahren heute an meinen Aufenthalt in London zurückdenke und mich nach den Gründen für die Attacken gegen mich frage, verstehe ich auch jetzt noch nicht. Ich wiederhole mir immer wieder die Frage: Warum? Ich habe hundert Antworten. Alle, die einen mehr, die anderen weniger, belastend für das Reporterteam der *Sunday Times,* der großen Rivalin des *Observer,* das in drei oder vier Artikeln versucht hatte, die Leser davon zu überzeugen, daß der Star des *Observer,* also ich, Märchen erzählt habe. Hundert Antworten. Freunde hatten mir für einige von ihnen, für die wichtigsten, erste Beweise geliefert.

Aber warum anklagen?

Ich bin nicht wie sie. Wohlgemerkt, ich gehöre nicht zu der Kategorie der edelmütigen Menschen, die, wenn man sie auf die linke Backe schlägt, die rechte hinhalten. Ich habe früh lernen müssen, mich zu verteidigen. Ich habe mich verteidigt, und ich würde mich wieder verteidigen. Aber anklagen, wozu?

Die Journalisten des *Observer* hatten mein Buch groß herausgestellt. Die *Sunday Times* attackierte mich. Ihr Team berühmter Rechercheure hatte andere Überlebende von Treblinka befragt und stellte nun in einem Artikel eine große Zahl von fehlerhaften Darstellungen in meinem Buch fest: Das Lager Treblinka war nicht so, wie ich es beschrieb, oder vielmehr, es war schon so, wie ich es beschrieb, aber nicht zu der Zeit, als ich mich angeblich dort befunden hatte. Die Gaskammern, ihre Türen, die Schräge der Betonböden, über die die Leichen der Opfer herabrutschten, entsprachen nicht exakt meiner Beschreibung, wie Zeugenaussagen behaupteten. Beim Gettoaufstand hatte ich zu viele Dinge erlebt und beschrieben. War es möglich, daß ich an alldem teilgenommen hatte? Die befragten Überlebenden erinnerten sich nicht an mich. Und mit Recht! Die Reporter fragten: »Kennen Sie Martin Gray?« Sie sprachen nie von Mietek, erwähnten nie den Namen, unter dem allein meine Kameraden im Krieg und in den Lagern mich kannten.

Es machte mich krank, diesen Artikel zu lesen. Und schon erschien der nächste, der mir vorwarf, mein Buch sei unmoralisch, denn ich erzählte darin, daß ich in den Vereinigten Staaten ein Vermögen mit dem Verkauf von Kopien antiker Objekte gemacht hätte. Ich gäbe das ohne irgendwelche Skrupel zu. Ich sei also ein Fälscher gewesen, nicht ein Antiquitätenhändler. Und wenn ich damals ein Fälscher gewesen war, warum sollte ich es nicht für die Zeit vorher gewesen sein. Man kritisierte auch meine Zusammenarbeit mit Max. Mein Text sei »zu professionell, konstruiert, ein Kriminalroman«.

Ich war es leid. Ich wäre am liebsten abgereist. Diese Attacken ließen mich wieder an den Menschen, an ihrem Wert zweifeln. Sie weckten in mir die Erinnerung an die dunkelste Zeit meines Lebens, die Zeit unter den Henkern, als ich mir manchmal sagte, daß alle Menschen wilde Tiere, Schakale, Kannibalen waren. Aber wenn es so war, wozu dann kämpfen? Wozu überleben?

Natürlich würde diese Schmutzkampagne nicht ohne Folgen bleiben. Diese hinterlistigen Fragen, diese geschickt in Fragen gekleideten Verdächtigungen (denn natürlich handelte es sich nur um Fragen, man würde nicht so weit gehen zu behaupten, daß ich ein Betrüger sei, ihre Anwälte achteten darauf, daß alles im Rahmen der Gesetze blieb) konnten ihre Wirkung nicht verfehlen. Ich war müde, enttäuscht. Aber ich hatte auch Pflichten. Ich erhielt in meinem Hotel Anrufe von Männern und Frauen, die mein Buch gelesen hatten und über diese gemeinen Vorwürfe entrüstet waren. Eine Journalistin wartete auf mich in der Halle des Hotels. »Wissen Sie«, sagte sie, »das ist der ständige Krieg zwischen dem *Observer* und der *Sunday Times*, ein unerbittlicher Krieg, Woche für Woche. Nun, Sie hatten das Pech, zu einem ihrer Streitobjekte zu werden, so einfach ist das. Man benutzt Sie.«

Mir war übel. Wenn das die Wahrheit war, was galt ihnen dann noch der Mensch? Wer hatte dabei an mich gedacht? War ihnen überhaupt der Gedanke gekommen, welch schweren Schaden mir ein solcher Krieg zufügen würde? Ich entdeckte das gnadenlose Gesetz, ein Gesetz des Dschungels, daß der Mensch, der ein »Star« geworden ist, zum Freiwild wird.

»Lassen Sie sich das nicht gefallen«, sagte die Journalistin. Automatisch reichte sie mir eine Zigarette. Ich lehnte ab.

»Entschuldigen Sie«, sie lachte, »aber wenn ich an Ihrer Stelle wäre, ich würde mich mit Begeisterung in diesen Kampf stürzen. Wissen Sie, man greift nur die an, die man beneidet.«

Ich zögerte noch. Mein Temperament treibt mich, Schlag auf Schlag zu antworten. In diesem Fall aber war meine Enttäuschung größer als meine Empörung. Wenn sie nicht verstehen wollten, was ich sagte, wenn sie ihre kleingeistigen Spitzfindigkeiten meinem Zeugnis vorzogen, was konnte ich denn dagegen tun? Ich hatte es schon diesem fanatischen Zwischenrufer in Brüssel zur Antwort gegeben: Man kann einen Schakal nicht mit Worten überzeugen, daß er unrecht hat.

Und dann legte mir ein Journalist des *Observer* einen neuen Artikel der *Sunday Times* auf den Tisch. Ich habe ihn aufgehoben. Ich zitiere daraus:

Der triumphale Aufstieg der umstrittenen Autobiographie Martin Grays – DER SCHREI NACH LEBEN – ist jetzt zum erstenmal, und zwar ganz erheblich, gebremst worden. In der vergangenen Woche, als das Buch in England an die Spitze der Bestsellerliste geklettert war, hat der Verlag Marion von Schröder mitgeteilt, daß er die Vorbereitungen für die Publikation des Buches in Deutschland einstellt, bis die Zweifel über die Richtigkeit der Beschreibung Treblinkas in dem Buch behoben sind.

Dieser Artikel weckte in mir noch einmal die grausige Erinnerung an Treblinka: Mindestens eine Million Opfer, manchmal bis zu zehntausend am Tag. Die Züge kamen an mit fünftausend Menschen beladen, die mit Schlägen zu den Gaskammern getrieben wurden. Treblinka, wo ich die Meinen hatte in den Tod gehen sehen, Treblinka, das für die deutschen Leser ausgelöscht werden sollte.

Ich konnte gar nicht anders, ich mußte mich zur Wehr setzen.

Ich habe mich gewehrt. Ich habe Punkt für Punkt auf alle Verdächtigungen geantwortet. Zeugnisse von Überlebenden trafen ein, die mich unterstützten. Ich konnte Zeugen nennen: Sam Goldberg aus New York, Taigmann aus Israel, Rochmann aus Montevideo, Strawczynski aus Montreal, ich konnte darauf hinweisen, daß mein Buch in Israel ein Bestseller war, daß man mich im Kibbuz der Überlebenden empfangen hatte!

Ich könnte, ich müßte das alles noch einmal sagen.

Briefe über Briefe vorlegen.

Zeigen, wie die Untersuchung der *Sunday Times* zustande gekommen war.

Meine Hypothesen vorbringen. Und vielleicht selbst Andeutungen machen?

Aber ich werde meine Gegner nicht mit Schmutz bewerfen. Wer Pech angreift, besudelt sich. Meine Hände sollen sauber bleiben.

Jetzt, nachdem einige Jahre vergangen sind, habe ich eingesehen, daß etwas an diesen Beschuldigungen stimmte.

Mein Buch war kein Tagebuch, in das ich Tag für Tag in Treblinka, in den polnischen Wäldern und während des Gettoaufstands meine Eintragungen gemacht hatte. Ich war damals ein

Junge von kaum sechzehn Jahren. Meine Erinnerungen sind in mein Leben, nicht auf das Papier der Archive geschrieben. Es ist also durchaus möglich, daß ich Orte und Daten verwechselt habe. Dazu kommt, daß Max das Buch nach meinen Erzählungen geschrieben hat, die er, wie er in seinem Vorwort sagt, neu zusammengestellt hat. Damit es lesbarer wurde. Ohne die Wahrheit zu ändern, aber indem er manchmal die Reihenfolge änderte. Ich bedaure das nicht. Ich wollte kein historisches Werk schreiben – solche gibt es auch, zum Beispiel von Dr. Ringelbaum, der die hervorragenden Archive über das Getto hinterlassen hat –, ich wollte nur Zeugnis geben, damit die Wahrheit bekannt wird. Und mein Zeugnis wird jetzt von Millionen Herzen bewahrt. Denn die Botschaft meines Buches, seine erschütternde Wahrheit, haben Millionen Leser verstanden.

Auch weiß ich jetzt vieles, was ich damals nicht wußte. Zum Beispiel, daß sich die Historiker über die Geschichte der Deportationen durchaus nicht einig sind. Es ist, als ob diese Hölle der Vernichtungslager eine Zone der Unsicherheit, der Ungewißheit bleiben solle. Und wie könnte es anders sein, wo doch jeder Zeuge in jeder Sekunde in dieser Atmosphäre des Wahnsinns selbst vom Tod gezeichnet war? Die französische Professorin Germaine Tillion, die nach Ravensbrück deportiert worden war und überlebte, berichtet, daß es in diesem Lager eine Gaskammer gab. Eine andere Professorin, die eine Arbeit über Konzentrationslager geschrieben hat, selbst auch Deportierte, behauptet, daß diese Gaskammer nicht existiert habe. Lüge? Entstellung der Wahrheit?

Man darf nicht vergessen, daß Treblinka und die anderen Konzentrationslager eine Welt waren, die sich der Vorstellungskraft des normalen Menschen entzieht. Und das Gedächtnis der Deportierten hat vieles einfach verdrängen müssen, weil sie sonst wahnsinnig geworden wären.

Wer in Treblinka war, den interessierten keine Entfernungen und keine Größenverhältnisse. Treblinka, das war der Tod, die Macht des Wahnsinns: Bis zu zehntausend Menschen jeden Tag getötet. Zehntausend. Die Bevölkerung einer Stadt.

Ob diese hervorragenden Rechercheure sich das vorstellen können?

Lassen Sie mich noch zwei Dinge sagen:

Als ich im Jahr 1977 mit Virginia, meiner jungen Frau, in die Vereinigten Staaten reiste, schlief ich auf dem Flug nach Florida ein. Wir kamen direkt aus Europa und hatten nach einer Zwischenlandung in New York unsere Reise fortgesetzt. Ich war müde. Plötzlich schüttelte mich Virginia heftig. Ich fuhr erschrokken auf, glaubte aus einem Alptraum zu erwachen. Was war los? Das Flugzeug glitt ruhig dahin. Virginia reichte mir ohne ein Wort eine Zeitung herüber. Sie schien außer sich zu sein, sie schüttelte den Kopf, als könnte sie nicht glauben, was sie da gelesen hatte. Ich zitiere hier die Überschrift und die ersten Zeilen eines Artikels, der mit Bob Greene signiert war.

Ein Autor behauptet, daß es keine Judenvernichtung gegeben hat.

Ein Professor der Northwestern University hat ein Buch geschrieben, in dem er die Behauptung aufstellt, daß die Nazis die Juden im Zweiten Weltkrieg nicht vernichtet haben.

Der Autor – Arthur Butz, 43 Jahre alt, Associate Professor of Electrical Engineering – sagt, er habe dieses Buch geschrieben, »weil es kein Vernichtungsprogramm gegeben hat, und wer behauptet, daß es ein Vernichtungsprogramm gegeben hat, ist ein Lügner«.

Basta.

Wir waren eine Million in Treblinka. Und ich habe dort meine Mutter, meine Brüder und Riwka sterben sehen.

Das ist der erste Fall.

Der zweite ist folgender: Mein Buch ist bis zu diesem Jahr 1977, sechs Jahre nach der Erstveröffentlichung der Originalausgabe, noch nicht in Deutschland erschienen.

Vor einigen Monaten ist eine deutsche Übersetzung von einem Verleger in der deutschsprachigen Schweiz herausgebracht worden. Ich bin von der Illustrierten *Quick* interviewt worden, die mehrere Millionen Leser hat. Bisher haben jedoch nur wenige deutsche Buchhandlungen mein Buch bestellt.

Ich habe zwei Briefe bekommen. Der eine war von einem Juden, der überlebt hat, der andere von einem Deutschen, der ein Nazigegner gewesen war.

Ist denn der Blick in die Vergangenheit, die ferne Vergangenheit so schwer?*

* Als ich dieses Kapitel abgeschlossen hatte, sind mir noch drei andere Fälle bekanntgeworden, die zu denken geben.

Die *Sunday Times* hat behauptet, daß die Israelis ihre arabischen Gefangenen folterten. Eine Untersuchung hat bewiesen, daß diese Behauptung falsch ist.

Die *Sunday Times* hat den Eindruck gewonnen, daß der schwarze amerikanische Schriftsteller Alex Haley in seinem Buch *Roots* die Wirklichkeit entstellt. Millionen Leser, unter ihnen schwarze Amerikaner, Ethnologen und der Präsident der Republik Senegal – der Dichter Léopold Sédar Senghor –, sind anderer Ansicht. Die Journalisten der *Sunday Times* sind eben großartige Rechercheure!

Der englische Schriftsteller David Irving hat soeben ein großes Werk über das Dritte Reich veröffentlicht. Er erklärt darin, daß Hitler niemals die Vernichtung der Juden befohlen habe. Das Buch ist ein Bestseller. Ich habe nicht gehört, daß die *Sunday Times* Anstoß genommen hätte.

Wir alle sind verwundbar

Als ich aus London zurückkehrte, war ich um einige wesentliche Erfahrungen reicher. Ich, der nichts von den Methoden und Gewohnheiten der Journalisten wußte, der sich einbildete, daß die Achtung vor der Wahrheit die oberste Pflicht der Publizisten sei, ich, der Autodidakt, dem die Worte heilig waren, ich fragte mich, was dieses seltsame Verhalten der Londoner Journalisten zu bedeuten hatte. Ich gehöre nicht zu den Menschen, die die Flinte ins Korn werfen. Im Gegenteil, der Kampf reizt mich.

Ich hatte in London einen Vortrag gehalten. Der Leiter der Veranstaltung hatte vor Beginn meiner Rede eine Frage an die Versammelten gestellt: »Befinden sich Journalisten im Saal?«

Das schien eine Satzungsvorschrift dieser Gesellschaft, die mich eingeladen hatte, zu verlangen. Nicht eine Hand hatte sich gehoben. Nach meiner Rede hatten die Zuhörer Gelegenheit, Fragen zu stellen. Die erste Wortmeldung kam aus der letzten Reihe, und zwar ausgerechnet von einem der Journalisten, die mir Fehler und Irrtümer in meinem Buch vorgeworfen hatten. Da er offenbar die Absicht hatte, mich auf Widersprüche oder Unrichtigkeiten in meinem Vortrag festzunageln, öffnete er sein Jackett und zog ein kleines, geschickt verstecktes Tonbandgerät heraus.

»Mister Gray«, sagte er, »ich habe alles aufgenommen.«

Glaubte dieser Mann wirklich, ich ließe mich davon beeindrukken, daß ein Londoner Journalist meine Stimme auf Tonband aufnimmt?

Ich schlug heftig, ja aggressiv zurück. »Ich bin kein Angeklagter, Sir«, rief ich ihm zu. »Ich klage *Sie* an.«

Ich hatte den Finger auf ihn gerichtet, und ich hatte mit deutlichen Worten meine Verachtung für seine und seiner Kollegen journalistische Methoden zum Ausdruck gebracht.

Es hatte mir Spaß gemacht, zurückzuschlagen, das muß ich

zugeben. Und daß ich überzeugt war, das Recht auf meiner Seite zu haben, bestärkte mich in meiner Empörung. Ich verteidigte nicht mein Wort, sondern ihre Stimmen: die Stimmen all der Meinen. Durch die böswilligen Unterstellungen dieser Journalisten waren ihre Stimmen in Deutschland unterdrückt worden. Da, wo man sie vor allem hätte hören müssen, da, wo sie zum Schrei hätten werden müssen.

Ich würde es nicht hinnehmen.

Was mich jedoch am tiefsten bei dieser Auseinandersetzung getroffen hatte, war, daß man einen Teil meines Lebens, den mir teuersten Teil, völlig ignoriert hatte. Sie taten, als ob Dina und die Kinder in meinem Leben gar nicht existiert hätten. Niemand hatte auch nur ein einziges Wort über meine Kinder, über Dina gesagt. Über ihren schrecklichen Tod, über das Leid, das ich zu tragen hatte.

Was interessierte das diese Leute?

Zweifellos wollten sie nicht über die Feuersbrunst an der Côte d'Azur sprechen, weil das ein Ereignis aus der jüngsten Zeit war, das alle Welt noch im Gedächtnis hatte, ein Ereignis, das es einfach nicht geben durfte. Opfer einer Feuersbrunst an der berühmtesten Küste der Welt! Unmöglich! Martin Gray erzählt Märchen, werden eines Tages vielleicht gewisse Sonntagszeitungen und Illustrierte sagen. Habe ich nicht kürzlich in einem dieser Blätter, das mir einen lobenden Artikel widmete, geschrieben von einem wohlmeinenden Journalisten, der mich eingehend interviewt hatte, in einem französischen Wochenblatt mit einer Auflage von mehr als drei Millionen, gelesen, daß ich mich zur Zeit des Brandes auf Geschäftsreise in den Vereinigten Staaten befand? Und doch hatte mich alle Welt gesehen, Fotos in den Tageszeitungen bezeugen es. Es sind seitdem erst sieben Jahre vergangen!

Ich hatte geglaubt, daß diejenigen, die schrieben, ihre Worte mit Sorgfalt wählten. Daß sie sich Rechenschaft über die große Macht gäben, über die sie verfügen. Aber nein, sie werfen mit den Worten herum, als wenn es Steine wären, die auf den Grund des Wassers fallen. Aber das Wasser, das ist hier das Bewußtsein und das Herz der Männer, der Frauen, der jungen Menschen. Und wer kann sagen, wie die Wirkung eines Wortes im Bewußtsein im Herzen eines Lesers ist?

Ich sprach darüber mit Max. Ich zeigte ihm Briefe, die ich erhielt, es wurden von Tag zu Tag mehr. Zeugnisse der Zuneigung.

Ich sagte: »Allein wegen dieser Briefe hier, weil wir einigen Menschen ein wenig Kraft und Lebensmut haben geben können, bin ich stolz darauf, mit Ihnen dieses Buch geschrieben zu haben. Ahnten Sie, daß diese Worte so viel Macht hatten?«

Er schüttelte den Kopf. »›Der Schuster trägt die schlechtesten Stiefel‹, sagt ein Sprichwort. Ich hatte mit diesen Reaktionen Ihrer Leser überhaupt nicht gerechnet.«

Wir saßen in der kleinen Wohnung, die ich in Paris gemietet hatte. Ich wollte in der Nähe der Ministerien wohnen, die ich oft aufsuchte. Ich hatte eine Zeitlang für meine Stiftung ein paar große Büroräume in einem leerstehenden Gebäude an den Champs-Élysées zur Verfügung gehabt. Das Gebäude gehörte dem Eigentümer eines großen Presseunternehmens. Meine Tragödie hatte ihn bewegt, sagte er, und mein Einsatz für den Schutz der Natur hatte ihn beeindruckt. Er stellte mir die Räume kostenlos zur Verfügung, für unbegrenzte Zeit. Dann hatte ich ihm mein Buch geschickt, und seine Unterstützung hatte abrupt geendet. Er brauchte die Büroräume fast von einem Tag auf den anderen.

Wer weiß? Er wußte vielleicht nicht, daß ich die Armbinde der Juden, den Davidstern getragen hatte. Und seine Naturliebe schloß vielleicht die Juden nicht ein.

Ich will kein Urteil über ihn sprechen, keine Anklage erheben. Der Mann ist heute tot, und es ist ja auch nur eine Hypothese.

Ich hatte daher eine Wohnung gemietet, und Max saß mir jetzt hier gegenüber, die Arme hinter dem Nacken verschränkt. Ich merkte, daß er zerstreut war. Er hatte meinen Bericht über die Ereignisse in London mit einer gewissen Gleichgültigkeit angehört, die mich wunderte. Als ich mich nach seinen Plänen erkundigte, nahm sein Gesicht einen resignierten Ausdruck an. »Bücher«, sagte er, »wieder ein Buch, Worte, wie Sie sagen, Martin.«

Ich spürte, daß er von einer inneren Unruhe gequält wurde, die ich mir nicht erklären konnte. Als ich ihn fragte, wich er aus. Ich lud ihn ein, mit mir nach Israel zu kommen, wo mein Buch einen riesigen Erfolg hatte. Und nach den unerfreulichen Ereignissen in London hatte ich das Bedürfnis, unter Brüdern zu sein.

»Kommen Sie mit, kommen Sie«, wiederholte ich die Einladung. »Sie werden sehen, diese Sonne, ein Land ...«

Er reagierte aggressiv. »Erzählen Sie mir nicht, daß es das Paradies ist, Martin, bitte, seien Sie kein Fanatiker.«

Er war ungerecht. Und er wußte es. Irgend etwas quälte ihn, seine Nerven waren offenbar völlig überreizt, anders konnte ich mir diese Reaktion nicht erklären. Ich sagte ihm ruhig, daß ich durch alle Fasern meines Lebens, meiner Geschichte mit Israel verbunden war, daß ich zu sehr unter unserer Ohnmacht im Kriege gelitten hatte, um zu akzeptieren, daß man uns von neuem einer sicheren Zukunft beraubte. Wir hatten uns ein Vaterland aufgebaut. Es gehörte uns. Und wir würden es verteidigen, so wie wir unser Getto verteidigt hatten. Ich war mir aber auch bewußt, daß wir, um dieses Vaterland zu erbauen, das Lebensrecht anderer Menschen verletzt hatten. Ich wußte, daß wir nicht nach Gerechtigkeit rufen konnten, wenn wir selbst ungerecht waren. Ich wußte, daß ein Krieg niemals die Lösung war.

Ich fuhr fort: »Sie wissen, wie ich darüber denke – daß es Platz für alle gibt. Daß man die Frauen und die Kinder sprechen lassen muß. Die Soldaten müssen schweigen. Im Nahen Osten müssen die Völker in Frieden miteinander leben können. Natürlich weiß ich, daß das noch eine Utopie ist und daß die Einmischung der Großmächte alles nur noch schlimmer macht. Wenn Juden und Araber allein wären ... Es muß doch möglich sein, daß jeder Mensch, gleich welcher Herkunft, in Frieden dort alt werden kann.«

Max hatte nicht zugehört. Seine Gedanken waren woanders. Er stand auf, um zu gehen.

»Sie haben sich also entschieden, nicht zu fahren?«

Bevor er ging, reichte er mir ein Telegramm. »Ich vergaß, es Ihnen zu geben.«

Als ich das Telegramm gelesen hatte, habe ich Max und seine so offensichtliche innere Unruhe und Verstörtheit vergessen. Ich habe diesen Freund vergessen, weil der Zufall noch einmal aus der Vergangenheit einen der Gefährten des Krieges auferstehen ließ. Gestern Marysia, heute Joseph Rochmann.

Danke, ihr Herren von der *Sunday Times*, daß ihr meinen Namen in so großen Lettern gedruckt habt.

»Joziek« Rochmann – nur zwei Wörter: »Ich komme.«

Er hatte gelesen, daß man mein Zeugnis in Zweifel zog. Er hatte versucht, Verbindung zu mir aufzunehmen, seit mein Buch erschienen war; es hatte nie geklappt. Er lebt in Montevideo, da er jedoch den *Observer* und die *Sunday Times* las, hatte er von der Polemik gegen mich erfahren, und Rochmann, mein alter Kamerad aus dem Getto, war zur Stelle. Ich vergaß daher Max, das Wiedersehen mit diesem Kameraden von früher, aus meinem anderen Leben, hatte alles andere verdrängt.

Rochmann umarmte mich, er sagte nur: »Mietek, Mietek«, und er weinte.

Ich erzählte ihm die Geschichte mit Marysia. Er lachte. Wir fanden die Worte wieder, die Gesten. Er sagte: »Erinnerst du dich?«

Wir blieben einen Augenblick lang schweigsam, beide, und dann, ja, wir lachten über die komischen Aspekte der tragischen Ereignisse, die wir gemeinsam erlebt hatten, und plötzlich wurden wir wieder schwermütig, von dunklen Erinnerungen gequält.

Ich sah Rochmann im Getto fast jeden Tag. Er verteilte die Waren, die ich hineinschmuggelte. Er sagte: »Wenn du morgen zehn Sack Kartoffeln hast, nehme ich sie.« Er war der Großhändler, an den ich lieferte. Mit seinen Hilfskräften brachte er die Waren dann zu den Verteilungsstellen. »Hast du morgen Fleisch?« Und ich strampelte mich ab, um Fleisch aufzutreiben oder Getreide oder manchmal sogar Bananen. Dann war die Katastrophe gekommen. Ich war nach Treblinka transportiert worden. Er hatte zusehen müssen, wie seine Frau und seine Tochter ins Konzentrationslager verschleppt wurden. Seine Frau war eine der schönsten Frauen Warschaus gewesen.

Wir saßen, die Ellbogen auf die Knie gestützt, in meiner Wohnung und redeten über die Vergangenheit.

»Natürlich bin ich wieder verheiratet«, sagte er.

Er legte mir die Hand auf den Nacken, wie er das früher getan hatte. »Du, auch du wirst wieder heiraten, Mietek. Jetzt ist es noch zu früh; aber das Leben wird wiederkommen, ganz gewiß, Mietek.«

Wir hatten gemeinsam am Aufstand des Warschauer Gettos teilgenommen. Später, als die Straßen nur noch Flammen gewesen waren, hatten wir uns verloren, doch wir trafen uns wieder in der Vorstadt Praga, als ich Monate später mit sowjetischen Soldaten zurückkam. In Rochmanns Augen las ich, wie er in meinen, die grausame Geschichte dieser Jahre. Auch er hatte trotz allem Schrecklichen überlebt, und das Wiedersehen mit ihm machte mein Verlangen, nach Israel zurückzukehren, noch stärker. Dort würde ich alle alten Freunde, die überlebt hatten, wiederfinden, sie, die in den Ruinen des Gettos gekämpft hatten, die noch die Namen der Straßen des alten Warschau kannten, sie, deren Hände noch vom Kampf geschwärzt waren, die noch den Geruch der ausgebrannten Steine an sich trugen.

Er begleitete mich zum Flugplatz. Kurz vor dem Abflug versuchte ich, mit Max zu telefonieren, eine Intuition, eine plötzliche Unruhe. Es meldete sich niemand. Ich gab Rochmann die Adresse von Max.

»Sieh einmal nach ihm«, sagte ich, »geh einmal vorbei, und wenn irgend etwas ist, schick mir ein Telegramm.«

Rochmann war mein Bruder, ich konnte ihn um alles bitten. Wir verstanden uns mit einem Blick, denn monatelang hatten wir ständig den Tod vor Augen gehabt, wir hatten mehrmals täglich unser Leben aufs Spiel gesetzt. Ohne dieses unbedingte Vertrauen zwischen uns hätten wir beide nicht überlebt. Ein Blick, ein Händedruck, eine Hand, auf den Nacken gelegt, das war inmitten all der Verrätereien um uns die Bestätigung unseres Paktes, den nur der Tod zerbrechen konnte.

»Bei Max ist etwas nicht in Ordnung«, habe ich noch gesagt.

»Kennst du ihn gut?« fragte mich Rochmann.

»Sei zu ihm, als ob ich es wäre.«

Das genügte. Lange Erklärungen waren zwischen uns nicht nötig, wir hatten nie die Zeit gehabt, unsere Empfindungen in Worte zu fassen. Mit der Zeit muß man haushalten. Muße hatten wir nie gekannt. Eine Sekunde genügte, um alles zu ändern. Ein ruhiger Abend konnte plötzlich in eine hochexplosive Situation umschlagen. Eine Patrouille, die an der Straßenecke auftaucht, oder ein Polizeispitzel, der uns beobachtet – dann war es aus mit uns und mit der Lebensmittelversorgung für das Getto.

Das Flugzeug hob ab, und während des ganzen Fluges dachte ich an Max. Ich bin ein intuitiver Mensch, ich spüre, wenn Gefahr droht. Ich wußte, daß seine Probleme mit seiner Tochter zu tun hatten. Durch sie war er verwundbar.

In jedem Menschen gibt es, wie in der Erdkruste, Verwerfungslinien, an denen bei einer Erschütterung sich ein Abgrund öffnet. Es kann auch geschehen, wenn das Beben in der Tiefe zu schwach ist, daß sich kein Abgrund öffnet, aber daß der Mensch zerbricht. Das hängt vom Zufall oder vom Schicksal ab. Eine Schwachstelle hat jeder von uns; wo die von Max lag, wußte ich. Ich litt um ihn, wie er mit mir gelitten hatte. Ich wußte nichts Genaues, ich spürte nur die Gefahr.

Heute mache ich mir Vorwürfe, daß ich nicht auf die Warnzeichen reagiert habe, daß ich mich von der Sonne, den Obstgärten, den historischen Stätten und der Begegnung mit den alten Freunden in Israel so habe überwältigen lassen, daß ich alles andere vergaß. Manchmal denke ich, daß ich vielleicht das drohende Unheil hätte verhindern können, wenn ich zurückgekehrt wäre.

Aber zu viele Monate war ich allein gewesen, trotz aller Beweise der Brüderlichkeit, die meine Leser mir gaben. Marysia, die Angriffe der Londoner *Sunday Times,* Rochmann, vor allem aber die vielen Tage und Nächte der Arbeit an dem Buch hatten mir die Jahre des Krieges so gegenwärtig gemacht, daß ich es als lebenswichtiges Bedürfnis empfunden hatte, Menschen aus dieser Zeit wiederzufinden, durch die Begegnung mit ihnen neue Kraft zu gewinnen. Aus meinen alten Wurzeln nährte sich mein Leben. Ich vergaß Dina und meine Kinder nicht, ich ging zu unserer gemeinsamen Quelle. Sie hatte mir den Mut gegeben, nach dem Krieg in den Vereinigten Staaten einen neuen Anfang zu machen, sie hatte mir die Hoffnung gegeben, daß ich eines Tages der Frau begegnen würde, mit der ich für uns und unsere Kinder eine Burg bauen würde.

Jetzt war die Burg leer. Es war lebensnotwendig, daß ich zu meiner Quelle zurückkehrte.

Ich traf Itchak Zuckermann. Der Mann, der vor dem Gettoaufstand und während der Kampfhandlungen durch die Abflußkanäle Waffen von jenseits der Mauer herbeigeschafft hatte, damit wir uns nicht wehrlos abschlachten lassen mußten. Zuckermann lud mich ein, seinen Kibbuz Lochamet Hagethot zu besuchen, er zeigte mir das Modell des Gettos, das er selbst gebaut hatte; wenn er auf einen Knopf drückte, setzten sich die Straßenbahnen in Bewegung. Die Straßenbahnen, mit denen ich so oft die Mauer überwunden hatte, dem Henker Frankenstein zum Trotz, der Jagd auf die Ausbrecher machte und sie tötete.

Itchak Zuckermann. Ich war ihm im Getto nie begegnet, doch ich hatte ihn genau gekannt. Mein Vater hatte oft von ihm gesprochen.

Er zeigte mir die Bibliothek seines Museums. Er nahm die hebräische Übersetzung meines Buches heraus und sagte: »Du wirst mir ein Exemplar von allen Ausgaben schicken, und ich werde sie in diese Regale stellen.«

Ich fühlte mich klein und unbedeutend in seiner Nähe. Ich war wieder der Junge aus dem Getto geworden, der bewundernd zu ihm aufschaute. Wir sprachen von den Straßen des Gettos, der Gesia- und der Zamenhof-Straße, der Mila- und der Leszno-Straße, der Walowa- und der Swietojerska-Straße, wir sprachen von meinem Onkel Julek Feld, einem der Führer der jüdischen Kampforganisation, von den Bunkern – »Kameraden, diese Bunker sind unser Herz und unser Leben«. Wir sprachen von unserem Kommandanten Mordekhai Anielewicz, dessen erster Stellvertreter Zuckermann gewesen war.

Wir sprachen. Wir saßen in einem Restaurant und hatten angefangen zu trinken, einen eisgekühlten scharfen Wodka. Wir tranken, wie ich seit den Kriegsjahren nicht mehr getrunken hatte. Draußen war es heiß, in unserem Land Israel, und wir waren von so weit her gekommen, aus unseren Bunkern, unseren Abflußkanälen, unseren Kellern. Wir waren von so weit her in unser Land gekommen. Und wir erhoben unsere Gläser auf die Erinnerung an den langen, grausamen Weg, der uns endlich in dieses Land der Sonne geführt hatte.

Ich habe mehrere Tage in Israel verbracht. Sie waren eine Zeit der Ruhe zwischen zwei Stürmen. Ich fuhr oft allein durch das Land, besuchte mehrere Kibbuzim, und manchmal fragte ich mich, ob es nicht ein Fehler gewesen war, damals, bevor ich Dina kennengelernt hatte, daß ich mich für die Vereinigten Staaten entschieden hatte und nicht für dieses neue Land. Was diesen Entschluß bestimmt hatte, war der Wunsch gewesen, die letzten lebenden Angehörigen meiner Familie, meine Großmutter und meinen Onkel, zu treffen. Und dann kam der Aufbau eines neuen Lebens, später Dina, die Kinder, die Entscheidung, mich in Frankreich niederzulassen, in Europa, wo meine Vorfahren gelebt hatten, mit dessen Traditionen ich innerlich verbunden war.

Der Mensch ist wie das Wasser eines großen Stromes, es entstammt nicht nur einer Quelle, sondern tausend Bächen und Flüssen, die sich mischen, und manchmal fließt das Wasser des einen Zuflusses an der Oberfläche, und einige hundert Meter weiter gibt das Wasser eines anderen dem Strom seine Farbe. Als ich die Araberviertel mancher Städte in Israel besuchte, als ich durch einige Araberdörfer fuhr, da verstand ich wohl diejenigen unter meinen israelischen Brüdern, die stets in Kampfbereitschaft lebten, deren Ziel aber nicht immer nur die Verteidigung, sondern manchmal auch die Eroberung war. Ich ahnte jedoch auch die Gefühle dieser dunkelhäutigen Kinder, dieser alten Männer in wallendem Burnus, die die Patrouillen der israelischen Soldaten vorbeifahren sahen. Die Soldaten lasen mein Buch, das wußte ich. Hatte nicht ein Journalist dazu aufgerufen, jede Familie sollte einem Soldaten dieses Buch schicken, weil es die Erinnerung an das wachhielt, was nie vergessen werden durfte?

Was aber waren diese Soldaten in anderen Augen? Diese jungen kräftigen Männer, die Ärmel hochgekrempelt, das Maschinengewehr vor der Brust – sie mußten diesen Kindern und diesen Alten als Eroberer erscheinen. Ich verstand auch sie. Mein Gefühl war zwiespältig. Ich hätte als Vermittler dienen mögen, doch was konnte ich mit meinen schwachen Kräften schon ausrichten? Und außerdem gehörte ich einer der beiden Gemeinschaften an; ich war mit ihr durch das vergossene Blut verbunden. Für immer.

Und wie konnte ich verständlich machen, daß die Schwachen, die Schwächeren niemals völlig im Unrecht sind, auch wenn sie sich irren? Daß im Kern jeder Revolte, auch wenn sie zu verbrecherischen Handlungen führt, der Funke, das Verlangen nach Gerechtigkeit lebendig ist? Ich selbst konnte dies nicht ignorieren, ohne mich selbst zu verleugnen.

Eines Abends war ich bei einer Familie eingeladen, die in einem

Vorort von Tel Aviv wohnte. Sie hatten mein Buch gelesen. Sie stammten aus Polen. Sie kannten alle Stadtviertel Warschaus, alle polnischen Städte, von denen ich sprach, und ihr etwa zwanzigjähriger Sohn war von dem Buch begeistert. Während des Essens – vielleicht war es die Müdigkeit, vielleicht waren es Bilder, die mir in Erinnerung kamen, Gesichter junger Araber – sagte ich plötzlich: »Ihr könnt hier nicht so weiterleben, in Feindschaft mit ihnen. Selbst wenn sie sich hartnäckig weigern, euch zu verstehen. Ihr müßt mit ihnen sprechen, mit ihnen diskutieren. Das ist meine Meinung.«

Schweigen. Sie sahen mich an. Schließlich sagte der Mann: »Sie schreiben, Martin Gray, Sie schreiben, aber Sie haben vergessen, sonst wären auch Sie hierhergekommen, mit uns, wie andere, wie Zuckermann.«

»Eben weil ich nicht vergessen habe, sage ich das«, erwiderte ich.

Keiner sprach mehr, und ich begriff, daß ich eine beginnende Freundschaft zerstört hatte.

Aber kann, darf man verbergen, was man denkt?

»Schon gut«, habe ich schließlich gesagt. »Sie lieben es nicht, der Wahrheit ins Gesicht zu sehen. Und das ist der Anfang allen Übels.«

Ich habe mich verabschiedet, bin zu Fuß heimgekehrt. Nach kurzer Zeit merkte ich, daß mir jemand folgte. Es war der Sohn, er holte mich rasch ein.

»Ich«, sagte er, und er legte seine junge Hand auf meine Schulter, »ich, ein Soldat, verstehe Sie.«

»Unter Kriegern«, ich lachte, »ich ein alter Krieger, du der junge, unter Kriegern muß man sich ja verstehen.«

Wir haben uns auf eine Mauer am Straßenrand gesetzt, und wir haben die ganze Nacht miteinander geredet. Eine orientalische Nacht, der Himmel tief und hell. Bevor wir uns trennten, haben wir uns umarmt.

Am Morgen flog ich nach Paris zurück. Während des Fluges dachte ich an diesen jungen Israeli mit dem kurzen Haar, das sich über der Stirn kräuselte, an seinen kraftvollen Gang, an seine Hochherzigkeit, und ich war stolz auf ihn, war glücklich, ihm begegnet zu sein. Plötzlich, als wir uns dem Augenblick der

Landung näherten, wurde ich von einem Gefühl der Unruhe ergriffen. Ich dachte an Max, dachte daran, daß ich keine Nachricht von Rochmann bekommen hatte. Wieder einmal hatte ich die Vorahnung einer Tragödie: Nicht alle jungen Menschen haben die gesunde Kraft des Israeli, mit dem ich in Tel Aviv gesprochen hatte. Manche junge Menschen sind zerbrechlich wie die ersten Blumen des Frühlings: Ein Windstoß genügt, ihre Blüten abzureißen und umherzustreuen. Und es bleibt von ihnen nur die bittere Erinnerung an das, was sie hätten sein können, später, wenn die Blume Kraft gewonnen und sich entfaltet hätte.

Rochmann erwartete mich am Flugplatz. Wir umarmten uns. Ich fragte ihn: »Hast du Max gesehen?«

»Ich habe ihn gesucht«, antwortete er. »Niemand, auch nicht sein Verleger, wußte, wohin er verschwunden war.«

»Hast du ihn gesehen? Ist er zurückgekommen?«

Rochmann nickte.

»Schlimm?«

Rochmann schwieg.

»Und wie geht es ihm jetzt?«

Wozu fragen, was geschehen war? Wozu darüber sprechen? Selbst wenn man am anderen Ende der Welt ist, spürt man, weiß man, wenn jemand, den wir lieben, von einem Unglück getroffen wird. Welchen Sinn hätten sonst die Worte Freundschaft und Brüderlichkeit?

»Er hat wieder angefangen zu arbeiten«, sagte Rochmann.

»Das ist seine Art zu kämpfen«, antwortete ich.

»Er ist wie du«, murmelte Rochmann.

Wir haben nichts mehr gesagt, und ich will auch nichts mehr darüber schreiben.

In dieser Nacht habe ich auf ein Zeichen gewartet

Von Max, habe ich gesagt, werde ich nicht mehr sprechen. Sein Leben gehört ihm, und jeder Mensch hat ein Anrecht darauf, seine Wunden zu verbergen.

Ein Wort aber muß ich noch sagen, weil es uns beide betrifft. Als wir uns Wochen später trafen, auf der Wiese vor meinem Haus Les Barons, haben wir uns lange schweigend die Hand gedrückt. Das Licht war von einer fast nicht zu ertragenden Intensität. Das harte Blau des Himmels ließ die Reliefs der fernen Berge unwirklich scharf hervortreten.

Die Luft war frisch, angenehm. Wir gingen lange schweigend die Straße entlang.

Ich wollte Max zu der Stelle führen, die die Schulkinder von Tanneron oberhalb der Kehre errichtet hatten, wo der Wagen mit Dina und den Kindern von der Straße abgekommen war. Sie hatten auch Bäume gepflanzt. Jedes Kind einen Baum. Ich zeigte Max den noch recht kümmerlichen jungen Wald, diese zarten Triebe, mit denen der Wind spielte. Er hatte die Hände auf dem Rücken, das Gesicht gegen den Wind.

»Was macht Ihre Stiftung?« fragte er.

Ich berichtete. Von dem Wettbewerb zwischen den verschiedenen Schulen, den ich organisiert hatte; die Gewinner würden eine Reise in die Vereinigten Staaten machen, die ganze Klasse. Ich versuchte, die Unterstützung der öffentlichen Körperschaften zu gewinnen, des *Crédit agricole,* ich lief von einem Büro zum anderen. Man bot mir Plakate an, ein Künstler stiftete Skulpturen, die man in Saint-Tropez bei einem Galadiner versteigern würde.

»Kommen Sie mit«, sagte ich. »Ich kenne mich in diesem Milieu nicht aus; ich wüßte nicht, was ich sagen soll. Ich habe nicht einen Freund unter ihnen.«

Max schüttelte den Kopf.

»Und wie kommen Sie mit Ihrer Arbeit voran?« fragte ich.

»Ich habe ein neues Buch begonnen. Das sind meine Bäume. Auch ich pflanze Bäume.«

»Es ist notwendig«, sagte ich. »Es ist notwendig, Leben zu erhalten.«

Wir schwiegen. Es gab nichts mehr zu sagen. Wir kannten uns. Wir wußten beide, was eine offene Wunde ist.

Wir sind nach Les Barons zurückgekehrt, haben von dort lange auf das Meer und die Inseln hinausgeschaut, auf diese ferne Landschaft, die die klare Luft nahe zu rücken schien.

»Ich habe versucht, Sie zu erreichen«, sagte ich. »Ich ahnte etwas, und dann habe ich mich erinnert.«

Einem Unglück muß man sich allein, in der Einsamkeit stellen. Später, wenn man gekämpft hat, um nicht von ihm niedergestreckt zu werden, später kann man wieder Menschen um sich ertragen. Nicht zu früh. Das gilt für jeden von uns.

Ich habe mich erinnert. Kurz nachdem wir unsere Hunde gekauft hatten, hatte Lady drei Junge bekommen, tolpatschige Winzlinge von einer rührenden Schönheit, die sich meist an den Bauch ihrer Mutter schmiegten. Meine Kinder waren ganz verrückt nach ihnen. Dann waren zwei der Jungen gestorben. Ein giftiges Kraut, eine Darmerkrankung, der Veterinär war ratlos. Lady pflegte das dritte liebevoll, leckte es mit einer schmerzlichen Fürsorge, ließ es nicht aus den Augen. Und dann starb auch dieses.

Traurigkeit herrschte in unserem Haus. Darauf habe ich eine lange Reise mit den Kindern unternommen, um ihnen zu helfen, dieses grausame Erlebnis zu vergessen.

Wie kann man begreifen, daß Jugend und Schönheit so sinnlos dahingerafft werden?

Ich beobachtete Ladys Verhalten. Wir alle litten mit ihr, die vergeblich nach ihren Jungen suchte. Sie lief durch das Haus, durch den Garten, schnupperte an der Decke und an dem Korb, in dem sie geschlafen hatten. Wir streichelten sie. Dann legte sie sich einen Augenblick hin, schaute jeden von uns der Reihe nach an, als erwarte sie eine Antwort.

Sicher hat sie verstanden, als Nicole, unsere Älteste, sich in Dinas Arme geworfen und geschluchzt hatte: »Mama, Mama, sie ist unglücklich. Sieh doch, sie ist unglücklich.«

Dina wiegte Nicole in den Armen, und während ich versuchte, die anderen Kinder zu beruhigen, eine Erklärung zu erfinden für das, wofür es keine Erklärung gibt, war Lady aufgestanden. Sie war zum Tor gelaufen, das nur angelehnt war, hatte es mit Schnauze und Pfote aufgestoßen, und bevor wir sie zurückhalten konnten, war sie im Gebüsch verschwunden. Yellow, der Rüde, folgte ihr nicht, er blieb vor der Hauswand liegen, sah ihr nur aufmerksam nach.

Wir hatten Lady vergeblich gesucht, die Kinder hatten sie den ganzen Tag gerufen.

»Sie wird vielleicht nicht zurückkommen«, flüsterte Dina mir zu, leise, damit die Kinder sie nicht hörten.

»Sie wird zurückkommen.«

Ich war nicht beunruhigt. Lady würde zurückkommen. Ich wußte es, denn in meinem Herzen verstand ich. Lady wollte, fern von uns, versuchen, die Kraft zu finden, ihr Leben neu zu beginnen.

Ich erinnerte mich jetzt daran, als Max mich verließ, als er sagte: »Ich mußte mich einfach einige Zeit zurückziehen. Sie sind der erste Freund, den ich wiedersehe.«

Sein Wagen fuhr auf die Straße, entfernte sich rasch den Hang hinunter, verschwand im Wald.

Wenn Max dieses Buch liest, wird er wissen, was ich ihm nie gesagt habe, was er aber vielleicht geahnt hat: daß sein Schmerz meinen Schmerz vergrößerte, daß ich seit der Zeit der Feuersbrunst nie so verzweifelt gewesen war. Ich hatte gehofft, mit neuer Kraft aus Israel zurückzukommen. Ich glaubte, daß die vielen Lesungen und Vorträge, die ich seit Monaten hielt, dieser Versuch, mich selbst zu verstehen, mein Schicksal zu verarbeiten, es zu erklären, mir helfen würde. Aber die harte Prüfung, die Max durchstehen mußte, konfrontierte mich mit neuen Fragen über die geheimnisvollen Beziehungen zwischen den Menschen, zwischen Eltern und Kindern, zwischen Freunden.

Sind wir dem blinden Zufall ausgeliefert?

Wer bin ich?

Ich erinnerte mich an ein Gespräch mit Max. Ich erzählte ihm von Briefen, die ich erhalten hatte. Sie überschütteten mich mit

Klagen, als wäre ich eine Art Brunnen ohne Grund, in den man seine Leiden hineinschütten oder vielmehr sie hineinschreien konnte, damit ihre Stimme, vom Echo verwandelt, zu ihnen zurückkomme.

Sie schrien: Ich habe Angst, ich verstehe mein Leben nicht.

Und sie wollten von mir hören: Das ist unser aller Schicksal. Ich, der so viele Tragödien überstanden hat, ich sage euch: Macht weiter.

So war oft unser Dialog. Ich akzeptierte es. Doch als ich Max fortfahren sah, kamen mir Worte in Erinnerung, die einige, nur sehr wenige, mir geschrieben hatten, grausame Worte: »Sie bringen Unglück, Martin Gray. Sie riechen nach Tod, Martin Gray.«

Zweifellos hatte ich tief in meinem Herzen das Gefühl, schuldig zu sein. Wer ist es nicht, der die überlebt, die er liebt?

Ich glaube, dieses Gefühl überwunden zu haben, es durch Analyse, Vernunft, Logik zum Schweigen gebracht zu haben. Aber es stand wieder auf, mächtig, drohend.

Was Max zugestoßen war, weckte neue Zweifel in mir. Er war zu mir gekommen, und das Unheil hatte ihn getroffen. Warum? Zufall? Schicksal?

Trug ich einen bösen Zauber in mir, der jeden zerstört, der mich berührt?

War ich verflucht?

Hatte ein magischer Zauber auf mich alle die Verwünschungen und Flüche fallen lassen, die man auf mein Volk geworfen hatte? Während mehr als tausend Jahre, in denen man uns sogar die Schuld am Tode Christi gegeben hatte.

Solche Gedanken quälten mich in dieser Nacht.

Ich erinnerte mich an einen Besuch bei meinem Verleger. Ich war in das Büro einer Sekretärin eingetreten, einer sympathischen jungen Frau. Sie telefonierte, sie war so in ihr Gespräch vertieft, daß sie mich nicht bemerkte.

»Verstehst du«, sagte sie, »es gibt solche Menschen, die vom Unglück gezeichnet sind. Wenn du ihnen nahekommst, bist du verloren. Es ist, als trügen sie eine ansteckende Krankheit in sich. Weißt du, seit wir dieses Buch verlegen, ich habe dir von der Geschichte erzählt, dieser Amerikaner, seine Frau, seine vier Kinder...«

Jemand hatte die Tür hinter mir aufgestoßen, die Sekretärin hatte den Kopf gehoben, hatte mich gesehen, war rot geworden. »Ah, Monsieur Gray«, hatte sie rasch gesagt, »brauchen Sie etwas? – Ich muß Schluß machen«, hatte sie halblaut in das Telefon gesprochen.

Sie hatte aufgelegt. Ich hatte damals ihren Äußerungen kaum Beachtung geschenkt. Ich war in voller Aktion: organisieren, organisieren, Vortrag in Brest, in Lille, in Le Mans, Plakate verschicken, Arbeit über Arbeit, die Kampagne für die Stiftung, die Gleichgültigkeit der Behörden überwinden. Und die Sekretärin, die sonst keine große Neigung zeigte, mir zu helfen, überschlug sich fast vor Zuvorkommenheit, telefonierte für mich mit den Organisatoren, bereitete Büchersendungen vor. Was wollte sie mich vergessen lassen?

Damals hatte ich mir über die Gründe ihres Verhaltens keine Gedanken gemacht. Aber jetzt wurde es mir klar. Ich mußte mich gegen diesen Wahnsinn von einer magischen Schuld wehren, ich durfte mich nicht in die verführerische Lösung dieser simplen Gesten flüchten – mir an die Brust schlagen und mit dem Hochmut falscher Demut sagen: Ich bin schuldig, ich bin das Übel, ich bin der schwarzen Magie verfallen, man soll mich töten, ich verdiene es nicht zu leben.

Das war die Stimme der Versuchung.

Sie ist oft eine geschickte Tarnung, hinter der die Feigheit sich verbirgt. Man wird in dem getroffen, was einem das Teuerste ist. Und man sagt sich, das ist meine Schuld. Ich habe kein Recht mehr zu leben. Ich muß mich selbst bestrafen. Man hält sich für mutig, daß man diese Strafe akzeptiert.

Was man wirklich sucht, ist etwas anderes. Man will sich von der Last befreien, mit seinem Schmerz zu leben. Ihn auf sich zu nehmen. Und zu akzeptieren, daß man zugleich schuldlos und schuldig ist, daß man nur ein Mensch ist, in dessen Schicksal weder alles Gute noch alles Böse der Welt eingeschrieben ist.

Aber um zu dieser Erkenntnis zu kommen, braucht man Zeit, Nachdenken, Abstand. Und in dieser Nacht nach der Begegnung mit Max fehlte mir das alles. Ich war nicht Herr meiner Sinne. Wieder einmal fühlte ich mich schuldig; weil ich überlebt hatte, sah ich mich als das lebende Symbol des Todes.

In dieser Nacht habe ich auf ein Zeichen gewartet. Ich saß vor meinem Haus, den Rücken gegen die Mauer gelehnt, die von der Sonne des Tages erwärmten Steine konnten die Kälte in meinem Innern nicht vertreiben. Mein Kopf schien zu zerspringen, ich hätte weinen mögen. Ich versuchte, mit lauter Stimme Passagen aus Büchern zu rezitieren, die ich in einsamen Nächten gelesen und auswendig gelernt hatte. Aber plötzlich kamen mir Worte in den Sinn, die ich nicht gelesen hatte, die aus der Tiefe des Unbewußten kamen, Worte, die mir Ruhe und Frieden zurückgaben. Einfache, unbeholfene Sätze, Fragen, die ich an mich stellte und beantwortete, die ich hörte. Ich sprach in die Stille der Nacht:

Wir müssen unsere Quelle finden, die Richtung der Strömung, die uns trägt, uns selbst erkennen und anerkennen, werden, was wir sein sollen, das Ich ans Licht bringen, das im Tiefsten jedes Menschen ruht.

Ich sprach. Dann habe ich begonnen aufzuschreiben, was meine innere Stimme mir diktierte.

Meine Schrift ist unbeholfen, ich schreibe alles in Großbuchstaben. Ich schrieb in einer Mischung aus Englisch und Polnisch. Ich beruhigte mich beim Schreiben. Ich wurde wieder Herr meiner Sinne, konnte den Alptraum abschütteln. Der Gedanke tauchte auf, die Zeit könnte gekommen sein, mich mit einem neuen Buch an die Öffentlichkeit zu wenden. Er wurde stärker, unwiderstehlich. Aber ich wußte auch, daß ich nicht mehr auf die Hilfe von Max rechnen konnte. Er mußte seinem eigenen Weg folgen. Nachdem das Schicksal auch ihn geschlagen hatte, würde er sich für eine lange Zeit in die Einsamkeit zurückziehen müssen.

Werde ich es können?

War diese Fülle von Gedanken und Bildern, die mich bedrängten, Gestalt annehmen wollten, war sie das Zeichen, auf das ich wartete? Oder war in dieser schweren Nacht nur offenbar geworden, was schon lange in mir gereift war: dieses Verlangen zu schreiben? Schon vor ein paar Monaten hatte ich zu Max darüber gesprochen, und er hatte gelächelt: »Wissen Sie, Martin, schreiben, das ist ein innerer Zwang, fast eine Obsession, die vom eigenen Willen unabhängig ist. Man wird von Bildern, von

Worten bedrängt, sie werden übermächtig. Man kann nichts anderes tun als sich hinsetzen und schreiben, Stunden und Stunden. Das wollen Sie wirklich?«

Ich wußte es damals noch nicht. Ich zeigte Max Briefe von Lesern, die mich aufforderten, weitere Bücher zu schreiben. Ein Satz wiederholte sich immer wieder: »Wir brauchen Bücher wie dieses, das Sie geschrieben haben.«

Max sagte: »Nicht von ihnen darf der Anstoß ausgehen, Martin, er muß aus Ihnen selbst kommen. Wenn Sie nicht das unbezwingbare Bedürfnis haben zu schreiben, wird es kein Buch geben.«

Jetzt hatte ich dieses Bedürfnis. Ich machte mir Notizen. Ich sprach auf Band. Antworten auf die Fragen, die mir die Leser stellten. Ich sagte:

Leben heißt teilen. Sich nicht in sich verschließen. Es heißt, seine Existenz der Welt öffnen.

Ich wußte noch nicht, wie ich alle diese Gedanken zusammenfassen, ihnen Gestalt geben konnte. Würde ich den Wagemut besitzen, aus diesen aphoristischen Sätzen über so unterschiedliche Probleme ein Buch zu machen? Ein Buch, das diesmal nur meinen Namen tragen würde? Würde es mir gelingen, mir, der weder Philosoph noch Schriftsteller war? Ich konnte das noch nicht entscheiden. Aber die Worte kamen, drängten aus meinem Innern, bis die Morgendämmerung anbrach.

Am folgenden Tag lieferte ein Bauer die Eukalyptusbäume an, die ich in einer Baumschule bestellt hatte. Ich wollte sie dort einpflanzen, wo die Pfirsichbäume vom Brand vernichtet worden waren. Wir arbeiteten gemeinsam, der Bauer und ich. Wir sprachen auch miteinander. Mir gefiel dieser Mann, der die Hacke mit so bedächtiger Hand führte, so sicher die Wurzeln eines Baumes freilegte.

In dem Milieu, in das mich die Veröffentlichung meines Buches eingeführt hatte und das ich inzwischen gut zu kennen glaubte, besaßen die Menschen, wie mir schien, nicht diese, manchmal ein wenig derbe, Wahrhaftigkeit derjenigen, die mit ihrer Hände Arbeit ihren Lebensunterhalt verdienen. Vielleicht bin ich ungerecht, aber ich fand, daß der Maurer, der die Schäden in meinem Haus reparierte, der Gärtner, Mme. Lorenzelli, dieser Bauer hier oder die Kibbuzniks, die die Wüste fruchtbar machten, wahrhaftigere, echtere Menschen waren.

Ich fand, daß es unsinnig war, die Menschen nach so äußerlichen Merkmalen zu klassifizieren: die einen zum Schreiben und Denken, die anderen für die Muskelarbeit. Ein Mensch ist ein Ganzes.

In der Mittagszeit haben wir uns vor meinem Haus an den Steintisch gesetzt, einander gegenüber. Ich sah die tiefen Falten im Gesicht des Bauern, die wie Narben waren. Ich beobachtete die Bedächtigkeit seiner Gesten.

»Wie geht es?« fragte ich ihn.

Der Bauer sah mich überrascht an. Er aß langsam wie ich. Ich hatte seine Verwunderung bemerkt, als ich die große Holzschüssel auf den Tisch stellte, gefüllt mit Salat, der nur mit Bierhefe und Zitrone angemacht war. Aber er hatte nicht gelacht und auch keine Fragen gestellt. Jetzt hatte ich den Eindruck, daß er meine Frage nicht verstand.

»Wir werden mit dem Pflanzen morgen oder übermorgen fertig werden«, sagte er und zeigte auf das Feld.

»Das habe ich nicht gemeint«, sagte ich. »Ich meinte: Wie geht es Ihnen?«

»Mir?« Er klopfte sich auf die Brust, wiederholte: »Mir?«

»Ja, Ihnen.«

»Ich kann arbeiten, ich bin noch kräftig. Meine Kinder –«, er unterbrach sich verlegen, ich winkte ihm, ruhig fortzufahren, »meine Kinder«, wiederholte er, »sind gesund. Es geht uns gut.«

Später, gegen Ende der Mahlzeit, ging er ein wenig aus sich heraus. Er erzählte mir, daß er seinen ältesten Sohn gern auf die höhere Landwirtschaftsschule schicken möchte, damit er bessere Chancen im Leben hätte. Aber er verdiente wenig. Er besaß kein eigenes Land, kein eigenes Haus. Die anderen Kinder waren noch klein. Es fehlte an Geld.

»Das ist nicht in Ordnung«, sagte er. Er schaute mich an. »Kann ich offen mit Ihnen sprechen, Monsieur Gray?«

Ich antwortete nicht.

»Ich werde aus dem Herzen zu Ihnen sprechen.« Er klopfte sich auf die Brust. »Ich komme oft in Anwesen reicher Leute, wo die Zypressenhecke, die den Park umgibt, mehr kostet als das, was ich in einem Jahr mit meiner Arbeit verdiene. Das, Monsieur Gray, finde ich nicht in Ordnung. Unterschiede müssen sein, wir sind nicht alle gleich. Aber wenn die einen im Überfluß leben und die anderen ...« Er hielt ein. Dann sagte er lächelnd: »Sie gehören nicht zu den anderen, nicht wahr?«

Er hatte recht. Ich gehörte nicht zu den Armen. Im Gegenteil. Ich hatte Besitz, ich war reich. Vielleicht sollte ich dazu etwas sagen. Ich war reich geworden durch meine Entdeckungsgabe, durch das Aufspüren von Schätzen. Ich habe nie von der Arbeit anderer Menschen gelebt. Mein Wohlstand kam nicht von der Ausbeutung des Menschen. Ich entdeckte, ich sah voraus, daß sich bei den Amerikanern eine Leidenschaft für antike Objekte entwickelte, und ich ging dahin, wo sich diese Objekte befanden. Ich baute sogar in eigenen Werkstäten antike Objekte nach.

Ich hatte einmal mit Max darüber diskutiert. Er erklärte mir, daß ich, auch ohne Menschen direkt auszubeuten, durch meine Funktion ein Rad im Getriebe dieser Maschinerie sein konnte, die man soziale Ungerechtigkeit nennt. Zweifellos hatte er recht. Ich will mich nicht verteidigen. Aber ich muß doch sagen, daß ich Jahre hindurch wie ein Pferd geschuftet hatte, ich war manchmal abends so erschöpft, daß ich vor Müdigkeit taumelte. Und daß ich in den Schlaf fiel wie in eine Ohnmacht.

Ich war nicht von der Jagd nach Reichtümern besessen. Ich sah die Gefahr, daß sie mich auf Dauer zugrunde richten würde. Mit fünfunddreißig Jahren hatte ich mich von den Geschäften zurückgezogen und hatte mich in Südfrankreich niedergelassen. Ich weiß – vielleicht wird man es mir nicht glauben –, wenn ich nicht ein Kind des Gettos gewesen wäre, gezwungen, jede Chance zu ergreifen, um in Amerika zu überleben, ich wäre gern ein Baumeister, ein Architekt geworden, der seine Ideen in Steine, Beton, Stahl und Glas umsetzt. Und ich hatte gehofft, daß meine Söhne diesen Beruf wählen würden.

Dazu kam, daß ich als Kind im Krieg der Willkür der Henker ausgeliefert gewesen war. Ich hatte Angst, auch jetzt nicht frei über mein Leben entscheiden zu können. Hingehen zu können, wohin ich wollte, über meine Tätigkeiten, über meinen Wohnsitz selbst zu bestimmen, von niemandem abhängig zu sein. Auch darum hatte ich in den Vereinigten Staaten gekämpft.

Freiheit, Unabhängigkeit, das waren die Ziele, die mir lebensnotwendig erschienen. Ich hatte sie erreicht.

Egoist? Rücksichtslos?

Vielleicht. Ich verteidige meine Vergangenheit nicht. Ich schäme mich ihrer nicht, ich habe niemals jemanden verraten. Ich verlangte viel von meinen Mitarbeitern. Ich bin ein Mensch, der rastlos vorwärtsdrängt. Aber ich glaube, ich habe ihnen ebensoviel und mehr gegeben, als sie mir gaben.

Als ich dem Bauern am Steintisch vor meinem Haus gegenübersaß, dachte ich daran, daß auf diesem Gebiet wenigstens das Leben mich nicht benachteiligt hatte. Doch ich wußte auch, daß ich immer ich selbst geblieben war. Daß ich weder dem Luxus verfallen war noch nach Macht über Menschen strebte. Ich war wie dieser Bauer, ich fühlte mich in seiner Gesellschaft wohl, wir gehörten zur gleichen »Klasse«: zu denen, die arbeiten und nicht ihre Mitmenschen ausbeuten.

Das wurde mir noch deutlicher am folgenden Abend bewußt, beim Galadiner, das im Patio einer der schönsten Villen von Saint-Tropez zu meinen Ehren gegeben wurde. Unter den Teilnehmern sah ich den Bildhauer, der seine Werke zum Nutzen der Dina-Gray-Stiftung versteigern wollte, eine Filmdiva mit grünen Augen, faltenlosem Gesicht und gefrorenem Lächeln, einen Varietéstar mit von Pailletten glitzernder Corsage. Die Damen trugen kostbare Abendroben, die Herren waren im Smoking. Von Zeit zu Zeit sah ich im Kerzenlicht ein goldenes Feuerzeug aufblitzen.

Das alles erinnerte mich an meinen Besuch beim »Händler«, der sich meine Stiftung aneignen wollte. Ich hatte ihm das Vermächtnis der Meinen nicht verkauft. Beim Galadiner in Saint-Tropez war ich der Mittelpunkt, umgeben von gleichgültigen oder ironisch lächelnden Vertretern von Tout-Paris. Ich sah die Lichter spielen in den leichten Wellen des Swimmingpools, ich hörte das Summen der Stimmen. Meine Nachbarin beugte sich zu mir herüber, ich hörte sie sprechen, ohne zu verstehen. Dann bat mich der Veranstalter des Galadiners, ein paar Worte zu sagen. Ich erhob mich. Ich blickte in diese Gesichter. Ich erkannte in ihren Blicken, von einigen Ausnahmen abgesehen, wenig Sympathie.

Amüsierte Neugier oft. Am meisten einen kaum maskierten Sarkasmus.

Wie anders waren doch die Gesichter der Zuhörer bei meinen Vorträgen! Dieser Männer und Frauen, die sich versammelten, um das Andenken der Opfer zu ehren.

Ich sagte nur ein paar Worte. Dann begann man mit der Versteigerung.

Die Großzügigkeit des Geldes ist die leichteste. Man legt einen Geldschein auf ein Silbertablett, das herumgereicht wird. Oder man wirft mit lässiger Arroganz eine Zahl in die Runde. Oh, ich will keineswegs die Geber kritisieren. Es gibt auch Leute, die das Geld erstickt und die unfähig zu einer großzügigen Geste sind. Ihre Habgier ist niemals zu befriedigen. Sie sind lebende Leichname. Auch wenn man mich für undankbar hält – ich nehme das Risiko auf mich –, so muß ich doch sagen, daß ich an diesem Abend in Saint-Tropez allzuviel dünkelhafte Selbstzufriedenheit gesehen habe, mit der man seine Freigebigkeit zur Schau stellte.

Es ist leicht, mit Zahlen herumzuwerfen, das sind nur Laute, etwas Abstraktes, das hat kein Gesicht, man kann sogar ein gutes Geschäft damit machen, da man ja vielleicht ein wertvolles Kunstwerk erwirbt. Und man kauft sich auch ein gutes Werk.

»Aber meine Damen und Herren, geben Sie sich noch einen kleinen Ruck, zeigen Sie Ihre Großzügigkeit – diese Skulptur, ein einzigartiges Stück, wer bietet mehr?«

Da war eine leichte Spannung, eine erwartungsvolle Stille. Wer würde die Zahl sagen, wer?

Ich sah, wie eine Frau sich zu ihrem Nachbarn hinüberbeugte. Beide lachten, flüsterten. Und die Frau, eine Schönheit, tiefausgeschnittenes Dekolleté, hob den Arm, an jedem Finger ihrer Hand trug sie einen schweren Ring, es sah aus, als krieche eine Schlange über ihre Hand.

Sie nannte die Zahl. Bewundernde »Ohs« belohnten ihre Kühnheit. Bravo, Madame, bravo. Danke, Madame, danke. Danke im Namen der Fondation Dina Gray.

Ich sage das ohne Sarkasmus, ohne Zorn, so wie ich es damals empfunden habe und wie ich es auch heute empfinde.

Man kann mir einen Vorwurf daraus machen, daß ich mich für diese Komödie hergegeben habe. Um die Einnahmen der Stiftung aufzubessern. Man hat sicher ein Recht dazu. Aber ich hatte große Pläne, und ich wollte, daß meine Aktion bekannt wurde. Über eine solche Galaveranstaltung würde die Boulevardpresse ausführlich berichten. Und in der Tat sprach man von der Stiftung wie nie zuvor. Wer war der Nutznießer dieser Gala? Sie, die Leute von Tout-Paris, die sich zu zerstreuen und ihren Ruhm zu nähren suchten, oder ich, der sie in den Dienst seiner Aktion gestellt hatte? Das möge jeder entscheiden, wie er will.

Als ich die Galavorstellung verließ, dachte ich an den Bauern. An seine bedächtige Art, die Hacke zu handhaben, an das, was er mir von seinen Hoffnungen für den Sohn gesagt hatte.

Ich dachte an diese zum Hungertod verdammten Kinder, von denen mir ein Schriftsteller berichtet hatte, der gerade aus Indien zurückgekehrt war. Mord an unschuldigen Kindern. Und an die Verschwendung von Nahrungsmitteln bei diesem Galadiner, bei romantischem Kerzenlicht.

Und trotz des Erfolgs für die Stiftung drehte sich mir beim Gedanken an dieses Galadiner der Magen um.

Ich bin nicht länger dort geblieben als unbedingt nötig. Ich war froh, diese Veranstaltung und ihre eleganten und berühmten Gäste verlassen zu können. Dann waren sie endlich unter sich bei ihren Gesprächen über das, was ihnen wichtig war, die bedeutenden Nichtigkeiten, die ihr Leben ausmachten: das neue Nachtlokal, das ... in ... eröffnet hatte. Dieses Restaurant, aber ja, der Chef ist ein Schüler von ..., die *Boudins de rouget*, die er als Entrée macht, sind ...

Diese Welt war mir fremd. Dina und ich hatten nie Verbindung zu ihr gesucht. Wir mochten sie nicht. Wir zogen es vor, unter uns zu bleiben. Wir waren glücklich. Unsere Kinder und unsere Liebe erfüllten unser Leben ganz.

Wieso fanden so viele Leute an diesem ständigen Paradieren Gefallen? Wollten sie damit ihre innere Leere überdecken?

Jedesmal wenn ich an solchen Gesellschaften teilgenommen hatte, diesen Leuten die Hand geschüttelt, ihr Geschwätz angehört, ihr aufgesetztes Lächeln und ihr einstudiertes Lachen – Kopf leicht zurückgelegt – beobachtet hatte, wurde ich das Gefühl nicht los, mich unter Masken und Automaten zu befinden. Sie erinnerten mich an diese mechanischen Puppen, Meisterwerke der Kunst des 18. Jahrhunderts, die ich in München gekauft hatte. Wenn man eine Feder aufzog, machten sie ein paar Schritte, drehten sich zur Seite, als wollten sie zu tanzen beginnen. Hoben den Arm.

Waren diese aufgeputzten Marionetten mit ihren von der Etikette bestimmten nichtssagenden Höflichkeitsgesten noch Menschen? Waren das wirklich noch Männer und Frauen, diese »großen Persönlichkeiten«, deren Namen und Lächeln man auf den Plakaten des Showgeschäfts oder der Politik sah?

Ich ging durch die lärmerfüllten Straßen von Saint-Tropez. Mein Wagen war auf einem Platz jenseits des Hafens geparkt.

Ich wußte, daß ich niemals wie sie sein würde. Mein Leben lastete zu schwer. Meine Wurzeln waren zu verzweigt. Die Furchen waren zu tief eingegraben, als daß ich sie, selbst wenn ich es gewollt hätte, unter der Schminke der feinen Lebensart hätte verbergen können.

Max hatte oft zu mir gesagt: »Martin, in gewisser Hinsicht sind Sie ein Primitiver, Sie haben deren ungezähmte Kraft.«

Trotz der freundschaftlichen Ironie und Übertreibung dieser Feststellung war mir bewußt, daß etwas Wahres an diesem Urteil war.

Ich fand darin wieder, was Dina zu sagen pflegte, die jahrelang in den Vereinigten Staaten Verbindung zu mondänen Gesellschaftskreisen hatte. Als Mannequin war sie dazu gezwungen gewesen. »Was mir an dir gefallen hat«, sagte sie, »ist, daß du keine Ähnlichkeit mit ihnen hast.«

Ich wollte und ich konnte ihnen nicht ähnlich sein.

Wenn primitiv sein bedeutet, keine Maske zu tragen, seine Leidenschaft und seinen Zorn offen zu zeigen, seine Überzeugung deutlich, ohne Umschweife, auszusprechen, auch wenn die Worte schockierten, nun, dann war ich ein Primitiver.

In Max' Äußerung lag aber noch etwas anderes. Er wollte sagen, daß ich nicht von der Kultur »abgeschliffen« und dadurch vielleicht auch geschwächt worden war.

Man wird sagen: Martin Gray ist ein Feind der Kultur, ein Gegner der Intelligenz. Ja, man hat es mir vorgeworfen.

Eines Abends war nach einem meiner Vorträge in Paris ein symphatisch aussehender junger Mann mit intelligenten schwarzen Augen aufgestanden und hatte gesagt: »Martin Gray, Sie sprechen immer von Kraft, von Mut, Sie sagen: Man muß sich zur Wehr setzen, ich habe mich geweigert zu sterben. Sie sagen: Man muß Widerstand leisten. Es gibt aber eine Sache, die Sie nicht zu verstehen scheinen, nämlich, daß man auch wissen muß, nicht zu handeln, daß man lernen muß, zu meditieren. Und ich weiß, daß während des Krieges, von dem Sie ein bißchen zu oft reden, tiefgläubige Menschen sich ohne Gegenwehr haben töten lassen, um ihrem Eid, nicht zu töten, treu zu bleiben. Diese Geisteshaltung stellen Sie nie als Vorbild hin.«

Diese tiefgläubigen Menschen, diese Menschen des Geistes kannte ich. Ich hatte ihre Gesänge noch in den Ohren. Ich sah sie versammelt, schwarzgekleidet, mit langen, auf die Schultern fallenden Schläfenlocken, rezitierend. Ich sah sie zusammengepfercht in einem kleinen Raum, und das ergebene Gebetsmurmeln, das aus ihrer Mitte aufstieg, ließ mich vor innerer Bewegung zittern.

Mein Vater hatte sie mir oft als Beispiel vorgestellt. Sie waren die Zeugen, die Gerechten, die durch das Opfer ihres Lebens bezeugten, daß der Mensch sich für eine Idee vom Menschsein dem Tod ausliefern kann.

Diese Geisteshaltung war ihre Art, der Barbarei Widerstand zu leisten. Ihre Weigerung, Gewalt anzuwenden, war eine Form des Kampfes für den Menschen. Diese Haltung respektierte ich, wenn ich selbst auch einen anderen Weg gewählt habe.

Doch es gab auch eine andere Form von Kultur, und ich war ihr bei manchen Autoren begegnet, mit denen ich bei Empfängen oder in Fernsehstudios ins Gespräch gekommen war. Eine Lippenkultur. Sie tauschten Buchtitel und Zitate aus. Sie lachten über Wortspiele, die ich meist nicht verstand, die mir aber, wenn ich ihren Sinn erfaßte, seicht und wertlos erschienen.

Kultur? Ich maß der Kultur zuviel Bedeutung bei, um zu akzeptieren, daß man aus ihr nur ein Spielchen mit Worten machte.

Wenn es zu den Merkmalen des Primitiven zählt, zu glauben, daß das Schreiben eine wichtige Sache ist, daß ein Buch immer sinnvoll sein muß – wozu wäre es sonst da? –, nun, dann bin ich ein Primitiver.

Für mich muß der Mensch, der das Privileg der Kultur besitzt, vor allem, und mehr als andere, Mensch sein.

Doch ich habe oft unter denen, die stolz darauf waren, als Repräsentanten der Kultur angesehen zu werden – Schriftsteller, Journalisten –, Menschen gesehen, die dem gesellschaftlichen Ehrgeiz verfallen waren, die eine ähnliche Maske trugen wie die Leute bei der Gala von Saint-Tropez.

Diese »Kultur« macht den Menschen kleiner. Sie nimmt ihm sogar seine Vitalität. Sie ist nichts für mich.

Ich ging über die Quais des Hafens in Richtung des Platzes, wo ich meinen Wagen geparkt hatte. Plötzlich tauchte eine junge Frau an meiner Seite auf und ging neben mir her.

Es mußte gegen zwei Uhr morgens gewesen sein. Die Terrasse des großen Cafés von Saint-Tropez hatte sich geleert, nur die Leuchtreklamen der Nachtklubs blinkten blau und rot. Ich blieb stehen, um die Frau anzuschauen. Junges Mädchen eher als junge Frau, halblange blonde Haare umrahmten ein rundes Gesicht mit zwei vorzeitigen Falten am linken und rechten Mundwinkel, die Augen lebhaft und herausfordernd. Kein Make-up, in der allgemeinen Erscheinung – sie trug Pullover und enge Hosen – eine Mischung von extrem jugendlichem Aussehen, natürlicher Anmut und schon etwas Gekünsteltem, echter Unbefangenheit und Berechnung.

»Oh«, sagte sie, »bilden Sie sich nicht ein, daß ich eine Professionelle bin.«

Sie schüttelte den Kopf, daß die Haare flogen, und lachte. »Aber ich möchte den Rest der Nacht nicht allein verbringen. Sie widern mich an, die dort.« Mit einer Bewegung des Kopfes zeigte sie auf den Eingang eines Nachtlokals. »Jeden Augenblick werden sie herauskommen, und sie werden blöd gucken, wenn sie mich mit Ihnen sehen.«

Sie nahm meinen Arm. »Ist es Ihnen recht, wenn ich einen Augenblick bei Ihnen bleibe, nur so? Wohnen Sie hier?«

Seit – seit Dinas Tod hatte keine Frau so … keine Frau hatte meinen Arm mit dieser zärtlichen und zugleich zweideutigen

Geste genommen. Und vielleicht hatte ich keine Frau mit einer solchen Aufmerksamkeit angesehen. Meine Stimme war belegt, ich fühlte mich verlegen und linkisch. »Ich bin auf dem Weg zu meinem Wagen«, sagte ich. »Ich fahre nach Hause.«

»Wo wohnen Sie?«

Vom Nachtlokal erklangen laute Stimmen herüber. Rufe: »Sylvia, Sylvia.«

Sylvia drückte meinen Arm, drängte mich zum Weitergehen. Sie rief: »Salut, ich gehe fort.«

Sie flüsterte mir zu: »Sie leben doch hoffentlich nicht mit Ihrer Frau zusammen? Sie machen den Eindruck eines Junggesellen, oder täusche ich mich?«

Ich antwortete nicht. Als wir weit genug vom Nachtlokal entfernt waren, ließ sie meinen Arm los und setzte sich auf die Quaimauer, die Füße auf das Ankertau einer Jacht gelegt.

»Sie haben keine solche Jacht, oder?«

Ich schaute sie an, im Licht der Laterne sah sie noch jünger, noch zarter aus, als ich zuerst geglaubt hatte.

»Aber wie alt sind Sie eigentlich?« fragte ich erstaunt.

Sie lachte laut, ein wenig zu betont ungezwungen, schien es mir. »Wollen Sie meinen Personalausweis sehen? Ich bin volljährig, beunruhigen Sie sich nicht. Wollen Sie, daß ich Ihnen ein Geständnis mache? Ich habe sogar ein Kind, ja, einen kleinen Sohn von drei Jahren, Nicolas. Glauben Sie mir nicht?«

Möglich ist immer alles.

»Ich werde zurückgehen«, sagte sie. Sie stand zögernd auf.

»Wo wohnen Sie?«

Sie fand wieder ihren leichten, ironischen Ton: »Ich finde immer jemanden, wissen Sie, der mir ein Bett gibt, immer. Sie glauben mir nicht?« Herausfordernd.

»Und Ihr Sohn?«

Ich hatte ein schlechtes Gewissen, daß ich immer noch dastand und mit ihr sprach, und ich wußte, daß meine Fragen wahrscheinlich kein anderes Ziel hatten als eben das, mit dieser jungen Frau hier in der Nacht zu reden.

»Sie sind schockiert, nicht wahr?« Ihr Gesicht hatte sich verschlossen. »Er ist von meinem Mann, Nicolas, wissen Sie, ich bin nämlich verheiratet. Er lebt bei meinen Eltern.«

»Und Ihr ...« Ich zögerte, ich dachte, es sei besser, wenn ich jetzt Schluß machte und ging.

»Mein Mann, uninteressant. Ein netter Bursche. Aber was soll ich mit einem Typ machen, mit dem ich mich langweile? Er ist langweilig.«

Sie sprang auf die Quaimauer, führte einen Balanceakt vor, Oberkörper über das Wasser gebeugt, ein Bein nach hinten gestreckt, die Arme ausgebreitet.

»Sie sind auch nicht gerade aufregend. Wo wohnen Sie?«

»Weit von hier, auf dem Lande, in einem einsam liegenden Haus. Im Tanneron.«

Sie beendete ihren Balanceakt und wandte sich mir zu. »Sie sind nicht der ...« sie unterbrach sich, »der, dessen Frau und Kinder ...«

Sie legte die Hand vor den Mund wie ein Kind, das der Lehrer bei einem Vergehen überrascht hat. »Entschuldigen Sie«, sagte sie.

»Warum?«

Sie musterte mich einen Augenblick lang neugierig.

»Ja, warum schließlich? Sie sind ein Typ wie die anderen, nicht? Wollen Sie mich nun mit nach Hause nehmen? Geniert es Sie? Ich bin volljährig, ich schwöre es Ihnen, wenn es Sie beruhigt.«

Ich schaute sie an. Unter den provozierenden Redensarten und der Aggressivität ihres Verhaltens spürte ich die Schwäche und, noch tiefer verborgen, eine Verwirrung und Verzweiflung, die mich beunruhigten. Ich dachte an Max, an das, was er gerade durchgemacht hatte. Ich stellte mir das Leben dieser jungen Frau vor, was die Zukunft für sie bereithalten mochte. Und warum soll ich mich besser machen, als ich bin? Ich war zweifellos auch von Sylvia angezogen, von ihrer grazilen Schönheit, von der Art, wie sie meinen Arm genommen hatte, diesem ersten körperlichen Kontakt mit einer Frau seit ...

Ein plötzlicher Schrei unterbrach meine Gedanken. Sylvia war ins Wasser gefallen, zwischen die Rümpfe zweier Jachten. Sie konnte schwimmen, sie schrie und lachte, ich sah ihren Kopf im Licht der Laterne, das einen rechteckigen Schein auf das schwärzliche Wasser warf. Ich hockte mich auf die Quaimauer, hielt mich mit einer Hand an dem Ankertau fest und hielt die andere Sylvia entgegen, die sie ergriff. »Oh, verdammt«, sagte sie.

Ich hatte Mühe, sie hochzuziehen. Sie war schwerer, als sie aussah. Endlich war sie auf dem Quai, völlig durchnäßt, die Haare hingen ihr in Strähnen übers Gesicht, es betonte ihre Jugend noch mehr, ließ mich aber auch erkennen, was ich bisher nur gespürt hatte: Not und Enttäuschung. Die beiden Falten an den Mundwinkeln, andere deuteten sich daneben an, Falten runzelten die Stirn, setzten sich in den Augenwinkeln fort. Das Gesicht war rund, das Gesicht eines jungen Mädchens, aber die Haut ließ schon Zeichen von Altern erkennen. Die Haut war älter, als es Sylvias Jahren entsprach. Ich glaube, jede schlimme Erfahrung, jedes Scheitern, der Lebenshunger, der sie trieb, sich zu verschwenden, vielleicht auch aus Neugier, Langeweile und sicher aus Herausforderung und vielleicht aus Not, hatte tiefe Spuren hinterlassen. Die Falten des Gesichts waren wie Narben, fein, auf den ersten Blick unbemerkbar, bei genauem Hinsehen entlarvend.

Sie rieb sich das Gesicht mit beiden Händen, zauste sich das Haar und sagte ärgerlich: »Was bin ich bloß für eine Idiotin, und ich habe doch nichts anderes anzuziehen.« Sie war wieder ein kleines Mädchen, das seinen Stolz und seine Maske verloren hat.

»Ich habe eine Decke im Wagen«, sagte ich. »Und wenn Sie nichts Besseres haben, in meinem Haus gibt es viele leere Zimmer. Sie können sich trocknen und schlafen.«

Ich bin vor ihr hergegangen, ohne mich umzudrehen, es war ihre Entscheidung, ob sie mir folgte oder nicht. Ich habe mich ans Steuer gesetzt, und schließlich erschien Sylvia. Sie beugte sich vor und fragte mit mürrischem Gesicht: »Wo ist Ihre Decke?«

Ich zeigte auf die Rückbank und öffnete die hintere Wagentür. Sie stieg ein und begann sich mit der Decke abzureiben.

»Was wollen Sie machen?« fragte ich, ohne mich umzuwenden.

»Das ist mir scheißegal.«

Sie hustete, knurrte. Sie war ein kleines Mädchen, das sich in der weiten Welt verirrt hat. Ich bin losgefahren, ohne mir weiter Gedanken zu machen, und bis wir vor Les Barons ankamen, sagte sie kein Wort mehr. Ich ließ den Wagen vor der Kette stehen, die den Eingang zum Garten absperrt. Das Haus lag wie eine dunkle Masse, wie ein Felsen da. In der Ferne sah man die Lichter der Laternen, die wie Girlanden im Wind zu schwanken schienen. Sie markierten die Straßen, die über die Hochebene führten.

Ringsum hüllte uns Stille ein, meine Stille, die ich liebte.

»Das ist eine Wildnis hier«, sagte Sylvia. Sie zitterte vor Kälte. »Das ist Blaubarts Schloß«, lachte sie. Aber ich spürte, daß sie ängstlich und verwirrt war. Sie war ein Kind der Stadt mit ihrem Lärm und ihrem Menschengewühl, sie fühlte sich verloren in der Stille der Natur.

Ich habe sie ins Haus geführt, und bevor ich ihr ihr Zimmer zeigte, habe ich ein großes Feuer im Kamin angezündet.

»Wenn Sie lieber hier bleiben wollen«, sagte ich, »Sie können auch in diesem Zimmer schlafen.« Ich zeigte auf die Couch, die Decken. »Sie werden es hier warm haben, und das Kaminfeuer sorgt für eine angenehme Atmosphäre.«

Ich holte trockene Kleidung und legte sie auf die Couch. Sie sah mich an. »Ich werde mich umziehen«, sagte sie.

Ich stieg in den ersten Stock hinauf, trat auf die Veranda. Ich wollte nicht, daß es zwischen dieser jungen Frau und mir die geringste zweideutige Situation gab: Sie war hier, weil wir in dieser Nacht beide die Nähe eines Menschen gebraucht hatten. Und zweifellos hatte ich mich auf das Gespräch mit ihr eingelassen, weil sie eine attraktive Frau war. Doch jetzt, bei mir, bei uns zu Hause, hier, wo ich mit Dina und den Kindern gelebt hatte, war sie eine Freundin, die ein Dach über dem Kopf brauchte. Sonst nichts.

Ich blieb lange hier, auf die Mauer gestützt, die die Veranda umgibt. Der Himmel begann schon im Osten hell zu werden, ließ das Meer und die Berge erkennen. Ich hatte kein Bedürfnis nach Schlaf. Ich ließ noch einmal diesen Abend an mir vorüberziehen, der mit dem Galadiner begonnen hatte. Dann die Begegnung mit Sylvia, die jungen Leute, die aus dem Nachtlokal kamen und nach ihr riefen. Ich dachte daran, wie sie gesagt hatte: »Ich habe sogar einen kleinen Sohn, Nicolas.« Ich dachte an Max, ich dachte an diese Eltern, die mir von den Schwierigkeiten schrieben, die sie mit ihren Kindern hatten, ich dachte an die jungen Leute, die mir nach meinen Vorträgen sagten: »Ich versuche, mit meinem Vater oder meiner Mutter zu sprechen, aber ...« Eine resignierte Kopfbewegung, und dann: »Aber sie haben nie Zeit; wenn sie uns so erklärten, wie Sie das tun ...«

Man mußte kein Soziologe sein, keine Statistiken studieren, um zu erkennen, daß die jungen Menschen in unserer Welt litten. Man brauchte nicht den vielen anderen nachzubeten: Gewalttätigkeit der Jugend, Drogen für die Jugend, Arbeitslosigkeit für die Jugend, Unverständnis für die Jugend, ihre Probleme.

Ich brauchte nur Sylvia anzusehen.

Sie schlief auf der Couch. Sie hatte ihre Kleider vor dem Kamin auf dem Boden ausgebreitet und den Pullover über die Rückenlehne eines Stuhls gehängt, und dieser nasse kurzärmelige Pullover, diese ärmliche und verwaschene Kleidung ließen mich besser ihre Not und Hilfsbedürftigkeit ermessen als alles, was sie mir hätte sagen können. Sie schlief, die Decke bis zum Kinn hochgezogen, den Arm über die Augen gelegt. Ich zog den Vorhang vor die Fenstertür, ohne daß sie aufwachte, und ging nach draußen, lief barfuß durch das taubenetzte Gras.

Ich fühlte keine Müdigkeit, es war, als ob von dem allmählich erwachenden Morgen die Kraft des neuen Tages auf mich überginge. Und ich fühlte auch die Lust der körperlichen Anstrengung, die Freude, die Berührung mit der Erde durch das Laufen zu finden, mich zu bücken, um das taunasse Gras zu riechen und den Duft des feuchten Bodens einzuatmen, durch den Körper zu erfahren, daß ich ein lebendiger Teil des Universums war, in mich diese neue, gereinigte Luft des frühen Morgens eingehen zu lassen.

Vielleicht kam die Verzweiflung so vieler junger Menschen daher, daß sie die Verbindung mit der Natur verloren hatten, daß sie vergessen hatten, wie sehr jedes Lebewesen, auch der Mensch, die Natur braucht.

Jetzt, nachdem Monate seit der furchtbaren Tragödie vergangen waren, stellte ich mit Genugtuung fest, wie gut es doch gewesen war, daß ich meiner Stiftung dieses Ziel gesetzt hatte: den Menschen in seinem Lebensrahmen zu schützen. Der Mensch und die Natur waren so untrennbar miteinander verbunden wie die Haut mit dem Körper. Es war unmöglich, eins vom anderen zu trennen. Wenn Verbrennungen die Haut zerstörten, starb der Körper, und mit ihm starben Verstand und Geist. Die Haut muß atmen, damit der Körper sich entfalten kann.

Man mußte dies allen Sylvias der Welt sagen, sie warnen, sie lehren, den Kontakt mit dem All wiederzufinden, sich wieder als ein lebendiger Teil des Alls zu fühlen. Das war auch meine Aufgabe.

Ich bin durch die Felder und über die Wiesen gegangen, bis aus der von der Sonne erwärmten feuchten Erde eine weiße Nebelschicht aufstieg und sich über das Land legte. Dann ging ich zum Haus zurück.

Sylvia stand vor der Tür und winkte mir zu. Sie trug das Hemd, das ich ihr geliehen hatte. Mit den aufgekrempelten Ärmeln und den zu einem Pferdeschwanz gebundenen Haaren sah sie noch jünger aus. Sie rief mir etwas zu und lief mir entgegen.

»Das ist das Paradies hier, Monsieur Gray«, sagte sie.

Sie war außer Atem, hielt die Hand vor der Brust.

»Rauchen Sie?« fragte ich.

Sie blieb vor mir stehen, sah mich ironisch an: »Sie gehören zu den Spaßverderbern, nicht wahr? Ein Moralapostel: Nicht rauchen, nicht trinken, nicht...« Sie hielt ein, zögerte, das Wort auszusprechen, das sie auf den Lippen hatte.

»Jeder wählt sich seinen Weg selbst«, sagte ich. »Aber ich glaube, man sollte wissen, wohin der Weg führt. Haben Sie immer gewußt, wohin der Weg führte, den Sie gewählt haben? Mit welchen Risiken er verbunden war?«

Sie zuckte die Achseln.

»Nun, Sylvia, wenn Sie das nicht wußten, waren Sie nicht frei. Frei sein heißt, wissen, welches Risiko man eingeht, und dann bewußt diesen Weg wählen oder ihn verwerfen. Sonst sind Sie wie ein Blinder, der auf einen Abgrund zugeht, ohne die Gefahr zu erkennen.«

»Hm ja, ich sehe«, antwortete sie, »Sie sind wirklich ein richtiger Spaßverderber.«

Ich setzte mich in die Sonne, an den Steintisch.

Ohne genau zu wissen, worauf es zurückzuführen war, hatte ich das Gefühl, eine Grenze überschritten zu haben. Aus dem dichten, finsteren Dschungel in ein Land gekommen zu sein, in dem die Lichtungen immer zahlreicher wurden.

War die Tragödie, die Max erlebt hatte, war dieser Schlag, den das Schicksal mir auf dem Umweg über den Freund versetzte, eine letzte Prüfung für mich, hatte das Schicksal mich aus seinen

Klauen gelassen, als es mich die Worte finden ließ und mich zum Schreiben drängte?

Sylvia sah zu, wie ich mich setzte, meine Akten auf den Steintisch legte und das Tonbandgerät einschaltete. Ich sprach mit leiser Stimme.

Der Mensch und die Natur bilden ein Ganzes, das lebt, aber sterben kann. Voneinander getrennt, wird jedes zu unfruchtbarem Stein. Und wenn der Mensch die Natur nicht kennt oder sie vernichtet, kennt er auch sich nicht und zerstört sich selbst.

Sylvia war näher gekommen, sie lachte ironisch: »Oh, là là, ich verstehe zwar schlecht Englisch, aber ich höre, daß Sie blödes Zeug reden. Also nein, wirklich, für Ihre Art von Gequassel fehlt mir die Antenne, brr – haben Sie wenigstens Kaffee oder ein Päckchen Zigaretten da?«

Ich schüttelte den Kopf.

»Nichts von diesem Aufputschzeug, was?«

Jetzt lachte ich. »Mein Aufputschmittel ist das Leben. Es genügt vollkommen, meinen Sie nicht?«

»Sie sind ein komischer Typ«, sagte Sylvia, »aber wirklich ...«

Sie ging ins Haus, und ich fuhr fort zu arbeiten. Als sie wieder herauskam, hatte sie sich umgezogen.

»Die Sachen, die Sie mir geliehen haben, liegen auf der Couch«, sagte sie. »Würden Sie mich wohl bis zu einer Straße bringen, wo ich per Autostop weiterkommen kann?«

Ich stand auf. »Sofort, wenn Sie es wünschen.«

»Ja, bitte.«

Ich bin sehr schnell die kurvenreiche Straße durch den Tanneron hinuntergefahren, aber statt vor der Einfahrt in die Schnellstraße zu halten, fuhr ich in Richtung Saint-Tropez weiter.

»Bemühen Sie sich nicht«, sagte Sylvia.

»Ich setze Sie da ab, wo wir uns gestern abend getroffen haben. Genau an derselben Stelle.«

»Ich mache mir Vorwürfe, daß ich Sie –«

»Nicht doch, es war interessant.«

»Ich bin eine Art Meerschweinchen für Sie, nicht wahr? Ein Fall! Sie werden mich in eins Ihrer Bücher aufnehmen?«

»Sie sind eine Person, Sylvia, und eine Person ist ein ganzes Universum, sie ist einmalig, einzigartig. Fangen Sie an zu denken, daß Sie einzigartig sind. Seien Sie stolz darauf, aber auch bescheiden, denn jeder Mensch ist eine einzigartige Person.«

Wir schwiegen den Rest des Weges. Auf den Quais von Saint-Tropez Massen von Touristen, schöne Frauen, die fast nackt waren, Männer in exzentrischer Aufmachung.

Inmitten dieser ausgelassenen Fröhlichkeit, die mir unecht, weil zur Schau getragen erschien, habe ich Sylvia abgesetzt. »Meine Telefonnummer steht im Telefonbuch. Rufen Sie mich an, wenn Sie ein Problem haben.«

Sie lächelte selbstsicher. »Sie sind nett, Martin Gray, aber Sie sind, wirklich, eine bittere Medizin. Ich ziehe den Whisky und den Tabak vor. Okay?«

Sie beugte sich herüber und küßte mich auf die Wange. »Danke für die Gastfreundschaft und das Bringen. Sie haben durch mich Zeit verloren, und ich habe Sie dafür nicht entschädigt. Das gefällt mir gar nicht.« Sie warf mir aus den Augenwinkeln einen etwas zweideutigen Blick zu.

»Das ist eigentlich nicht meine Gewohnheit«, fuhr sie ironisch fort, »aber es war Ihre eigene Schuld.«

»Sie haben mir viel gegeben, Sylvia, Ihre Wahrheit.«

Es schien sie zu verwirren. »Oh, là là, schon geht's wieder los. Salut, Martin.«

Sie schlug fröhlich die Wagentür zu, und ich sah, wie sie in der Menge verschwand, ein ausgelassenes Kind.

Ich habe viel gearbeitet in jenen Wochen. Ich habe neue Bäume gepflanzt, Unkraut gejätet, geschrieben. Ich bin auch von einer Stadt in die andere gereist, um Vorträge zu halten, zu denen mich die unterschiedlichsten Vereinigungen oder auch einzelne Leser eingeladen hatten.

In vielen Städten nahmen tatsächlich Leser Verbindung untereinander auf. Mein Buch führte sie zusammen. Es bildeten sich Gruppen, die mich einluden, zu ihnen zu kommen.

Ich brauchte diesen Kontakt. Durch ihn erhielt ich die Bestätigung dessen, was ich geahnt hatte und was mir die Briefe schon offenbarten: daß der Mensch immer besser ist, als man glaubt.

Daß er zu Vertrauen und Großherzigkeit bereit ist. Daß er zum Sprechen bereit ist, daß er die Gelegenheit dazu sucht. Aber wer gibt ihm die?

Es wurde mir bewußt, welches Potential an Vertrauen und Kraft es in den Städten dieses Landes gab. Und in allen Regionen der Erde. Welch ein Wahnsinn es war, daß es immer noch Gewalt, Krieg, Rivalität gab, wenn die wahren Menschen, die einfachen Menschen, sie, die die überwältigende Mehrheit der Menschheit bildeten – und die, wenn es Krieg gab, die Soldaten, die Opfer waren –, nur die Verständigung wollten.

Ich war kein politischer Mensch. Als in Frankreich wohnhafter Amerikaner hatte ich nicht zu wählen versucht zwischen den *ismen*, die sich die öffentliche Meinung in diesem Lande teilten. Doch ich konnte zum Verständnis sehr vieler Probleme beitragen: über die Grausamkeit der Gewalt sprechen, über die unbarmherzige Härte unserer Zivilisation, in der Profit und Macht die Herrschaft ausüben, ich konnte von der Notwendigkeit der Freiheit sprechen, konnte in oft taube Ohren schreien, daß die Natur ein lebenswichtiges Gut ist, das Blut des Menschen, daß man sie nicht zerstören kann, ohne zugleich den Menschen zu töten.

Auf meine Art beteiligte ich mich an den Auseinandersetzungen unserer Zeit. Und ich hatte ein Recht dazu: Die barbarische Zerstörungswut des 20. Jahrhunderts hatte tiefe Narben in mein Leben eingegraben.

Als ich von einem meiner Vorträge nach Hause zurückkam, fand ich ein Telegramm vor, das an meine Tür geheftet war: »Notdienst anrufen, Krankenhaus … Zimmer 27. Gez. P.«

Ich kannte niemanden mit diesem Namen. Beim Postamt Tanneron bestätigte man mir, daß keine Verwechslung des Empfängers vorlag.

Ich rief also das Krankenhaus an. »Warten Sie bitte einen Augenblick«, hieß es.

Beim rhythmischen Ton des Besetztzeichens kam mir plötzlich die Gewißheit, daß es sich um Sylvia handelte. Als ich die Stimme der jungen Frau hörte, war ich daher nicht überrascht. Bevor sie noch ihren Namen nannte, sagte ich: »Was ist, Sylvia, brauchen Sie meine Hilfe?«

Sie sagte ein paar Worte mit schwacher Stimme, wiederholte: »Entschuldigen Sie, ich ...« Sie brach in Schluchzen aus.

»Ich komme«, sagte ich und hängte auf.

In der vorhergehenden Woche war das Wetter für einen Spätsommer an der Côte d'Azur sehr kühl gewesen, es hatte häufig geregnet und sogar zwei Hagelschauer gegeben, die an den Seitenrändern der Straße durch den Tanneron eine dicke Schicht von Hagelkörnern hinterlassen hatten. Es würde einen frühen Winter geben, sagte man. Aber als ich an diesem Morgen zum Meer hinunterfuhr, sah ich wieder die sanften lichten Farben der schönen Spätsommertage. Das Wetter war umgeschlagen. Es würde wieder warm werden; das schlechte Wetter war nur eine Art Grippe gewesen, die in einem kurzen Fieberschauer die Gifte aus dem Körper vertrieben hatte. Der Herbst würde gesund, warm, schön sein.

Bevor ich Les Barons verließ, hatte ich Mme. Lorenzelli gebeten, eins der Gästezimmer herzurichten, und ich hatte sie vorbereitet: »Eine junge Frau wird für ein paar Tage hier wohnen.«

Ich hatte Sylvia gegenüber nichts davon erwähnt, aber ich war mir sicher, daß sie Hilfe und Ruhe brauchte.

Mme. Lorenzelli hatte die Arme vor der Brust verschränkt und wiederholt: »Eine junge Frau.«

Ich spürte ihre feindselige Reaktion.

»Hier?«

Sie wachte über mich, bewahrte treu die Erinnerungen an meine Frau und meine Kinder. Ich trat zu ihr, zwang sie, sich zu setzen, nahm ihre Hand. »Eine junge Frau oder ein kleines Mädchen«, sagte ich, »eine Freundin, nichts als eine Freundin, Madame Lorenzelli. Wenn Dina noch hier wäre, würde sie sie auch aufnehmen. Es gibt wirklich sonst nichts.«

Sie stand auf. »Ich sage nichts. Sie sind ein Mann, Monsieur Gray, Sie sind noch jung, ich mache Ihnen keinen Vorwurf. Aber ich muß mich an den Gedanken erst gewöhnen, und eine Frau wie Madame Dina werden Sie nie wieder finden.«

Ich dachte an dieses Gespräch, als ich meinen Wagen in der Nähe des Krankenhauses parkte. Sylvia war für mich nur ein Mensch, der Kummer hatte, so wie die Leser, die mir manchmal schrieben und mich baten, sie anzurufen, weil sie – und das verwunderte mich immer wieder – sich überzeugen wollten, daß ich am Leben war. Das beruhigte sie. Und auch wie diese Touristen, die in Les Barons anklopften und fragten: »Sie sind doch Martin Gray? Wir wollten Ihnen nur die Hand drücken.«

Eine Krankenschwester führte mich zu Sylvias Zimmer. Sie fragte: »Sind Sie ein Verwandter?«

»Ihr Onkel.«

In solchen Situationen habe ich immer eine Antwort parat. Eine alte Gewohnheit aus der Kriegszeit, als man oft rasch etwas erfinden mußte, um sein Leben zu retten.

Sylvia saß in einem kleinen Zimmer mit grüngestrichenen Wänden. Durch das Fenster blickte man auf eine Palme und auf Blumen in einer lebhaften Orangefarbe. Sylvia las, und ohne Make-up wirkte sie noch jünger. Sie hatte die Handgelenke verbunden. Machte ein verlegenes Gesicht.

»Ich weiß nicht, warum, es hat mich einfach so überkommen, Sie anzurufen.«

»Das war sehr vernünftig.«

Ich setzte mich auf das Bett. »Wenn es einer Waise schlechtgeht, ruft sie immer ihren Onkel, nicht wahr?«

Sie schien einen Augenblick lang sprachlos zu sein, dann lachte sie laut. Und dieses Lachen tat mir wohl, es war ein Zeichen von Leben.

»Wollen Sie eine Woche nach Les Barons kommen, in mein einsames Haus? Es gibt allerdings keinen Tabakladen in der Nähe. Auch kein Nachtlokal.«

Sie sah mich an. Dann nickte sie langsam. »Wenn man mich hier herausläßt«, murmelte sie.

»Man wird Sie fortlassen.«

Dessen war ich sicher. Man kann immer und überall fortgehen, wenn man es will. Wenn die Türen verschlossen sind, gibt es die Fenster. Ich erzählte ihr von einer meiner abenteuerlichen Fluchten. Als ich die Geschichte beendet hatte, sagte sie: »Ich weiß das alles, Martin. In den ersten Tagen hier lag noch jemand auf diesem Zimmer – sie zeigte auf das andere Bett –, eine Schwerkranke. Sie las Ihr Buch. Sie hat es mir geliehen. Auf diese Weise habe ich es auch gelesen, ohne es zu kaufen.« Sie zwinkerte mir verschwörerisch zu.

»Ich würde es Ihnen geschenkt haben.«

»Ich würde es nicht gelesen haben, damals. Aber jetzt... Ich glaube, es war das Buch, das mir plötzlich den Wunsch eingab, sie anzurufen.«

Sie blieb fast zehn Tage in Les Barons, die Genesung machte gute Fortschritte. Es war eine wohltuende, gute Zeit für mich. In den großen Zimmern oder auf dem Rasen vor dem Haus hörte ich ihre jugendliche Stimme. Manchmal sang sie ein Lied vor sich hin. Und es gab jemanden, dem ich meine Fotos zeigen konnte, ohne daß der Schmerz mich überwältigte, denn ich fühlte, daß Sylvia an meiner Erinnerung echten Anteil nahm. Sie setzte sich im Musikzimmer ans Klavier, in diesem so abweisend wirkenden Raum, den seit dem 3. Oktober 1970 niemand betreten hatte und der früher ein von Leben sprühender Mittelpunkt unseres Hauses gewesen war.

Sie spielte getragene, leise und zärtliche Weisen, um nicht dieses Schweigen herauszufordern, das sich unter den grauen Gewölben dieses Zimmers seit Monaten angesammelt zu haben schien.

Ich saß auf den Stufen und hörte zu. Ich ließ mich wieder von der Musik einfangen, vor der ich so lange geflohen war. Ich hatte Angst vor der Musik gehabt, vor ihrer emotionalen Kraft, vor all den Erinnerungen, die sie in mir zum Leben erweckte, an die Konzerte, die Dina und die Kinder hier für mich aufgeführt hatten.

Sylvia spielte, und allmählich nahm ich wieder Anteil an der Musik, dieser erhabenen und heiteren Form geistigen Lebens, und ich verstand nicht mehr, wie ich mich ihrer hatte berauben können, die doch ein so wesentlicher Teil meines Lebens war.

Ich hörte Sylvia zu, und ich sah sie an. Ihre Handgelenke waren noch mit weißen Verbänden umwickelt. Sie hatte mir noch keine Erklärung gegeben; aber das war auch nicht notwendig. Auch wenn sie nicht diese Verbände getragen hätte, ich hätte geahnt, daß ihr eines Nachts das Leben so finster hatte erscheinen müssen, wie ein Tunnel ohne Ende, durch den man geht, ohne Hoffnung, daß eines Tages der helle Kreis des Ausgangs erscheinen wird.

Sie hatte keinen Ausweg mehr gesehen, als sich in ein noch tieferes Dunkel fallen zu lassen.

Und ist der Tod nicht wie ein großer tiefer Tunnel, und kann man nicht, wenn die Müdigkeit zu groß geworden ist, hoffen, daß er uns freundlich aufnimmt und daß er den Ausgang in die Helligkeit besitzt?

Während der ersten drei Tage hatte Sylvia also nichts gesagt.

Wir trafen uns morgens auf dem Rasen vor dem Haus. Ich hatte schon die Blumen gegossen. Ich las, oder ich schrieb die Gedanken nieder, die von Zeit zu Zeit in einer solchen Fülle auf mich eindrangen, daß ich ihren Strom kaum bändigen konnte. Wenn Sylvia kam, stellte ich das Radio an, leise Musik, und wir saßen hier draußen bis zur Mittagszeit, ohne mehr als ein paar Worte zu wechseln. Sie hatte die Augen geschlossen und dämmerte vor sich hin. Ich schrieb, was mir meine innere Stimme eingab, und die Musik beflügelte mich beim Schreiben.

Am vierten Tag stand Sylvia plötzlich auf und stellte die Musik ab. Einen Augenblick lang empfand man völlige Stille, dann hörte man das Singen der Vögel und den Wind.

»Ich habe Ihnen nie erzählt, Martin.«

Ich legte den Füllfederhalter hin. Der Augenblick war gekommen.

»Es gibt nichts zu erzählen«, sagte ich.

»Aber ich muß es Ihnen erzählen.«

Sie fing mit dem Ende an. Ein brillanter, gutaussehender Fernsehjournalist, den sie bei Freunden in Saint-Tropez kennengelernt hatte; der sie nach Hause gebracht hatte und die ganze Nacht bei ihr blieb...

»Gewöhnlich«, sagte sie, »lasse ich mich nicht so überfahren. Der Mann war zärtlich, hatte Charme und Talent. Seine Frau war älter als er. Er hatte wohl nur das Verlangen, ein paar Tage mit einer jungen Frau zu verbringen.«

Sie waren zusammen ausgegangen. Er nahm sie zu Empfängen mit. Er hatte eine Fernsehsendung in Saint-Tropez gemacht, und Sylvia hatte daran teilgenommen. Der Mann hatte gesagt: »Du und ich zusammen, das könnte phantastisch sein. Du inspirierst mich.«

»Im allgemeinen«, sagte Sylvia, »bin ich mißtrauisch. Aber bei ihm, er schien zu glauben, was er sagte. Er erklärte mir, daß wir zusammen Reportagen machen würden. Es gab eine zweite

Sendung, und tatsächlich, ich habe mit ihm gearbeitet. Ich habe ihm von meinem Sohn erzählt, und er wollte Nicolas kennenlernen. Wirklich, er schien ganz aufrichtig zu sein.«

»Er war es«, sagte ich.

»Nein, nein.«

Ich blieb bei meiner Meinung. Der Mann war aufrichtig, von dieser Art Aufrichtigkeit, mit der gute Schauspieler eine Rolle nicht darstellen, sondern sie leben. Seine Rolle war die des leidenschaftlichen Liebhabers und treuen Lebensgefährten. Er spielte sie, um die Lust des Abenteuers zu erhöhen. Denn mit einer Frau zu leben, wenn man weiß, daß es sich nur um ein flüchtiges Abenteuer handelt, das wird schnell langweilig.

Ich hatte es selbst erlebt. Als ich in die Vereinigten Staaten kam, jung, ungestüm, lebenshungrig, als ich, der Hölle knapp entkommen, in diese Welt des Friedens und der Freiheit kam, da stürzte ich mich mit der Gier eines jungen Wolfes in dieses neue Leben. Ich wollte Erfolg haben. Ich wollte jede Lust genießen, die sich mir bot. Ich lernte Frauen kennen, wechselte von einer zur anderen, ein Gesicht, ein paar Worte, ein Körper, ein Augenblick der Lust. Doch sehr bald habe ich gemerkt, daß das nur eine Flucht war – ohne Leben und Freude.

Daher verstand ich den Journalisten. Mit Sylvia, einer jungen Frau, die sich über moralische Prinzipien erhaben dünkte, hatte er die Komödie der großen Leidenschaft gespielt, in voller Aufrichtigkeit. Er mußte an das glauben, was er ihr sagte, wie hätte er sonst seine Rolle spielen können? Wie hätte sie ihm glauben sollen?

»Er war aufrichtig«, wiederholte ich, »aufrichtig wie ein begabter Schauspieler, verstehen Sie, Sylvia? Jeden Abend muß er in seine Rolle schlüpfen, er muß glauben, was er sagt. Wie könnte er das Publikum sonst gewinnen? Wer würde ihm glauben?«

»Ich habe ihm geglaubt«, antwortete Sylvia.

»Und Sie spielten keine Komödie.«

Ein resigniertes Lächeln, dann fuhr sie fort: »Eines Abends kam er...«

Aber wozu hier fortfahren? Es ist eine so banale Geschichte: Eine junge Frau, die sich einbildet, daß ein neues Leben für sie beginnt, und die plötzlich entdecken muß, daß es, trotz aller wohlklingenden Worte und überzeugenden Gesten, doch nur das alte traurige Stück ist. Ein entsetzliches Erwachen. Der Tunnel ohne Ende. Und sie wählt den Tunnel des Todes.

Was mich aber vor allem interessierte, war das Vorher. Wie diese intelligente, sensible Sylvia in diesen Teufelskreis geraten war, daß sie so völlig die Kontrolle über ihr Leben verlor.

Ich fragte sie, und sie erzählte ohne Hemmungen. So lernte ich diese Welt der jungen Menschen von heute besser kennen als aus den Briefen, die mir einige von ihnen geschrieben hatten. Liebevolle Eltern, die aber von ihrem Beruf und ihren Lebensgewohnheiten zu sehr in Anspruch genommen waren. Sie gaben ihrem Kind alles, was es brauchte, nur nicht das, was ihnen am kostbarsten war: ihre Zeit. Sie gaben also nur das, was sie nichts von ihrem Leben kostete. Und zwischen dem Kind und den Eltern wurde die Verständigung immer schwieriger.

»Und«, fuhr Sylvia fort, »sie sprachen nur von Arbeit, immer nur von Arbeit.« Sie zuckte die Achseln. »Ich bin nicht gegen Arbeit, aber«, sie faßte sich an die Kehle, als ob sie ersticken müßte, »diese Vorstellung, ein ganzes Leben lang zu arbeiten, in einem Job, dem man nichts abgewinnen kann, vielleicht auch nicht einmal einen zu finden, denn das ist nicht leicht heute, es machte mir angst, es schnürte mir die Kehle zusammen. Verstehen Sie, Martin, Leben, ich weiß nicht, aber mit sechzehn Jahren stellt man sich vor, daß das doch wichtig sein muß, die Art, wie man lebt, die Gefühle, die man hat. Und das, was ich zu Hause sah, Martin, das – ich hatte keine Lust, so zu leben, so wie sie.«

Ich hörte zu.

Was bot unsere Zeit diesen jungen Menschen, ganz gleich, wo sie lebten, überall auf der Welt?

Als ich jung war, lebte ich unter der Barbarei. Mein Vater hatte mich das Kämpfen gelehrt, um zu überleben, um eine Zukunft zu haben. Das gab meinem Leben seinen Sinn. Mein Vater, mein Onkel, alle die Männer, die ich bewunderte, hatten mir die Idee eingepflanzt, daß man sich im Leben als Held bewähren muß. Und daß es selbst inmitten all dieses Tötens noch Hoffnung gab. Daß das Leben immer aus der Nacht wiedergeboren wird. Ich hatte eine Mission, die ich erfüllt habe. Wie Rochmann und Zuckermann auch.

Dann, in den Vereinigten Staaten, geriet ich in den Bann des Molochs Erfolg.

Später habe ich ihm abgeschworen, und heute sehe ich, welche Abgründe sich vor denen öffnen, die ihm ihr Leben weihen. Geblieben aber ist mir der Drang zur Aktivität, der Erfolgszwang hat meine psychische Energie gefördert, eine fehlgeleitete Energie, wie ich heute zugeben muß. Immerhin aber Energie.

Ich glaube nicht, daß man ohne Energie leben kann. Das werde ich nie gelten lassen.

Zwei- oder dreimal hatte ich deswegen eine harte Auseinandersetzung mit Sylvia. Sie vertrat die Position der Verweigerer, der Aussteiger. Sie sagte: »Warum, wozu sich abplagen, was bringt dieses Rattenrennen?« Sie berief sich auf östliche Philosophien, die ich übrigens seit einigen Monaten selbst studierte. Ich war beeindruckt von diesen Weisheiten, nahm sie begierig in mich auf, betrachtete sie aber mit kritischen Augen. Sie gab mir Anregungen für meine eigene Philosophie, die ich aus vielerlei Quellen schöpfte.

Auch die Meditation erforderte Anstrengung und Energie.

Ich hatte die Erfahrung gemacht. Ich, der Aktive, hatte mich zur Unbeweglichkeit gezwungen, hatte versucht, mich innerlich zu lösen, leer zu werden, um aus der tiefen Versenkung zur Erleuchtung zu gelangen. Und ich wußte, welche Anstrengung, welche Anspannung das erfordert hatte.

Die jungen Leute wie Sylvia, die ein paar pseudowissenschaftliche Bücher über das Zen durchgeblättert hatten, stellten sich vor, es genüge, sich auf den Boden zu setzen, die Beine zum Lotossitz gekreuzt, und mit geschlossenen Augen sich ihren Träumereien hinzugeben.

Ich kannte diese Illusionen, und im Gespräch mit Sylvia wurde mir klar, wie fest sie in ihren Köpfen verankert waren. Unkraut, dessen Nährboden die zum Prinzip erhobene Leichtigkeit war.

Nichts war leicht. Vor allem nicht die Verweigerung, die Ablehnung der Werte unserer Gesellschaft.

Es war zu simpel, anzunehmen, daß man durch Ablehnung kurzer Haare oder sauberer Hemden ein Weiser des Ostens würde!

Diese Verweigerungen waren nur ein anderes Produkt unserer

Zivilisation des äußeren Scheins, der Verfremdung, der Nachahmungssucht.

Ich ereiferte mich in meiner Argumentation gegenüber Sylvia, ich schrie sogar. Dann machte ich mir Vorwürfe wegen meiner Heftigkeit. Ich atmetete tief durch, um ruhig zu werden, meine Selbstbeherrschung wiederzugewinnen. Ich sagte mit ruhiger Stimme: »Entschuldigen Sie, Sylvia, der Gaul ist mit mir durchgegangen. Und Sie glauben, daß es keiner Anstrengung bedarf, um sich unter Kontrolle zu halten!«

Ich erzählte ihr von einem Buch, das ich vor kurzer Zeit durch die Post erhalten hatte. Eine Leserin – ich hatte den Namen auf dem aus der Schweiz kommenden Päckchen schlecht entziffern können, Helen S. Erikson machte ich aus – hatte mir ein Buch von Arthur Koestler geschickt: *Das Gespenst in der Maschine.* Ich hatte es aufmerksam, gründlich gelesen. Ich fand manche Passagen schwierig, aber die Grundidee des Buches hatte mich fasziniert. Wir trugen in uns – so Koestler – als Erbe unserer biologischen Evolution ein »altes Gehirn«, ein archaisches Gehirn, einen Archaeocortex, wie er es nannte, das für alle unsere Irrwege, die Kriege und sonstigen Torheiten verantwortlich war. Wir verfügten über ein kompliziertes Instrument – unser neues Gehirn, einen Computer, eine perfektionierte Maschine –, und in unserem Innern, in einer Zone der Dunkelheit, war ein primitives, urzeitliches Tier eingesperrt, das unser Leben lenkte.

Sylvia hörte mir aufmerksam zu. Sie schüttelte den Kopf. »Ich habe meine Geschichte noch nicht zu Ende erzählt«, sagte sie lächelnd. »Ich glaube, ich habe mich wirklich furchtbar primitiv aufgeführt.«

Sie war aus dem elterlichen Haus fortgelaufen, um ein »anderes Leben« zu finden, das »wahre Leben«. Und daraus war nur eine zu schnell gescheiterte Ehe geworden, aus der ein Kind hervorgegangen war, Nicolas, um den sie sich nicht einmal selbst kümmerte.

»Ich habe Angst«, sagte sie. »Ich liebe ihn, aber ich habe Angst, ihm Schaden zuzufügen, ich bin so unbeständig. Ich kenne mich selbst nicht, ich weiß nicht, wohin ich gehe – wie sollte ich da jemanden führen, einen kleinen Menschen? Ich kann es nicht.«

Ich habe sie bei der Hand genommen, und wir haben eine lange Wanderung gemacht.

Sie litt in Wirklichkeit an einem Mangel an Selbstvertrauen. Daß sich immer rascher ein Fehlschlag an den anderen reihte, war wohl vor allem auf ihr Schuldbewußtsein zurückzuführen. Sie wollte sich dafür bestrafen, daß sie ihren Sohn im Stich gelassen hatte!

Gerade weil sie selbst zugab, sich ihrer Aufgabe nicht gewachsen zu fühlen, traute ich es ihr zu. Denn seine Fehler einzusehen, ist das nicht der erste Schritt zu ihrer Überwindung?

Ich versuchte sie zu überzeugen, daß es der richtige Weg war, mit ihrem Sohn zu leben. Ihn aufzuziehen. Sich Zeit zu nehmen. Daß sie noch jung war und daß das Leben seine Früchte schenkt, wenn man nicht damit rechnet. Aber daß man bereit sein muß, die Früchte zu erkennen und sie zu pflücken. Sie hatte Angst um Nicolas, Angst, die Verantwortung für ihn nicht tragen zu können. Ich redete. Die Worte kamen mir wie von selbst, und ich spürte, daß sie Gewicht für Sylvia hatten. Diese seltsame Erfahrung bestätigte sich wieder einmal: Die Menschen hörten mir zu. Beim Sprechen fand ich intuitiv die Worte, die ich ihnen sagen mußte. Um zu erklären, um dem anderen zu helfen, sich selbst zu entdecken.

Ich wehrte mich gegen Begriffe, mit denen mich manchmal der eine oder andere Journalist ironisch klassifizierte: »Martin Gray der Guru«. Oder: »Martin Gray spielt den neuen Propheten«; bequeme Worte, um nicht zu hören, was ich sagte und was die Menschen brauchten, die mir wirklich zuhörten.

»Glauben Sie, Martin«, fragte Sylvia, »glauben Sie wirklich, daß ich das kann, mit Nicolas leben?«

»Sie müssen«, erwiderte ich. »Es ist eine unbedingte Notwendigkeit. Er braucht Sie, und Sie brauchen ihn. Und es ist ein Weg.«

Sie zögerte noch einige Tage. Dann rief sie ihre Eltern an, teilte ihnen mit, daß sie Nicolas wieder zu sich nehmen möchte. Sie würde sich eine kleine Wohnung mieten.

»Was mich wundert«, sagte sie, als sie aufgelegt hatte, »ist, daß sie einverstanden sind; sie finden, daß ich recht habe.« Sie wischte sich die Augen. »Nicolas hat auch mit mir gesprochen.«

Ich habe sie zum Flugplatz gebracht. Sie schien ein anderer Mensch zu sein.

Hatte ich richtig gehandelt? Hatte ich einen Fehler gemacht? Ich wußte es nicht. Ich war nicht gerade beunruhigt, aber wer kennt schon das Herz eines Menschen?

Heute bin ich beruhigt. Zu jedem Jahresbeginn bekomme ich eine von Sylvia und Nicolas unterschriebene Glückwunschkarte.

Helen, meine Freundin

Helen, meine Freundin, meine Verbündete und meine Schwester. Du hast Güte und Sanftheit in mein Leben gebracht, als sie mir notwendiger denn je waren. Du hattest die Gabe der Worte, du hast meine noch ungeschickte Hand geführt, damit ich den Mut fand, dieses Buch zu schreiben und es *Le livre de la vie** – »Das Buch vom Leben« – zu nennen. Du wolltest nicht, daß dein Name auf der Titelseite dieses Buches erschien, obwohl es doch ohne dich nicht entstanden wäre. Dir, Helen, sind die folgenden Seiten gewidmet, und ich wünschte, sie würden deine Sanftheit, deine Zärtlichkeit und Güte widerspiegeln.

Für dich, Helen, meine Freundin, schreibe ich jetzt.

Und ich weiß, daß die Menschen, die mich lieben, verstehen werden, daß ich mich nur an dich wende.

Als ich dir begegnete, Helen, ging es mir schon besser. Ich hatte, so schien es mir, die härtesten Monate nach der Katastrophe überstanden. Mein Aufstieg aus dem Abgrund war von Steinlawinen bedroht gewesen, oft war ich mühsam einen Steilhang hochgeklettert, nur um wieder abzurutschen. Aber immer dann hatte eine Stimme in mir, die meines Vaters oder eines Mitkämpfers im Getto, eine Stimme oder auch eine Aufgabe, die ich zu erfüllen hatte, mir den Mut gegeben weiterzumachen.

Ich hatte die Nacht der Zweifel überlebt, als mich der Rückstoß dessen traf, was Max geschehen war. Und dann war ich Sylvia begegnet. Die Hilfe, die ich ihr zu geben versuchte, würde, davon war ich überzeugt, fruchtbar sein.

Ja, es ging mir besser, Helen, als dein Buch kam. Ich habe es gelesen, und es war für mich wirklich keine leichte Lektüre. Auf

* Titel der deutschen Ausgabe: *Des Lebens Ruf an uns wird niemals enden.*

dem Paket in deiner Schrift: »Absender: Helen C. Erikson«, auch die Adresse; du lebtest also in der Schweiz.

Aber wie hätte ich dir besondere Aufmerksamkeit zuwenden sollen? Ich erhielt so viele Briefe, aus Oslo oder London, aus Tarbes, Brest oder Mailand, aus Montreal oder Montevideo. So viele Briefe, die ich aufmerksam las, auf die ich zu antworten versuchte, doch leider fehlte mir so oft die Zeit.

Sie waren mir sehr wichtig, diese Bekundungen der Freundschaft. Und nun dein Paket, der Name Arthur Koestler.

Durch Dina hatte ich Zugang zu diesem Autor, seinem Leben und seinen Werken gefunden. Ich kannte ihn natürlich nicht, ich war viel zu sehr in Anspruch genommen, mir eine Existenz aufzubauen, zu hungrig nach dem Leben, um mir Zeit zum Lesen zu nehmen. Ich glaubte in dieser Periode meines Lebens, daß Lesen ein Surrogat für Leben sei, während man in ihm doch das wahre Leben findet.

Dina hatte mir *ein spanisches Testament, Sonnenfinsternis* und *Die Geheimschrift* zu lesen gegeben. Mich hatte das Werk dieses mutigen Mannes sehr beeindruckt, der von Francos Soldateska ins Gefängnis geworfen worden war und nur knapp der Erschießung entging, der die Verbrechen Stalins angeprangert und der über den Kampf um die Geburt des Staates Israel geschrieben hatte.

Koestler war für mich ein Schriftsteller geworden, der der Welt etwas zu sagen hatte.

Dann war die Zeit gekommen, in der ich mit Dina und unseren vier Kindern in dem schönen Haus Les Barons auf der Höhe der Tanneron ein Leben des Glücks und der Freude geführt hatte. Koestler war zu einer Erinnerung geworden. Ich hatte mir keine Zeit mehr zum Lesen genommen.

Erst vor einigen Monaten hatte ich das Lesen wiederentdeckt, auf Anraten von Max und getrieben von dem Wunsch, mein Leben zu verstehen. Und nun erhielt ich ausgerechnet ein Buch von Koestler, das auf viele meiner Fragen Antwort gab.

Warum gab es gute Menschen und Bestien mit einem Menschengesicht?

Warum dieser jahrtausendealte unaufhörliche Kampf zwischen der Barbarei und der Zivilisation?

Koestlers Antwort beunruhigte und faszinierte mich.

Ein Barbar in jedem von uns? Eine einleuchtende Vorstellung.

Und wie konnten wir dieses primitive, archaische Tier in uns zwingen, sich dem Gesetz des Menschen zu unterwerfen und nicht uns das seine aufzuzwingen?

Auf die erste Seite des Buches, das du mir schicktest, hattest du geschrieben: »Für Martin Gray, der mir hilft zu überleben, damit er weiterschreite in der Erkenntnis des Menschen.«

Unten auf die Seite hattest du in kleinerer Schrift hinzugefügt: »Vielleicht werden sich eines Tages unsere Wege kreuzen?«

Jede Begegnung hat ihren Augenblick. Er kann nicht beschleunigt oder verzögert werden, er kommt, wenn man bereit ist.

Ich war bereit, dir zu begegnen, Helen. Und du hast, als du nach Les Barons aufgebrochen bist, zweifellos geahnt, daß der Augenblick gekommen war.

Ich habe immer an die Bedeutung von Begegnungen geglaubt, und du hast mich gelehrt, daß dies die einzigen wahren Begegnungen sind. Den anderen, selbst wenn sie alle Anzeichen gegenseitigen Erkennens zweier Menschen haben, fehlt dieses Zeichen des Vorbestimmtseins. Und auch wenn sie zusammenleben, gehen sie nebeneinanderher.

Du kamst also.

Ich erinnere mich an diesen Augenblick, an das gedämpfte Licht, an das verwaschene Blau des Himmels, als in der Abenddämmerung dein Wagen vor dem Haus Les Barons hielt.

Ich war seit einigen Tagen allein. Ich hörte Musik, sie erfüllte das Haus und den ganzen Raum ringsum.

Ich schrieb auch, ohne fiebrige Hast und ohne genauen Plan.

Ich lebte in einem Zustand der Erwartung.

Von Zeit zu Zeit erhob ich mich, beschwerte die Blätter mit einem Stein und machte einen Rundgang um das Haus. Ich setzte die Bewässerungsanlage in Gang, beugte mich über eine orangefarbene Blume, um die Arbeit einer Biene zu beobachten. Als ich bei einem solchen Rundgang um die Hausecke bog, sah ich dich vor deinem Wagen stehen. Und im selben Augenblick habe ich auf dem Verdeck meine Katze erblickt, die Katze meines Sohnes Richard, die ich seit dem Brand nicht mehr in Les Barons gesehen hatte.

Sie lebte in den Feldern und manchmal bei Mme. Lorenzelli, und wenn sie mir gelegentlich bei einem Spaziergang über den Weg gelaufen war, hatte sie mich nie in ihre Nähe kommen lassen.

Und jetzt saß sie da, putzte sich das Gesicht, und sicher schnurrte sie auch.

Ich habe mich gefragt: Wer ist diese Frau? Und ich suchte in meinem Gedächtnis, woher ich dich kannte, denn deine Erscheinung war mir nicht fremd: Dieser Pullover mit dem Rollkragen, dieser lange rote Schal, dessen eine Bahn über den Rücken fiel, dein kurzgeschnittenes braunes Haar, ja, ich glaubte dich zu kennen. Und doch erinnerte ich mich nicht. Und dazu die Katze, die nicht fortlief, als ich mich dir näherte.

»Ist das Ihre Katze?«

Du hast als erste gesprochen, ich wäre gar nicht in der Lage gewesen zu sprechen, ich war wie erstarrt. Ich schrieb meine Erregung der Rückkehr der Katze zu, der Tatsache, daß sie sich jetzt an mich schmiegte und schnurrte. Aber das war nicht das Eigentliche. Es war dieser schwer zu beschreibende Eindruck, diese Frau zu kennen, sicher zu sein, seit langem die Geheimnisse ihres Lebens mit ihr zu teilen, und doch keinen Namen mit ihrem Gesicht verbinden zu können.

Du mußt meine Gedanken erraten haben, denn du sagtest: »Nein, Martin.« Du nanntest mich sofort Martin.

Du unterbrachst dich: »Erlauben Sie mir diese Anrede, für mich sind Sie Martin geworden, als ich die ersten Seiten Ihres Buches gelesen hatte. Aber suchen Sie nicht, Martin, Sie kennen mich nicht.«

Die Katze war auf die Motorhaube gesprungen, und du streicheltest sie. Ich hörte, wie sie friedlich und glücklich schnurrte.

»Das ist Bach, was Sie hören.«

Wir ließen die Fuge ausklingen, und als wieder Stille eintrat, hatten diese Minuten der wunderbaren, unvergänglichen Musik ein Band zwischen uns geknüpft.

»Ich bin gekommen, um Sie zu sehen«, sagtest du, »und da ich frei über meine Zeit verfügen kann und da ich mich entschlossen habe, alles das zu tun, was mir wichtig erscheint, und mich nicht in Gewohnheiten einschließen zu lassen, habe ich den Entschluß gefaßt, Sie zu besuchen.«

Die Katze lief zum Haus, in dem sie seit so langer Zeit nicht mehr gewesen war.

»Ich habe mich in einem Hotel in Cannes einquartiert, ich bin schon heute morgen angekommen. Aber bevor ich nach Les Barons hinauffuhr, wollte ich sicher sein, daß mir wirklich daran gelegen war, Sie zu sehen. Was Sie schrieben, hat mich tief bewegt, aber hatte ich auch wirklich Lust, Sie, die Person Martin Gray, zu sehen?«

Ich hörte dir zu, aber ich weiß, daß ich deinen Worten keine rechte Aufmerksamkeit schenkte. Ich versuchte immer noch, dich wiederzuerkennen. Es irritierte mich, daß ich deinen Namen in meiner Erinnerung nicht fand, wo mir doch dein Gesicht, diese tiefbraunen Augen mit den dunklen Ringen so vertraut erschienen. Ich fragte mich, um einen Anhaltspunkt zu finden: »Haben Sie eine lange Reise hinter sich?«

Als du antwortetest, du seist am Vortag aus einem Dorf bei Lausanne abgefahren, wo du wegen der reinen klaren Luft wohntest, fiel mir ein, wer du warst, und ich mußte lachen. »Sie haben mir ein Buch geschickt, nicht wahr? Koestler, *Das Gespenst in der Maschine.*«

Ohne ein Zeichen der Überraschung nicktest du, du sagtest, als wäre es ganz natürlich, daß ich dich identifiziert hatte, als wenn du die einzige Person wärest, die mir das Buch hatte schicken können: »Haben Sie es gelesen? Ich würde gern mit Ihnen darüber sprechen.«

»Ich habe es gelesen.«

Wir sind durch die Allee gegangen, ich habe dir das Panorama gezeigt, die blauen Berge der Alpen, die den Horizont im Nordosten begrenzen, die Inseln und die zerklüftete Küste. Wir standen lange und schwiegen.

»Den Ort, an dem Sie wohnen«, sagtest du, »habe ich mir so vorgestellt.«

Du bliebst lange bei dem Baum stehen, wo meine Kinder gern spielten. Du gingst langsam an dem kleinen Bau vorbei, der die Urnen meiner Frau und meiner Kinder beherbergte. Du wolltest das Musikzimmer sehen, diesen hohen, von Dina entworfenen Raum, in dem die eine Wand wegen des vorspringenden Kamins leicht gewölbt war.

»Dieses Zimmer, Martin, werden Sie eines Tages umgestalten. Jetzt ist noch nicht die Zeit dazu, und vielleicht werden Sie noch Jahre warten, aber ich weiß es, ich fühle es. Diese Wände sind hart, kalt. Dieses Zimmer, es widerstrebt mir, es zu sagen, aber ich muß es tun, dieses Zimmer ist unvollendet, wissen Sie.«

Du setztest dich auf die Stufen, auf die ich mich so oft setze, du wähltest denselben Platz wie ich, wie es eine Schwester tun mag, die mit den Gewohnheiten ihres Bruders sehr vertraut ist und sie sich manchmal zu eigen macht.

»Sehen Sie«, sagtest du, »dies ist ein zu strenges Zimmer, es ist noch von der Härte Ihres früheren Lebens geprägt. Ich bin sehr empfänglich für die Atmosphäre von Zimmern, von Häusern. Sie sagt viel über ihre Bewohner aus. Dieses Zimmer ...«

Du standest auf, du strichst mit der Hand über die Wände aus rauhem, unverputztem Stein. Du fuhrst fort: »Eines Tages wird dieses Zimmer Ihnen nicht mehr gemäß sein. Es wird Ihnen zu streng erscheinen. An diesem Tag, er wird kommen, Martin, werden Sie es umgestalten. Wissen Sie, im Winter sind die Bäume, die Kirschbäume und die Apfelbäume besonders, kahl, nackt, die Zweige wie alte, welke Finger mit langen Nägeln. Und es genügen einige Tage im Frühjahr, um sie mit einem weißen, fröhlichen Blütenkleid zu bedecken. Das wird hier ebenso sein.«

Du zittertest plötzlich. »Es ist kalt hier.«

Wir haben uns vor den Kamin im großen Wohnzimmer gesetzt. Ich habe große, dicke Holzscheite auf das Feuer gelegt. Wir haben schweigend in die prasselnden Flammen geschaut, die dem Zimmer ein warmes Licht gaben.

Seite an Seite in der Stille sitzen, das können nur Menschen, die auch ohne Worte dieses tiefe Einverständnis zwischen sich herzustellen vermögen, das nicht auf übliche Konventionen angewiesen ist.

»Sie müssen wissen, Martin«, sagtest du schließlich, »Ihr Buch ist in einem für mich bedeutsamen Augenblick gekommen. Ich werde es Ihnen erzählen.«

Du schwiegst. Du hattest dich vorgebeugt, hieltest die Hände über das Feuer. Du hattest die Ärmel des Pullovers hochgeschoben, den roten Schal gelöst, und ich sah deine zu mageren Arme. Plötzlich ergriff mich Unruhe, ich spürte deine Schwäche, eine

Hinfälligkeit, die sich in den dunklen Ringen um die Augen, in den mageren, langen Fingern zeigte, welche die Flammen beleuchteten.

»Aber Sie haben es geahnt, nicht wahr?«

Ich schüttelte den Kopf. Ich wollte es nicht wissen. Ich hätte schreien mögen: Aber nein, das ist nicht möglich, diese Freundschaft kann nicht eines Tages zu Ende sein. Ist denn alles von Anfang an verdammt? Warum bist du gekommen, wenn es nur ist, um mich zu verlassen? Warum dieses Vertrautsein zwischen uns, vom ersten Blick an, warum dieses seltsame Zusammenspiel von Natur und Landschaft, Katze, Bäumen und Musik zu deiner Begrüßung, wenn das alles keine Dauer haben darf?

»Das beunruhigt mich nicht, wissen Sie. Die Ärzte glaubten, sie könnten mir die Wahrheit verschweigen. Aber Sie haben es doch auch entdeckt, wie sollte da ich, die ich doch spüre, was in meinem Körper vor sich geht, es nicht entdecken? Die Ärzte ...«

Du standest auf, du machtest ein paar Schritte durch das Zimmer, du ließest deine Hand über die kleine Bank gleiten, auf der meine Kinder zu sitzen pflegten.

»Zu oft behandeln die Ärzte nur den Körper. Sie kümmern sich nicht um das, was im Geist des Kranken vor sich geht, das ist ein anderes Fachgebiet. Aber alles hängt doch zusammen, das ist offensichtlich. Ich war lange Zeit verzweifelt. Und dann, ich weiß nicht, ich habe gelesen und gebetet, und es kam mir der Gedanke, daß ich die Monate, die mir zu leben blieben, in Heiterkeit verbringen, sie für wichtige Dinge nutzen sollte. Ich habe mir überlegt, daß ich immerhin im Vergleich zu anderen Menschen, die der Krieg auf so schreckliche Weise umgebracht hat, nicht das schwerste Los zu tragen hatte. Und ich habe angefangen zu reisen, all das aufzusuchen, was ich seit langem zu sehen wünschte. Ich habe alles verkauft, was ich besaß. Ich begegne Menschen, die mir interessant erscheinen. Als ich Ihr Buch gelesen habe, dachte ich, Koestler müsse jemand sein, der Ihnen viel geben könnte. Und ich habe auch den Wunsch gehabt, Sie zu sehen. Und außerdem habe ich mich schon immer danach gesehnt, die Côte d'Azur kennenzulernen. Ich bin Nordländerin, daher liebe ich die Sonne.«

Du lachtest, und ich vergaß darüber das Übel, das dich bedrohte.

Du bist noch ein paar Stunden bei mir geblieben an diesem ersten Abend. Die meiste Zeit schwiegen wir, oder ich legte eine Schallplatte auf, und wir ließen uns von der Musik in eine Traumwelt entführen.

Als du dich verabschiedetest, sagtest du: »Morgen würde ich gern wiederkommen. Es wäre mein größter Wusnch, gemeinsam mit Ihnen etwas zu schaffen, das nach mir bleibt – als ein Zeichen meines Lebens und unserer Begegnung.«

Ich habe dich zu deinem Wagen begleitet. Die Nächte im Tanneron sind von einer unbeschreiblichen Ruhe. Es ist fast windstill, die Höhe gibt das Gefühl, über dem Treiben der Menschen und dem Lärm der Städte zu leben. Die Laternen der Straßen, die Lichttrauben der Ortschaften, die Hochhäuser an der Küste sind fern, scheinen zu einem anderen Kontinent zu gehören. Die Sterne sind so hell, so nah, man hat das Gefühl, auf einer Plattform zwischen zwei Welten zu sein.

»Das ist schön, das ist großartig«, sagtest du.

»Kommen Sie wieder, Helen. Ich erwarte Sie morgen.«

Es war das erste Mal, das ich dich so anredete. Es war nichts Erotisches in unserer Beziehung. Es war eine dieser plötzlichen Freundschaften, eine tiefe Übereinstimmung, eine geschwisterliche Vertrautheit. Ich war sicher, daß du nach diesen wenigen Stunden alles von mir wußtest, und sogar, daß du mich schon kanntest, bevor wir uns begegneten. Und auch ich wußte alles Wesentliche von dir. Nicht die Einzelheiten deines Lebens, die erfuhr ich erst später im Verlauf unserer Gespräche: deine Heirat, die Scheidung, die Krankheit, die so überraschend kam und deren Ernst du anfangs nicht erkanntest, und schließlich die Gewißheit, daß sie dir nur noch ein paar Monate zu leben ließ. Bestenfalls, sagtest du, ein oder zwei Jahre. Kaum genug Zeit, erklärtest du lächelnd, deine Angelegenheiten zu regeln, Antworten auf die Fragen zu finden, die du dir stelltest, und den Wunsch zu befriedigen, einige schöne Dinge zu sehen. Und die Zeit, eine Spur von dir zu hinterlassen. Denn das war es, was dir im Angesicht des Todes am meisten am Herzen lag: Du wolltest, daß etwas von dem, was du erfahren, was du gelebt hattest, erhalten blieb. Nicht aus Stolz. Das lag dir völlig fern. Was bedeutete es dir, ob man wußte, daß du gelebt hattest, du, Helen C. Erikson? Du sagtest:

»Können Sie sich vorstellen, Martin, wie lächerlich das ist, seinen Namen der Nachwelt erhalten zu wollen? Seine Ideen, das verstehe ich, aber seinen Namen? Welche kindische Vorstellung!«

Du wolltest eins werden mit dem Grün der Blätter des Frühlings, wenn die Farbe noch so lieblich, so frisch ist, daß sie unseren Augen wie ein Bild der Jugend erscheint und in uns ein Gefühl der Zärtlichkeit weckt.

Du wolltest eins werden mit dem Wasser des Flusses.

Du wolltest, daß dein Leben wie ein Murmeln sei, dessen Ursprung man nicht kennt, das aber durch die Kraft seiner Wahrhaftigkeit allen Lärm übertönt.

»Kommen Sie wieder, Helen, kommen Sie morgen wieder, morgen früh.«

Unsere Hände lagen lange ineinander.

Ich hätte gewünscht, daß du in Les Barons bliebst, daß du dich nicht in ein anonymes Hotelzimmer zurückzogst. Doch ich wagte noch nicht, dir den Vorschlag zu machen, dich hier einzuquartieren. Du errietst meinen Gedanken und sprachst ihn aus. »Ich werde mit meinem Gepäck kommen. Und morgen abend werden wir sehen, ob ich bleiben soll, nicht wahr?«

Du hattest immer diese direkte, offene Art, vielleicht in dem Bewußtsein, daß das Schicksal dir nicht die Zeit für Umschweife oder unnötige Bedenken ließ.

Du stiegst ins Auto und fuhrst ab.

Ich habe den sich entfernenden Lichtern lange nachgeschaut und bin dann ins Haus zurückgegangen.

Die Katze lag friedlich auf der Couch vor dem Kamin, auf deinem Platz.

Etwas aus meiner Vergangenheit, etwas Lebendiges und nicht nur eine Erinnerung war mit dir zurückgekommen, diese Katze mit ihrem weichen Fell, ihrer Ruhe, dem Wohlbehagen, das sie ausstrahlte – es war das erste Mal seit dem 3. Oktober 1970, daß in diesem Haus Les Barons ein lebendiges Wesen Freude empfand – und das war dir zu verdanken; denn sie war mit dir zurückgekommen.

Ich glaube an Zeichen, an Symbole.

Ich habe für dieses Phänomen keine Erklärung, aber in meinem Leben hat es immer wieder dieses seltsame Zusammentreffen von

Ereignissen gegeben, dessen zeichenhafte Bedeutung offenkundig war. Die Gelehrten und die Skeptiker mögen das leugnen. Vom Standpunkt der Vernunft aus müssen sie das wohl auch. Und es ist sicher nützlich, daß rational denkende Menschen nicht an Gefühle glauben.

Wenn aber die Wahrheit auch in der Einfachheit der Gefühle wäre, wenn die Unverbildeten, die Naiven sie lebten?

Wenn es Kräfte gäbe – für die wir noch keine Erklärung haben –, die unsere Schritte zu Orten und Menschen lenken, nicht weil der Zufall sie ausgewählt hat, sondern weil sie *für uns bestimmt* sind?

Wenn das die Wahrheit wäre?

Primitive, irrationale Anschauungen, alter Hexenglaube?

Soll man sie nennen, wie man will, und soll man sich über sie lustig machen! Mir scheint, daß mein Leben voll von Zeichen ist. Ich will nicht versuchen, sie zu erklären, aber ich will sie auch nicht leugnen. Für mich sind sie von Bedeutung. Und ich weiß, daß auch andere Männer und Frauen Zeichen haben lesen können, ich maße mir nicht an, der einzige zu sein.

Wäre ich ein rationalistischer Wissenschaftler, ich würde nicht so vermessen sein, mich im alleinigen Besitz der Wahrheit zu wähnen.

Die Wahrheit ist auch in dem, was man erlebt.

Und ich erlebte meine Begegnung mit Helen als eine Reihe zeichenhafter Ereignisse.

Du bist wiedergekommen, Helen.

Und es war ein Zeichen, daß du gerade in dem Augenblick ankamst, als ich die Seiten wieder zur Hand genommen hatte, die ich in den letzten Wochen geschrieben hatte und über deren Verwendung ich mir nicht klarwerden konnte.

Sie veröffentlichen? Wie? Für wen?

Die Verbindung mit Max Gallo hatte sich gelockert, eine neue Arbeit nahm ihn voll in Anspruch. Ich wußte, daß es keine Zusammenarbeit mit ihm mehr geben würde. Ich war froh darüber, daß wir beide gemeinsam ein so gutes Werk geschaffen hatten. Uns blieb diese Erinnerung, und uns blieb unsere Freundschaft. Wir hatten uns gegenseitig viel gegeben, schien mir. Aber wenn ich mich entschloß, neue Bücher zu veröffentlichen, so konnte das nicht mit Max' Beistand geschehen. Er wollte Bücher schreiben, in denen er eigene Ideen und Empfindungen ausdrückte. Er mußte sein persönliches Werk schaffen. – Aber ich war noch auf Hilfe angewiesen.

Als wir über den Rasen auf den Steintisch zugingen, hast du die Manuskriptblätter auf ihm liegen sehen, und mit einem fragenden Blick hast du gesagt: »Schreiben Sie, Martin? Ein neues Buch?«

Ich habe zu rasch verneint. Das war kein Buch, das waren Notizen, Gedanken über das Leben, die mir eingefallen waren. Ich wollte mir selbst über manche Dinge klarwerden, weil meine Leser mich fragten, meine Meinung zu dieser oder jener Lebenssituation wissen wollten. Und manchmal erhofften sie von mir Antworten auf die großen Fragen, die die Menschen zu allen Zeiten bewegt haben.

Du hast dich an den Tisch gesetzt, hast die Blätter in die Hand genommen.

»Sie werden es nicht lesen können, das ist in einer Mischung aus Englisch und Polnisch geschrieben.«

Aber du hörtest mich nicht mehr. Du schautest dir Seite für Seite an, ich hatte den Eindruck, daß du, auch ohne die Worte immer zu verstehen, den Sinn des Geschriebenen erfaßtest. Ich lief von einem Ende des Rasens zum anderen, und von fern sah ich dich, die Ellbogen auf den Tisch gestützt, in der Sonne sitzen, über die Blätter gebeugt. Ich war aufgeregt. Endlich hast du mir gewinkt, zu kommen, und hast gesagt: »Jetzt werden Sie mir das alles noch einmal vorlesen, Martin, und dann hole ich mein Gepäck.«

Du lachtest, du erschienst mir fröhlich und bei guter Gesundheit. Die Sonne gab dir Farbe, verwandelte dich.

»Ich werde mich hier einquartieren, und wir werden gemeinsam arbeiten. Sie werden mir diktieren, und dann werden wir darüber diskutieren. Vielleicht war es das, was ich suchte, als ich zu Ihnen kam. Vielleicht war das der Grund, weshalb ich Ihnen das Buch geschickt habe. Ich sagte mir, Martin ist nicht bis zum Ende dessen gegangen, was er sagen wollte. Sie haben das berichtet, was Ihnen geschehen ist. Gut, das war nötig, aber in Ihrem Buch gibt es noch etwas anderes, das Sie vielleicht selbst nicht ahnen, das aber ich und viele andere Leser entdeckt haben. Das muß man ans Licht bringen. Sind Sie einverstanden, daß wir das gemeinsam machen, Sie und ich? Und ich hatte Angst, daß nichts von mir bliebe! Dieses Buch wird bleiben. Und wir beide werden es machen.«

Schon warst du aufgestanden und auf dem Weg zum Wagen. Du gingst so rasch, und ich hätte beinahe gelacht. Du schienst eine neue Kraft in dir gefunden zu haben, eine jugendliche Frische. Ich spürte nichts mehr von deiner Müdigkeit und deinem Leid.

Du hast dich in Les Barons einquartiert.

Du wolltest zuerst die Briefe meiner Leser sehen. Manchmal sah ich, wie dein Gesicht plötzlich die Farbe verlor, gleichsam erstarrte. Du schienst dich zu weigern, das zu glauben, was du last.

»Das ist nicht möglich. Ich hatte keine Vorstellung von so viel Leid.«

Du erkanntest hinter der verschämten Zurückhaltung mancher Briefe die tiefe Verwirrung, und du machtest mir Vorwürfe, wenn ich sie nicht beantwortet hatte. »Das ist eine Pflicht, Martin. Sie haben alle diese Geständnisse herausgefordert, Sie dürfen das Vertrauen, das man Ihnen schenkt, nicht enttäuschen.«

Du last weiter, während ich schrieb; nach einiger Zeit blicktest du auf und sagtest: »Was mich vor allem beeindruckt, Martin, das ist die Aufrichtigkeit, die Würde, die diese Menschen in ihrem Unglück bewahren, dessen Schwere wir gar nicht ermessen können. Und ihr Mut, ihre Hoffnung und auch ihre Güte, denn sie sprechen zuerst von dir, von dem, was du durchgemacht hast.«

Das Du kam dir ganz natürlich, ganz selbstverständlich über die Lippen. Ich war dein Bruder, du warst meine Schwester. Und dieses Vertrautsein zwischen uns, nach Monaten der Einsamkeit, gab mir einen Teil meines Selbst zurück. Denn alle Freundschaften, auch die von Marysia, von Rochmann, von Max, von Zuckermann oder Sylvia, hatten in meinem Herzen das Eis nicht auftauen können: Ich hatte geglaubt, ich sei für immer erstarrt, tot.

Dank dir, Helen, dank deiner Gegenwart, dank unserer so wunderbaren tiefen Verbundenheit brach die Eisdecke auf, mein erstarrtes Herz erwachte wieder zum Leben.

Ich vergaß nicht, im Gegenteil, ich sah die Meinen klarer, meine Liebe zu ihnen, diese Jahre des Glücks, die nun so fern waren und mir doch so deutlich vor Augen standen. Aber durch dich wurde ich ein anderer.

Vorher, während all dieser Monate nach der Katastrophe, war ich in die Erinnerung eingeschlossen gewesen, innerlich erstarrt trotz aller Hast und Betriebsamkeit um die Gründung der Stiftung. Jetzt war die Erinnerung nicht weniger stark, sie war das Kostbarste, was ich besaß, doch sie drückte mich nicht mehr zu Boden.

Ich lebte wieder.

An diesem Abend sprach ich zu dir von der Verwandlung, die in mir geschah, die mir auch etwas angst machte. Ich war verwirrt und betroffen über dieses neue Selbstgefühl, es kam mir wie ein Verrat vor, daß ich nicht mehr das gefangene Tier sein wollte, das ohnmächtig am Gitter seines Käfigs rüttelt.

Du nahmst meine Hand. »Du mußt dich wieder an das Leben gewöhnen. Die einzige Art, treu zu sein, ist, sich tief und stark zu erinnern, nicht, aus der Erinnerung eine tödliche Krankheit zu machen. Das war die Gefahr, die dich bedrohte. Aber du hast zuviel Lebenskraft, zuviel biologische Energie, um dieser Krankheit zu erliegen. Das, siehst du, habe ich schon erkannt, als ich dein Buch gelesen habe. Du kämpftest, du verwandeltest deine Erinnerung in Aktivität; das hat mich anfangs schockiert, und sicher haben viele Leute dir das nicht verziehen. Aber so bist du, und ich glaube, es ist gut so.«

Die Musik wurde ein starkes Band zwischen uns, sie festigte die emotionale Bindung. Aber es war darin nichts Zweideutiges. Ich weiß, was viele Leute über ein so nahes Verhältnis zwischen einem Mann und einer Frau denken. Und ich will es ihnen gegenüber ganz offen aussprechen: Wir liebten uns.

Körperliche Liebe? Leidenschaftliche Liebe? Es gab keine solche Liebe zwischen uns, aber für mich war es mehr als das. Eine Liebe, die im ersten Augenblick unserer Begegnung geboren wurde und die sich doch bewußt war, daß sie in den Grenzen eines Bruder-Schwester-Verhältnisses bleiben mußte. Eine Liebe, die wußte, daß sie zerbrechen würde, wenn wir diese Grenzen überschritten. Und ihr Ende würde uns beide zerstören. Dich, Helen, die ihre Lebenszeit begrenzt wußte, und mich, zu dem du bewußt Distanz hieltest, damit ich nicht durch deinen nahen Tod von neuem in Verzweiflung gestürzt würde. Eine Liebe, dünn wie ein Seidenfaden, die aber alle Prüfungen und auch deinen Tod überdauern würde. Und sie ist heute noch in mir lebendig.

Dir, Helen, verdanke ich es, daß ich heute zu Virginia, meiner Frau, darüber sprechen kann, dir verdanke ich es, daß ich sie wie das klare Wasser einer Quelle in Erinnerung behalten habe. Und du warst auch deshalb darauf bedacht, unsere Liebe in den Grenzen der Freundschaft zu halten, um unser gemeinsames Werk nicht zu gefährden.

Du sagtest: »Es sind unsere Seelen, die sich vereinen.«

Ich benutzte dieses Wort »Seele« nie. Für mich war es so flüchtig wie ein Hauch, es besaß keine Realität.

Als ich dich kennenlernte, Helen, glaubte ich wohl vage an eine Kraft des Lebens, die das Universum in Gang hielt und das Wachsen und Vergehen steuerte. Aber ich machte mir selten Gedanken über den Glauben, über Gott, über die Religionen. Ich gehörte einem Volk an, das sich trotz der Verfolgungen am Leben erhalten hatte, weil der Glaube sein einigendes Prinzip war. Aber hatte ich selbst diesen Glauben?

Ich war nie wirklich über diese einfache Frage hinausgekommen: Warum gibt es das Gute und das Böse?

Du, Helen, sprachst von Seele.

Durch dich entdeckte ich die Existenz eines höheren Prinzips, das ich Güte nannte. Du sagtest in viel klareren Worten, als ich es geschrieben hatte, daß jedes Wesen einzigartig ist und daß sein Urgrund die Seele ist. Du glaubtest, daß im Universum ein Ordnungsprinzip wirksam ist. Du warst nicht Anhänger einer bestimmten Religion, aber du erkanntest in ihnen allen die prägende Kraft des göttlichen Prinzips. Du erklärtest mir, daß du Atheist gewesen seist, daß du aber lange vor dem Ausbruch deiner Krankheit zum Glauben gefunden habest. Seit dieser Zeit warst du ein gläubiger Mensch.

Du sagtest: »Sieh, Martin, die Dinge sind so einfach, daß man sie nicht mehr wahrnimmt. So akzeptiert zum Beispiel niemand, nicht ein einziger Mensch, den Tod derer, die er liebt. Auch du hast nicht wirklich den Tod der Deinen akzeptiert. Ist es nicht so?«

Wir schwiegen. Nach einiger Zeit fuhrst du fort: »Diese Weigerung, uns mit dem Tod geliebter Menschen abzufinden – ich spreche nicht von unserem Tod, er bedeutet so wenig –, muß ja einen Sinn haben. Ich behaupte, sie rechtfertigt den Glauben, ja, sie beweist die Existenz Gottes. Und weißt du, warum, Martin? Weil unsere Liebe nicht einfach mit dem geliebten Menschen in die Erde sinken kann – ohne etwas zu befruchten. Unsere Liebe bedeutet das Weiterleben derer, die wir geliebt haben. Sie bedeutet ein anderes Leben. Die Liebe ist unser Gesetz, Martin, deshalb sind das Prinzip des Hasses, das Böse nur Materie, sie tragen keine Ewigkeit in sich. Sie sind nichts, nur Blei.«

Du lächeltest.

Ich war froh darüber, daß du deinen Frieden gefunden hattest. Ich war bereit, deine Überzeugungskraft, deine Wahrheit zu akzeptieren, ich glaubte an diese ewige Dauer der Liebe. Aber hatte ich die gleiche Tiefe des Glaubens wie du?

Noch heute kann ich darauf keine Antwort geben, Helen. Vielleicht bin ich noch zu sehr der schwerfälligen Welt der Realität verhaftet. Zu sehr in einer Aktion engagiert, die auf die natürliche Welt gerichtet ist, um so wie du den Glauben zu leben. Jedoch, er ist in dein Buch, mein Buch, unser Buch eingegangen – in unser Buch vom Leben. Die Leser haben ihn darin gefunden. Und sie sind dort auch deiner Heiterkeit begegnet.

Als du am nächsten Morgen auf der Schwelle der Tür meines Hauses Les Barons standest, winkte ich dir zu, und du antwortetest mit einem fröhlichen Rufen. Ich war bei Morgengrauen aufgestanden und hatte eine lange Wanderung gemacht, um meine Gedanken zu ordnen. Dann machte ich mir Notizen, ich schrieb, du kamst zu mir, und ich las dir langsam vor, was ich geschrieben hatte. Dein aufmerksames Zuhören war mir eine große Hilfe. Was du sagtest, schlug sich, auch wenn ich es nicht sofort notierte, einige Tage später in meinen Aufzeichnungen nieder. Ich erinnere mich, dir eines Tages die folgenden Sätze vorgelesen zu haben.

Die Vergangenheit kann wie eine Krankheit für den Menschen sein. Der Mensch kann seine Vergangenheit nicht auslöschen oder leugnen. Er trägt sie in sich, für immer eingeprägt. Sie ist seine persönliche, einmalige Geschichte. Doch er muß sich an sie anlehnen. Sich verlassen auf diese Erfahrung, um sich von ihr zu entfernen, ohne sie zu verraten und ohne sie zu vergessen.

Als ich zu lesen aufgehört hatte, fiel mir ein, daß dies ein Thema war, über das wir einige Tage zuvor diskutiert hatten. Und du bereichertest meine Worte durch ein Bild.

»Dieses Buch«, sagtest du, »wird wie eine Frucht deines ersten Buches sein. *Der Schrei nach Leben,* das sind deine Wurzeln. Weitere Früchte werden folgen. Wenn du eines Tages ein Kind hast...«

Ich stand auf. Es war später Nachmittag. Wir hatten den ganzen Tag gearbeitet. Du hattest mir geholfen, die Seiten zu ordnen, die ich geschrieben hatte, die Gedanken klarer zu formulieren. Du hattest mir gezeigt, daß sie um so klarer und um so verständlicher und einprägsamer wurden, je einfacher und poetischer der Stil war. Du hattest mir gesagt, daß die Natur ein lebendes Alphabet sei, daß ich meine Vergleiche den Elementen entlehnen, an die Quelle, den Abgrund, den Stein und den Himmel anknüpfen müsse. Und allmählich stellten sich die Bilder ein.

Aber als du den Satz begannst: »Wenn du eines Tages ein Kind hast...«, da mußte ich weggehen. Das war, als wenn dein Blick in den verborgensten Winkel meines Bewußtseins dringe, in die Tiefe meiner Angst und meines Verlangens.

Ja, ich dachte manchmal an ein Kind, an Kinder, die die Zukunft mir schenken würde, und dann wieder konnte ich mir nicht vorstellen, daß neue kleine Wesen den Platz in meinem Herzen beanspruchen sollten, den meine toten Kinder eingenommen hatten. Und es gelang mir nicht, einen Ausweg aus diesem Dilemma zu finden: dem heimlichen Wunsch, wieder Leben zu zeugen, und der Gewissensangst, die mich den Schrei meiner Kinder hören ließ: »Du verrätst uns.«

Du wiederholtest: »Wenn du eines Tages ein Kind hast...«

Du hattest verstanden, in welche Verwirrung diese Worte mich stürzten, und weil du wolltest, daß ich der Wahrheit nicht auswich, fügtest du hinzu: »Du weißt sehr gut, Martin, daß du Kinder willst, du weißt, daß du immer daran denkst, und du weißt auch, daß du Kinder haben wirst.«

Ich weigerte mich zu wissen. Ich weigerte mich, dich anzuhören. Ich mußte mich zusammennehmen, um nicht zu schreien, du solltest aufhören mit diesen sezierenden Worten, die schonungslos bloßlegten, was ich zu verdrängen suchte.

Du standest auf, nahmst mich beim Arm und zwangst mich, mich neben dich zu setzen.

»Warum diese Abwehr? Fühlst du dich vielleicht schuldig? Glaubst du, die Liebe, die Erinnerung verbieten dir zu leben?«

Ich konnte, ich wollte nicht darüber nachdenken. Warum hörst du nicht endlich auf?

»Wenn du eines Tages ein Kind hast, schreib ein Buch für dieses Kind. Ich kann mir gut vorstellen, daß du es tust.«

Ich rührte mich nicht. Ich war wie versteinert.

»Aber noch ist der Zeitpunkt nicht da, weder für das Kind noch für das Buch. Wir bereiten ein anderes Buch vor, also...«

Du versuchtest, mich in die Gegenwart zurückzuholen. Aber ich reagierte nicht. Du gingst zum Plattenspieler und legtest die Bach-Fuge auf, die ich bei deiner Ankunft gehört hatte. Allmählich beruhigte ich mich. Und wir sprachen.

Du sagtest, Helen, wenn deine Lebenszeit nicht beschränkt wäre, hättest du gewünscht, daß aus unserer Freundschaft Liebe würde, körperliche Liebe. Du sagtest, du hättest gern ein Kind von mir gehabt.

Du blicktest mich an. Dann fügtest du hinzu: »Andererseits darf es mir nicht leid tun, denn ich weiß, auch wenn ich gesund wäre und eine Zukunft hätte, du brauchst eine andere Frau als mich.«

Für mich selbst hatte das Begehren kein Gesicht. Ich wagte weder an ein Kind noch an eine Frau zu denken. Ich hatte Angst, ich sagte es schon, ein Sakrileg zu begehen, Angst auch, Menschen, die mir nahekamen, Unglück zu bringen.

»Was du, der zu viele Ängste in sich trägt, brauchst, ist jemand, der am Beginn seines Lebens steht. Eine Frau, die noch nicht vom Leben gezeichnet ist, Martin. Mit ihr wirst du den Mut aufbringen, ein Kind zu haben. Bei jemandem wie mir würde es dir vielleicht angst machen.«

Dein Gesicht, Helen, zeigte keine Spur von Traurigkeit oder Bedauern. Du hattest diesen Zustand der Weisheit erreicht, wo sein Schicksal anzunehmen nicht heißt, es zu ertragen, sondern es als eine Fügung anzuerkennen und mit seiner Seele zu bejahen.

Du klammertest dich nicht an die Hoffnung auf das Unmögliche. Du wolltest dich nicht mit Drogen betäuben, die die Realität durch Träume ersetzen, aus denen man mit einer noch größeren Verzweiflung erwacht.

Helen, ich liebte dich wegen deiner Offenheit, wegen der nüchternen Analyse deiner und meiner Situation. Ich schwor mir in diesem Augenblick, immer den Weg vollkommener Aufrichtigkeit zu gehen, der Versuchung zu widerstehen, mir selbst und anderen etwas vorzumachen. Helen, ich möchte dir noch einmal dafür danken.

Wir haben so mehrere Monate in enger Vertrautheit gearbeitet. Deine Gegenwart gab mir Frieden. Ich fand den gleichmäßigen, ruhigen Rhythmus, der mir in dieser Periode meines Lebens so wichtig war.

Ich gab vom Tanneron aus der Stiftung neue Impulse. Ich organisierte Kampagnen, um die öffentliche Meinung für die Probleme der Natur zu sensibilisieren. Junge Leute boten sich freiwillig an, Flugblätter zu verteilen, in denen zum Schutz des Waldes aufgerufen wurde. Wir vollendeten unser Buch vom Leben, aber du wolltest nicht, daß dein Name erwähnt würde. Du sagtest: »Mein Name ist unwichtig, Martin. Was zählt, ist, daß ich im Buch bin, daß ich mich darin wiedererkenne.«

Ich bestand darauf, aber du bliebst hartnäckig. Im übrigen drängtest du mit einer Hast, die mich beunruhigte, darauf, ein neues Buch in Angriff zu nehmen, bevor noch dieses erschienen war. Ich befürchtete, diese Hektik sei ein Zeichen, daß du glaubtest, nicht mehr viel Zeit zu haben.

Du sagtest, jedesmal wenn ich dir einen Leserbrief vorläse, würde dir von neuem bewußt, in welcher Einsamkeit so viele Männer und Frauen lebten, wie sehr sie Rat brauchten. Du sagtest: »Es ist egoistisch, ihnen nicht zu helfen, nicht zu versuchen, ihnen mitzuteilen, was ich weiß, was du weißt.«

Du gingst unruhig hin und her, die Arme vor der Brust gekreuzt, den Kopf gesenkt. Ich war tief bewegt von der Zerbrechlichkeit deines Körpers, die sich immer deutlicher zeigte, aber auch von der Kraft, die dich belebte.

Ich sagte eines Tages zu dir: »Helen, wenn ich dich ansehe, begreife ich wirklich, was die Kräfte des Lebens sind, viel besser, als durch mich selbst.«

Du lachtest. »Da hast du den Titel: *Les forces de la vie* (Die Kräfte des Lebens).* Und wenn ich nicht mehr hier, nicht mehr bei dir bin, wenn du das Buch vollendet hast...«

Ich lehnte mich auf, ich weigerte mich, der Realität ins Auge zu sehen. Du tratst zu mir: »Aber doch, Martin, wir müssen lernen, uns der Zukunft zu stellen. Dein Leben geht weiter, Martin. Der Tod ist nur eine Änderung der Form unserer Energie und unseres Lebens. Ich werde durch unsere gemeinsame Arbeit in diesen Büchern fortleben.«

Für dich, Helen, damit du weiterlebst, schreibe ich diese Zeilen. Und ich berichte auch deinen Wunsch, daß ich dieses neue Buch meinen zukünftigen Kindern widmen möge. Ich habe es getan.

Aber ich eile der Wirklichkeit voraus. Ich will deine Worte nicht verlieren. Ich will mich daran erinnern, wie sehr dir dieses Buch am Herzen lag.

»Hüte dich davor, Martin, dich zum Richter über andere zu machen. Sage ihnen einfach, jeder solle es selbst sein, er selbst werden. In seinem Körper, durch seine Seele. Höre auf mich.«

Du nahmst ein Blatt Papier. Du entwarfst einen Plan des Buches. Du sagtest, ich müsse erklären, was ich meinen Kindern hatte einprägen wollen, die Prinzipien des natürlichen Lebens, die körperliche und geistige Hygiene, die nach meiner Ansicht für jeden Menschen so notwendig ist.

Ich hatte dich mit Jo, meinem ehemaligen Maurer, bekannt gemacht, du wolltest, daß ich von seiner Art zu leben sprach, die ihm wohl auch zu seiner untrüglichen Menschenkenntnis verholfen hatte. Ich sträubte mich zunächst heftig gegen dieses Projekt. Ich stellte mir das Hohngelächter in gewissen Kreisen vor, bei den Intellektuellen, den Berufsphilosophen. Welche Legitimation hatte ich, um über solche Dinge zu reden?

»Du hast Angst vor ihnen«, sagtest du.

»Niemand wird auf mich hören wollen.«

Du gingst zum Tisch, auf dem sich die Briefe meiner Leser stapelten. Du nahmst einige heraus, zeigtest sie mir.

»Was du fürchtest, Martin, ist, daß man dich zu sehr hört.«

Du kanntest mich besser als ich mich selbst.

* Titel der deutschen Ausgabe: *Wie ein Baum gepflanzt an Wasserbächen.*

Manchmal, wenn ich die Briefe las, die man mir schickte, hatte ich das Gefühl, sie wären für jemand anderen bestimmt, daß ich kein Recht auf dieses Vertrauen hatte, daß ich seiner nicht würdig war. Und doch brachten diese Menschen mir Vertrauen entgegen. Aber war es richtig, noch weiter zu gehen, Rat zu erteilen, für Tausende von Lesern vielleicht eine Art Guru zu werden, ein Seelenarzt für die, die unter der Verwirrung unserer Zeit litten? Ich zögerte. Aber die Briefe waren da. Das Getriebe drehte sich.

Wieder einmal wurde mir die Macht der Worte bewußt, doch nicht nur sie, auch die Macht der Massenmedien. Fernsehsendungen, in denen ich von meinem Leben gesprochen hatte, in denen ich mit Zeugen konfrontiert worden war, gutwilligen und böswilligen, Artikel in Zeitungen und Illustrierten – sie hatten mein Gesicht und meinen Namen bekannt gemacht.

Wie konnte ich mich dem allem entziehen?

Und auch – warum soll ich es nicht zugeben: Diese Rolle, die mir angst machte, war mir längst vertraut geworden. Ich hatte mich daran gewöhnt zu schrieben, mein Denken war darauf ausgerichtet, ein Buch zu schreiben. Ich fand, daß es im Grunde nichts Faszinierenderes gab, als Menschen zu begegnen, Erfahrungen mit ihnen auszutauschen, zu versuchen, ihnen zu helfen.

Die Welt der Geschäfte, die ich in den Vereinigten Staaten viele Jahre lang kennengelernt hatte, schien mir im Vergleich dazu eine Welt ohne Leben, ohne Sinn zu sein. Ich brauchte diesen persönlichen Kontakt, und auch das beunruhigte mich. Hatte ich mein Leben nicht zu ausschließlich auf mich selbst konzentriert, war ich nicht ein Wanderprediger geworden, der von Stadt zu Stadt zog und das verkündete, was er persönlich für die Wahrheit hielt? Ich erinnere mich an unseren letzten Tag, Helen, als das Manuskript an den Verleger abgegangen war, der Plan und die Aufzeichnungen für das nächste Buch wohlgeordnet in einer Mappe lagen, auf die du mit Blaustift geschrieben hattest: *Les forces de la vie.*

An diesem Tag sprach ich zu dir über das, was mich beunruhigte, über meine Zweifel an der Richtigkeit des Weges, den ich eingeschlagen hatte. Du hörtest mir zu, lächelnd, mit gelöstem Gesicht. Ich sprach davon, wie unglaublich mir manchmal der Verlauf meines Lebens vorkam. Der Junge aus dem Getto, der ein amerikanischer Geschäftsmann geworden war, der sich von den

Geschäften zurückgezogen hatte, ein Mann und Vater, der an der Côte d'Azur, in der Einsamkeit des Tanneron, mit seiner Frau und seinen Kindern ein glückliches, zurückgezogenes Leben geführt hatte, der jetzt als Autor im Rampenlicht der Öffentlichkeit stand, dessen Buch ins Japanische, ins Holländische, ins Finnische und ins Hebräische übersetzt worden war.

Mich, den Autodidakten, luden Brüsseler Psychiater zu ihrem Kongreß ein. Die Lektüre meines Buches, sagten sie, sei hilfreich für ihre Kranken! Das Schicksal schien mir wieder einmal einen Streich spielen zu wollen, indem es mich plötzlich in eine Situation versetzte, die mir völlig fremd war. Der Präsident der Vereinigung der Kämpfer des Warschauer Gettos, mein Freund Jack Eisner, nun ein angesehener Geschäftsmann in New York, der erfahren hatte, daß ich ein Buch veröffentlicht hatte, daß ich ein zweites und drittes vorbereitete, denen vielleicht noch weitere folgen würden, er hatte mich bei einer Frankreichreise mit seiner jungen Frau besucht und gesagt: »Bei dir, Martin, ist wirklich alles möglich.«

Waren es diese brutalen Jahre, als der Wahnsinn der Menschen uns im frühen Jugendalter überrascht hatte, die uns aus der Masse der anderen heraushoben? Hatte uns das Schicksal nicht im Stich gelassen, sondern uns bewahrt, weil es uns für höhere Aufgaben bestimmt hatte? Manchmal glaubte ich es.

Du lächeltest bei meinen Worten, Helen, du nahmst meine Hand.

»Aber nein, Martin«, sagtest du, »halte dich nicht für etwas Besonderes, Einmaliges. Du bist einmalig nur in der Art, wie es jeder Mensch ist. Du hast es selbst geschrieben, wieso vergißt du es also? Laß dich nie von dem berauschen, was andere dir schreiben oder sagen. Wenn du die Sache nüchtern betrachtest, wirst du entdecken, daß sie tatsächlich vor allem zu sich selbst sprechen. Und du mußt das unterstützen. Es geht nicht darum, daß sie dich bewundern, es geht um ihre eigene Entwicklung. In sich selbst müssen sie die Kraft finden, nicht in dir.«

Du lachtest. Es war das letzte Lachen, das du mir schenktest. Du erklärtest mir, daß du am nächsten Tag für einige Stunden wegfahren würdest. Um Einkäufe in Cannes zu machen. Auch für den Haushalt waren ein paar Sachen dringend zu besorgen.

»Wir sehen uns am Abend«, sagtest du. »Ich fahre morgen sehr früh los.«

Warum habe ich in dieser Nacht nicht intuitiv geahnt, was du vorhattest? Ich sah doch so oft Ereignisse voraus.

Am Morgen habe ich wie gewöhnlich geschrieben. Dann habe ich einen Spaziergang gemacht, auf dem Rückweg habe ich ein im Bau befindliches Haus ein paar hundert Meter von Les Barons entfernt aufgesucht.

Ich sah gern den Maurern bei der Arbeit zu. Ihre Bewegungen hatten eine natürliche Sicherheit. Ich dachte an Dina, die oft Pläne für Häuser und Fassaden entwarf. Ich dachte an meine Kinder, von denen ich gehofft hatte, daß sie einmal Ingenieure oder Architekten würden. Ich habe mich lange dort aufgehalten, irgendwie mochte ich nicht gleich nach Les Barons zurückkehren. Als ich dann schließlich kurz vor Mittag dort eintraf, bin ich nicht wie üblich ins Haus gegangen, sondern habe mich draußen in die Sonne gesetzt und mich mit Mme. Lorenzelli unterhalten.

Erst später, als es kühl wurde, habe ich das Kaminzimmer aufgesucht und dort in Erwartung deiner Heimkehr ein Feuer angezündet. Entgegen meiner Gewohnheit habe ich mich nicht gleich auf die Couch gesetzt. Ich habe Briefe geordnet, Dokumente abgelegt. Ich habe unsere Notizen durchgelesen. Erst als die Nacht hereinbrach, bin ich aus meiner Geistesabwesenheit erwacht, es war, als ob ein Zauber von mir wiche. Ich bin unruhig aufgesprungen, besorgt über dein langes Ausbleiben, und fand deinen Brief auf der Couch vor dem Kamin. Ich begriff sofort; noch bevor ich den Brief geöffnet hatte, lief ich zum Telefon und rief das Hotel in Cannes an, in dem du bei deiner Ankunft abgestiegen warst.

Niemand hatte dich gesehen.

Du hattest es offenbar so geplant. Deine Fahrt nach Cannes sollte mich ablenken, sollte dir erlauben, Zeit zu gewinnen, um deine Spuren zu verwischen.

Mein Haus war mit einem Schlag leer geworden, so leer, wie es noch nie gewesen war.

Deine Anwesenheit hatte es wieder zum Leben erweckt, jetzt war es doppelt tot.

Ich brachte es nicht über mich, deinen Brief zu öffnen. Ich hatte mich auf die Couch gesetzt, ich drehte den Brief in meiner Hand hin und her, du hattest nur ein einziges Wort auf den Umschlag geschrieben – »Martin« –, mit demselben Blaustift, mit dem du meine Texte korrigiertest und deine Anmerkungen machtest. Schließlich öffnete ich ihn doch, ich mußte ja wissen. Du schriebst:

Die Zeit ist schnell vergangen. Wir sind zusammen gewandert, wir haben zusammen geschrieben, und das bleibt in uns und wird immer bleiben. Es wird in den Herzen derer leben, die unser Buch lesen werden. Ich bin glücklich, daß sich mein Weg so vollendet. Denn ich komme ans Ende. Ich fühle es. Jede Pore meiner Haut, jeder Atemzug sagt es mir. Ich schreibe Dir, was wir zusammen für LE LIVRE DE LA VIE *geschrieben haben: Glauben heißt an das Leben glauben. Und Leben geben heißt den Tod bekämpfen! Vielleicht ist für Dich noch nicht der Augenblick gekommen, Leben zu geben. Aber ich bin sicher, er wird kommen, dieser Augenblick, auf den Du hoffst.*

Ich weiß, es wird Dich hart treffen, daß ich so von Dir gehe. Es fällt auch mir sehr schwer. Aber ich will nicht, daß dieser Nebel, der auf mich zukommt, sich zwischen uns drängt, daß er unser Beisammensein trübt.

Es ist so schön im Tanneron gewesen, in diesen Tagen, die wir zusammen waren. So schön. Und so soll auch die Erinnerung bleiben. Versuche nicht, mich zu finden. Du würdest es können, aber es würde nicht gut sein. Ich bin sicher, daß ich recht habe. Ich umarme Dich.

Deine Freundin Helen.

P. S. Ich will nicht, daß mein Name in den Büchern LE LIVRE DE LA VIE *und* LES FORCES DE LA VIE *erscheint.*

Ich habe die Nacht unbeweglich vor dem Kamin gesessen, den Brief in der Hand. Ich habe auf deine Stimme gelauscht, die zu meinem Herzen sprach.

Und etwas Seltsames geschah. In meiner Erinnerung, Helen, wurdest du eine Freundin Dinas, ihre Schwester, eine Spielgefährtin meiner Kinder. Je weiter die Zeit dich von mir entfernte, um so gegenwärtiger wurdest du mir unter den Meinen.

Ich hatte das Gefühl, daß du dich mit allen denen, die ich geliebt hatte, vereinigtest.

Erst heute, während ich dieses neue Buch schreibe, diesen Bericht über die sieben Jahre meines Lebens nach der schrecklichen Tragödie, der Dina und meine Kinder zum Opfer gefallen waren, während ich die Bilanz dieses Lebensabschnitts ziehe, spreche ich von der Begegnung mit dir, meine Freundin und Schwester, von der Zeit unseres Beisammenseins, unserer gemeinsamen Arbeit in Les Barons.

Wenn ich damit gegen deinen Willen verstoße, dann nur deshalb, weil ich dir meinen Dank abstatten möchte für alles das, was du mir gegeben hast.

Hätte ich ohne dich fortgefahren zu schreiben?

Hätte ich gewußt, daß ich in mir den verborgenen Wunsch trug, ein neues Leben, ein Kind zu haben?

Es ist immer schwierig abzuschätzen, was wir jemandem verdanken, der uns sehr nahestand.

Aber ich weiß, daß du es warst, die meine Verwandlung bewirkt hat. Die das Eis in meinem Herzen aufgebrochen hat. Dir verdanke ich es, daß ich mich weniger in den Schmerz vergrub und mich hoffnungsvoller dem Leben zuwandte.

Helen, meine Freundin, das wollte ich dir sagen, und das wollte ich vor der Öffentlichkeit sagen.

Ich habe nicht versucht, dich zu finden. Ich habe deine Entscheidung akzeptiert. Nur diese. Denn ich habe nicht darauf verzichten können, deinen Namen am Anfang unserer beiden gemeinsamen Bücher zu nennen.

Das war ich dir schuldig.

Und so bleiben wir, du und ich, in Freundschaft verbunden, über unsere Lebenszeit hinaus.

Der Arbeitslose – Der König

Helen verdankte ich auch, daß ich ihre Abwesenheit leichter ertragen konnte.

Sie hatte das Buch *Des Lebens Ruf an uns wird niemals enden* gewollt. Es führte mich weit von Les Barons fort, in einen Wirbel von Vorträgen, neuen Freundschaften und überraschenden Ereignissen. Mein Leben wurde wieder ein Abenteuer, und das war zweifellos nach diesen friedlichen Tagen der Meditation und des Schreibens, die ich mit Helen in der Sonne des Tanneron verbracht hatte, genau das, was ich brauchte.

War das ein für unsere Zeit typisches Abenteuer, auf das ich mich da eingelassen hatte? Nicht gegen meinen Willen, denn wenn ich dieses Buch geschrieben hatte, wenn ich es dem Verleger geschickt hatte, dann doch wohl, damit es gelesen wurde. Trotzdem, die Dinge beschleunigten sich in einer Weise, daß ich der Flut der Briefe nicht mehr Herr wurde. Ich könnte von jungen Menschen erzählen, die mir schrieben, sie hätten auf Drogen verzichtet, nachdem sie mein Buch gelesen und über meine Worte nachgedacht hatten. Vielleicht würde man es mir nicht glauben.

Doch das ist nur ein Teilaspekt. Von viel größerer Bedeutung war die Breitenwirkung des Buches, sein Einfluß auf das Leben einer sehr großen Zahl von Menschen.

Ich traf anläßlich eines Vortrags eine junge, mutige Frau, Christine Beckers, eine Rennfahrerin. Sie hatte ein offenes Gesicht, lebhafte Augen, die, so schien es mir, einmal sehr lachlustig gewesen sein mußten. Ihr Verlobter, einer der großen Meister des Automobilrennsports, Roger Dubos, war bei einem Rennen ums Leben gekommen. Sie war verzweifelt, aber dann – dank meines Buches, sagte sie – hatte sie ihre Lebenskraft wiedergewonnen, sie wurde Rennfahrerin, forderte das Schicksal heraus, wagte es, sich den Rennbahnen zu stellen, die dem Mann, den sie liebte, zum

Verhängnis geworden waren. Und sie ging aus dieser Prüfung als Siegerin hervor.

Sie fuhr in Le Mans mit den ganz Großen.

Ich versuchte mir vorzustellen, wie sie das Verdeck über sich schloß, die Hand hob, den Motor aufheulen ließ, ich, dem sie, wie sie sagte, ihren Triumph über die Traurigkeit zu verdanken hatte, fühlte mich von ihrer Entschlossenheit überrascht und überwältigt.

Welche Kraft wirkte in meinen Worten, durch die sie neuen Lebensmut gewonnen hatte?

War ich der Vermittler für eine andere, höhere Kraft, daß ich eine solche Wirkung auslöste?

Ich fragte Christine Beckers. Sie lächelte. »Was soll ich Ihnen darauf antworten, Martin? Ich habe Ihr Buch mehrere Male gelesen, und jedesmal fühlte ich mich besser.«

Was ich in diesem Buch erzähle, wird manchen Leuten nicht wie ein Abenteuer erscheinen.

Hier gibt es nicht, wie im ersten Teil meines Lebens, den Kampflärm, das Heldentum der Partisanen, die Barbarei der Henker, auch nicht den Wagemut des jungen Mannes, der in die Vereinigten Staaten kam und dem Erfolg nachjagte.

Es gibt nicht das große Glück, das in einer Tragödie endete.

Aber für mich ist das, was ich in der Begegnung mit meinen Lesern erlebte, ebenfalls erstaunlich. Es ist ein Abenteuer der Menschlichkeit, weniger spektakulär zwar, doch es scheint mir dabei um die eigentlichen Probleme unserer Zeit zu gehen.

Ja, ich habe die Einsamkeit und den Mut der Namenlosen kennengelernt, ihre Güte und ihre Verzweiflung.

Ja, ich habe erfahren, daß es kein außergewöhnliches Schicksal gibt, daß jedes Leben wie ein Buch ist, in dem man alle Leidenschaften des Menschen lesen kann, von Anbeginn an.

Christine Beckers also lächelte mir zu.

»Mir geht es besser«, sagte sie. »Ich werde es schaffen, ich werde Le Mans schaffen.«

Bei meinen Reisen kreuz und quer durchs Land lernte ich das wahre Frankreich kennen, das der kleinen und mittleren Städte, und ich bekam Einblick in Lebensverhältnisse, die den arroganten Intellektuellen von Paris unbekannt waren.

Mir, dem Amerikaner, gelang es, mit den Lebensbedingungen der Franzosen besser vertraut zu werden als diese gelehrten Schriftsteller, die sich einbildeten, alles zu kennen, und die mich ihre Ironie spüren ließen, wenn sich unsere Wege zufällig kreuzten.

Sie wußten nicht recht, wie sie sich mir gegenüber verhalten sollten, diese Herren mit dem vom guten Essen gewölbten Bauch.

Ich ernährte mich von rohen Salaten und gegrilltem Fleisch, ich trank Wasser, und beim Abendessen begnügte ich mich mit Obst.

Ich war ihnen suspekt.

Die Wohlwollenderen unter ihnen schüttelten ironisch lächelnd den Kopf, wenn sie das Buch durchblätterten: »Sicher, er muß sich trösten, verständlich, aber was für ein Schwachsinn!«

Und wenn sie erfuhren, daß das Buch Hunderttausende von Lesern hatte, dann redeten sie sich ein, daß das Land, daß die Welt voll von »Schwachköpfen« sei.

Sie, die Skeptiker, ließen sich nicht zum Narren halten.

Andere, Verbitterung um die Mundwinkel, murmelten mit schlecht verhohlener Eifersucht, daß ich ein guter Geschäftsmann sei, der »seine Ware, sein Moralsüppchen«, zu verkaufen verstehe. Sie fügten nicht hinzu, daß ich Jude sei, aber ich las diese Phrase auf ihren Lippen.

Was bedeutete es ihnen, daß meine Autorenrechte der Stiftung übereignet wurden, daß mein Lebensbedarf gesichert war und daß ich diese neuen Einkünfte nicht brauchte, daß es genügt hätte, wenn ich mich um meine Geschäfte kümmerte, um die Gewinne zu vervielfachen, daß ich statt dessen meine Zeit der Verbreitung meiner Bücher widmete.

Für sie war alles sehr mysteriös.

Diese Kleingeister beurteilten die Menschen nach ihren eigenen Maßstäben. Den Erfolg führten sie auf den »Schwachsinn« der Leser zurück. Meinen Einsatz auf Profitgier.

Sie kamen nicht einmal auf die Idee, daß das, was ich in meinen Büchern sagte, vielleicht einer inneren Überzeugung entsprach und daß es für mich eine Notwendigkeit war, es zu sagen und darüber zu diskutieren. Daß ich dies allen Geschäften der Welt vorzog.

Zu einfach als Erklärung, zu nobel.

Sie sichten niedrigere Beweggründe, die ihren eigenen Maßstäben entsprachen.

Sollen sie mit ihrem armseligen Grinsen im Schlamm herumwühlen.

Ernster waren die Fragen Roberts zu nehmen, eines jungen Oberschülers, den ich nach einem meiner Vorträge traf.

Er war an den Tisch herangekommen, an dem ich Bücher signierte, hatte sich mit beiden Händen auf den Tisch gestützt, und als ich den Kopf hob, sah ich seinen ironischen Blick. Das war nicht die überlegene Ironie der distinguierten Herren aus Paris, das war die engagierte, aggressive Ironie dessen, der gegen Argumente protestiert, weil er sie nicht akzeptiert. Nicht aus arroganter Überheblichkeit, sondern aus überzeugtem Widerspruch.

»Das läuft ja prächtig, Ihr Zirkus«, sagte er mit sehr lauter Stimme, damit auch alle, die ihre Bücher zum Signieren präsentierten, ihn hörten. »Sie ziehen da eine prima Nummer ab.«

Ich habe meinen Füllfederhalter hingelegt und gesagt: »Gut, lassen Sie uns diskutieren. Ich bin gleich soweit.«

Ich lächelte, ich liebe Auseinandersetzungen.

Ich nahm den Füllfederhalter in die Hand, signierte die letzten Bücher. Dann stand ich auf.

»Sie reden, Sie reden«, begann er, »Sie sind wie ein Jongleur, Sie sagen, das ist nicht in Ordnung, und wenn man Sie fragt, wo die Schuldigen sind, wie man die Gesellschaft ändern muß« – Robert machte eine Handbewegung, die Lippen produzierten ein Brr, brr –, »dann winden Sie sich wie ein Aal: Es ist der Mensch, den man ändern muß. Sie machen es sich zu einfach. Viel zu einfach. Nur nicht anecken! Sie spielen den großen Helden, ohne sich engagieren zu wollen. Als Sie im Krieg gekämpft haben, gut, das war eine andere Sache, aber jetzt sind Sie nur ein lächerlicher kleiner Moralprediger. Sie lassen die Arbeitslosen sich abstrampeln und wollen ihnen weismachen, daß sich das alles nur in ihrem Kopf abspielt. Aber Ihr Betrieb hat dichtgemacht, Monsieur

Gray, Sie sind nicht arbeitslos, weil Sie nicht an das Leben oder an die Natur geglaubt haben.«

Er sprach heftig, ungestüm. Er redete immer noch sehr laut, und einige Vortragsteilnehmer, die zuhörten, waren aufgebracht über diesen jungen Mann, der mich an meine eigene Jugend erinnerte. Denn ein Zorn, der dem Gefühl der Ungerechtigkeit entspringt, das war etwas, das ich selbst zur Genüge kannte.

»Sie haben nicht unrecht«, antwortete ich ihm. »Oft sagte ich mir das selbst, was Sie eben erklärt haben. Sind Sie arbeitslos?«

»Ich werde dieses Jahr mit der Schule fertig, und von denen, die voriges Jahr abgegangen sind, hat noch keiner eine Stelle gefunden. Ich habe Angst, Monsieur Gray, was soll ich machen, was raten Sie mir? Zehnmal Ihr Buch zu lesen? Und dann, Simsalabim, ein Betrieb öffnet mir seine Tore, ich werde eingestellt, Ende gut, alles gut.«

Ein echtes Problem, mit dem ich oft konfrontiert wurde.

Wie Robert waren manche meiner Leser enttäuscht, daß ich nicht mit größerer Schärfe die Ungerechtigkeit in unserer Gesellschaft anprangerte und daß ich nicht die Schuldigen beim Namen nannte. Daß ich nicht in den politischen Auseinandersetzungen Frankreichs – des Landes, dessen Staatsbürgerschaft ich nicht besaß, aber das ich wie mein eigenes liebte und in dem ich seit so vielen Jahren lebte – Partei ergriff.

Was konnte ich Robert sagen? Daß ich ihn verstand? Daß ich an seiner Stelle ebenso empört gewesen wäre?

Ich sagte es ihm.

Wir waren in das letzte noch geöffnete Café der Stadt auf dem Bahnhofsplatz gegangen. Er war noch immer aggressiv.

»Das interessiert Sie, ach ja, Sie werden es sicher in einen Ihrer Schmöker aufnehmen: Ich habe den Herrn Arbeitslosen getroffen. Eine kleine Anekdote mehr.«

»Vielleicht.«

Ich erklärte ihm, ich versuchte ihm verständlich zu machen, daß ich nicht gegen ihn war, daß ich nicht mit schönen Redensarten ihn und die anderen beschwatzen und vertrösten wollte, die glaubten, gegen die Ungerechtigkeit kämpfen zu müssen, deren Opfer sie waren. Und ich wüßte sehr gut, daß die Gesellschaft, in der wir lebten, kein Herz für die Armen, die Arbeitslosen, die Alten hatte.

Aber wenn er, Robert, es so wollte, dann sollte er nur glauben, daß ich aus Eigeninteresse nicht die Ungerechtigkeit anprangerte, ich verlangte nicht, daß er meinen Worten Glauben schenkte.

Ich ergriff in den politischen und sozialen Konflikten nicht direkt Partei, weil ich dem Menschen nahe sein wollte, der, welchem Lager er auch angehörte, Opfer einer Krankheit oder der Verzweiflung war. Ich war mir bewußt, daß es dafür soziale und politische Ursachen gab. Ich sah sehr viel klarer als andere die Ungleichheiten. Ich wußte, auch bevor ich Robert begegnete, welches die Ängste und Forderungen der jungen Menschen waren. Ich las oft den Brief Pauls, der mir vor kurzer Zeit geschrieben hatte. Wie viele andere jungen Menschen sagten dasselbe wie er! Paul schrieb:

Ich habe Dein Buch DES LEBENS RUF AN UNS WIRD NIEMALS ENDEN *auf Empfehlung einer Freundin gelesen. Ich stimme nicht immer mit Deiner Ansicht überein, obwohl ich bewundere, was Du getan hast und noch tust. Ich habe das Bedürfnis, zu Dir über mich zu sprechen, über meine Situation, und Dir meine bescheidenen Ideen auseinanderzusetzen.*

Ich bin achtzehn Jahre alt, ich bin dieses Jahr mitten in einem Abschlußkursus über Wirtschafts- und Sozialwissenschaften vom Gymnasium abgegangen, und ich arbeite jetzt als landwirtschaftlicher Arbeiter. Ich habe die Schule verlassen, weil ich Angst vor einem System habe, das uns alle nach und nach vereinnahmt, die widerspenstigen Jugendlichen ebenso wie die angepaßten. Ich glaube, daß dies der Punkt ist, in dem ich Dir nicht folgen kann. Dein ganzes Leben hast Du gekämpft, um am Leben zu bleiben, im wahrsten Sinne des Wortes. Du bist im System unserer Gesellschaft geblieben. Mir scheint, Dein Kampf sollte uns Ansporn sein, gegen das zu streiten, was uns einkreist und uns unserer Freiheit beraubt. Dein Buch hat mich schockiert, denn es scheint zu verkünden, daß alles wunderbar, phantastisch ist in dieser besten aller Welten, wenn man Mut und Herz hat. Du hast gegen den Faschismus und das Elend gekämpft: Ich will auch kämpfen, aber unsere Gegner sind andere und unsere Mittel, sie zu treffen, ebenfalls.

Ich kann nicht mehr schreiben, die Worte verwirren sich. Alles ist schwarz. In mir ist nur Leere. Keine Hoffnung mehr. Ich hoffe nur, daß Du diesen Brief verstehen wirst.

Ja, ich verstand den Sinn dieses Briefes. Ich war mir bewußt, wieviel Redlichkeit, souveränes Denken und Mut dieser junger Mann besitzen mußte, um auf eine Karriere zu verzichten. Er warf mir vor, innerhalb des Systems geblieben zu sein. Er hatte nicht ganz unrecht. Doch wenn ich im System blieb, dann deshalb, weil ich fest daran glaubte, daß es möglich war, es zu beeinflussen. Es zu korrigieren. Ich glaubte nicht an die »Tabula rasa«. Man baut das Haus von morgen mit den Steinen von gestern. Man mußte dazu die trockensten, die am besten erhaltenen Steine aufbewahren, wie ich das bei meinem Freund Jo, dem Maurer, beobachtet hatte. Ich glaubte auch nicht, daß man dadurch zu einer gerechten Gesellschaft kommt, daß man jeden Fortschritt ablehnt. Ich war im Gegenteil der Meinung, daß nur aus dem Überfluß die Gleichheit hervorgehen konnte, daß der Mensch deshalb ein wildes und grausames Tier war, weil er Hunger und Angst hatte. Vertreiben wir den Hunger und die Angst, dann wird der Mensch vielleicht ein Mensch werden. Ich habe in meinem Buch vom Leben gesagt, daß Reichtum für mich nicht Überfluß an unnützen Erzeugnissen bedeutet, sie sind Verschwendung, aber daß jeder Mensch auf Erden das Notwendige hat, das ist für mich Reichtum. Wenn jeder die Möglichkeit hat, sich zu entfalten, dann wird die prähistorische Zeit vorüber sein, in der wir jetzt noch stecken.

Ich war im System geblieben, damit Paul, Robert und ihre Kinder nicht vom System überwältigt würden, das sie ablehnten.

Wenn bei einem Bus die Bremsen versagen, dann wird es einigen Reisenden gelingen, während der Fahrt abzuspringen, aber nicht alle schaffen es. Ich möchte der sein, der versucht, dem Fahrer zu helfen, das Steuer zu halten, um eine Katastrophe zu verhindern.

Ich versuchte, das auf meine Art zu erklären, indem ich meinen Lesern sagte, sie müßten lernen, mit klarem Verstand, ohne Vorurteile die Dinge zu betrachten. Wenn sie das erreichten, wie könnten sie dann noch akzeptieren, manipulierte Nummern, getäuschte Opfer zu sein?

»Denken Sie darüber nach«, habe ich zu Robert gesagt. »Denken Sie nach, Herr Arbeitsloser.«

Wir haben uns mit einem Händedruck verabschiedet. Hatte ich ihn überzeugt? Ich zitiere seinen letzten Satz: »Sie sind schlau, Monsieur Gray.«

Schlau? Vielleicht. Ich leugne nicht. Meine Schlauheit besteht darin, zu sagen, was ich denke. Das ist einfach. Das ist so einfach, daß die Leute sich einbilden, ich meinte nicht, was ich sage.

Schlau sein, das bedeutet in unserer Zeit der Begriffsverwirrung ganz einfach, es nicht zu sein.

Ich habe noch lange an Robert gedacht, an seine rebellische Jugend. Ich war überzeugt, daß die Jugend so sein muß, aufbegehrend gegen uns, die Erwachsenen, die ihr eine so korrupte Welt bieten, in der sie ihren Platz nicht findet. Ich habe an Robert gedacht, weil ich immer, wenn ich mit jungen Menschen zusammenkam, sie besser fand als uns Erwachsene. Ehrlicher. Unverbildeter.

Ich habe an Robert gedacht, wenn ich mit Kreisen in Verbindung kam, die nicht zu wissen schienen, daß es noch eine andere Welt außer der ihren gab. Ich habe an ihn gedacht, um nicht zu vergessen, daß Reichtum nicht ein Gut für alle ist.

Robert war meine Schutzwehr gegen die Illusionen.

Ein paarmal habe ich in Honoratiorenclubs gesprochen. Ordengeschmückte Herren, elegante Damen, alle voll guter Absichten. Und wirklich aktiv in der Fürsorge für die Enterbten dieser Welt. Aber waren es wirklich die Leute, an die ich mich wenden sollte? Ich fand die größere innere Aufgeschlossenheit in den Versammlungen einfacherer Menschen in einer nüchternen Umgebung. Da fühlte ich mich zu Hause.

Merkwürdigerweise habe ich dieses Gefühl auch im Schloß Laeken in Brüssel gehabt. Es läßt sich nicht leugnen, daß das Schicksal mit mir spielt wie die Katze mit der Maus. Es hält immer neue Überraschungen bereit.

Als ich das Schloß des belgischen Königs betrat, gingen an meiner Seite ein kleiner Junge aus dem Warschauer Getto und der Verkäufer, der in New York mit seinem Koffer von Haus zu Haus gezogen war, um den Hausfrauen Hemden und Taschentücher aufzuschwatzen.

Jetzt war ich in Belgien Gast der königlichen Familie!

Ich fühlte schon ein wenig Stolz, ich gebe es zu. Und es war ein gutes Gefühl, daß das Unerwartete nicht immer tragisch war.

Der Kammerherr führte mich in einen Salon, und ich stand König Baudouin gegenüber.

Meine Bücher waren der Schlüssel, der mir den Zugang zu allen Kreisen öffnete und mir gestattete, alle Gesellschaftsschichten kennenzulernen – von oben bis unten. Ich stand außerhalb der Schranken, ein einfacher Mann, dem das Schicksal einen Namen und eine Stimme gegeben hatte und der sich erlauben konnte, von allem zu sprechen. Darauf war ich stolz. Nicht in eine Gruppe, in ein bestimmtes soziales Milieu eingeschlossen zu sein. Sondern ein Zeuge zu sein, der einmal hier und einmal anderswo ist.

Ich hörte dem König zu, der mich vor dem Essen im Familienkreis hatte sehen wollen, um mir zu sagen, wie sehr meine Bücher ihn bewegt hatten.

Er spreche, sagte er, nicht nur für sich, sondern auch im Namen seiner Familie. Und er fühle sich auch als Sprecher der Belgier, die, wie er wisse, meinen Büchern ein großes Interesse entgegenbrachten.

Der Junge aus dem Getto hatte die Stimme der Seinen im Königspalast zu Gehör gebracht. Und auch die Stimme Roberts.

Und das war der Grund, weshalb ich diese beiden Episoden nebeneinanderstellen wollte – den Tisch im Bahnhofscafé und den Tisch im Königsschloß, an dem ich zwischen der Königin und Prinzessin Paola saß. Vor dem Essen machte der König Fotos; die Kinder von Prinzessin Paola und der Herzogin von Luxemburg unterhielten sich mit mir.

Das Mittagessen verlief einfach und informell. Ich hörte zu, ich sprach, ich nahm zweimal Fleisch und Dessert, ein wenig provokant und ungeniert, wie mir heute scheint. Vielleicht wollte ich damit unbewußt betonen, daß ich der blieb, der ich war, daß mir die Freundlichkeit und Einfachheit der königlichen Familie Respekt einflößten, aber nicht imponierten. Robert und das Bahnhofscafé waren mir ebenso wichtig.

Ich hatte am Nachmittag einen Vortrag zu halten und mußte daher als erster vom Tisch aufstehen. Ich entschuldigte mich beim König für den vorzeitigen Aufbruch. Er stellte mir seinen Wagen mit Chauffeur zur Verfügung, und einer der Söhne der Herzogin von Luxemburg begleitete mich. Er hatte einen Termin beim Zahnarzt.

Ein einfacher, netter Junge, sympathisch. Aber das Wort *Zahnarzt* weckte Erinnerungen an das Grauen; wir nannten die Häftlinge, die im Vernichtungslager den Toten die Goldzähne herausbrechen mußten, »Zahnärzte«.

Lassen wir diese barbarische Zeit, die für die meisten Menschen so fern, für mich aber so nahe ist, daß mir während dieser Fahrt die Bilder, die Geräusche von damals quälend gegenwärtig waren.

Auch das war ein Teil meines merkwürdigen Schicksals: Das Leben schien so kurz zu sein, das Außerordentliche sich dermaßen zu drängen, daß es kaum noch unterscheidbar war; man hatte gerade die Augen geschlossen, den Kopf umgedreht, und schon war eine andere Welt da, war man von anderen Gesichtern umgeben.

Ich sollte Mitglieder der königlichen Familie wiedersehen, die bei einem meiner Vorträge in der ersten Reihe saßen. Ich sollte mit anderen Fürstlichkeiten zusammentreffen, so mit dem Vertreter der Familie Borbón y Borbón, der mir in der Brüsseler Oper den Dag Hammarskjöld-Preis für »Literarisches Verdienst« überreichte. Neben mir stand Maurice Béjart, der den Preis für »Künstlerisches Verdienst« entgegennahm. Viele berühmte Persönlichkeiten waren anwesend und applaudierten. In Abwesenheit erhielt Andrej Sacharow den Friedenspreis, die Journalisten Woodward und Bernstein erhielten den Preis für »Journalistisches Verdienst« in Anerkennung ihrer in der *Washington Post* veröffentlichten Untersuchung über den Watergate-Skandal.

Wieder einmal stand ich im Rampenlicht der Öffentlichkeit, wieder einmal überrascht von den Winkelzügen des Schicksals. Wie vieler Umwege hatte es bedurft, wieviel Unglück hatte ich erleiden müssen, bis ich mich hier auf der Bühne des Opernhauses befand und hörte: »Martin Gray, für Ihr literarisches Werk ist Ihnen der Dag-Hammarskjöld-Preis zuerkannt worden.«

Und wenige Stunden vorher war ich mit Robert zusammengewesen, wieder einer dieser merkwürdigen »Zufälle«.

Auf der Durchreise nach Paris hatte Robert mich treffen wollen, um mir ein Manuskript zu bringen, in dem er die Probleme der

Jugendlichen darlegte. Er sagte mir: »Ich habe Ihre Bücher wieder gelesen, und im Grunde«, er unterbrach sich, grinste, »denke ich immer noch, daß Sie ein Schlaukopf sind, aber ich verstehe Ihren Standpunkt. Er ist vielleicht für manche Leute nützlich.«

Wir kamen ins Diskutieren, und als ich auf die Uhr schaute, bekam ich einen Schrecken: Ich hatte die Abfahrt des Zuges nach Brüssel verpaßt, die Verleihung des Dag Hammarskjöld-Preises.

Ich lief mit Robert zu seinem Motorrad, blieb stehen, aufgeregt, unsicher. Ich wollte bei dem Festakt nicht fehlen, was tun? Ich beruhigte mich, telefonierte.

»Würdest du mich nach Le Bourget bringen?«

Robert lachte: »Sie sind ein Schlaukopf, Martin Gray.«

Wir lachten beide. Von Le Bourget brachte mich ein Privatflugzeug nach Brüssel.

Bei mir war es immer *up and down*, rauf und runter, dieser Zwischenfall bestätigte es einmal mehr. Ich kam rechtzeitig in der Brüsseler Oper an, das Ballett von Maurice Béjart ging gerade zu Ende. Seltsam, ich hatte in New York vor Jahren eine Rede von Dag Hammarskjöld in der UNO gehört, und jetzt erhielt ich einen Preis, der seinen Namen trug.

Wer konnte jemals sagen, was die Zukunft für ihn bereithielt.

Bevor ich in der Oper die Bühne betrat, rief ich Robert an. Er hatte mir die Telefonnummer seines Freundes gegeben, bei dem er wohnte. Er wollte wissen, ob ich rechtzeitig angekommen war.

»Ich werde die Medaille bekommen«, sagte ich. »Danke, Herr Arbeitsloser.«

Er sagte nur: »Salut, Martin, Schlaukopf Martin.«

Ich freute mich über seine Art, mit mir zu sprechen. Wie mit einem Freund.

Das Ende des Zirkus

Vielleicht war die Schockwirkung von Helens Abreise das auslösende Moment, jedenfalls stürzte ich mich in eine hektische Betriebsamkeit. Vielleicht war ich auch, wie Robert – jetzt mein Freund – es ausdrückte, ein Zirkuspferd geworden. Und, warum es leugnen, gar nicht unzufrieden damit, es zu sein.

Der Beifall, der Ruhm, die Fragen meiner Leser, die Briefe, der Empfang durch die königliche Familie, die Tatsache, daß sogar einige Bischöfe Zitate aus *Des Lebens Ruf an uns wird niemals enden* von der Kanzel verlasen, daß nicht selten Heirats-, Tauf- und Todesanzeigen Sätze aus meinem Buch entliehen, daß meine Texte über die Liebe und ihre Vollendung in den Kindern, im Glück der Familie von jungen Menschen manchmal für ihre Trauungszeremonie gewählt wurden – das alles war für mich, jetzt wo Helen mir fehlte, wie eine berauschende Droge.

Und das Zirkuspferd liebte es, vor einem vollbesetzten Saal zu sprechen oder beim Signieren seiner Bücher die Blicke der Leser auf sich zu spüren.

Ich liebte es auch, Hände zu schütteln, ich liebte es, daß man mir für das dankte, was ich tat.

Ich bin nicht sehr stolz auf diese Periode in meinem Leben, aber sie existiert, und ich will sie nicht verdrängen.

Ich habe die professionellen Politiker oder auch die Schauspieler verstehen gelernt, die von dieser Zustimmung der Menge leben, und ich habe begriffen, warum es ihnen so schwer fällt, von der Bühne abzutreten.

Sie mußten plötzlich die Kälte, die Einsamkeit fühlen, sie konnten nicht leben, ohne Gesichter um sich zu sehen.

Ich glaube zu verstehen, warum es gerade diese Zeit war, in der ich die Gegenwart einer Frau suchte. Um nicht mit der Leere und der Stille konfrontiert zu sein.

Wenn man von diesem Bedürfnis und auch von Unrast getrieben wird, dann findet man keine Liebe. Sondern man begegnet einem Menschen, der nicht begreift, was man von ihm erwartet.

Ich hätte den Grundsätzen folgen müssen, die Helen und ich in unserem Buch dargelegt hatten.

Aber auch ich bin nicht gegen Verirrungen gefeit. Ich habe also eine Zeitlang mit B. gelebt, einer jungen Frau, in der ich in meiner Verblendung ein Abbild Dinas wiederzufinden glaubte.

Natürlich verweigerte ich B., sie selbst zu sein, ihre eigene Persönlichkeit zu leben. Es war ein Fehlschlag, der mich um so tiefer traf, als ich von einer neuen Familie geträumt, mir B. als Mutter meiner Kinder vorgestellt hatte.

Wir waren beide unglücklich.

Ich mehr als sie?

Sie stand am Anfang ihres Lebens. Ich trug auf meinen Schultern die schwere Last vieler harter Schicksalsschläge, und dieser neue hätte mich fast umgeworfen, so unerträglich schien er mir.

Natürlich hätte ich mich mit dieser Beziehung zufriedengeben können, die zwar unvollkommen, aber doch keine Katastrophe war. Doch ich stellte zu hohe Ansprüche, ich war zu verwöhnt: Die Erinnerung an Dina war allgegenwärtig. Ich verglich. Zweifellos war ich ungerecht. Vielleicht war es noch zu früh, und es war unvernünftig gewesen, nicht zu warten.

Aber wer nie erlebt hat, wie leer ein Zimmer in einer unbekannten Stadt sein kann, wenn man gerade zwei Stunden zu einem ergriffenen Publikum gesprochen hat, der hat gut von Vernunft zu reden.

Ich glaube auch, daß ich einen zu hohen Begriff vom Leben habe, um ertragen zu können, daß es nicht von Leidenschaft und Enthusiasmus erfüllt ist. Das Leben ist ein immerwährendes Wunder. Das muß es sein. Und vernünftig sein bedeutet für mich, so zu denken. Auch wenn manche Leute sagen werden, daß ich zu ehrgeizige Forderungen stelle.

Immer wenn jemand nicht glücklich ist, häufen sich die Schwierigkeiten. Ein solcher Mensch ist wie ein hoher Baum in der Ebene, der den Blitz anzieht. Der Blitz schlägt ein, immer wieder.

Ich hätte Zuflucht in Les Barons suchen können, aber ich

sträubte mich dagegen. Dort war die Erinnerung an Helen zu stark, die Scham, die ich ihr gegenüber empfand, ein solches Leben zu führen. Mich in den Fallstricken der Zirkushektik gefangen und mich so hastig und unbesonnen in das Abenteuer mit B. gestürzt zu haben. Und ich hatte auch Angst, es könnte mich in Les Barons ein anderer Brief von ihr erwarten. Der letzte. Daher verzichtete ich darauf, mich in meine Burg zurückzuziehen. Und daher war ich verwundbar.

Ein Unfall kommt nie zufällig, auch eine Krankheit nicht. Ihre Ursachen scheinen äußerlich, aber ich bin sicher, daß eine Strömung entsteht zwischen dem, was wir ganz tief in unserem Bewußtsein wünschen, und dem, was geschieht und was sich für den Arzt nur als Manifestation einer physiologischen Schwäche darstellen mag.

Zweifellos war ich während meines Lebens mit B. von dem Wunsch erfüllt, Schluß zu machen.

Zu sterben?

Ich sprach dieses Wort nie aus, und dieser Gedanke nahm nie eine klare Gestalt an. Doch ich vervielfachte die Ursachen der Erschöpfung. Ein Magengeschwür bildete sich, schmerzhaft, irritierend für mich, der jahrelang strikt die Regeln einer natürlichen, gesunden Ernährung eingehalten hatte. Ich fühlte mich auch schwerfällig, und ich spürte, daß mein Körper sich veränderte.

Da ich im Widerspruch zu meinen wirklichen Wünschen, da ich gegen die Natur lebte, lehnte er sich auf und vervielfachte die Alarmsignale. Aber ich wollte sie nicht hören.

Eines Tages traf ich Max Gallo. Er hatte mehrere erfolgreiche Bücher veröffentlicht. Er fragte mich nach meinen Plänen, und ich höre noch meine zu scharfe Stimme, die hastige Art, mit der ich ihm entgegenwarf: Stiftung, Unterstützung technischer Maßnahmen zur Verhütung von Waldbränden, Kampagnen bei den Schulkindern, Besprechungen in Ministerien … Max unterbrach mich. »Aber Sie«, sagte er, »was machen Sie selbst?«

Ich stand auf, holte *Des Lebens Ruf an uns wird niemals enden* und sagte: »Ich spreche in diesem Buch auch von Ihnen.«

»Ich habe es gelesen«, erwiderte er und legte das Buch auf den Tisch.

Ich blätterte darin, um seinem Blick auszuweichen.

»Ich finde, Sie sind immer noch so hektisch«, fuhr Max fort, »vielleicht noch mehr als früher. Glauben Sie, daß das ein gutes Zeichen ist? Sie, die den Amateurphilosophen, den großen Weisen spielen, müßten Sie Ihre Prinzipien nicht auf sich selbst anwenden?«

Er war aggressiv, ich interpretierte seine Worte als ein Zeichen von Neid. Zwischen Menschen, die schreiben, entsteht oft, ohne daß sie es wollen, ein Rivalität. Ich verstand nicht, daß er in Wirklichkeit mich warnen, mich mit meinen Widersprüchen konfrontieren wollte.

»Und B.?« fragte er.

»Sie ist nicht Dina«, antwortete ich kurz.

Ich erinnere mich noch heute an Max' Zorn. »Sie sind verrückt, Martin. Sie verrennen sich in eine fixe Idee. Was suchen Sie, das Scheitern? B. ist natürlich B.; wenn Sie versuchen wollen, Ihr früheres Leben zu wiederholen, machen Sie einen großen Fehler.«

Schwer, das vergangene Glück zu vergessen, nicht Vergleiche zu ziehen. Schwer, Max' Bemerkungen zu akzeptieren.

Ich habe nichts erwidern können, wir haben uns kühl verabschiedet. Ich überließ mich, sobald er gegangen war, dem Zorn. Sie machten es sich zu leicht, diese Kritiker. Sollten Sie sich doch einmal in meine Lage versetzen, diese Leute mit ihren wohlfeilen Ratschlägen!

Führten sie selbst ein so musterhaftes Leben, daß sie ein Recht hatten, über mich zu urteilen?

In dieser Zeit meines Lebens war ich allein. In dem Augenblick, wo ich am bekanntesten war, wo alle Welt sich um mich drängte, hatte ich am wenigsten Kontakt mit Freunden.

Selbst bei den engsten Freunden hatte ich das Gefühl, daß sie mir gegenüber sehr reserviert waren. Sie sahen mich im Fernsehen, wo Moderatoren innerhalb größerer Sendungen auch einen kurzen Abriß meines Lebens gaben: Ich fügte mich ihren Forderungen. Ich sagte meine Rollen auf wie ein Schauspieler. Mir gefiel dieses Spiel offensichtlich.

Heute bin ich mir darüber klar, daß ich diesen vielen Verpflichtungen nicht gewachsen war. Eine subtile Droge, die bewirkte, daß ich mir Vorwürfe machte, das alles zu akzeptieren, und daß ich mich gleichzeitig Hals über Kopf hineinstürzte.

Am Tage nach einer dieser Sendungen rief Robert mich an. »Haben Sie den Kommentar gehört?« fragte er. »Und sind Sie damit einverstanden?«

»Nicht auf den Kommentar kommt es an, sondern auf das, was ich sage.«

»Glauben Sie, daß man das trennen kann?«

Ich spürte, daß er seinen Zorn mühsam beherrschte.

»Ja, das glaube ich.«

Ich war mir dessen durchaus nicht sicher, aber ich brauchte Selbstvertrauen. Ich merkte, daß ich den Boden unter den Füßen verlor, daß alle Bindungen, die ich geknüpft hatte, zerbrachen.

»Also immer noch der alte Zirkus?«

Roberts Stimme war wieder ironisch wie bei unserer ersten Begegnung. »Viel Erfolg bei Ihren Vorstellungen, Monsieur Gray.«

Er legte auf.

Dies alles: das Verhalten meiner Freunde, die Unmöglichkeit, sie zu überzeugen, meine Weigerung, auf sie zu hören, meine Hemmung, nach Hause zurückzukehren, nach Les Barons, um wieder zu mir selbst zu finden, das Magengeschwür, das mich quälte – dies alles waren Zeichen, Warnsignale, die das Schicksal mir gab, um mich aufmerksam zu machen, daß ich mich auf dem falschen Weg befand.

Ich sage das heute, jetzt, da ich es weiß. Damals erkannte ich diese Warnungen nicht, irgendwie nahm ich jedoch nebelhaft wahr, daß ich vom Wege abkam.

Wenn ich diese Zeit heute zurückblickend betrachte, dann wird mir klar, daß das Leben uns immer die Mittel gibt, zu erkennen, was auf uns zukommt. Es würde genügen, daß wir einmal einhalten, daß wir nachdenken und schauen, um diese zunehmend zahlreicher werdenden Zeichen in uns und um uns entziffern, diese unbewußten Vorahnungen ins Licht des Bewußtseins heben zu können. Aber wir wollen das nicht. Wir laufen ungeduldig auf den Abgrund zu. Und welche Warnung kann uns bei einer solchen Hektik aufhalten?

Das Schicksal gab mir jedoch noch eine deutliche Warnung. Ich überquerte den gekennzeichneten Übergang vor dem Hôtel Matignon. Ich war auf dem Weg zum Büro des Premierministers, um dort ein neues Dossier der Dina-Gray-Stiftung abzugeben, als mich ein mit großer Geschwindigkeit ankommender Wagen streifte und zu Boden warf. Ich stürzte, den Kopf voran, auf den Boden. Ich drehte mich halb, und mein Rücken schlug schwer auf der Straße auf. Posten der Ehrenwache vor dem Hôtel Matignon trugen mich vorsichtig von der Straße ins Haus. Ich war durch den Aufprall auf den harten Beton völlig gelähmt, konnte kein Glied rühren. Ich hörte Stimmen, ohne sie zu verstehen; sie schienen von weit her zu kommen. Ich versuchte zu sprechen, aber es war, als würde meine Kehle von einer harten Faust zusammengepreßt. Ich versuchte Gedanken und Worte zu bilden, aber es kamen nur Bilder. Ich sah mich an den Händen aufgehängt, gefoltert von einem der Henker, und ich versuchte, wie damals in Warschau, ihm ins Gesicht zu spucken. Vergeblich.

Wieder einmal vermischten sich Vergangenheit und Gegenwart, und es gelang mir nicht, sie voneinander zu trennen.

Alptraumhafte Tage und Nächte in den Krankenhäusern, wo mich, der zur Unbeweglichkeit verdammt war, trotz bester Pflege die tragischen Ereignisse meines Lebens unaufhörlich verfolgten.

Sobald ich sprechen konnte, weigerte ich mich, weiter Beruhigungsmittel zu nehmen. Ich wollte am Heilungsprozeß bewußt mitarbeiten. Ich hatte Mühe, den Arm nur Zentimeter zu heben. Es war mir unmöglich, mich aufzurichten. Wieder Gefangener! Alles, was ich unternommen hatte, die Stiftung, für die ich seit Jahren mit allen Kräften gekämpft hatte, war gefährdet.

Es war unbedingt nötig, daß ich die Kontrolle über mich selbst zurückgewann. Meine Leser halfen mir dabei. Die Presse hatte über den Unfall berichtet: Ich erhielt Hunderte von Freundschaftsbezeugungen. Ich war nicht allein, doch es gelang mir nicht, mich davon zu überzeugen. Die Bewegungsunfähigkeit lähmte das Selbstvertrauen. Ich, der geglaubt hatte, die Angst überwunden zu haben, war wieder in den Klauen der schwarzen Dämonen des Pessimismus.

Up and down. Auf und ab.

Ich war wieder ganz unten. Natürlich trugen das körperliche

Leiden, diese scheußlichen Schmerzen in meinem Rücken und die dadurch bedingte Untätigkeit, zu meinem psychischen Zustand bei. Aber es war da noch etwas anderes. Der Unfall hatte mich in einer Zeit innerer Unzufriedenheit überrascht. Ich schaffte es nicht, ich selbst zu sein. Ich war außerhalb meines Seins, eine Art Marionette, von Fäden bewegt, die andere zogen. Ich sah mir beim Handeln zu. Ich war einer der Zuschauer meines Zirkus. Ich ließ das Leben über mich ergehen.

Während ich mich mühsam erholte, traf mich ein neuer Schlag. Einbrecher, die durch die Presse von meinem Krankenhausaufenthalt erfahren hatten, plünderten Les Barons aus. Es traf mich wie ein Peitschenschlag. Die Heftigkeit meiner Empörung half mir, die Kraft zum Aufstehen zu finden. Mit der Hilfe von Robert, dem es riesigen Spaß machte, mein Komplize bei dieser Flucht zu sein, kleidete ich mich eines Morgens langsam an und verließ, auf ihn gestützt, heimlich das Krankenhaus.

Er begleitete mich bis zum Flugplatz. Als ich ihm die Hand drücken wollte, wurde mir klar, daß mein rechter Arm teilweise gelähmt geblieben war. Ich gab ihm die linke Hand.

»Linkes Auge im Getto, rechter Arm hier«, sagte ich. »Du siehst, Robert, Martin Gray ist nur noch Stückwerk. Ich lasse überall einen Teil von mir zurück.«

»Um Sie mache ich mir keine Sorgen«, gab er zurück. »Sie sind schlau.«

Er zwinkerte mir zu und legte mir die Hand auf die Schulter. Es tat mir gut. Er war jung, und seine Freundschaft war für mich wie ein Band mit der Zukunft. Ich war nicht nur der Vergangenheit verhaftet. Robert war der Beweis, daß ich noch nach vorn blicken konnte. Aber das war nur eine Verheißung, es würde lange dauern, sie zu verwirklichen, schwer sein, danach zu leben.

Zuerst einmal mußte ich mich mit Les Barons auseinandersetzen.

Ich war unruhig und besorgt, als ich zu meinem Haus hinauffuhr. Ich hatte es nicht wiedersehen wollen, seit Helen fortgegangen war. Zu leer. Nun war ich genötigt, dorthin zurückzukehren; offenbar wollte das Schicksal mich dazu zwingen. Als ich das Eisengitter zur Seite schob, dachte ich wieder daran, daß man alles, was einem geschieht, als eine Reihe von Zeichen sehen kann. Der Unfall, der mich aus dem Rennen warf und mich zur Untätigkeit zwang, der den Einbruch in Les Barons zur Folge hatte, welcher wiederum mich hierher zurückführte. Ich stürzte zunächst in mein Geheimkabinett, wo ich die Aufzeichnungen für *Wie ein Baum gepflanzt an Wasserbächen* aufbewahrt hatte. Das Zimmer war nicht entdeckt worden. Doch die Diebe hatten den Tresor aufgebrochen und Dinas Schmuck, ein paar Bilder und einige Dinge, die nur für mich als Erinnerungsstücke Wert besaßen, mitgenommen.

Ich stellte gemeinsam mit dem Untersuchungsbeamten das Inventar auf.

Ich war wie in Trance, als ich sprach, Schränke und Schubladen öffnete, Protokolle unterzeichnete, mich über den großen Tisch vor der Fenstertür beugte, um Dokumente zu suchen. Es kam mir vor, als stünde ich neben mir und schaute meinem Doppelgänger zu. Meine Gedanken waren woanders. Ich erwartete, daß etwas geschah. Ich höre noch heute, nach so langer Zeit, diese Stimme, die mir zuflüsterte, daß alles, was mir zugestoßen war, nur den einen Zweck hatte, mich nach Les Barons zurückzubringen.

Man muß gegen Vorahnungen mißtrauisch sein. Ich weiß, daß man sich oft im nachhinein einbildet, man habe die Ereignisse, die eingetreten sind, vorhergesehen. Vielleicht war auch ich ein Opfer dieser Illusion. Ich will also nichts weiter behaupten, als daß ich mich an diese Spaltung meiner Persönlichkeit erinnere, an meine Erwartung, daß etwas geschehen würde, an die Sicherheit, daß es eintreten werde. Und dann sprang die Katze auf den Tisch. Die Katze, die bei Helens Ankunft nach Les Barons zurückgekehrt war und seitdem nicht mehr verlassen hatte. Ich nahm sie auf den Arm, sie schmiegte sich an mich, legte ihren Kopf gegen meinen Hals und begann zu schnurren.

Noch heute bin ich davon überzeugt – ich weiß, wie lächerlich es sich anhört –, daß sie zu mir von Helen sprach. Und ich war mir gewiß, daß das Ereignis, das ich erwartete, von ihr kommen würde. Daß ich nach Les Barons zurückgekehrt war, um ihre letzte Botschaft zu empfangen.

Als ich mich wieder allein mit der Katze im Haus befand, hatte ich die Empfindung von Ruhe und Frieden wie jemand, der endlich den Sinn dessen verstanden hat, was vor sich geht. Ich setzte mich auf die Couch vor dem Kamin und nahm unsere Aufzeichnungen für *Wie ein Baum gepflanzt an Wasserbächen* zur Hand, das Buch, das Helen so sehr gewollt hatte. Ich fand den Ton unserer Gespräche wieder, ihre Ideen und meine vermischten sich. Ich wartete, in Erinnerungen versunken.

Am Morgen setzte ich mich an den Steintisch vor dem Haus, den Platz, von dem aus ich so häufig gesehen hatte, wie meine Freundin Helen auf der Schwelle erschien, mir einen Gruß zurief und zu mir kam.

Vielleicht bilde ich mir meine Vorahnung, meine Erwartung nur ein. Vielleicht ist es einfach die Erinnerung, oder es hängt damit zusammen, daß ich an einem Manuskript arbeitete, das ich mit Helen begonnen hatte. Die Zeit verwandelt, und ich behaupte nicht, wie ich schon sagte, gegen Illusionen gefeit zu sein. Was ich weiß, ist, daß ich einen Wagen vor dem Tor habe halten sehen und daß mir sofort klar war, ohne jeden Zweifel, daß der Mann, der ausstieg, mir Nachrichten von Helen brachte. Die Nachricht.

Dabei halten jeden Tag Dutzende von Wagen vor meinem Grundstück. Aber es war dieser Wagen, auf den ich zuging, dieser Mann, dem ich das Tor öffnete, bevor er noch gesprochen hatte.

Habe ich gesagt: »Sie kommen von Helen Erikson, nicht wahr?« Ich glaube es. Aber ich will es nicht behaupten, weil es unglaubhaft erscheinen könnte. Auch mir kommt es manchmal unmöglich vor.

»Es ist eine Reise ohne Zurück«, sagte er.

Er war ein älterer Mann, mit lebhaften blauen Augen.

»Es war Madame Eriksons Wunsch, daß ich Ihnen dies überbringe. Sie wußte, daß ich zur Côte d'Azur kommen würde, und sie bat mich, Ihnen diesen Brief zu bringen. Sie wollte ihn nicht mit der Post schicken.«

Er reichte mir den Briefumschlag. Sein Gesicht nahm einen gequälten Ausdruck an. »Ich mochte Helen sehr«, sagte er. »Sie hat mir geholfen. Sie können sich nicht vorstellen, wie sehr.«

Ich konnte es mir vorstellen.

Der Mann ging wieder. Ich kehrte zum Steintisch zurück und setzte mich. Ich öffnete den Umschlag. Ein einfaches Blatt Papier und diese Worte:

Ich gehe, aber ich bleibe bei Dir, immer.

Helen

Ich habe zwei Tage, ohne mich zu bewegen, auf der Couch vor dem Kamin gesessen, die Katze neben mir.

Ich hörte die Torglocke läuten, aber ich rührte mich nicht. Was konnte die Welt mir bringen?

Ich, der so viele Maximen über den Mut und den Optimismus, über die Notwendigkeit, sich nicht aufzugeben, geschrieben hatte, ich war verzweifelt, mutlos, ich überließ mich meinen düsteren Gedanken. Dina, Helen, alle Menschen, die mir teuer waren, schienen dazu verurteilt zu sein, vor mir aus dem Leben zu gehen. Ich blieb allein zurück, ein Mensch, den das Schicksal seines Lebensgrundes beraubt hatte.

Ich glaube, daß ich während dieser beiden Tage die biologische Kraft verflucht und gehaßt habe, die mich alles überdauern ließ. Am dritten Tag kam Mme. Lorenzelli in das Zimmer, sie hielt einen Armvoll Leserbriefe vor der Brust. Sie legte sie auf die Couch, neben mich. Dann blieb sie vor mir stehen und sah mich an.

»Es sieht so aus, als ob etwas nicht in Ordnung ist, Monsieur Gray. Wollen Sie etwa die ganze Zeit so weiterleben?«

Ihre Stimme klang aufgebracht.

»Ich werde Sie nicht in Ruhe lassen, wenn Sie so weitermachen.« Sie trat näher, nahm die Briefe einen nach dem anderen auf und legte sie vor mir auf den Tisch.

»Und diese hier, glauben Sie, sie können sich vorstellen, daß Sie so sind, so deprimiert, so mutlos?«

Ich rieb mir die Augen. Ich erwachte aus einem langen Alptraum. Ich begann die Briefe zu öffnen, langsam, noch benommen. Ihre Worte taten mir gut. Einer der Briefe kam von meinem amerikanischen Verleger. Ich hatte mich vor einigen Monaten entschlossen, die Vereinigten Staaten zu besuchen, um dort mein Buch vorzustellen. Jetzt lag das Programm vor mir. Einundzwanzig Städte, achtzehn Tage. Ich stand auf. Das war vielleicht ein Mittel, die Niedergeschlagenheit zu überwinden. Ich mußte aus diesem Haus weg, in dem ich, wie mir schien, nicht mehr zu

Hause war; ich konnte es nicht mehr ertragen, weil zu viele schmerzliche Erinnerungen mit ihm verknüpft waren. Helens Gedanke war falsch, daß ich hier eines Tages mit einer neuen Frau und neuen Kindern leben würde. Les Barons war für mich tot.

Vor meiner Abreise nach New York machte ich einen Rundgang durch das Haus. Mit Leib und Seele hing ich an ihm, und doch wollte ich mich von ihm trennen. Es verlassen, endgültig.

Ich hörte nicht auf die innere Stimme, die mir immer wieder sagte, daß es Wahnsinn war. Ein Mensch braucht wie ein Baum seine Wurzeln zum Leben, und meine Wurzeln waren hier, in diesem Haus und Grund, in diesen Mauern.

Am Tage meiner Abreise habe ich – wohl um mich dadurch, daß ich es aussprach, endgültig auf das festzulegen, was ich zugleich wünschte und fürchtete – zu Mme. Lorenzelli gesagt: »Bei meiner Rückkehr werde ich Les Barons zum Verkauf ausschreiben.«

Obwohl Mme. Lorenzelli verstanden hatte, das wußte ich, ließ sie mich die Worte noch einmal wiederholen, dann sagte sie: »Nicht Les Barons, Monsieur Gray, doch nicht Les Barons.«

Aber je mehr Widerstand ich in ihr und in mir selbst spürte, um so mehr redete ich mir ein, daß es eine vernünftige Idee war, meine Burg zu verkaufen.

»Natürlich werde ich nicht an den ersten besten verkaufen.«

»Für Les Barons wird es immer der erste sein«, gab Mme. Lorenzelli zurück.

Es war ein Fehler, daß ich über diese so einfache und so richtige Bemerkung nicht weiter nachgedacht habe. Ich sollte für meine übereilte Entscheidung teuer bezahlen. Aber jetzt wollte ich nur rasch nach New York, eine neue Tournee beginnen, zurück in den Zirkus, um zu vergessen.

Damals habe ich es nicht gewußt, aber später wurde mir klar, was ich in den Vereinigten Staaten suchte, in diesem Wettlauf mit der Zeit, der mich von Flugzeug zu Flugzeug in einem verrückten Zickzackkurs von New York nach Philadelphia, von Richmond nach Dallas, von Los Angeles nach Chicago, von Kansas City nach Cleveland, von San Francisco nach Boston führte. Ich nenne die Städte in willkürlicher Reihenfolge, ich will nicht noch einmal dieses Spinnennetz rekonstruieren, das die Werbeabteilung meines amerikanischen Verlages gesponnen hatte. Ich kann es auch nicht, weil ich, ich wiederhole es, einundzwanzig Städte in achtzehn Tagen »gemacht« habe. Ein Wagen erwartete mich am Flugplatz, manchmal auch ein Hubschrauber, der mich auf dem Dach des Hotels absetzte. Händeschütteln. »Hello, Mr. Gray«, Lift, »They are waiting for you, okay«, man öffnete die Türen zum Vortragssaal oder zog einen Vorhang auf, und ich hatte vor mir fünfhundert oder dreitausend Gesichter, und ein Präsident oder ein Journalist stellte mich vor. Beifall. Dann kam mein Auftritt. Los, Martin, los, spiel den Affen.

Ich begann mit einigen selbstironischen Bemerkungen, ich dachte an Robert, an Helen, an Max – an Dina, an die Meinen wagte ich nicht zu denken. Die ersten Worte kamen langsam, stockend, dann – wie soll ich das erklären, was auch für mich ein Geheimnis bleibt – vergaß ich die Müdigkeit, die Abnutzung der Worte durch ihre ständige Wiederholung, ich vergaß, zu wem ich sprach, mir war, als hätte ich einen einzigen unsichtbaren Zuhörer, ich ließ mich vom Rhythmus meiner Worte fortreißen, ich erlebte wieder, was ich berichtete, als handelte es sich um das erste Mal. Zum Schluß hatte ich fast nicht einmal mehr die Zeit, ein paar Worte mit meinen Zuhörern zu wechseln. Der Organisator entschuldigte mich, trieb mich zum Aufzug, der mich auf das Dach des Hotels brachte, und der Hubschrauber transportierte mich zum Flugplatz.

Im Flugzeug fiel ich erschöpft in einen unruhigen Schlaf, ich wußte kaum, von welcher Stadt ich zu welcher Stadt flog. Anonyme Gesichter von Journalisten, die mich bei meiner Ankunft erwarteten, Reporter der *Talk-Shows* oder der *Today-Shows* des Fernsehens. Und wenn ich erneut einen Vortragssaal betrat, wußte ich wahrhaftig nicht, in welcher Stadt ich mich befand.

Ich war ein Akteur des literarischen Showbusineß geworden. Ich bin nicht stolz darauf, aber ich schäme mich dessen auch nicht.

Die Werbemanager hetzten mich kreuz und quer durch die Vereinigten Staaten, aber sie schrieben mir nicht vor, was ich sagen sollte.

Allerdings konnte ich nie alles sagen, was ich mir vorgenommen hatte: Die Zeit war einfach zu kurz. Doch nie habe ich etwas gegen meine Überzeugung gesagt. Was ich als demütigend empfand, war, daß ich diese achtzehn Tage als ein Eintauchen in die Tiefe des Vergessens gesucht hatte.

Was hatte ich eigentlich erhofft? Vielleicht wieder der Mensch zu werden, der ich vor meiner Begegnung mit Dina war? Hatte ich vielleicht in diesen ganzen Jahren des Glücks, denen die Feuersbrunst ein so schreckliches Ende gesetzt hatte, alles andere aus meinem Leben auslöschen wollen?

Hatte ich vielleicht tief in mir diese Vorstellung, ich könnte wieder der werden, der nichts von alledem erlebt hatte, weder das Gute noch das Böse, weder Kinder und Frau noch ihren Tod?

Vielleicht gab es eine solche Idee in mir, Schluß zu machen mit einer Vergangenheit, die durch Helens Tod noch grausamer geworden war.

Ich sage das, um mein Verhalten in New York zu erklären.

Jack war ein Freund aus der Kriegszeit. Er hatte im Gedächtnis bewahrt, was wir durchgemacht hatten, und auch er hatte aus seinen Erinnerungen, seinen Prüfungen Kraft geschöpft.

Ich besuchte ihn nach diesen achtzehn Tagen meiner Tournee, ich sah, wie glücklich er mit seiner jungen Frau war. Die Müdigkeit und die Angst, allein zu sein, versetzten mich in einen rauschhaften Zustand, der noch stärker war als ein Wodkarausch. Ich sagte: »Jack, du erinnerst dich, als wir damals da drüben diesen Wodka tranken, da schütteten wir ihn in uns hinein, als wenn es Wasser wäre.«

Er lachte. Merkte er, daß ich keinen Alkohol brauchte, um den Kopf zu verlieren? Daß ich alles auszulöschen wünschte, als wenn es nie geschehen wäre?

»Du bist müde«, sagte Jack. »Willst du, daß ich dich zurückbegleite?«

Jacks Frau bot mir an zu bleiben.

Aber nein, ich wollte allein sein in dieser Stadt, allein mit meiner Angst und meinem geheimen Verlangen, es möge mir etwas Schlimmes zustoßen, das meiner Verzweiflung eine Wirklichkeit geben und mich dadurch vielleicht von ihr befreien würde.

An diesen Aufenthalt von wenigen Tagen in New York erinnere ich mich wie an eine Zeit der Verwirrung, ja des Wahnsinns. Alles vermischte sich. Meine Verpflichtungen für die Repräsentation des Buches: Ich nahm an Fernsehshows teil, und alte Freunde riefen mich an und beglückwünschten mich. Im Waldorf-Astoria hielt ich einen Vortrag vor den Mitgliedern des New Yorker Literaturklubs. Ich flog nach Montreal. Fernsehen, Show, Vortrag in der Universität und im Oratoire Saint-Joseph. Ich sprach zu Studenten und zu Gefangenen.

Die Aufseher wollten mich in den Hof des Gefängnisses begleiten. Sie hatten die Hand am Pistolenknauf. Ich schüttelte den Kopf. »Ich gehe hinein, aber allein.«

Sie warnten mich. Es handelte sich um gefährliche Verbrecher. Wenn sie mich als Geisel nehmen würden... Was bedeutete mir das schon? Ich hatte mein Leben so oft riskiert, und das, was ich diesen Häftlingen brachte, konnte ich nur mit bloßen Händen geben, nicht unter dem Schutz der Staatsmacht. Ich war kein zusätzlicher Zuchthauswärter, der Menschen mit Worten disziplinierte.

Ich ging also allein in den Hof, und die Gefangenen umringten mich. Und ich ging hinaus, als ich es wollte. Vielleicht hatten sie begriffen, daß ich auch ein Gefangener war. Eingeschlossen im Kerker meiner Erinnerung. Helen war zu früh fortgegangen. Meine Heilung war noch nicht vollendet.

Alle meine Lebensabschnitte vermischten sich.

Mit Jack war ich der alte Gettokämpfer.

Als ich in der Third Avenue mein ehemaliges Antiquitätengeschäft betrat, war ich der Mann, der seinem Glück nachjagte, bevor er Dina begegnete.

Und ich war auch der Autor, den man interviewte.

Wie ein Puzzle, dessen Teile sinnlos durcheinandergeworfen waren, so war mein Leben. Es gelang mir nicht, die Teile richtig zusammenzusetzen, aus ihnen das Bild eines Menschen zu formen, eines Menschen, der seine Vergangenheit akzeptierte und doch verschieden von ihr war.

Zweifellos befand ich mich in einer Depression, am absoluten Tiefpunkt meines Lebens. Ich war in der Situation eines Schiffbrüchigen, der verzweifelt gegen die Brandung angekämpft hatte und nun, den Strand zum Greifen nahe, nicht mehr die Kraft zu haben glaubt, der letzten Welle Widerstand zu leisten. Er läßt sich ins

Meer zurücktreiben, obwohl es doch nur noch einer einzigen kurzen Kraftanstrengung bedurft hätte, um gerettet zu sein. Ich erkannte mich nicht mehr, ich war nicht mehr der Mann meiner Taten, meiner Bücher.

Manchmal las ich in meinem Zimmer im Hotel Plaza in meinen Büchern oder in meinen Aufzeichnungen. War das wirklich ich, der diese Worte gschrieben hatte? Ich, der in diesen Texten so selbstsicher erschien, der Lektionen der Lebensweisheit gab, ich befand mich in New York in einer tiefen Krise. Die Worte, die ich geschrieben hatte, verstand ich nicht besser als einige meiner Leser, die mir schrieben: »Martin Gray, ich versuche es, aber die Angst ist stärker. Wie schaffen Sie es?«

In dem Manuskript, das ich mit Helen vorbereitet hatte, hatte ich die Methode entwickelt, wie man die psychische Energie, die jeder von uns besitzt, erkennen und lenken lernen kann. Aber wenn ich die Mappe mit dem Manuskript auf meinem Bett im Hotelzimmer ausbreitete und weiterzuschreiben oder die Aufzeichnungen zu überarbeiten versuchte, dann wurde mir bewußt, daß ich diese Arbeit nicht weiterführen konnte. Als wenn ich noch eine weitere Etappe zurücklegen, tiefer in die Erkenntnis meines Ich eindringen, das heißt wirklich erproben müßte, wohin eine psychische Energie führen konnte, die nicht zielgerichtet und beherrscht war. Als wenn ich selbst die Erfahrung der Zerrüttung machen müßte, um zu erkennen, wie man sie bekämpfen kann.

Ich reiste mehrmals zwischen New York und Montreal hin und her.

Ich liebte Quebec, dieses Land, das im Aufbruch begriffen war und das sich doch seiner Wurzeln bewußt war, die tief in die Vergangenheit reichten. Ich mochte die liebenswürdige Art seiner Bewohner, die sich aus ihrer alten Heimat Frankreich Dynamik und jugendlichen Schwung bewahrt zu haben schienen, wie ich sie im heutigen Frankreich leider nicht fand. Die Quebecer waren eine ausgewogene Mischung aus amerikanischen und europäischen Ingredienzen. Ich liebte die Städte Quebecs, die offene Herzlichkeit ihrer Bewohner, ihren etwas singenden Tonfall, der weniger aggressiv klang als die manchmal etwas scharfe Lautbildung der Franzosen. Vielleicht gefiel mir, der in Frankreich noch nicht heimisch geworden war, Quebec deshalb so sehr, weil es gastlicher und offener als Frankreich war, weil es hier nicht diese hermetisch abgeschlossenen Kreise gab, in die einzudringen einem Fremden fast unmöglich war.

Als ich im Oratoire Saint-Joseph vor zehntausend Zuhörern sprach, die aus allen Teilen Quebecs hierhergekommen waren, spürte ich eine so herzliche und offene Aufnahme, daß ich für kurze Zeit meine innere Zerrissenheit vergaß.

Ich war tief bewegt, als man mir ein Exemplar von *Der Schrei nach Leben* überreichte, in das dreihundert Menschen ihren Namen geschrieben hatten: Leser, die mir ihre Brüderschaft anboten.

Doch dann fiel ich wieder in die Depression, in die Einsamkeit zurück. Ich fragte mich, wohin dieser ganze Zirkus führen würde. Einmal präsentierte man mich im Fernsehen gemeinsam mit einem Romancier und einer schönen jungen Frau, die den Mut hatte, sich vor der ganzen Welt offen zu dem zu bekennen, was sie gewesen war: eine Prostituierte, die in ihren Büchern ihre Abenteuer berichtete. Und diese Bücher waren Bestseller. Wir sprachen nach der Sendung miteinander, ich spürte, daß sich hinter ihrem forschen Auftreten eine tiefe Unsicherheit verbarg. Sie hatte aus ihrem Körper ein Verkaufsobjekt gemacht. Konnte ich sie verurteilen, in dieser Welt, in der alles käuflich war? Aber mußte ich nicht die Tatsache, daß es für den Moderator der Sendung keinen Unterschied zwischen uns zu geben schien, zwischen dem Romancier, mir und ihr, als Desavouierung meines Werkes empfinden?

Wir waren alle drei für die wenigen Minuten des Interviews und der Debatte Akteure einer Show, die Teil einer größeren Show war. Die so unterschiedlichen Realitäten des Lebens jedes einzelnen von uns wurden zu einer Shownummer verschmolzen. Sie sprach von ihren Kunden, von ihrem Leben als Luxus-Callgirl in New York, der Romancier von seinem literarischen Schaffen in Quebec. Und ich? Ich sprach von einer Lebensweisheit und von den Tragödien meines Lebens.

Die Massenmedien waren wie ein großes Mahlwerk, aus dem ein fader Brei herauskam. Alle seine Elemente wurden durch die Regeln der Show ihrer Eigenart beraubt. Schnell sprechen, lächeln, alles, die Tragödien eines Lebens oder die Integrität eines Werkes, wurden in ein brillantes kurzes Spektakel verwandelt.

Der Gedanke an diese Show verfolgte mich noch, als ich wieder auf meinem Zimmer war. Und doch mußte ich, wenn ich meine Stiftung und meine Bücher bekannt machen wollte, dieses Spiel akzeptieren. Immer ist alles Widerspruch, Zerrissenheit. In diesen Tagen, in denen ich nicht stark genug war, sie zu beherrschen, versuchte ich wieder so zu leben, wie ich vor der Begegnung mit Dina gelebt hatte.

Ich ging in New York manchmal mit Jack Eisner und seiner Frau aus. An diesen Abenden spielte ich den dynamischen und fröhlichen Junggesellen. Jack blickte mich manchmal schweigend an, zu lange.

»Willst du nicht heimgehen?« fragte er dann.

Er spürte, was los war. Wir kannten uns zu gut, als daß meine Komödie ihn hätte täuschen können.

»Ich?« Ich sagte, daß ich mich amüsiere, daß ich noch etwas tanzen und trinken wolle. An einem dieser Abende saß ich im großen Salon des Plaza, mir gegenüber in einem bequemen Sessel Elisabeth, eine junge Frau mit untergeschlagenen Beinen, die rauchte und lachend sagte: »Sie, Sie wollen Martin Gray sein?«

Sie lachte noch lauter und zuckte die Achseln. »Und ich, wer bin ich, Marilyn Monroe?«

Sie sagte, Martin Gray, das sei ein ganz anderer, ein Typ, der sich im Krieg geschlagen hatte. Sie hatte ein Buch von ihm gelesen, sie wußte genau, daß dieser Typ ein Weiser war, der die östlichen Philosophen las.

»Der ist so etwas wie ein Buddhist, verstehen Sie, und Sie? Na ja. Und dann, mit dem, was er durchgemacht hat, nein, mein Lieber, nicht Martin Gray. Sagen Sie mir, daß Sie Nixon sind, das glaube ich Ihnen schon eher.«

Sie zündete sich eine neue Zigarette an und lachte. »Marilyn Monroe und Nixon.«

Sie stützte das Kinn auf die Armlehne des Sessels und fuhr fort: »Wissen Sie, was man sagt? Kennedy und Marilyn Monroe...« Sie zeigte mit der Hand auf mich. »Aber Sie Martin Gray? Wenn Sie Martin Gray sind...«

Elisabeth wurde plötzlich ernst. »Ich habe *Des Lebens Ruf an uns wird niemals enden* gelesen, eine Freundin hat es mir geliehen, daher weiß ich genau, daß Sie nicht Martin Gray sein können. Das ist ein anständiger, guter Mensch.«

Ich war keiner von denen mehr, die ich in irgendeiner Phase meines Lebens gewesen war. Weder der Gettokämpfer, weder Mietek, Mischa, Mendle oder Martin, noch der Antiquitätenhändler, noch der Freund Helens. Nichts, Leere. Ich war auch nicht mehr der Autor, dem Hunderttausende Leser geglaubt hatten. Aus für Mietek und Martin. Ich stand auf.

»He! Sie!«

Elisabeth versuchte, aus dem Sessel aufzustehen. »Sie! Wohin gehen Sie? Sie werden mich doch nicht mitten in der Nacht einfach sitzenlassen!«

Ich bin zur Rezeption gegangen, habe dem Angestellten Elisabeth gezeigt und ihn gebeten, ihr ein Zimmer zu geben. Dann bin ich auf mein Zimmer gegangen.

Mein Zimmer in dieser Nacht im Hotel Plaza ist mir noch genau in Erinnerung. Ich sehe die blaue Überdecke des Betts, ich höre das leichte, kaum vernehmbare Zischen der Klimaanlage.

Ich sagte mir: Ich kann das Puzzle nicht zusammensetzen, ich kann nicht mit dem Zirkus Schluß machen. Nur wenn ich sterbe, werde ich wieder der, der ich war. Mietek, Mischa, Mendle, Martin, man muß sie alle auf einmal sehen, man muß wissen, daß ich das alles in einem einzigen Leben, in einem Körper gewesen bin.

Sterben.

Ich fing an, methodisch nach dem Mittel zu suchen, um Schluß zu machen. Das sind Augenblicke, die man nicht gern zugibt. Entweder man schafft es, man geht bis zum Ende, oder aber man verheimlicht seinen Versuch. Weil man sich schämt oder weil man nicht noch mehr Theater machen will.

Ich gebe es zu.

Ich wollte eines der Fenster öffnen. Unmöglich. Ich sagte mir: Ich werde Schlaftabletten kaufen, ein Röhrchen Tabletten schlukken. Ich zog das Jackett wieder an. Ich überlegte, was ich zu tun hatte, Portier, Taxi, Drugstore, Taxi zurück.

Als ich schon die Tür geöffnet hatte, läutete das Telefon. Soll ich den Hörer abnehmen oder nicht? Ich nahm ihn ab. Die Stimme der

Telefonistin, ein Anruf aus Montreal. Bevor ich mich noch gemeldet hatte, hörte ich die Stimme eines Mannes, der Französisch mit Quebecer Akzent sprach. Ich sagte nichts, ich ließ die Stimme, den Mann auf mich zukommen, jedes Wort ein Schritt.

»Martin Gray?« Wie gesagt, ich antwortete nicht.

»Martin Gray, ich möchte dir sagen...«

Er duzte mich.

»Du bist wie ein Bruder für mich, ich war im Krankenhaus, ich ließ mich gehen, ich habe dein Buch gelesen.«

Eine Geschichte, die ich schon mehrmals gehört hatte, aber ich hörte weiter zu, aufmerksam bewegt.

»Ich heiße Sam Faierstein.«

Sam, ich habe ihn, der mein Freund wurde, am Anfang meines neuen Buches erwähnt. Der Doktor F. ist er. Er ist ein guter Menschenkenner. Von Beruf ist er Chiropraktiker, aber ich habe nie einen Psychologen oder einen Psychiater kennengelernt, der einen so klaren und tiefen Einblick in die menschliche Psyche hatte. Wenn er einen Körper massiert oder einen Muskel oder ein Gelenk entspannt, dann ist er sich bewußt, daß er auch psychische Spannungen seines Patienten löst.

»Ich heiße Sam Faierstein«, wiederholte er.

Jetzt endlich konnte ich antworten.

»Ja, ich habe verstanden. Was wünschen Sie von mir, Monsieur Faierstein?«

»Wir müssen uns sehen, Martin Gray. Halten Sie mich nicht für verrückt, aber ich war fest davon überzeugt, daß ich Sie heute abend anrufen mußte. Ich habe Stunden gebraucht, um Ihren Aufenthaltsort ausfindig zu machen. Es war wie ein innerer Zwang, ich mußte Sie heute abend, an diesem Abend, sprechen, selbst wenn Sie in Frankreich wären. Ich habe es auch dort versucht. Und nun habe ich Sie in New York gefunden, gar nicht so weit entfernt. Wann sehen wir uns? Wir müssen irgend etwas zusammen machen, ich weiß es, ich bin nämlich Astrologe.«

Er lachte. »Natürlich. Sie glauben vermutlich nicht an diese Dinge. Antworten Sie einfach mit Ja oder Nein: War es falsch von mir, Sie heute abend anzurufen?«

Auf diese Weise habe ich Sam kennengelernt. Ich habe ihm versprochen – er nahm mir das Versprechen ab –, ihn am nächsten

Tag in Montreal zu besuchen. Und statt zum Drugstore zu fahren, habe ich mich schlafen gelegt. Und am nächsten Tag habe ich das Flugzeug nach Quebec genommen.

In meinem Leben ereignen sich Dinge, Begegnungen immer so – unerwartet und überraschend.

Als ich in Montreal das Flugzeug verließ, wußte ich, daß ich mit dem Zirkus abgeschlossen hatte. Ich würde mich endlich dazu aufraffen. Ich wußte zwar noch nicht, wie, aber das Zirkuspferd war endgültig tot. Roberts Ironie würde sich erübrigen.

Ich betrat die Flughafenhalle. Ich wußte, ich würde Sam Faierstein erkennen. Er hatte sich auf die Zehenspitzen gestellt, um nach mir Ausschau zu halten. Er trug keinerlei Erkennungszeichen, aber ich ging einfach auf ihn zu.

»Sam Faierstein?«

Er nahm meine beiden Hände und schüttelte sie.

»Brüder erkennen einander, nicht wahr?«

Wir verstanden uns sofort. Wir feierten unsere Begegnung in einem griechischen Restaurant. Ich sprach davon, wie ich diese letzten Wochen verbracht hatte.

»Ich habe es geahnt«, sagte er. »Und da Sie mich gerettet haben – ja, im Krankenhaus, ohne Sie, ohne Ihr Buch hätte ich mich nicht gefangen –, habe ich mir also gesagt: Ich muß Martin finden, es geht ihm schlecht.«

Er lachte. »Sie brauchen es nicht zu glauben, aber ich habe oft solche Vorahnungen.«

»Ich brauche –«, habe ich begonnen.

»Was Sie brauchen, ist, allein zu sein«, unterbrach er mich. »Für eine längere Zeit. Ich habe, was nötig ist, das Haus eines Freundes im Wald, es ist ein gutes Haus. Sie werden lesen, Sie werden schreiben.«

»Ich habe an einem Buch zu arbeiten.«

»Dann sollten Sie es tun.«

Meine Depressionen waren vorüber: Ich hatte wieder ein Ziel.

Sam hat mich zum Haus im Wald begleitet.

Der Zirkus war zu Ende, ein neues Leben begann.

Das Haus im Wald

Ich habe also die Welt der Menschen gegen die der Bäume eingetauscht. Und für mich waren die Bäume lebendiger als manche Menschen, die ich kennengelernt hatte. Zum Beispiel in Fernsehstudios, in den Büros der Zeitungen, alle diese Menschen, für die nur der Schein zählte, die den Sinn für die Wahrheit verloren hatten.

Die Bäume des Waldes, in dem das kleine Blockhaus lag, zu dem Sam mich gebracht hatte, waren veränderlich wie menschliche Wesen, aber ruhig und aufrecht wie die Gerechten.

Ich ging morgens aus dem Haus, setzte mich gegen den Stamm eines dieser Bäume und betrachtete seine hohen mächtigen Brüder und ihre von einer leichten Brise bewegten Wipfel. Sie wehte von den drei Seen her, die nur wenige hundert Meter vom Haus entfernt waren.

Die Bäume, der Wald waren für mich ein Inbegriff des schützenden Horts. Bäume in Polen, die mich aufnahmen, als ich aus einem Konzentrationslager geflohen war. Wald, in dem die Geräusche vom Schnee geschluckt wurden, wo der Wind manchmal schwere Massen weißen Schnees aus den Baumwipfeln herabstürzen ließ und sie beim Fall von Ast zu Ast in feinen Staub verwandelte. Der kanadische Wald glich dem Wald meiner Jugend, und die Luft, die ich hier atmete, hatte den gleichen würzigen Duft. Sie wusch den Staub der Zirkusarena ab, der mir seit Monaten an der Haut klebte.

Ich liebte die Bäume. Es wurde mir von neuem bewußt, wie richtig ich gehandelt hatte, daß ich als eines der Hauptziele der Stiftung den Schutz des Waldes bestimmt hatte. Damit war ich den Regierungen um einige Jahre voraus gewesen.

Heute führt man mit großem Propagandawirbel den »Tag des Baumes« ein! Die Samenkörner, die ich in die Gleichgültigkeit gesät hatte, waren aufgegangen. Um so besser. Wenn es sich auch nur um Propaganda handelte, es war besser, sie diente der Rettung der Natur als dem Aufputschen kriegerischer Instinkte. Und der Baum ist ein Symbol des Friedens.

Ich machte lange Wanderungen durch den Wald, in weitem Bogen um die Seen herum. Manchmal entdeckte ich Stämme, mächtig wie ein Burgturm. Einer von ihnen, gedrungen, verzweigte sich in etwa dreißig große, dicke Äste. Er mußte im Laufe der Jahrhunderte mehrmals vom Blitz getroffen worden sein, aber wenn eine Seite tot war, brachen auf der anderen Seite junge Triebe auf. Seine Borke war wie Felsgestein. Er war ein Abbild der zähen Kraft der Natur, die sich nicht von ihrem Prinzip abbringen läßt: Leben, zu jeder Jahreszeit erneut bekräftigen, daß das Leben wiedergeboren wird.

Diese Lektion von der Erneuerung des Lebens, der Kraft des Lebens, der Energie des Lebens war in jeden Baum dieses Waldes eingeschrieben, der so tief war, daß ich oft fürchtete, mich in ihm zu verlaufen. Er berauschte mich. Ich badete in diesem reinen Wasser des Lebens.

Wenn ich mich in diesen letzten Wochen so sehr verirrt hatte, daß ich eines Abends sogar daran gedacht hatte, den Kampf aufzugeben, wenn die Hoffnung mich verlassen hatte, dann nicht nur, weil ich allein war unter den vielen Menschen, die sich um mich drängten, sondern weil ich die Verbindung mit der Natur verloren hatte.

Meine Luft war vom Gestank des Kerosin verpestet, meine Erde war der Beton der Startbahnen, mein Zuhause die Monotonie der Hotelzimmer gewesen. Ich war von einem Flugzeug zum nächsten gerast. Flugzeug, Taxi, Taxi, Flugzeug. Sogar Zeit ging dabei verloren. Wenn ich in einer Stadt bei Sonnenuntergang an Bord ging, war am Zielort meines Fluges gerade Sonnenaufgang. Der Zeitunterschied hatte meinen natürlichen Lebensrhythmus völlig durcheinandergebracht.

Wie hätte ich da meine psychische Energie steuern können?

Wie hätte ich schöpferisch arbeiten können?

Hier im Waldhaus begann ich wieder zu schreiben. Ich dachte an die Wochen, die ich gerade durchlebt hatte, und ich versuchte, aus dieser Erfahrung heraus den Lesern Ratschläge zu geben, damit sie eine solche Verirrung, ein solches Desaster vermeiden könnten, wie es mich getroffen hatte.

Ja, ich, der glaubte, die Lebensweisheit gepachtet zu haben, ich hatte nicht mehr aus noch ein gewußt, ich war am Ende gewesen.

Ich wandte mich also an die Leser, ich sprach zu ihnen, antwortete auf ihre Fragen, aber zuerst betraf der Dialog mich selbst. Und als ich schrieb:

Legen Sie das Buch hin,
stehen Sie langsam auf,
atmen Sie langsam ein,
atmen Sie langsam aus,

da war das ein Befehl, den ich mir selbst gab. Ich hörte auf zu schreiben, ich machte ein paar Schritte und atmete, die Augen auf die Wipfel der Bäume gerichtet, tief und kräftig durch.

Jede Seite, die ich schrieb, jeder Rat, den ich gab – mir vor allem –, gab mir neues Selbstvertrauen.

Die Aufzeichnungen, die Helen und ich gemeinsam erarbeitet hatten, entwickelten sich weiter. Ich schrieb in der Gewißheit, daß dieses Buch nützlich sein würde, weil es mir nützlich war. Das Schreiben war für mich ein Mittel geworden, um zu reflektieren, meine psychische Energie zu lenken, sie zum Aufbau meines Lebens einzusetzen und sie nicht mehr nutzlos und destruktiv zu vergeuden.

Denn ich hatte eingesehen, daß die psychische Energie, wenn sie nicht für positive Ziele eingesetzt wird, zerstören muß. Sie zersprengt unsere Persönlichkeit. Ich hatte das erfahren, als ich mein Leben wie ein Puzzlespiel sah, dessen Teile wahllos herumgestreut lagen.

Ich schrieb. Meine psychische Energie war wieder auf ein Ziel gerichtet, stark und unbeirrbar.

Sam kam an den Wochenenden mit seinen beiden Kindern und seiner Frau Thérèse, einer liebenswerten, fröhlichen Quebecerin.

Am Nachmittag machten Sam und ich einen ausgedehnten Spaziergang an den Ufern der Seen entlang. Er erzählte mir von Kanada, dem Land und seinen Bewohnern, und ich berichtete ihm, was ich erlebt hatte. Er hörte mir aufmerksam zu. Ich sprach lange, dann erklärte er mir, was mein Buch ihm gegeben hatte. Mir gefiel sein Enthusiasmus. Ein Schriftsteller hat oft Zweifel, und trotz all der Zeugnisse in den Briefen, die ich erhielt, trotz allem, was Helen mir gesagt hatte, war ich immer wieder von Selbstzweifeln geplagt. Sam wies auf das Echo hin, das meine Bücher gefunden hatten. Er ging noch weiter. Er sagte, ich müsse auch ein Buch über die Erziehung nach den Gesetzen der Natur schreiben, ich müsse mich zu den Problemen unserer Zeit äußern, ich müsse versuchen, mit meinen Büchern den jungen Menschen einen Kompaß zu geben, der ihnen in diesem schwierigen Leben unserer Zeit den Weg weisen könnte. Ich antwortete nicht. Sams Worte bestätigten, was ich schon lange in mir spürte, mein tiefes Verlangen, den Dialog mit Menschen zu suchen und zu lernen. Schon bei seinem ersten Besuch hatte ich beschlossen, ihm die Führung meiner kanadischen Geschäfte anzuvertrauen. Ich wollte mich nicht mehr mit Investitionen beschäftigen, mit Kauf und Verkauf, Mieten, Leihen, Wechselgeschäften. Zu Sam hatte ich absolutes Vertrauen.

Er blieb stehen, lehnte sich an einen Baum, verschränkte die Arme vor der Brust.

»Aber du kennst mich kaum«, sagte er.

Ich freute mich, daß er spontan wieder zum Du übergegangen war.

Er lächelte. »Und wenn ich alles verkaufte, da du mir die Vollmacht dazu gibst, und dann verschwände?«

»Verkaufe, verschwinde, wenn du es willst. Das ist etwas, was du mit dir ausmachen mußt. Wenn sich in dir zwei Seelen streiten – sie werden sich verständigen, du wirst es sehen, daß ich dir mit Recht vertraue.«

»Aber wenn Quebec...«

Er erklärte mir, daß hier das Verlangen nach Unabhängigkeit sehr stark sei. Die Geschäfte könnten von den Rückwirkungen dieser politischen Schwankungen betroffen werden. Die ökonomische Macht befände sich überwiegend in den Händen der anglophonen Kanadier.

»Ich habe Vertrauen zu Quebec, so wie ich zu dir Vertrauen habe.«

Ich legte meine Hand auf Sams Schulter. »Deine Frau ist Quebecerin. Hast du Vertrauen zu ihr? Warum sollte dann ich kein Vertrauen zu den Quebecern haben?«

»Du gehst Risiken ein, Martin.«

»Ich riskiere nichts, gar nichts.«

Ich liebte die Völker, deren Größe nicht auf der Zahl der Menschen beruhte, sondern auf der Zähigkeit, mit der sie darum kämpften, zu überleben, ihre Eigenart zu bewahren, die Mächtigere ihnen zu bestreiten versuchten. Das war die Geschichte meines Volkes im Laufe der Jahrtausende gewesen. Man hatte ihm sein Land geraubt, aber es hatte sein Wesen bewahrt, und eines Tages hatte es sich wieder ein Vaterland geschaffen.

Warum sollten es die Quebecer nicht schaffen, sie, die nie die Verbindung zu ihrer Erde, zu ihren Bäumen verloren hatten, die das Symbol des Lebens waren?

Am Abend begleitete ich Sam und seine Familie bis zu der Straße, wo sie ihren Wagen gelassen hatten.

Es machte mir Freude, allein über die Pfade durch den Hochwald zurückzugehen, das Haus im Mittelpunkt einer kleinen Lichtung zu entdecken.

Es kam der Abend, ich zündete ein Feuer an, las, vor dem Kamin sitzend, aus dem Radio erklang Musik. Ich erwachte wieder zum Leben.

An einem Sonntagmorgen, als Sam nicht zum Wochenende gekommen war, hörte ich Rufen und Singen vor dem Haus. Aus einem Lieferwagen sprangen drei Kinder, ihnen folgten ein Mann und eine Frau. Die junge Frau in kariertem Hemd und Bluejeans, die langen Haare fielen über den Rücken, der Mann trug eine große dunkle Brille, die seine Augen ziemlich unkenntlich machte. Ich ging hinaus, und als sie mich erblickten, grüßten sie, die Kinder liefen auf mich zu, die Frau rief: »Aber hier ist es nicht!«

Ich hatte mich auf das Holzgeländer der Treppe gestützt und betrachtete die drei Kinder, das Paar. Ich dachte an Dina und meine Kinder. Aber ich empfand keine Verzweiflung. Meine Traurigkeit war ruhig, sanft. Es war wie der nostalgische Klang einer Violine, den die ernste Zärtlichkeit eines Cellos begleitet. Ich sah meine Familie, die das Schicksal mir genommen hatte, und gleichzeitig wagte ich zum erstenmal mir klar einzugestehen, daß ich eines Tages wieder Kinder haben würde. Daß eines Tages eine Frau kommen würde, die ihre eigene Persönlichkeit, anders als Dinas, besitzen würde. Und ich würde das akzeptieren.

Ein kleiner Junge, der kaum fünf oder sechs Jahre alt sein konnte, war die Treppenstufen heraufgekommen, trotz des Verbots seiner Mutter, die näher gekommen war.

»Wir suchten eine Ahornzuckerhütte«, sagte sie.

Der kleine Junge trat selbstsicher ins Haus.

»Gérard, komm her!«

Ich lachte, ich lud sie alle ein hereinzukommen. Die Kinder kamen gelaufen. Der Mann erklärte mir, daß die Hütte nicht weit entfernt sein könne. Ich kannte sie, daher bot ich ihnen an, sie hinzuführen, zu Fuß. Sie sollten ihren Wagen hier stehenlassen. Ich sagte: »Das Geräusch des Motors im Wald ...« und zog eine Grimasse. Die junge Frau beobachtete mich.

»Es kommt mir vor, als würde ich Sie kennen«, sagte sie.

Natürlich, das Fernsehen. Doch sie änderten ihre Haltung nicht. Sie kannten meine Geschichte, hatten aber meine Bücher nicht gelesen.

»Sie brauchen wieder Kinder«, sagte die junge Frau, als ich, Gérard an der Hand, neben ihr herging. »Sie sind noch jung, würde es Ihnen nicht gefallen, einen kleinen Jungen wie Gérard zu haben?«

Sie hatten die Offenheit und Spontaneität wahrer Menschen. Und ich wagte ihnen zu sagen: »Ich werde Kinder haben, dessen bin ich mir sicher. Aber wann?« – Ich lachte. – »Zunächst muß ich eine Frau finden.«

»Sie werden sie finden«, antwortete sie ebenfalls lachend.

Gérard ließ meine Hand los und lief voraus. Er hatte als erster die Hütte gesehen, die Ahornbäume am Rande der Lichtung.

Durch die offenen Türen der Hütte sah ich die Kessel auf dem Holzfeuer, ich roch schon den Duft des Zuckersirups. Ich blieb den ganzen Tag mit dieser Familie hier, Gérard kam oft zu mir.

Zwischen zwei Wettrennen, zwischen zwei Tänzen kam er sich ausruhen, lehnte seinen Kopf an meinen Arm und stellte mißtrauisch fest: »Du bist aber kein Quebecer. Oder?«

Ich strich ihm über das Haar. Ich stellte mir vor, daß eines Tages ein Kind, ein Sproß von mir und der Frau, die ich lieben würde, sein Gesicht zu mir hob.

Man zog mich in den Tanz hinein, man zwang mich, in der Pfanne gebratene Speckstückchen zu kosten, und alle Beteuerungen, daß das meinen Ernährungsgrundsätzen widersprach, nutzten nichts. Man zwang mich, diese »Oreilles de Criss«, Christohren, zu essen, was ich lachend tat. Festbräuche muß man immer achten.

Und dazu der Ahornsirup, diese seltsamerweise ein wenig bittere Süße. Auf dem Rückweg spielte der Mann Mundharmonika. Unter den Bäumen war es schon kühl geworden, und ich trug den schlummernden Gérard auf den Armen. Ich setzte den Jungen zwischen seine Schwestern auf die Matratze, die auf dem Boden des Lieferwagens lag. Wir umarmten uns und versprachen, uns wiederzusehen.

Das Leben, die Kraft des Lebens.

Der unerwartete Besuch dieser kanadischen Familie hatte mir einen Schwung, eine innere Fröhlichkeit gegeben, wie ich sie seit Jahren nicht mehr kannte.

Der Wald, dieses natürliche Leben, das ich in seiner großen Lebensgemeinschaft führte, stimulierte mich.

Ich wanderte, ich atmete, meine Gedanken klärten sich. Ich befreite mich von all den Schlacken, die sich angesammelt hatten, ich ließ die Lebensenergien aus der Erde in mich eindringen, diesen Strom, der den Bäumen ihre majestätische und schöne Kraft gab, die mich immer wieder begeisterte.

Wenn ich dann ins Haus zurückkehrte, schrieb ich mit einer Klarheit der Gedanken, wie ich sie, so schien mir, nie gekannt hatte. Es war, als ob ein Wind den Nebel vertreiben hätte, so daß die Konturen der Dinge sich scharf abzeichneten. Ich erinnerte mich an diese Windtage, wenn ich vom Tanneron aus bis nach Nizza, zur Bai des Anges und zur italienischen Küste sehen konnte, manchmal sogar bis zur blauen Küste Korsikas.

Als ich mich dabei überraschte, wie ich in meiner Erinnerung das Massiv des Tanneron vor mir sah, das Panorama, das sich von meinem Haus Les Barons aus bot, wurde mir klar, wie sehr der Aufenthalt im kanadischen Wald mich gestärkt, mir eine heitere Ruhe und Ausgeglichenheit gegeben hatte. Ich konnte mich erinnern, ohne wie sonst Verzweiflung und Kummer zu empfinden. Ich war in der Lage, wieder an ein Leben im Tanneron zu denken. Ich würde einer Frau begegnen – sie hatte noch kein Gesicht –, wir würden ein neues Haus auf dem Hügel bauen, der zu meinem Grund gehörte und einer der höchsten Punkte des Tanneron war.

Die neuen Eigentümer von Les Barons würden unsere Freunde werden, wir würden uns oft besuchen, die Kinder beider Familien würden auf den Feldern und Wiesen miteinander spielen. Keinen trennenden Zaun würde es zwischen uns geben. Ich würde in der Nähe von Les Barons bleiben, ich würde es von meinem neuen Haus aus sehen, und ich würde nicht mehr von der Vergangenheit gequält werden.

So dachte ich im kanadischen Wald. Dort war ich ruhig. Ich überarbeitete und vervollständigte das Manuskript. Weil ich jetzt besser als je die Wichtigkeit des Körpertrainings und der Atemtechnik verstand, fügte ich in die Kapitel praktische Ratschläge ein. Ich versuchte, eine Methode vernünftiger, ausgeglichener Lebensführung zu entwickeln.

Dieses Buch war für mich eine Art Genesungstagebuch, und ich hoffte, daß es das auch für meine zukünftigen Leser würde.

Sam, der erfahrene Psychologe und Chiropraktiker, las das Manuskript Satz für Satz mit großer Aufmerksamkeit. Wir setzten uns meist auf eine der Bänke aus behauenen Baumstämmen vor dem Haus. Oft unterbrach er mich, und wir atmeten, Seite an Seite sitzend, schweigend die würzige Waldluft ein.

Bei jedem Besuch brachte er mir die Post mit. Wir sprachen über die Pläne für einen Film nach dem Buch *Der Schrei nach Leben*, für den mir Produzenten ihre Vorstellungen unterbreiteten. Ich wollte kein seelenloses Spektakel, das aus meiner Geschichte einen Western machen würde, in dem ich ein »tapferer Indianer« oder ein gnadenloser »Vollstrecker des Rechts« sein würde.

Ich wollte einen menschlichen, einfachen Film, der die erschütternde Wahrheit der Episoden meines Lebens und des Lebens der Meinen zeigen sollte. Sam legte den Kopf zurück und schloß die Augen.

»Du willst immer das Unmögliche«, sagte er nach einiger Zeit. »Du willst einen großen Film, der die Qualitäten eines künstlerischen Films hat.«

»Das ist nicht unmöglich. Das ist durchaus möglich. Nur unter dieser Bedingung werde ich meine Zustimmung geben.«

War das übertriebener Ehrgeiz? Ich glaubte, daß die Zuschauer wie die Leser keine Dummköpfe waren, daß man sie als erwachsene, vernunftbegabte Menschen, nicht als kulturlose Primitive ansprechen mußte. Der Erfolg meiner Bücher war der Beweis, daß man nicht einen Cocktail aus Sex und Gewalt mixen muß, damit ein Buch gelesen wird.

Ich war überzeugt, daß jeder Mensch die Fähigkeit besitzt, ein gutes Buch, einen guten Film zu verstehen, und die Jungen von heute ganz besonders.

Der Mensch, das war meine Hoffnung, wurde von Tag zu Tag mehr Mensch. Man mußte auf diese Utopie setzen – wofür lohnte es sich sonst zu leben?

Ich versuchte, das Sam zu erklären. »Meine ganze Arbeit baut darauf auf.«

Ich öffnete Briefe, während ich sprach. Ich sah eine Einladung nach Brüssel zu einer *Exposition Survie*, die dem Schutz der Natur gewidmet war. Sofort sagte ich laut: »Ich werde nicht hingehen«, ohne zu überlegen, und ich reichte Sam den Brief. Erregt stand ich auf und ging hin und her. Sam las den Brief ein zweites Mal.

»Du hast es versprochen«, sagte er.

Ich wußte, ich wollte dieses Haus im Wald nicht verlassen. Ich mochte mich nicht dem Trubel der Städte aussetzen.

»Sie haben deinen Vorschlag ›Freier Eintritt für Jugendliche‹ akzeptiert.«

Mir fielen die Besprechungen, die ich mit den Organisatoren der Ausstellung geführt hatte, wieder ein. Ich zuckte die Achseln, ich hatte mich anscheinend in meiner eigenen Falle gefangen. Ich wiederholte mehrmals: »Gut, gut, ich werde gehen.«

Ich mußte schon am nächsten Tag abreisen. Ich murrte und

schimpfte, und gleichzeitig stürzte ich ins Haus, um meine Koffer zu packen.

Sam saß noch auf der Bank, als ich zurückkam. »Ich fahre heute abend mit dir nach Montreal«, sagte ich.

Ich las in seinem Gesicht Erstaunen.

»Für jemand, der –«, begann er.

»Wenn es schon sein muß«, unterbrach ich ihn.

Als wir zur Straße gingen, warf ich keinen Blick auf das Haus zurück.

Ich habe mich umgewandt, und mein Leben war verändert

Das Taxi brachte mich vom Flugplatz ins Zentrum von Paris, wo ich wohnte. Der Fahrer rauchte, das Radio lief mit voller Lautstärke, und an der Einfahrt in die Stadtautobahn standen wir Minuten zwischen Lastwagen eingeklemmt, dunklen Massen, die beim Anfahren ein langes scharfes Fauchen ausstießen. Ich mußte gegen eine Panik ankämpfen, ich wäre am liebsten ausgestiegen, um diesem Gedränge, diesem Lärm, diesem Gemisch von Tabak und Benzin zu entkommen.

Ich war wütend auf Sam, und ich machte auch mir Vorwürfe, daß ich so widerspruchslos darauf eingegangen war, den Wald und die Stille, die würzige, harzige Luft zu verlassen, sie einzutauschen gegen diesen Wald aus Beton und Stahl, in dem man nur Benzingestank einatmete.

Ich sagte mir, daß ich gleich morgen zurückreisen würde, daß mich die Ausstellung in Brüssel nicht interessierte, daß man ohne mich auskommen würde, daß ich mich nie mehr auf diese Vortragstournees einlassen würde, über deren Ablauf ich keine Kontrolle hatte.

Die *Exposition Survie* gehörte zu einer vergangenen Phase meines Lebens. Dessen war ich mir sicher.

Und doch, als ich mich wieder in meiner Parterrewohnung mit den dunklen Zimmern befand, die auf einen Innenhof hinausgingen, war ich im Grunde gar nicht so unzufrieden, wieder hier zu sein. Ich hörte Musik, ich ging zum Friseur, ich empfand – ich erinnere mich sehr genau an diesen Nachmittag – etwas wie ruhige Freude und körperliche und geistige Unbeschwertheit.

Ich nahm einige der Briefe, die während meiner Abwesenheit gekommen waren, und setzte mich auf eine Bank im Jardin du Luxembourg. Das Wetter war warm und sonnig. Um das Wasserbecken drängten sich die Kinder, kniend die Hände nach ihren

Schiffchen ausstreckend, die, von einer frischen Brise getrieben, das Wasser überquerten. Hier war die Stadt nur ein fernes Rumoren. Sie nahm wieder menschliche Züge an, allein der große schwarze Turm vom Montparnasse bohrte sich wie ein Pfeil in den Himmel.

Ja, ich war – und ich wunderte mich darüber – entspannt und glücklich. Der Gedanke zögerte, sich in die Realität des Wortes vorzuwagen, so wie ein Genesender Angst hat, den ersten Schritt zu tun, und sich auf die Bettkante und dann auf den Tisch stützt. Ich war glücklich über die Schreie der Kinder, ihr Hinundherrennen von einer Seite des Bassins zur anderen, um die Segler in Empfang zu nehmen, die manchmal von einem stärkeren Windstoß umgeworfen wurden. Glücklich auch über die Briefe, die ich las.

Aus dem Packen Briefe, der mich erwartete, hatte ich aufs Geratewohl zwanzig ausgewählt. Fast alle waren von jungen Leuten geschrieben, die oft noch nicht zwanzig Jahre alt waren. Mir gefiel ihre Spontaneität. Der ungekünstelte Ton ihrer Sätze, die manchmal überzogene Heftigkeit ihrer Attacken und immer die Großzügigkeit und auch Ernsthaftigkeit ihrer Gedanken. Ich fühlte mich in voller Übereinstimmung mit dieser jüngeren Generation. Es schien mir, daß ich ihre Sprache sprach. Sie suchten Wege, die auf die Mitmenschen und auf die wahre Welt zuführten. Sie wollten nicht die Gefangenen ihres Egoismus werden. Sie weigerten sich, ihre Lebensziele auf die materielle Organisation ihrer Existenz zu beschränken. Sie wünschten mehr seelische Wärme in einer kalten Welt.

Zwischen ihnen und mir gab es keine Altersbarriere, und ich versuchte zu verstehen, warum das so war. Vielleicht machte sich Alter nur dadurch bemerkbar, daß der Mensch mit zunehmenden Jahren aufhörte, in Bewegung zu bleiben. Er ging im Hafen vor Anker. Er setzte sich nicht mehr den Stürmen, den Fragen, den Veränderungen aus. Ich dagegen hatte mehrere Male meine Ankertaue gekappt. Auch wenn es nicht immer meine eigene Wahl gewesen war, das Schicksal hatte seine Entscheidung durchgesetzt.

Ich war aus Temperament und Notwendigkeit ein Mensch, der immer in Bewegung ist. Ein »Getriebener«, sagte man manchmal von mir. Aber es brachte mich den Jungen näher.

Ich habe zu unterschiedliche Milieus kennengelernt, um nicht sensibel zu sein für die Aufsässigkeit der Jugend, für ihre Schwierigkeit, in diese Gesellschaft Eingang zu finden, die sich ihnen verschloß.

Ich mußte an Robert denken, ich hätte ihn gern wiedergesehen, doch als ich bei ihm zu Hause anrief, konnte ich nur seine Mutter sprechen. Und am Klang ihrer Stimme merkte ich, daß es Schwierigkeiten gab. Robert hatte die Wohnung seiner Eltern verlassen. Er hatte ihnen nicht zur Last fallen wollen, erklärte mir seine Mutter. »Wir hätten es gekonnt«, sagte sie, »aber in diesem Alter, wissen Sie, ist man stolz.«

»Man hat ein Recht darauf, stolz zu sein«, antwortete ich ihr. »Wissen Sie seine Adresse?«

Er schrieb von Zeit zu Zeit. Einen Brief aus Nantes, einen anderen aus Paris, der letzte kam aus Florenz. Kein Lebenszeichen seit zwei Monaten. Ich versuchte, Roberts Mutter meine Zuversicht mitzuteilen. Ich erinnerte mich an die Willenskraft dieses jungen Mannes, an die Ironie seiner Worte.

Aber als ich dann den Hörer aufgelegt hatte, bekam ich Angst. Ich kannte zu viele Fälle, wo jemand, den man für besonders stark gehalten hatte, zerbrochen war, weil im entscheidenden Augenblick kein Mensch da war, der ihm Zuversicht hätte geben können.

Ich hatte drei Tage bis zur Ausstellung in Brüssel. Was konnte ich tun? Ich vertraute die dringend erforderlichen Maßnahmen für die Stiftung einem meiner engsten Mitarbeiter, Marcel Thuries, an. Mein Werk befand sich an einem Wendepunkt: Die Stiftung sollte unter der Schirmherrschaft der Fondation de France weitergeführt werden. Was konnte ich für Robert tun?

Ein Leben hat allem anderen gegenüber selbstverständlich immer den Vorrang. Ich habe also einen Nachtzug nach Florenz genommen. Ich war zum Bahnhof geeilt, ohne zu wissen, ob es noch Plätze gab, aber wenn man wirklich reisen oder handeln will, was könnte einen daran hindern?

Am Morgen sah ich vor mir die Landschaft der Toskana, sanfte Hügel, die ockerfarbenen Häuser der Dörfer.

Ich war nie vorher in Florenz gewesen. Dina hatte es oft geplant, aber wir hatten es immer wieder wegen der Kinder, aber auch weil wir Les Barons ungern verließen, aufgeschoben.

Als der Zug in den Bahnhof einfuhr, war ich überrascht, wie groß die Stadt war. Florenz war in meiner Vorstellung noch immer eine ruhige, vom Verkehrslärm unbehelligte Stadt der Renaissance. Als ich durch die Straßen ging, wurde mir immer mehr bewußt, daß es Wahnsinn sei, Robert hier in diesem Gewimmel finden zu wollen. Und doch: Warum sollte ich es nicht wenigstens versuchen, warum von vornherein aufgeben?

Ich wußte aus langer Erfahrung, daß es immer die Möglichkeit des Erfolgs gibt. Wenn man versucht, hat man zumindest eine Chance. Wenn man aufgibt, hat man keine. Eine ganz simple Wahrheit, die meine gelehrten Herren Kritiker oft zum Lachen brachte. Sie machten sich über mich lustig, wenn ich sie aussprach. Aber es war eine Wahrheit, die ich erprobt hatte.

Ich habe zuerst die Straßen der alten Stadt durchstreift. Auf der Piazza della Signoria habe ich ein paar junge Leute auf dem Rand des Brunnenbeckens sitzen sehen, die miteinander plauderten und gestikulierten. Ich näherte mich ihnen. Ich spürte, daß ich ihr Mißtrauen weckte, aber damit weiß ich fertig zu werden.

Ich blieb vor ihnen stehen und sagte: »Ich suche einen Franzosen, groß, Name Robert. – Ich bin nur ein Freund. Ich habe nichts mit der Polizei zu tun.«

Offenbar kannten sie ihn nicht. Aber ich blieb bei ihnen, wir unterhielten uns, diskutierten über Drogen, die Gesellschaft. Ich stimmte ihnen zu, wenn sie die Ungerechtigkeiten in unserer Welt kritisierten, griff aber ihre Folgerung, die Selbstaufgabe, die Selbstzerstörung als Ausdruck der Unzufriedenheit mit der Gesellschaft, an.

Wir verständigten uns in einem bizarren Sprachgemisch aus einigen Brocken Italienisch, französischen und englischen Wendungen, die durch Gesten untermalt wurden. Jedenfalls verstanden wir uns, und wir lachten über unser Kauderwelsch.

Mir gefällt die Offenheit, die Vorurteilslosigkeit der heutigen Jugend. Ich betrachtete die jungen Menschen um mich herum: Sie waren nicht in steife, förmliche Kleidung gezwängt, wie man sie in meiner Jugend trug. Die Stoffe ihrer Kleidung waren weich, ihr Schnitt erlaubte ungezwungene Bewegung. Wahrhaftigkeit suggerierten das Verhalten dieser jungen Leute und auch die Kleidung, die sie trugen. Sie wollten nicht scheinen, sondern sein. Einer von ihnen faßte mich am Arm, als ich mit ihnen den Platz verließ. »Du kannst mit uns essen kommen, wenn du magst und wenn du bezahlst.«

Sie lachten, und ich lachte mit ihnen. Ich freute mich, daß sie so offen und direkt waren. Manchmal allerdings führte sie die Suche nach der Wahrheit zu unreflektiertem Nachäffen und gedankenlosem Herdenverhalten. Ich sagte ihnen das in der Trattoria, wo wir uns zu Tisch setzten.

Ich empfand eine leichte Übelkeit von diesem süßlich scharfen Geruch der aus dem Orient importierten Duftstoffe und vielleicht auch der Drogen. Ich lehnte sie rigoros ab, wenn ich auch die Ursachen der Verwirrung verstand, die die jungen Leute dazu trieb, in diesen orientalischen Verlockungen, im Rausch der Drogen Schutz gegen die Inhumanität der Wirklichkeit zu suchen.

Aber sich selbst zu zerstören, das ist kein Weg. Ich sagte es ihnen. Sie machten sich nicht klar, daß sie von einem anderen System vereinnahmt worden waren, daß sie mit ihrem antimodischen Verhalten doch auch nur einer Mode folgten, daß sie sich in ihrem Bestreben, anders zu sein, manipulieren ließen. »Manipolati, ihr seid *manipolati.*«

Ich habe sie spät nachts verlassen, ohne Robert getroffen zu haben. Ich bin langsam durch die Straßen gegangen, immer noch in der Hoffnung, ihn zu finden. Ich erkundigte mich bei anderen Gruppen junger Leute, die vor den Caféterrassen saßen, bettelnd oder Gitarre spielend. Ich hatte keine Chance: Das erklärte mir in gebrochenem Englisch einer der Kommissare der Polizei, der *Sicurezza Publica*, mit dem ich am Telefon sprach. Er nannte mir einige Straßen, einige Pensionen, wo ich es versuchen sollte. Aber die Polizei, nicht wahr, konnte mir nicht helfen. Ich hatte keine gesetzliche Legitimation. Ich handelte nicht im offiziellem Auftrag. Abgesehen davon würde das Ganze auch zu nichts führen.

Nach nur drei oder vier Stunden Schlaf stand ich in der Frühe auf. Keine Chance – gut.

Herausforderungen stacheln mich nur an, das war immer so gewesen. Ich mietete einen Wagen, um die Peripherie der Stadt zu durchstreifen, um in die alten Viertel auf der anderen Seite des Arno vorzudringen. So habe ich Robert schließlich entdeckt. Ich sah ihn aus einem Geschäft kommen, mit Paketen beladen. Man wird sagen: In Florenz jemanden zu treffen, dessen Adresse man nicht weiß, ist nicht möglich. Ich jedenfalls habe Robert getroffen. Ich habe mitten auf der Straße angehalten. Hinter mir ein Hupkonzert. Ich rief. Er sah mich und lief zu mir herüber. Ich öffnete die Wagentür, zeigte auf die Verkehrsstockung, die sich gebildet hatte.

Er lachte spöttisch: »Was führt dich nach Florenz, ein Vortrag?«

»Tourismus«, antwortete ich.

Ich sah ihn genau an, und ich hatte das Gefühl, daß er sich sehr wohl in seiner Haut fühlte und daß es keinen Grund gab, ihn nach Frankreich zurückzubringen oder ihm eine Moralpredigt zu halten.

»Arbeitest du?«

Er hatte in Paris eine Italienerin kennengelernt und war ihr hierhergefolgt. Er lebte von Gelegenheitsarbeiten.

»Deine Eltern!«

»Ich habe gestern geschrieben. Sie machen sich Sorgen, ganz klar.«

Wir parkten den Wagen auf einem kleinen Platz, den ein Palazzo mit rosafarbenen Marmorsäulen abschloß. Ich wollte ausführlicher mit Robert sprechen, von seinen Plänen hören. Es interessierte mich auch, etwas von der Lebensweise dieser jungen Leute zu erfahren. Denn vielleicht ist es das, was uns vor allem fehlt: das Wissen. Wir leben abgeschlossen in unserem Milieu, in unseren Traditionen; deshalb neigen wir dazu, andere zu verurteilen, die sich nicht nach unseren Maßstäben richten.

Wir setzten uns auf eine Caféterrasse, ich hörte Robert aufmerksam zu und schaute ihn prüfend an. Sein Gesicht hatte sich verändert, es war reifer geworden, älter, zeigte schon ein paar Falten, vor allem aber einen Ernst, der mich überraschte.

»Weißt du, Martin«, sagte er unvermittelt, »Clara und ich wollen ein Kind. Jetzt.«

Ich faßte ihn mit der Hand im Nacken, schüttelte ihn vor Freude. »Du schon ein Kind?«

»Warum nicht? Möchtest du, daß wir warten, bis wir so alt sind wie du?« Er schlug mich lachend auf die Schulter. »Entschuldige, aber du solltest dich beeilen.«

Ich lachte. Ich war glücklich. Mir schien, daß Robert seinem Leben einen Sinn gab, indem er diese Verantwortung auf sich nahm.

»Möchtest du, daß ich deine Eltern anrufe?«

»Ruf sie an«, sagte er. »Ich werde sie später besuchen, mit Clara und unserem Kind. Vorher nicht.«

Ich kannte Roberts Familie nicht. Aber an diesem Abend in Florenz sprach er von ihr. Sein Vater und seine Mutter verstanden sich nicht, Robert litt unter ihren ständigen Auseinandersetzungen, und doch waren sie musterhafte Eltern, die ihren Sohn mehr liebten als ihr Leben. Aber zwischen ihnen war völlige Verständnislosigkeit, verbale Gewalt.

»Wenn sie sich angiften«, erklärte er mir, »ist es jedesmal, als ob man mich zerrisse. Verstehst du? Ich bin gegangen, die Arbeitslosigkeit, natürlich. Ich konnte es nicht annehmen, ihnen zur Last zu fallen. Sie sind Arbeiter, weißt du. Du wirst glauben, daß ich übertreibe, aber ihre Streiterei wäre mein Tod geworden. Und ich will leben, nur leben.«

Er lächelte wieder, er sprach von Clara, schlug mir vor, sie kennenzulernen, doch ich mußte am folgenden Tag nach Brüssel abreisen. Wir umarmten uns zum Abschied. Ich hatte recht gehabt, nicht aufzugeben. Eine Chance nur, aber ich hatte sie ergriffen. Und ich hatte gewonnen.

Es war mir, als käme ich von neuem aus dem kanadischen Wald zurück. Mit neuem Elan. Ich war gekommen, um Robert zu helfen. Aber er war es, der mir, ohne es zu wissen, half. Er war auf dem richtigen Weg.

Und er, der junge Mann, gab mir, dem erfahrenen Älteren, ein Beispiel. »Finde eine Clara, Martin«, sagte er, »und mache ihr ein Kind. Eine schwangere Frau, das ist schön. Ich liebe Clara noch mehr, seit sie so ist.« Mit beiden Händen zeichnete er vor seinem Bauch die freigebige Rundung des Lebens.

»Zuerst muß man finden«, sagte ich.

»Da verlasse ich mich ganz auf dich, du bist schlau, Martin.«

Am übernächsten Tag war ich in Brüssel. Ich schaute mir die *Exposition Survie* an und ließ mich schließlich am Stand der Dina-Gray-Stiftung nieder. Ich war fröhlich. Ich lachte leise vor mich hin, als ich an Robert dachte. Seine Eltern waren sehr überrascht gewesen, als ich ihnen am Telefon sagte, daß es ihm gutgehe, sehr gut, daß er glücklicher zu sein schien als je zuvor.

»Ist das auch wahr, Monsieur Gray?« fragte der Vater mit ängstlicher Stimme.

Ich mußte es mehrmals bekräftigen. Ich hatte ihnen nichts von der bevorstehenden Geburt ihres Enkelkindes gesagt. Und ich hatte auch nicht von Clara gesprochen. Es war Roberts Sache, es ihnen mitzuteilen, sich mit ihnen auseinanderzusetzen. Ich machte mir darüber keine Gedanken, Robert war ein Mann.

Vor dem Stand drängten sich die Besucher, darunter viele meiner Leser. Ich stand auf, trat zu ihnen, die Leute umringten mich und sprachen mit mir. Man fragte nach meiner Meinung zu den Kernkraftwerken, zu den Überschallflugzeugen, zu den wesentlichen Problemen des Überlebens. Ich antwortete, aber ich merkte, daß ich nicht ganz bei der Sache war. Ich war zerstreut. Ich ging zu einzelnen Ständen, um mich mit Verantwortlichen ökologischer Gruppierungen zu unterhalten; dann ging ich wieder zu unserem Stand zurück, um meine Bücher zu signieren. Und in dem Augenblick, als ich mich setzen wollte, mußte ich mich plötzlich umdrehen – ich hatte das Gefühl, daß jemand meinen Nacken berührte, leicht, doch zugleich sehr deutlich und drängend.

Ich habe mich umgewandt, und mein Leben war verändert.

Später hat Virginia mir den Hergang erzählt. Sie hatte keins meiner Bücher gelesen. Sie kannte meinen Namen. Sie hatte keine Lust gehabt, die Ausstellung zu besuchen. Dann waren ihre Eltern allein hingegangen, sie hatten Virginia von mir erzählt, und dann...

Wer kann schon genau sagen, warum man sich plötzlich entscheidet, etwas zu tun, wogegen man sich eben noch gewehrt hatte. Sie war mit einer Gruppe von Freunden gekommen. Sie hatte mich gesehen, zunächst am Stand, dann, als ich aufstand und mich mit den Besuchern unterhielt. Sie sagte mir später: »Als ich dich sah und du mich nicht anschautest, als ich dich umringt von all diesen Leuten sah, war ich eifersüchtig. Man entriß mir etwas, ich hatte Angst, sie würden dich vor mir verstecken, so daß du mich nicht sehen könntest, und ich würde nicht wissen, was ich mit all den Jahren anfangen sollte, die vor mir lagen und die ich leben mußte.«

Sie stand hinter mir und hatte mich angesehen.

Ich habe mich umgewandt, und mein Leben war verändert.

Ich habe Virginias Augen gesehen, blaue Inseln in ihrem so blassen Gesicht, unter den blonden Haaren. Ich habe mich hingesetzt, und mein erstes Gefühl war Angst.

Auch ich, das habe ich ihr später eingestanden, hatte Angst. Angst, daß man sie mir nähme, daß sie sich entfernte und ich sie plötzlich nicht mehr sähe. Gleichzeitig hatte ich aber die Gewißheit, daß das nicht möglich war, daß schon jetzt etwas uns vereinte.

Ich fuhr fort zu signieren, aber ich machte es mit einer ungewöhnlichen Langsamkeit, als wollte ich den Zufall herausfordern: Wenn das junge Mädchen blieb, während ich mir Zeit nahm und mich nicht mehr umwandte, dann würde zwischen uns ...

Junges Mädchen. Ich sprach diese beiden Worte in Gedanken aus, und ich spürte sie wie einen Faustschlag gegen die Kehle, einen Schlag, der mir die Luft wegnahm. Wie alt war sie? Sechzehn, siebzehn Jahre?

Das Unmögliche.

Und doch erinnerte ich mich in diesem Augenblick an das, was Helen gesagt hatte: Ich brauchte eine Frau, die am Anfang des Lebens stand. Damit ich mein Leben neu beginnen konnte.

Egoismus. Wahnsinn.

Konnte ein junges Mädchen einen Mann akzeptieren, der so schwer an der Vergangenheit zu tragen hatte wie ich?

Wahnsinn. Doch was gab mir dann die Gewißheit, daß sie mich akzeptieren würde? Daß es nur an mir lag zu wollen, daß sie schon jetzt wollte?

Ich wandte mich nicht um. Ich ließ meine Feder langsam über die Buchseite gleiten, die die Leser mir vorlegten, ich schrieb eine Widmung, unterzeichnete.

War der Augenblick gekommen, daß ich mein Leben wieder mit einer Frau teilen würde, meiner Frau, und meinen Kindern?

Plötzlich spürte ich ihre Nähe.

Später hat Virginia mir gesagt, daß sie es nicht mehr ertragen konnte, dazustehen, ohne meine Augen zu sehen, daß sie vorgetreten war und sich plötzlich, ohne sich dessen bewußt zu sein, auf dem Stuhl neben mir sitzend fand, am Tisch des Standes. Ich habe keine Erklärung für das, was geschah.

Ich wünschte, ich hätte eine, um verständlich zu machen, wieso ich von diesem Augenblick an wußte, daß ich mit Virginia leben würde, daß der Altersunterschied kein Hindernis war, denn sie saß ja hier, öffnete lächelnd die Bücher, die ich signieren sollte, und ich sagte: »Bilden wir nicht ein gutes Gespann?«

Ich habe keine Erklärung, denn dies war der einzige Satz, den ich sprach. Um uns das Stimmengewirr der Ausstellung, die Ansagen in den Lautsprechern, die Fragen von Lesern, ihre Dankesworte, wenn ich ihnen ihre signierten Bücher reichte. Sie sahen Virginia an. Was dachten sie? Ich wußte nicht, was mit mir geschah: Ich war gelassen und sicher, zugleich schnürte mir die Angst die Kehle zu.

Ich hatte sowohl die Überzeugung, daß ich nach Jahren endlich wieder festen Boden unter den Füßen hatte, als auch die Befürchtung, daß meine Hoffnung sehr zerbrechlich war. Eine innere Kraft gab mir absolute Zuversicht, und die Vernunft machte sie wieder zuschanden.

Ist nicht alle Zuversicht Illusion? Zeigte mein Schicksal mir nicht, daß sich unter jedem Tritt der Boden öffnen und uns verschlingen konnte?

Meine Erinnerung konfrontierte mich wieder einmal mit meinem vergangenen Leben, während ich Virginia anschaute, während unsere Blicke einander nicht losließen und wir den Trubel um uns vergaßen. Jemand berührte meinen Arm und sagte: »Könnten Sie wohl mein Buch signieren?« Ich schreckte auf und wußte im ersten Augenblick nicht, wo ich war.

Als ich mich erhob, stand Virginia unmittelbar neben mir. Habe ich zu denen, die sich um den Stand drängten, ein Wort des Abschieds gesagt? Ich weiß es nicht mehr. Wir saßen in einem Taxi, daran erinnere ich mich. Wir fuhren durch Brüssel, und ich saß dicht neben ihr, obwohl ich Abstand zu halten versuchte. Später haben wir uns gegenseitig gestanden, daß wir uns gern die Hände gehalten hätten, daß diese Fahrt durch Brüssel für uns beide zugleich Prüfung und Freude war. Ich fragte sie nicht nach ihrem Alter, jedenfalls erinnere ich mich nicht daran, so stark lebt in meinem Gedächtnis dieses Verlangen: ihr nahe zu sein und es lange zu bleiben. Aber sie sprach zu mir. Ich erfuhr, daß sie sechzehn Jahre alt war, daß sie noch zur Schule ging, daß ihre Mutter fast zehn Jahre jünger war als ich. Ich hörte das alles, vielleicht habe ich es gleich verstanden, vielleicht ist es mir auch erst später bewußt geworden.

Ich fühlte wie ein Schwimmer, der zu tief getaucht ist und dem die Luft ausgeht, während er nach oben zur Oberfläche schwimmt. Sie ist da, über ihm, er wird sie in wenigen Sekunden erreichen, er weiß es, aber er hat keinen Atem mehr, und er befürchtet, daß er das Tageslicht nie mehr sehen wird, wenn das Atmen noch länger unterbrochen ist.

Das Taxi hielt vor Virginias Elternhaus.

Ich sah sie an, sie lachte mich an, sie war ein so lebhaftes, natürliches Geschöpf. Ich wollte nicht gleich darauf verzichten, mit diesem Wunder zusammenzusein.

Ich blieb noch einige Zeit neben ihr sitzen, ohne etwas zu sagen oder – ich erinnere mich nicht mehr – vielleicht auch zu viel sprechend.

Ich wollte sofort ihre Eltern kennenlernen. Ich ging mit ihr hinauf, sie stellte mich vor. Als ich mich verabschiedete, sagte ich: »Wenn Sie und Virginia mich einmal im Tanneron, an der Côte d'Azur besuchen –«

»Sie geht zur Schule«, unterbrach mich Virginias Mutter.

»Wenn sie Ferien hat, vielleicht zu Weihnachten?«

Von nun an wartete ich ungeduldig auf das Ende des Jahres, das für mich der Anfang eines neuen Lebens sein würde.

Wir haben das Geheimnis bewahrt

Wir haben das Geheimnis bewahrt, Virginia und ich. Zu schweigen über das, was in uns vorging, war unser erster Pakt. Es war – wir haben uns oft daran erinnert, wenn wir von diesen Wochen der Trennung sprachen – unsere Art, trotz der räumlichen Entfernung zusammenzusein.

Virginia ist wieder in ihre Schule gegangen, eine Heranwachsende unter Heranwachsenden. Und wenn ich in Paris, oder später in Cannes, einer Gruppe Schülerinnen begegnete, wurde mir bewußt, wie verrückt ich sein mußte, das für möglich zu halten, was ich in meinem Herzen so sicher wußte: mit Virginia zu leben.

Ich sah auf dem Boulevard Carnot vor dem Haupteingang des Lycée von Cannes eine Gruppe junger Mädchen stehen, die auf das Läuten zum Unterrichtsbeginn warteten. Ich ging langsamer, um sie zu beobachten, ich hörte ihr Lachen, ich sah, wie einige verstohlen ein paar Züge von einer Zigarette rauchten und sie dann weitergaben.

Wahnsinn, ein Skandal vielleicht.

Ich dachte daran, wie sich der Altersunterschied im Fortschreiten der Zeit auswirken würde: vierunddreißig Jahre zwischen uns ... fast ein Leben.

Ich hielt mir vor Augen, daß Virginias Eltern jünger waren als ich, daß ...

Ich könnte noch lange so fortfahren, Seite um Seite. Ich könnte über die Reaktion der Leute spekulieren, für die meine Liebe zu Virginia ein Skandal sein würde. Ich habe mir das alles selbst gesagt, immer wieder, in diesen Wochen des Wartens.

Doch viel stärker als alle diese Einwendungen der Vernunft war in mir die Gewißheit, daß Virginia und ich ein gemeinsames Leben aufbauen, eine Familie gründen würden. Und daß dies notwendig war. Für sie. Für mich.

Man wird sagen können, daß ich sie beeinflußt hätte. Daß es ein Skandal sei, einen Fünfzigjährigen ein junges Mädchen heiraten zu lassen, das nichts vom Leben weiß, das noch mit seinen Freundinnen auf einem Schulhof herumalbert. Man wird das sagen, von mir aus soll man es sagen!

Jedesmal wenn wir miteinander telefonierten, stellte ich bei Virginia eine Entschlossenheit und eine Selbstsicherheit fest, die mich erstaunten. Und ich spürte eine Lebensfreude, die mich hinriß. Sie war sich darüber klar, daß man über uns klatschen würde. Aber auch sie hatte die unumstößliche Gewißheit, daß wir zusammengehörten.

Manchmal war ich versucht, Max Gallo oder meinen Freunden und Nachbarn im Tanneron von ihr zu erzählen. Aber in dem Augenblick, wo ich ansetzen wollte, von dem zu sprechen, was mein Herz bewegte, schwieg ich. Keine vertraulichen Mitteilungen! Wozu sollte das gut sein? Wußte ich nicht, was man mir antworten würde? Die einen würden von den bekannten Fällen der Verbindung eines berühmten Mannes mit einer jungen Frau sprechen. Man würde Charlie Chaplin anführen usw. Die anderen würden sich lange in Schweigen hüllen und schließlich murmeln: »Haben Sie das auch genau überlegt, Martin? Sie könnte Ihre Tochter sein.«

Ich wußte das alles nur zu gut. Alles.

Aber ich konnte das, was ich empfand, nicht verständlich machen: diese innere Gewißheit, dieses Verlangen, das stärker war als ich, meine Überzeugung, vom ersten Augenblick an, als wir uns angesehen hatten, daß wir füreinander bestimmt waren. Daß alles andere nicht zählte.

Jeder Mensch ist einmalig, und kein anderer kann für ihn entscheiden.

Nur einmal, ein einziges Mal brach ich das Geheimnis.

Ich wußte, daß der, dem ich mich anvertraute, mich verstehen würde. Er gehörte zu denen, die selbst die Erschütterung des ganzen Wesens erlebt haben, die man Liebe nennt. Robert hatte mich von Nizza aus angerufen. Er war bis hierher mit Freunden im Wagen gekommen und flog drei Stunden später nach Paris weiter. Er erwartete mich am Flugplatz. Wir gingen auf dem Parkplatz zwischen den Wagen hin und her, unter der angenehmen Sonne eines Spätnachmittags. Er erzählte mir von Clara, von dem Kind, das bald geboren werden sollte ... Seine Eltern hatten trotz ihres Alters beschlossen, sich zu trennen.

»Das ist der Grund, weshalb ich nach Paris will«, erklärte er mir.

Er unterbrach sich, musterte mich. »Martin, du hast dich verändert. Hast du dir die Haare kürzer schneiden lassen?«

Er überlegte, runzelte die Augenbrauen, fixierte mich scharf. »Du heiratest, ist es das?« sagte er lachend. »Du heiratest noch vor mir?«

Ich lachte. Er würde verstehen. Wir setzten uns auf eine kleine Mauer. Der Lärm der startenden Düsenflugzeuge zwang mich manchmal, die Stimme zu heben. Von Zeit zu Zeit schwieg ich, um Roberts Reaktion zu beobachten.

»Und worauf wartet ihr?« fragte er.

»Sechzehn Jahre!« Ich breitete die Arme zum Zeichen des Zweifels aus.

»Na und! Wenn Krieg wäre, glaubst du, man würde eine Sekunde zögern, Sechzehnjährige an die Front zu schicken? Muß ich das ausgerechnet dir sagen?«

Vielleicht gab er mir damit den Schlüssel zum Verständnis meiner Situation. Er hatte recht. Ich hatte ja selbst die Zeit miterlebt, als man Kinder des Heldentums und des Todes für würdig hielt. Ich hatte die Straßen gekannt, in denen die Jüngsten und die Greise gemeinsam kämpften oder aus denen sie in die Konzentrationslager abtransportiert wurden. Ich wußte, den Unterschied zwischen Menschen – sofern sie nicht mehr Kinder waren – machte nicht das Alter, ihn machten das Herz und die Seele aus.

Die Konvention des Alters sollte schließlich nicht über unsere Gefühle entscheiden. Sie allein zählten, sagte Robert, der soviel jünger war als ich.

»Wenn du dir sicher bist, wenn ihr, sie und du, euch sicher seid, warum dann warten?«

Er sprach zu mir wie ein Sohn oder jüngerer Bruder, der mir das zu sagen bemüht ist, was er empfindet, ohne Vorurteile. Und ich hatte zu ihm gesprochen, weil ich mir seit unserer ersten Begegnung, und vor allem seit Florenz, das Urteil hatte bilden können, daß Robert ein aufrichtiger, wahrer Mensch war, der sich nicht von Modeströmungen beeinflussen ließ. Er wollte immer nur er selbst sein, treu seiner eigenen Lebensmoral. Ich war glücklich, daß dieser junge Mann mich verstand.

»Warum warten?« wiederholte er. Er zwinkerte mir zu. »Es gibt da eine Sache, auf die ich dich aufmerksam machen muß: Du hast nicht viel Zeit zu verlieren. Wenn ihr euch sicher seid, dann nichts wie los.«

Ich bin langsam in den Tanneron zurückgefahren. Der Himmel hatte sich violett gefärbt, die Nacht fiel von Osten her ein, sie begann, die Umrisse der Berge zu verwischen.

Wir waren uns sicher, Virginia und ich.

Aber ich wollte einige Wochen warten, um uns beiden eine wenn auch kurze Zeit der Selbstprüfung aufzuerlegen.

Als ich die Stelle erreichte, wo die Kinder der Schule von Tanneron, die Gefährten meiner Kinder, eine Stelle zu ihrem Gedächtnis errichtet hatten, hielt ich am Rand der Straße an. Ich betrachtete die jungen Bäume, die das Mal einfriedeten.

Ich hatte nichts vergessen. Mein Herz bewahrte die Erinnerung.

Virginia wußte von dieser Vergangenheit. Ich hatte sie gebeten, meine Bücher zu lesen, sie mußte wissen, was ich in mir trug. An Leiden und an Willen. An Unruhe und Besonnenheit. Ihr Leben war ganz einfach verlaufen: Es hatte ja kaum begonnen. Ich trug die Last so vieler Jahrhunderte, die Zeiten der Barbarei waren für immer in mein Leben eingegraben.

Ich fuhr weiter, kam zu meinem Haus Les Barons. Ich stieg aus, betrachtete es lange, ging um die Mauern herum. Ich hatte es zum Verkauf angeboten. Es schien mir vernünftig zu sein, mein neues Leben an anderer Stelle zu beginnen. Doch zugleich fürchtete ich die Entwurzelung. Ich trat ins Haus. Ich versuchte, mir Virginia hier vorzustellen, vor dem Kamin, unsere zukünftigen Kinder, die durch das Treppenhaus liefen, sich im Musikzimmer versteckten, sich in diesem Haus verloren. Denn als ich an diesem Abend durch das ganze Haus ging, wurde mir klar, wie sehr es den Charakter eines Labyrinths hatte, nicht eines künstlich angelegten, sondern eines gewachsenen, weitverzweigten Organismus.

Les Barons war ein »biologisches« Haus, ein lebendiges Haus, das von Zimmer zu Zimmer gewachsen war, je nachdem, wie seine bäuerlichen Bewohner Zeit und Geld hatten, seine Fläche zu vergrößern. Es war voller Krümmungen und Unebenheiten. Max hatte bei seiner Besichtigung gesagt: »Von Ihrem Haus, Martin, kann man keinen Plan aus dem Gedächtnis zeichnen, es lebt, es entwickelt sich in alle Richtungen. Und doch, wenn man es von außen sieht, scheint es so einfach zu sein.«

Immer wieder redete ich mir ein, daß ich dieses lebendige Haus verlassen mußte, daß ich nicht das Recht hatte, hier mit Virginia zu wohnen.

Ihretwegen und meinetwegen.

Es war nicht einfach, mich selbst davon zu überzeugen, und ich litt darunter. Doch die Vernunft schien dieser Entscheidung zuzuneigen. Ich rief Virginia an, ich erklärte ihr meine Zweifel, ohne aber darauf hinzuweisen, daß die Aussicht auf unser gemeinsames Leben meinen Wunsch verstärkte, mich von dem Haus zu trennen. Sie antwortete: »Das mußt du allein entscheiden. Es ist das Haus deines vergangenen Lebens.«

Ihre Stimme klang leicht, ich spürte aber den ernsten Unterton.

Meine Sache, zu entscheiden.

Meine Sache, zu warten.

Die Zeit wurde mir lang. Die Tage zogen sich dahin, die Wochen schienen nicht weniger, sondern mehr zu werden.

Auf einmal schien die Zeit, die mir all die Jahre hindurch so rasch verflogen war, die Zeit, die von meinen Vorträgen und der Arbeit für die Stiftung verschlungen worden war, auf einmal schien sie stillzustehen.

Brüssel war nur eine Flugstunde von Nizza entfernt, aber eine unüberwindliche Schranke trennte uns: unser Entschluß zu warten. Das Warten war zu einer Herausforderung geworden.

Damals wurde mir wieder die große Bedeutung der Liebe in unserem Leben bewußt. Das alles hatte ich zwar schon einmal erlebt, doch was weiß man jemals von seinen Gefühlen? Immer wieder wird man von ihrer Heftigkeit überrascht.

Die Erforschung unserer eigenen Leidenschaft bleibt immer naiv. Wieder einmal entdeckte ich, wie leer das Leben ohne Liebe ist, ohne dieses Verlangen, mit dem anderen zu leben, mit ihm zu planen und zu bauen.

Die Worte, die ich geschrieben hatte, die mit Erinnerungen beladen waren, erhielten von neuem Blut und Kraft. Ich wußte wieder, daß die Liebe wie die Luft ist, die wir atmen. Ich brauchte Virginia.

Ich wunderte mich, daß nur wenige Stunden genügt hatten, um zwischen uns diese Bindung entstehen zu lassen.

Manchmal setzte ich mich an den Steintisch. Ich dachte an die Meinen, an Helen, ich ging in Gedanken alle Wege nach, die uns zueinandergeführt hatten. Und ich wurde von Verwunderung, manchmal auch von Unruhe ergriffen, wenn ich an diese Umwege, an diese Folge scheinbar zufälliger Begebenheiten dachte, die notwendig gewesen waren, damit eines Tages zwei Menschen sich begegneten und sich anblickten.

Immer war es wie ein langer Marsch, der kein Ziel zu haben schien. Und der plötzlich einen Sinn erhielt. Wenn Kinder geboren wurden, dann blieb die Verbindung im Gedächtnis der Menschen erhalten.

Ich wollte Kinder von Virginia. Ich hatte, seit ich sie gesehen hatte, keine Angst mehr, mir dieses Verlangen einzugestehen.

Nicht immer waren meine Gedanken und mein Blick so klar.

Mehrmals wurde ich in diesen Nächten von einem Alptraum aufgeweckt, er fing immer gleich an. Virginia kam auf mich zu, sie sah wie eine jüngere Schwester von Dina aus, sie öffnete glücklich die Arme – und plötzlich tauchte die Bedrohung auf. Manchmal handelte es sich um die Barbaren in ihren schwarzen Uniformen, und Virginia trug plötzlich die Züge Riwkas – sie war damals in Virginias Alter gewesen –, die sich mit mir unter den Dächern des Gettos versteckt hielt. Ich hatte sie nicht retten können. Weder sie noch meine Mutter, noch meine Brüder. Und in meinem Alptraum konnte ich auch Virginia nicht schützen. Die Barbaren schleppten sie fort, ich schlug mich mit ihnen, ich versuchte bei ihr zu bleiben, vergeblich.

Manchmal war es der Waldbrand, den ich näher kommen sah, die Flammen schlossen Virginia ein. Sie war dann Dinas Doppelgängerin, und ich wußte dennoch, daß es Virginia war, meine junge Frau.

Ein anderes Mal ging sie am Rand der Straße vor Les Barons, ein

Wagen tauchte hinter ihr auf, ich wußte, daß er Virginia überfahren würde, und ich schrie, um sie zu warnen, ich rannte hinter dem Wagen her. Zu spät: Ich sah Virginia auf dem Boden liegen, die blonden Haare umrahmten das totenblasse Gesicht.

Ich wachte auf, und es gelang mir nie, gleich zu welcher Stunde es war, wieder einzuschlafen.

Ich ging auf die Terrasse hinaus. Ich atmete das Schweigen der Nacht ein, die Dunkelheit des Landes wurde am Horizont von den Lichtern der Städte Cannes und Grasse durchbrochen. Die Beleuchtung der Straßen zwischen den Dörfern legte ein Netz punktierter Linien über die Hochebene. Ich wußte, was diese Alpträume bedeuteten. Sie waren eine Emanation meiner Angst, Träger eines bösen Fluchs zu sein.

Man ist nicht ein Überlebender, ohne dafür den Preis zahlen zu müssen. Es ist dieses unterbewußte Schuldgefühl, das zu der schrecklichen Angst führt, einen Fluch zu tragen.

Ich hatte oft mit Helen darüber gesprochen, ich hatte Max Gallo von meiner Angst erzählt. Ich spürte sie noch immer, sie durchdrang mein ganzes Wesen. Auch das, was die beiden mir gesagt hatten, auch ihre Worte konnten mich nicht die Menschen vergessen lassen, die an meiner Seite gegangen waren und die der Tod hinweggerafft hatte.

Diese Gedanken erfüllten mich in der schönen, weiten und frischen Nacht. Allmählich erwachte das Land aus dem Dunkel, die Sonne färbte im Osten die Felsen rot, sie stieg aus dem Meer auf.

Meine Unruhe zerstreute sich. Doch es blieb ein Rest, der Gedanke, vielleicht nicht rein zu sein. Nicht verflucht, aber vom Staub des langen Weges durch das Leben bedeckt, während Virginia ganz weiß, unschuldig und jung war.

Hatte ich das Recht, selbst wenn ich die Angst des Alptraums überwinden konnte, hatte ich das Recht, ich, den das Leben so geschunden und verhärtet hatte, mich mit der zerbrechlichen Jugend Virginias zu vereinen?

Eine Frage, die zu klären die Stimme Virginias genügte. Sie sprach mit mir, ich stellte mir das Lachen ihrer klaren Augen vor, und ich fühlte, daß wichtiger als die Frage nach dem Recht unser großes Verlangen war, das tiefe Bedürfnis, vereint zu sein.

Ist das nicht auch ein menschliches Recht, steht es nicht über allen anderen?

Dieses Recht auf das gemeinsame Leben war das stärkste, weil es unser Recht war, mein Recht und ihr Recht.

Als Virginia mir sagte, daß sie nach Les Barons kommen werde, in Begleitung eines mir befreundeten Diplomaten und seiner Frau, daß ihre Eltern ihr die Erlaubnis gegeben hatten, die Weihnachtsferien in Les Barons zu verbringen, wie hätte ich da dem Verlangen widerstehen können, sie wiederzusehen?

Ich erwartete sie. Und ich wußte, daß sie und ich ein Paar waren, wie das Urteil der anderen auch sein würde, ein Paar, vereint in dem gemeinsamen Verlangen, für immer zusammenzusein.

Sie kam

Sie kam. Les Barons erwachte zu neuem Leben.

Sie kam.

Sie bewegte sich so sicher durch Les Barons, als kenne sie jeden Winkel in diesem labyrinthischen Haus. Meine Freunde, der Diplomat und seine Frau, die sie begleitet hatten, verließen uns bald, wir blieben allein, sie und ich, in dem wieder lebendigen Haus.

Virginia sang und hüpfte herum wie ein junger Vogel.

Virginia lief über den Rasen, sie stützte sich mit den Ellbogen auf das Mäuerchen der Terrasse und sagte: »Es gefällt mir, daß der Horizont so offen und weit ist, daß man das Meer und die Berge sieht, das, was sich bewegt, und das, was fest ist. Es muß beides im Leben geben.«

Sie hatte die Gabe, alles zum Leben zu erwecken, durch eine spontane Zuneigung zu den Dingen und den Lebewesen: Sie berührte einen Gegenstand, und es schien mir, er würde anders, oder vielmehr, er fände seine alte Form wieder, die aus der Zeit vor der Tragödie. Sie brachte das, was verschüttet gewesen war, wieder ans Tageslicht. Es wurde wieder vertraut und nützlich.

Sie sprach mit Mme. Lorenzelli, als hätte sie sie schon immer gekannt. Sie brauchte sich mit der Katze nicht anzufreunden, sie kam von selbst zu ihr, schnurrend.

Durch sie fand ich das Leben wieder.

Ich wanderte mit ihr durch die Felder, wir stiegen auf den Hügel, der sich hinter Les Barons erhebt und zu meinem Grund gehört. Ich zeigte ihr unter den dornigen Sträuchern und den wilden Mimosen die Ruinen des Mas, der hier gestanden hatte. Ich ließ sie einen noch weiteren Blick entdecken, der den Horizont in einem einzigen Bogen von Ost bis West alle Höhen vom Var bis zur italienischen Grenze umfaßt.

Ich sagte: »Hier könnten wir bauen...«

Ich verstummte. Ich hatte mich zu weit vorgewagt, ich hatte *wir* gesagt. Sie drängte sich an mich, legte mir die Arme um den Hals, aber ich löste die Umarmung, obwohl ich sie am liebsten für immer so festgehalten hätte.

»Wir müssen warten«, sagte ich.

Sie schüttelte den Kopf, so daß ihr die Haare ums Gesicht flogen.

»Worauf warten?« Sie lachte. »Was kann sich zwischen uns ändern? Seit dem ersten Augenblick ist es, als wäre es schon immer so gewesen.«

Sie sprach mit einem Akzent, der mir sehr gefiel, mit kräftigeren Modulationen, als es bei den Franzosen üblich ist.

»Und Les Barons?« fragte sie.

Sie nahm meinen Arm, als wir wieder zum Haus abstiegen.

»Wenn ich jemanden finde, der mehr ist als nur ein Käufer, einen Menschen, den ich gern als Nachbarn haben möchte, dann werde ich Les Barons verkaufen. Und wir werden da oben bauen.«

Ich wandte mich um und zeigte auf die Höhe, die wir gerade verlassen hatten.

»Ich liebe Les Barons«, sagte Virginia.

Ich liebte es auch, aber ich mißtraute ihm, ihm und mir.

»Aber nur du kannst wissen, wie du mit deiner Vergangenheit leben mußt.«

Sie blieb stehen und sah mich an. »Ich nehme an dieser Vergangenheit teil, sie gehört auch mir. Ich habe an ihr von dem Augenblick an teilgehabt, als ich mich zu dir gesetzt habe.«

»Wir werden uns ein neues Haus bauen«, bekräftigte ich.

Sie drückte meine Hand.

Wir haben später noch öfter über meinen Entschluß gesprochen, mich von Les Barons zu trennen. Wir handelten, das weiß ich heute, als hätten wir beide, sie und ich, Angst, dem anderen Fesseln anzulegen. Virginia glaubte, daß ich Les Barons aufgab, weil ich nicht hier, im Brennpunkt meiner Erinnerungen, leben wollte, und ich bildete mir ein, daß ich ohne diese Geste des Bruchs mit meiner Vergangenheit nicht wagen konnte, ein Leben mit Virginia zu beginnen.

Der Irrtum liebt es, sich zu maskieren.

Aber vor allem hatten wir, Virginia und ich, gerade erst angefangen, uns kennenzulernen, wir wagten kaum, uns bei der Hand zu halten, das Du hatte sich wie von selbst eingestellt, ohne daß wir wußten, wer von uns es als erster gesagt hatte. Wir saßen auch jetzt voneinander entfernt, sie auf der Couch, ich im Sessel. Wir sahen uns an, und plötzlich begann Virginia zu lachen.

Seit Jahren war es das erste freie und junge Lachen in diesem Haus.

»Die Ferien gehen zu Ende«, sagte sie. »Ich muß zurück in die Schule.«

Sie hörte nicht auf zu lachen, und ich stimmte ein. Sie oder ich fügte hinzu: »Wenn bekannt wird, daß wir heiraten, du und ich...«

Wir haben wieder gelacht, und ich empfand erneut dieses Gefühl der Befreiung, das den ganzen Körper erfaßt, wenn wir von Freude erfüllt werden oder wenn ein Schmerz aufhört. Und dann der plötzliche Übergang zu nachdenklichem Ernst, als Virginia sagte: »Weißt du, Dina, deine Kinder, das ist für mich wie eine Familie, die ich früher gehabt habe.«

Wer wird verstehen, daß ich hier Dinge enthülle, die noch so nahe sind? Wer wird verstehen, daß meine »Schamlosigkeit« – manche Leute werden sicher dieses Wort gebrauchen – meine persönliche Art ist, mit dem, was ich denke, in Einklang zu sein? Zu sagen, was ich geworden bin, denn ich habe ja Hunderttausenden Lesern gesagt, was ich gewesen war. Nichts von dem zu verschweigen, was diese sieben Jahre waren, also auch nicht, wie sie mich zu Virginia führten.

Mag man über mich urteilen, wie man will, ich akzeptiere es.

Verständnis habe ich aber nur für die Empfindungen derer, die den Versuch machen wollen, mich zu verstehen. Für die ich nicht von vornherein ein Fremder, ein Feind bin. Die noch fähig zum Mitgefühl sind. Die glauben, daß Liebe möglich ist. Die sich nicht schämen, ihre Rührung zu zeigen, und die ihre Tränen und ihr Lachen nicht zurückhalten.

Von diesen Menschen akzeptiere ich ein Urteil.

Nicht von den toten Herzen. Nicht von den kalten Seelen.

Virginia mußte also zum Schulanfang nach Brüssel zurückkehren, und ich wollte sie begleiten. Ich wollte ihre Eltern besuchen, um ihre Einwilligung zu unserer Heirat einzuholen. Ich war ohne Sorge. Ich hatte Mme. Lorenzelli mit Virginia lachen sehen, ich wußte, daß Virginias und mein Glück ansteckend war. Ich wußte, daß die, welche sie liebten, und daß auch meine Freunde sehen mußten, daß wir zusammengehörten, vom ersten Augenblick an.

Am Abend vor Virginias Abreise hielt ein Wagen vor Les Barons. Wir erwarteten niemanden. Der Mann, der aus dem Wagen stieg, war vierschrötig, untersetzt. Er winkte mir zu wie einem alten Bekannten. Waren wir uns vielleicht schon einmal begegnet? Er kam näher, gefolgt von Kindern, die aus dem Wagen gesprungen waren.

»Ist es noch zu kaufen?« fragte er, auf das Haus zeigend.

Er hatte das Haus während meiner Abwesenheit besichtigt. Er war Amerikaner. Er wolle das Haus für sich und seine Kinder kaufen, sagte er.

»Ich habe neun Kinder«, erklärte er stolz, als er mir die Hand schüttelte.

Mir schien, mein ganzes Leben würde harmonisch: das Einverständnis mit Virginia, und jetzt würde auch Les Barons in gute Hände kommen, wenn ich es an diese Familie verkaufte, in der, wie ich glaubte, die Kinder den Ton angaben.

»Neun Kinder, wirklich?« fragte ich.

»Neun«, wiederholte er. Er rief sie her und stellte sie mir einzeln vor. Dann setzte er sich mit seiner Frau zu Virginia und sagte: »Und Sie, Martin? Und welche Pläne haben Sie und Ihre schöne junge Frau?«

Er hatte eine offene und direkte Art, wie sie vielen Amerikanern eigen ist.

»Ich weiß alles, was sich hier ereignet hat, aber« – er stand auf, ging durch das Zimmer, als gehörte ihm das Haus schon – »es betrifft nicht das Haus und nicht uns.«

Manchmal schaute ich Virginia an, ich empfand ein gewisses Unbehagen über die Geschwindigkeit, mit der der Käufer sich meines Lebensraums, meines Hauses bemächtigte. Doch der Wunsch, die Sache schnell hinter mich zu bringen, durch einen raschen Schnitt zu vermeiden, daß ich mich doch noch anders besinnen könnte, überdeckte die Unruhe. Ich sagte: »Ich fahre morgen mit Virginia fort.«

Vielleicht war das der Versuch, einer Entscheidung doch noch aus dem Weg zu gehen, den Akt der Trennung unbewußt hinauszuzögern, während mein Bewußtsein den raschen Schnitt wollte.

»Wir können das vor morgen erledigen. Zwischen uns. Sie haben doch Vertrauen zu mir, Martin?«

Seine Kinder liefen durch das Haus. Er faßte mich beim Arm. Er sagte, er wolle alles kaufen, auch die Möbel, die Antiquitäten, die Teppiche, alles, was sich im Haus befand.

»Auf diese Weise«, lachte er, »werden Sie sich, wenn Sie uns besuchen, wie zu Hause fühlen, Martin.«

Ich bin hinausgegangen, um das Haus, bin schließlich gegenüber dem Hügel, auf dem ich mein neues Haus errichten wollte, stehengeblieben. Virginia war zu mir gekommen. Zum erstenmal schmiegte sie sich an mich, sie schwieg. Ich spürte eine verborgene Traurigkeit in ihr, wie ich sie in mir empfand, aber ich ignorierte sie. Ich geriet ins Schwärmen. Heute weiß ich, daß meine Begeisterung nur gespielt war.

»Siehst du den Hügel? Von unserem neuen Haus aus werde ich auch Les Barons sehen. Wir werden es besuchen, wann immer wir wollen, und diese neun Kinder werden Freunde unserer Kinder sein.«

Virginia schmiegte sich noch zärtlicher an mich. Ich war gerührt. Ich sprach. Ich stellte mir das neue Haus vor: »Es wird einen Turm haben, wir werden die ganze Gegend überblicken können. Du wirst sehen, es wird großartig sein.«

Virginia unterbrach mich. »Großartig? Warum? Ich möchte, daß es warm, gemütlich ist. Daß jeder, der uns besucht, sich hier zu Hause fühlt und keine Lust hat, wieder fortzugehen.«

Der Käufer war zu uns getreten. »Also, Martin, entschieden?«

Er erklärte mir, daß er Sammler von Oldtimern sei, von alten Automodellen, daß er in Les Barons ein Museum einrichten werde, der Platz sei dafür ideal, einsam und doch in der Nähe der großen Küstenstädte, des internationalen Flughafens von Nizza.

»Ich werde meine Kinder hier bei mir behalten, wir werden die Wagen ausstellen, und die Besucher...«

Er begleitete seine Worte mit ausladenden Gesten, ich sah im

Geist, wie das Haus von Leben erfüllt war. Ich schaute zum Hügel hoch. Wir würden dort oben sein, in der Nähe und doch für uns. Was bedeutete es mir schießlich, Les Barons zu besitzen? Wenn ich es leben sah, war ich dann nicht auch meinen Wurzeln nahe?

»Les Barons ist für mich ...« begann ich.

Der Käufer legte mir die Hand auf die Schulter. Ich erinnere mich an diese körperliche Berührung. In diesem Augenblick hätte ich mißtrauisch werden müssen; denn plötzlich erfaßte mich ein Gefühl der Abneigung, fast gegen meinen Willen, eine instinktive Reaktion meines ganzen Körpers.

Ich hatte eine so schmerzhafte Erfahrung mit Menschen und ihren Verrätereien, daß ich sie an ihren Verhaltensweisen zu erkennen vermochte. Ich konnte sie sozusagen riechen, wie es die Tiere des Waldes können, für die das Wittern des Feindes lebenswichtig ist.

Ich hatte diese Gabe, und ich habe sie heute noch. Und doch habe ich, als mein Körper auf die Berührung durch die Hand des Käufers mit instinktiver Abwehr reagierte, diesen Reflex, der mich noch nie getäuscht hatte, nicht beachtet.

Der Käufer begann: »Ich weiß, Martin, was Les Barons für Sie bedeutet; glauben Sie, wenn man neun Kinder hat, versteht man das nicht? Les Barons wird uns immer heilig sein. Das ist auch der Grund, weshalb ich alles kaufen will, Martin, die Möbel, die Antiquitäten, damit alles so bleibt, wie Sie es gekannt haben.«

Vor allem meine Erregung war wohl dafür verantwortlich, daß ich nicht auf die Warnung meines Instinkts gehört habe. Und die Begegnung mit Virginia ließ mich alles in einem neuen Licht sehen. Ich glaubte, die ganze Welt müsse in Harmonie mit meinen Gefühlen sein. Virginia nahm meine Hand, und wir entfernten uns ein paar Schritte. Ich wiederholte, um meine Zweifel zu beschwichtigen: »Es ist wirklich nicht so, als ob ich an den ersten besten verkaufte. Er hat neun Kinder, sie wollen hier ein Museum einrichten, Besucher werden kommen, das Haus wird voll Leben sein, und wir werden in der Nähe wohnen, wir werden es besuchen können, sooft wir wollen.«

Ich zeigte Virginia noch einmal den Hügel, auf dem wir unser Haus bauen würden. Sie antwortete nicht. Sie lehnte sich an mich.

Heute weiß ich, daß sie traurig war, ohne den Grund zu

kennen. Traurig, als wäre Les Barons ihre Heimat gewesen. Aber sie verstand ebensowenig wie ich die immer drängender werdenden Warnungen unseres Unterbewußtseins. Wir hörten nur die Argumente der Vernunft, wir weigerten uns, dieser inneren Stimme zu folgen, die in den wichtigen Augenblicken unseres Lebens zu uns spricht. Dabei hatte sie mir doch so oft das Leben gerettet, wenn ich mich hatte entscheiden müssen, ohne die Zeit zu haben nachzudenken, wenn ich nur dem Instinkt hatte folgen können. Jetzt erstickte ich meine Intuition.

Der Käufer kam näher.

»Wir reisen morgen ab«, wiederholte ich.

»Warum nicht heute abschließen?« schlug er vor.

»Warum nicht?« stimmte ich zu.

Und nachdem nun die Entscheidung gefallen war, ging ich erleichtert an die Ausführung.

»Ich denke, ein Inventar aufzustellen wird nicht nötig sein. Auf Treu und Glauben, nicht wahr?«

»Auf Treu und Glauben«, wiederholte er lachend.

Er sprach dann von einem Haus, das er in Detroit besaß und das mich vielleicht interessieren könnte. »Ein Haus in den USA für Sie und Ihre junge Frau, wäre das nicht schön? Ich trete es Ihnen ab, wenn es Sie interessiert. Es ist mein Eigentum.«

Der Vorschlag gefiel mir. Es war schön, daß es sich bei dem Verkauf von Les Barons nicht allein um anonymes Geld handelte, sondern auch um einen Austausch von Familienbesitzungen.

»Wir heiraten in den Vereinigten Staaten«, erwiderte ich. »Wir werden uns das Haus ansehen.«

Ich faßte den Entschluß ganz plötzlich, ohne darüber nachgedacht zu haben, bevor Virginias Eltern noch ihre Einwilligung gegeben hatten. Diese Pläne, diese Veränderung meines ganzen Lebens, die ich kaum erwarten konnte, machten den Verkaufsvertrag so unwichtig. Wir würden morgen nach Brüssel fahren.

»Wir werden einziehen, wann es Ihnen recht ist«, sagte der Käufer. »So bald wie möglich.«

»Morgen«, antwortete ich. »Morgen. Wir reisen ab. Das Haus steht Ihnen zur Verfügung. Warum nicht morgen?«

Der Käufer schüttelte mir lange die Hand. Er sagte: »Okay, Martin, okay. Wir kommen morgen.«

So hatte ich mich also entschieden. Virginia stand neben mir, als der Käufer die Truhen öffnete und zufrieden sagte: »Okay, okay, well, alles okay.«

Schon hatte sich, so war mein Eindruck, seine Haltung geändert. Sein Schritt schien härter auf dem Steinboden zu hallen. Ich konnte den Wunsch kaum unterdrücken zu sagen: »Nein, ich habe meine Meinung geändert, nicht morgen. Nie.«

Aber das war nicht die Vernunft, die so sprechen wollte, und ich wollte mich vernünftig verhalten. Ich hatte verkauft. Ich würde zu meinem Wort stehen. Alles war in Ordnung.

Sobald der Käufer Les Barons verlassen hatte, stieg ich mit Virginia wieder auf den Hügel, wo ich mein neues Haus bauen wollte. Ich zeigte ihr noch einmal die Bäume, das Panorama, den weiten Bogen der dunkelblau am Horizont aufragenden Gebirgskämme.

»Das wird besser sein.«

Ich wiederholte die Formel, um mich selbst zu überzeugen, um meine Unruhe zu beschwichtigen. Vielleicht hatte ich mich getäuscht. Meine kurzen, aber deutlichen Eindrücke kamen mir in Erinnerung, das Fehlen eines wirklichen Kontaktes zwischen dem Käufer und mir, trotz unserer scheinbaren Übereinstimmung, seiner Freundschaftsbezeugungen, seines angeblichen Verständnisses für das, was mir Les Barons bedeutete.

»Es muß nicht besser sein«, sagte Virginia, »es genügt, wenn es für uns das ist, was wir brauchen.«

Sie war so jung, aber sie sprach mit einem so großen Verständnis, mit einem so tiefen Ernst.

Wir gingen langsam den Hügel hinunter, nach Les Barons zurück.

Die Nacht senkte sich herab, meine, wie ich glaubte, letzte Nacht in diesem Haus Les Barons.

Eine lange Nacht, eine Nacht, die nicht enden wollte, eine Nacht der Erinnerung. Virginia hatte sich auf die Couch vor dem Kamin gekauert. Manchmal stand sie auf, um mir zu folgen, wenn ich von Zimmer zu Zimmer ging, hier einige Fotoalben mitnehmend, dort die verschiedenen Ausgaben meiner Bücher betrachtend oder die Briefe meiner Leser zusammensuchend.

Das Haus bewahrte mein ganzes Leben vor der Katastrophe, viele Spuren meines Lebens danach.

Mir kam der Satz in Erinnerung, den Mme. Lorenzelli ausgesprochen hatte: »Für Les Barons wird es immer der erste beste sein.« Und um ihn zu vergessen, breitete ich auf der Couch neben Virginia die Pläne eines Hauses aus, das einer der besten Architekten unserer Zeit entworfen hatte.

Ich sagte: »Dieser Architekt wird unser Haus bauen, es wird ein Haus unserer Zeit sein, das sich aber den alten bäuerlichen Anwesen dieser Gegend anpaßt. Du wirst sehen.«

Virginia nahm meine Hand. »Es wird gut sein«, sagte sie.

Als ich ihre Unruhe spürte, als ich sie das Haus meines Lebens, das Haus meiner Erinnerung mit einer Art Heimweh betrachten sah, als hätte sie meine Vergangenheit mit mir gelebt, machte ich immer neue Pläne. Es waren nicht so sehr die heimlichen Zweifel Virginias, die ich überspielen wollte, sondern meine eigenen.

Ich sagte, daß das neue Haus ein Schwimmbecken haben werde, daß die Sonne zu jeder Jahreszeit, zu jeder Tageszeit in alle Zimmer scheinen werde. »Dieser Architekt ist ein Zauberer, er schafft alles, was er will. Unser Haus wird offen und weit sein und zugleich geschlossen wie eine Höhle. Er hat schon solche Häuser gebaut.«

Ich träumte laut. Ich berauschte mich mit Worten, um nicht den Schmerz zu fühlen, daß ich morgen mein geliebtes labyrinthisches Haus, das Haus der Meinen verlassen mußte. Und ich hatte das Verlangen, einen Freund anzurufen, Max Gallo vielleicht, um mir bestätigen zu lassen, daß ich recht gehandelt hatte. Hatte er mir nicht so oft gesagt, daß ich die Vergangenheit nicht wiederholen dürfe? Und auch Helen hatte es gesagt.

Schließlich schlief Virginia ein. Ich betrachtete ihr Gesicht, in dem die Zeit noch keine Spuren hinterlassen hatte. Sie hatte lange Wimpern, die Haut eines Kindes. Ich bewegte mich nicht, damit sie nicht aufwachte, damit die Stille nicht gestört würde, in der nur das regelmäßige Atmen vernehmbar war, das ihre Brust hob und senkte, dieser Rhythmus ihres Lebens, das sich für immer mit dem meinen verbunden hatte. Ich habe, ohne daß sie sich rührte, eine Decke über sie gelegt, dann bin ich hinausgegangen. Ich wollte ein letztes Mal den Grund von Les Barons umschreiten, den Duft der

Mimosen atmen, die, ohne aufgeblüht zu sein, die Luft mit ihrem Wohlgeruch erfüllten. Ich wollte diesen Augenblick der Einsamkeit, um mich zu erinnern.

Ich saß lange auf der Bank vor dem kleinen Nebenhaus, das ich in einen Ort der Sammlung umgewandelt hatte. Dort befanden sich die Graburnen der Meinen. Ich durfte sie nicht verlassen. Niemals. Zugleich aber wollte ich meinem Leben eine neue Orientierung geben, ich mußte mich vielleicht von ihnen entfernen. Aber ich würde auf dem Hügel sein, ein aufmerksamer Wächter.

Früh am Morgen trafen der Käufer und seine Familie ein.

Die Kinder rannten herum und schrien. Unter ihnen war ein kleines blondes Mädchen, das mich an Suzanne erinnerte. Sie lachten, sie riefen: »Das gehört uns jetzt.«

Der Käufer wandte sich zu mir. »Nicht ganz, Martin, nicht wahr, erst wenn alles bezahlt ist. Im großen und ganzen jedenfalls.«

Es vergingen noch einige Monate bis zur Ausfertigung des Vertrags, aber für mich war die Angelegenheit abgeschlossen. Vor der Abreise nach Brüssel rief ich Jacques Couelle, meinen Architekten, an und erklärte ihm, wie ich mir das Haus vorstellte. Er versprach mir einen ersten Entwurf nach unserer Rückkehr.

»Wir werden dann verheiratet sein«, sagte ich zu Virginia.

Sie lachte, ihre blauen, großen Augen lachten mit. »Wenn aber meine Eltern nein sagen?«

Ich schüttelte den Kopf. Sie würden überrascht sein, ja, aber wer kann denen, die er liebt, ein Glück verweigern, das sie ersehnen?

Ich fuhr langsam, ich wandte mich zum Haus um, ich zeigte Virginia den kleinen Mas am Rande der Straße, wo wir wohnen würden, bis das Haus auf dem Hügel fertig war.

»Das wird nicht gerade luxuriös sein«, sagte ich.

»Glaubst du, daß wir Luxus brauchen?« murmelte Virginia. Und sie schlang die Arme um meinen Hals.

Wir waren ein Paar

Wir waren ein Paar.

Ich hatte vergessen, seit sieben Jahren, was diese Worte bedeuten, ein Paar sein. Helen war die verstehende Freundin gewesen, sanft und großherzig, eine Schwester. Aber ein Paar ist etwas anderes. Ich erinnerte mich, was ich in *Des Lebens Ruf an uns wird niemals enden* geschrieben hatte. Damals ging es für mich nur darum, in der Erinnerung an Vergangenes zu leben, meinen Lesern zu helfen und vor allem, mir über mich selbst Klarheit zu verschaffen. Ich hatte geschrieben:

Liebe, das heißt dem anderen Sicherheit geben und sie von ihm erhalten.
Die Liebe ist die Kraft der Kindheit im Erwachsenen.

Ich erlebte das jetzt.

Wir waren ein Paar.

Wie lang und einsam erschienen mir die vergangenen sieben Jahre, trotz allem, was ich erlebt hatte, trotz der Begegnung mit so vielen Menschen: Max, Marysia, Sylvia, Robert, Helen, trotz der Erfolge, die sie mir gebracht hatten. Ein langer Weg bis zum Ziel. Und jetzt saß Virginia neben mir im Flugzeug. Sie öffnete auf dem Flugplatz die Tür des Taxis. Sie saß neben mir. Neben mir. Kritiker, die nicht wissen, was es bedeutet, wenn der ganze Körper von Liebe durchdrungen ist, mögen sich über meine Wiederholungen lustig machen.

Wir waren ein Paar.

Jeder von uns trug den anderen in sich. Wie hätte man uns trennen können?

Die Ereignisse, von denen ich spreche, liegen nur kurze Zeit zurück. Ich müßte sie genau im Gedächtnis haben, ich müßte mich daran erinnern, was ich zu den Eltern Virginias gesagt habe, müßte mich an ihre Verblüffung erinnern, als wir ihnen mitteilten, daß wir beschlossen hatten zu heiraten. Sie? Unsere Tochter? Ja, sie, die Sechzehnjährige, für euch ein Kind und für mich eine Frau, die Frau, auf die ich gewartet habe.

Ich las auf den Gesichtern von Virginias Vater und Mutter Erregung, Erstaunen, Ungläubigkeit. Ihre Blicke gingen zwischen mir und ihrer Tochter hin und her. Für sie war Virginia noch ein Schulmädchen, ein Kind. So kurz sind für Eltern die Jahre, in denen die Kinder heranwachsen. Sie kannten mich, aus den Zeitungen, dem Fernsehen, aus meinen Büchern. Als bei einer Katastrophe in Belgien dreiundzwanzig Menschen ums Leben gekommen waren, hatten die Bischöfe beim Trauergottesdienst mich und mein Leben als Beispiel angeführt.

Und ich war hier in ihrem Wohnzimmer und hielt die Hand ihrer Tochter. Ich spürte ihre Verwirrtheit, sie waren fassungslos. Der Tag liegt noch nicht lange zurück, doch ich weiß heute nicht mehr, was gesagt wurde. Ich glaube mich zu erinnern, daß Virginia lange gesprochen hat. Daß sie ihren Vater und ihre Mutter umarmt hat. Daß ich den Eindruck hatte, der Kuß, den sie sich gaben, wäre irgendwie anders als früher.

Wir waren ein Paar. Und allein durch diese Tatsache hatte sie sich ein wenig von ihnen getrennt.

Ich erinnere mich, daß ich mehrmals gesagt habe: »Sie wissen, wer ich bin, wen Ihre Tochter heiratet. Schauen Sie mich an, schauen Sie Virginia an, überlegen Sie, ob Sie Ihre Einwilligung nicht geben müssen.«

Ich sagte ja schon, daß ich nicht wirklich besorgt war. Wir waren ein Paar. Keine Macht konnte uns trennen. Virginias Eltern liebten ihre Tochter. Sie gaben ihre Einwilligung. Wir waren ein Paar, und daher sahen wir die Welt in einem neuen Licht.

Ich war mehrere Male in Brüssel gewesen. Ich liebte diese Stadt, die Straßen der Altstadt um den Marktplatz mit dem Belfried des Rathauses, die Tavernen, die Blumenverkäufer auf den Straßen, die alten Kamine, in denen noch immer ein Feuer brannte, den Biergeruch, die Freundlichkeit der Bewohner. Aber ich hatte Brüssel allein kennengelernt, ich hatte meine Eindrücke mit niemandem teilen können. Jetzt erlebten wir zu zweit diese

Hauptstadt, die noch eine menschengerechte Gestalt bewahrt hatte. Ich spürte die freundliche Atmosphäre und den behäbigen Rhythmus, die dieser Stadt eigen waren und davon zeugten, daß ihre Bewohner keine Aggressivität kannten. Der Gegensatz zur Maßlosigkeit von Metropolen wie Paris oder New York war offensichtlich.

Und doch erlebten wir ausgerechnet hier in Brüssel einen häßlichen Zwischenfall, der uns beide verletzte, wenn er auch eher unbedeutend war. Er zeigte uns, welchen Mißverständnissen wir begegnen würden. Virginia wohnte natürlich bei ihren Eltern, während ich in einem der großen Hotels der Innenstadt abgestiegen war. Dort sollte Virginia mich an einem Spätnachmittag besuchen.

Ich erwartete sie, erstaunt, daß sie sich so sehr verspätete. Schließlich ging ich in die Hotelhalle hinunter und sah, wie sie gerade in Begleitung ihrer Eltern hereinkam, die Augen vom Weinen gerötet, ein kleines Mädchen, dessen Selbstachtung man verletzt hatte. Sie hatte mich rufen lassen wollen, sie hatte gehofft, mich in meinem Zimmer besuchen zu können, doch an der Rezeption hatte man sie arrogant abgewiesen. Ein so junges Ding, in Bluejeans und Pullover, was hatte sie hier zu suchen? Man hatte sie aus dem Hotel gewiesen. Ich lernte Virginias Verletzlichkeit kennen. Sie war nicht auf den Gedanken gekommen, mich anzurufen, sie war schluchzend zu ihren Eltern zurückgelaufen, ein kleines Mädchen, das sich die Hintergedanken im Kopf eines Erwachsenen nicht vorstellen konnte. Sie sah mich, lief auf mich zu, fiel mir um den Hals. Sie weinte und lachte. Ich tröstete sie: »Das wird bald anders sein. Wir werden ein Paar sein, du und ich, vor aller Welt.«

Wir konnten nicht mehr voneinander getrennt leben. Ich mußte Virginia Schutz und Sicherheit geben. Sie gab mir, ohne es zu wissen, ein Selbstvertrauen, das die erlittenen Tragödien immer wieder erschüttert hatten.

Ich entschied daher, daß wir in den Vereinigten Staaten, in New York, heiraten würden, da, wo auch Dina und ich geheiratet hatten. Virginias Eltern hatten ihre Einwilligung gegeben, aber als ich während des Fluges über den Ozean die schlummernde

Virginia anschaute, wußte ich, daß es nicht diese Einwilligung war, die mir das Recht gab, ihre Tochter zu heiraten: Sicher, sie war eine vom Standpunkt des Gesetzes aus notwendige Voraussetzung, aber was vor allem zählte, war, daß wir beide einander unser Leben zum Geschenk brachten, Virginia schenkte mir ihr junges, unschuldiges Leben, ich schenkte ihr mein mit einer tragischen Vergangenheit belastetes Leben. Virginia schlief, den Kopf an meine Schulter gelehnt, so wehrlos in ihrem Schlummer, so ruhig, die Hand auf meinen Arm gelegt. Sie hatte sich meinem Schutz anvertraut. Sie gab mir ihr junges Leben; das Vertrauen, das sie mir schenkte, zerbrach die Fesseln meiner Einsamkeit. Vielleicht war sie sich dessen nicht bewußt – wenn ich das heute schreibe, dann nur, weil sie wissen soll, was ich in diesem Augenblick empfand –, welche Bedeutung unsere Begegnung für mich, für mein Leben hatte. Für ihres natürlich auch. Ihr junges Leben wurde aus seinem vertrauten Rahmen gerissen. Gestern noch sah ich sie mit ihren Freundinnen aus dem Schultor kommen, und heute saß sie neben mir im Flugzeug, um meine Frau zu werden. Von einem Tag zum anderen trat sie in eine neue Existenz ein. Aber ich, dessen Leben sich scheinbar weniger veränderte, verdankte ihr mehr. Sie brachte mir einen neuen Lebensgrund: Sie liebte mich, und ich liebte sie.

Ich kann und will nicht von diesen Tagen des Glücks, von unserer Hochzeitsreise durch die Vereinigten Staaten sprechen. Glück erlebt man, man beschreibt es nicht.

Meine Freunde hießen uns bei unserer Ankunft in New York willkommen. Sie waren überrascht und freuten sich, Virginia kennenzulernen. Im letzten Augenblick gab es Schwierigkeiten. Die Stadt New York beurkundete Eheschließungen mit Minderjährigen nur in Gegenwart der Eltern, die schriftliche Einwilligungserklärung, beurkundet und abgestempelt von der Botschaft der Vereinigten Staaten in Brüssel, genügte nicht. Aber wenn man einen Friedensrichter fand, der die Erklärung akzeptierte, war die Eheschließung möglich.

Telefonieren, Lachen und Angst, die Zeit verging unter fieberhafter Geschäftigkeit. Wir fühlten uns wie die unfreiwilligen Schauspieler einer Komödie à la Billy Wilder, manchmal amüsiert, immer aufgeregt. Und der Friedensrichter wurde gefunden. Ein schwarzer Richter. Mir gefiel dieses Symbol. Der Mann, der unsere Eheschließung beurkunden würde, gehörte einer Minderheit an, die im Laufe der Geschichte viel hatte erdulden müssen und die einen langen Kampf um ihr Recht zu führen hatte. Die Zeremonie fand im Büro einer Kleiderfabrik statt, die einem meiner ältesten Freunde gehörte. Er hatte Dina gekannt; wir hatten beide ein Gefühl der Unwirklichkeit, als sei die Zeit stehengeblieben und Dina und ich wären hier.

Als der Richter in einer kurzen Ansprache auf meine Vergangenheit hinwies, auf meine Bücher, auf den langen Weg, den ich seit dem Getto zurückgelegt hatte, als ich in seiner Stimme die Aufrichtigkeit des Menschen hörte, der weiß, was das Getto bedeutet, da mußte ich die Augen schließen, um die Tränen zurückzuhalten.

Das Leben zog in der Erinnerung vorüber wie ein Film, einen Augenblick lang wußte ich nicht mehr, wo ich war, wieso ich hier mit Virginia saß, wo doch Dina und vor ihr meine Mutter und Riwka eben noch bei mir gewesen waren. Ich dachte an meine Großmutter, an ihre vom Alter gebeugte Gestalt in den schwarzen Kleidern. Alles, was gewesen war, alles Glück und alles Unglück, wurde wieder lebendig, während der Friedensrichter sprach.

Ja, ich glaube – ich kann das heute sagen –, ich hatte während der Zeremonie vielleicht vergessen, daß Virginia neben mir war, daß ich ihre Hand hielt. Ich war in diesen kurzen Augenblicken so sehr in die Vergangenheit eingeschlossen, von all den Meinen umgeben. Zweifellos hatte ich Angst, diesen neuen Weg zu beschreiten, von dem ich nicht wußte, was mir auf ihm begegnen würde. Ich hatte das Gefühl, daß alle die Meinen, alle, die ich geliebt hatte, mich zurückzuhalten versuchten. Und für den Augenblick eines Gedankens habe ich wohl gehofft, daß sie mich mit sich nähmen, daß der Tod mich mit ihnen vereinte.

So ist der Mensch: In dem Augenblick, wo er sich dem Glück nahe weiß, möchte ein Teil von ihm ihn zurückziehen, ihn in den Schatten seiner Erinnerung einschließen.

Virginia hielt meine Hand, ihre Finger umschlossen die meinen. Und ich habe die Augen geöffnet. Ich habe sie gesehen.

Wir waren ein Paar.

Der Sturm hatte sich noch nicht gelegt

Wenn Virginia und ich heute auf der Terrasse von Les Barons sitzen, wenn wir schauen, wie das Meer im Umkreis der Inseln allmählich seine Farbe ändert, wie die Stadt von der untergehenden Sonne in ein rosa Licht getaucht wird, dann erinnern wir uns oft an unsere Hochzeitsreise durch Amerika.

Doch mehrere Monate lang hatten wir keine Zeit, jene Tage in der Erinnerung noch einmal zu erleben, als wir eins wurden, als unsere Körper sich fanden.

Die letzten Monate brachten jeden Tag zu viele Überraschungen in unser Leben, als daß wir an unsere Reise auch nur hätten zurückdenken können.

Und doch hatten wir auf dieser Reise Freude über Freude erlebt. Mein Onkel hatte uns in sein Haus in Miami eingeladen, wir hatten im Meer gebadet und uns am Strand gesonnt. Wir hatten die Städte des amerikanischen Westens besucht, hatten die Freimütigkeit der Amerikaner kennengelernt, die Virginia sehr gefiel. Sie sprachen ohne Umschweife, sie empfingen uns ohne Fragen, mit direkter, offener Selbstverständlichkeit. Oft fragte mich in einem Restaurant der Kellner, was »meine Tochter« wünsche. Wir lachten beide, diese Konvention von Alter und Gewohnheiten berührte uns nicht.

Ein Mann und eine Frau vereint, ein Paar, das in Eintracht und Liebe lebte. Wir hatten beide, Virginia und ich, schon in diesen ersten Tagen beschlossen, daß wir bald eine Familie sein wollten: daß Kinder unser Leben reicher, erfüllter machen sollten.

Die Tage vergingen rasch, sie waren voller Freude, doch bald wurden sie für eine längere Zeit getrübt, denn Virginia und ich wurden von einem dieser Stürme des Schicksals erfaßt, die ich so sehr fürchtete, weil ich zu viele von ihnen erlebt hatte.

Aber wie hätten wir ihn voraussehen sollen? Er kam über uns

von einer Seite des Horizonts, der wir keine Aufmerksamkeit schenkten. Er überraschte uns, als wir ihn am wenigsten erwarteten.

Wir waren auf unserer Reise durch die Vereinigten Staaten auch nach Detroit gekommen, wo der Käufer von Les Barons angeblich ein Wohnhaus besaß, mit dem er einen Teil des Kaufpreises bezahlen wollte. Ich hatte es nicht abgelehnt.

Ich fuhr mit Virginia in das Stadtviertel, in dem sich dieses Haus befinden sollte. Ein anonymes Viertel einer großen amerikanischen Stadt.

Das Haus des Käufers mißfiel mir auf den ersten Blick. Für mich sah es wie ein Bunker aus. Als wir durch das Haus gingen, entdeckten wir, daß in mehreren Geschossen große Mengen Kisten mit Ersatzteilen gestapelt waren, die anscheinend aus verschrotteten alten Autos ausgelaufener Modelle ausgebaut worden waren. Dieses Sammelsurium von Blech, Motoren, Getrieben sah nicht so sehr nach einem Museum aus wie nach einem mysteriösen und verdächtigen Lagerplatz.

Wir verließen das Haus, plötzlich beunruhigt. Les Barons, an das ich seit meiner Abreise mit Virginia aus Brüssel nur selten gedacht hatte, wurde mir wie eine schmerzliche Erinnerung bewußt. Ich fühlte mich schuldig, als hätte ich es, nach Mme. Lorenzellis Worten, dem ersten besten ausgeliefert.

Der Käufer erschien mir plötzlich der erste beste.

Ich erinnerte mich wieder an seine Hand auf meiner Schulter, an das unangenehme Gefühl, das ich bei dieser Berührung gehabt hatte. Und auf einmal wollte ich, daß wir sofort, schneller als vorgesehen, heimkehrten; ich hatte die Befürchtung, daß Les Barons in Gefahr war. Ich erfuhr in Detroit, daß der Käufer Dutzende von Kisten mit demontierten Sammlerautos hatte verschicken lassen, daß er seinen Mechanikern goldene Berge versprochen hatte, wenn sie zu ihm an die Côte d'Azur kämen.

Ich wunderte mich über diese Hast und über die Verfrachtung der Wagen. Zum erstenmal sagte ich zu Virginia: »Ich hätte es nicht tun sollen.«

Sie antwortete nicht darauf, aber ich merkte an der Art, wie sie mich ansah, daß sie meine Empfindung teilte.

Wir kürzten also unseren Aufenthalt in den Vereinigten Staaten um einige Tage ab. Ich mußte wieder die Erde des Tanneron unter meinen Füßen spüren. Ich mußte dort sein, wo ich glücklich gewesen war und wo ich wieder glücklich zu werden hoffte. Wir waren uns so nahe, Virginia und ich, daß sie noch vor mir das aussprach, was ich hatte sagen wollen. Und als ich mich darüber wunderte, sagte sie einfach: »Aber ich liebe dich, Martin, also weiß ich, was du denkst.«

Wir trafen am frühen Nachmittag im Tanneron ein. Ich wollte, bevor wir unsere provisorische Wohnung in Besitz nahmen, Les Barons wiedersehen. Ich hatte die seltsame Idee, daß der Käufer und seine Familie uns ins Haus bitten würden. Wir würden uns umarmen. Das große Kaminzimmer war voller Blumen, die Kinder liefen fröhlich im Haus hin und her. Wollen Sie nicht zum Abendessen bleiben? würde man uns fragen. Wir würden ablehnen, aber wir waren glücklich, unser Haus in den Händen rechtschaffener Leute zu sehen, die es liebten, als hätten sie es selbst erbaut. Ich sagte Virginia nichts von diesen Vorstellungen. Ich hielt zunächst vor unserem provisorischen Domizil, einem ehemaligen Mas etwa einen Kilometer von Les Barons entfernt, der mein Eigentum war.

»Willst du mit mir kommen?« fragte ich Virginia.

»Du fährst nach Les Barons, nicht wahr? Du willst es sehen?«

Ich sagte ja.

Sie blieb bei mir, und wir fuhren langsam auf Les Barons zu. Wir sahen, wie das Panorama sich allmählich vor uns öffnete. Als ich das Haus erblickte, fuhr ich im Schrittempo. Es erschien mir tot. Ich weiß nicht, welche Anzeichen mir dieses Gefühl gaben, aber ich spürte, daß das Haus im Sterben lag. Daß ich es den Händen von Barbaren ausgeliefert hatte. Vielleicht wurde dieses Gefühl durch einen der Bäume ausgelöst, die ich sah: Seine Äste waren abgesägt worden. Es war ein alter hundertjähriger Baum, und jetzt war er verstümmelt. Seine starken Äste waren unmittelbar am Stamm abgesägt, die kreisförmigen, fast weißen Stellen zeigten die Jahresringe.

Vielleicht bildete ich mir das auch nur ein, ich war noch viel zu weit entfernt, um diese Details erkennen zu können. Und dann sah ich, überall auf dem Rasen verstreut, zum Teil von den Hecken verdeckt, große Holzkisten, die aussahen wie Sarkophage. Sie enthielten, das wurde mir sofort klar, als ich mich an das Haus des Käufers in Detroit erinnerte, Karosserien und Autoteile.

Vor dem Haus Abfälle, Schutt, darunter die Trümmer einiger meiner Antiquitäten. Gegen das Gitter gelehnt ein großes Schild: »Vorsicht! Bissige Hunde!« Ich fuhr noch langsamer, ich sagte: »Wir werden bald auf dem Hügel wohnen, im neuen Haus.«

Virginia preßte ihre Finger um mein Handgelenk. Sie litt ebenso wie ich, als sie das sterbende Haus sah.

»Ich habe mich getäuscht«, murmelte ich. »Ich hätte es nicht verkaufen dürfen.«

Virginia sagte überzeugt: »Wenn dieses Haus nicht von den Leuten geliebt wird, die es bewohnen, wird es zu uns zurückkommen, Martin, denn wir kennen es. Mit Häusern, das spüre ich, ist es wie mit Menschen.«

Einige Meter vom Tor des Grundstücks entfernt war ein Wagen geparkt. Da die Straße ziemlich schmal war, mußte ich vorsichtig vorbeilavieren. Ein Mann und eine Frau lehnten gegen das Auto und schauten zum Haus hinüber. Ich hatte im Laufe der Jahre oft Wagen von Besuchern dort stehen sehen, die aus allen Teilen Europas hierhergekommen waren. Manche zögerten, manche läuteten die Türglocke: »Entschuldigen Sie, sind Sie Martin Gray?« Ich bat sie herein, es entwickelte sich ein Gespräch. Das war sehr wertvoll für mich, weil es mir zeigte, daß die Worte, die ich geschrieben hatte, auch gehört wurden. Manchmal hatten wir Stunden damit zugebracht, Gedanken auszutauschen, ich zeigte ihnen die Umgebung meines Lebens, diese großartige Landschaft. Und sie schieden als Freunde.

Als ich an dem Wagen vorbeifuhr, beobachtete die junge Dame mich, sie beugte sich zu ihrem Begleiter hinüber und rief mir dann zu: »Martin Gray?«

Ich hielt an und stieg aus dem Wagen. Zweifellos für mich ein guter Vorwand, um Les Barons zu betrachten, die würzige Luft einzuatmen und das Panorama auf mich wirken zu lassen.

»Sie wohnen nicht mehr hier?« Der Mann zeigte auf das Haus. »Wissen Sie, das sind keine umgänglichen Leute, die Neuen. Wem haben Sie bloß Ihr Haus überlassen?«

Die Hunde des Käufers waren auf das Torgitter zugestürzt, sie bellten wütend. Sie sprangen am Gitter hoch, das unter ihrem Ansturm vibrierte. Ich bat die Besucher, uns zu unserer neuen Behausung zu folgen. Sie nahmen an, und wir erreichten bald das kleine Bauernhaus.

Der Mann legte meine Bücher auf den Tisch. Er lachte. »Wir wollten sie von Ihnen signieren lassen, sie haben uns so sehr geholfen, aber...«

Ich ahnte, was kam.

Er wandte sich seiner Frau zu.

»Sag es«, murmelte sie.

»Wissen Sie, wir haben es vielleicht nicht richtig gesehen, aber als wir am Tor läuteten, hatten wir den Eindruck, daß sie uns mit einem Gewehr bedrohten, daß sie uns durch Zeichen und Zurufe zu verstehen gaben, sie würden auf uns schießen, wenn wir nicht sofort weggingen.«

»Mit einem Gewehr, ja«, bestätigte die junge Frau. »Das hat uns überrascht.« Sie lächelte. »Jetzt, wo wir hier bei Ihnen sind, verstehen wir ja, aber vorher, wir kannten uns nicht mehr aus. Dieses Gewehr, diese Schreie, wir sollten verschwinden, und dann kam Ihr Wagen, und sie gingen ins Haus.«

Ich habe die Bücher signiert, und an den folgenden Tagen habe ich versucht, den Vorfall zu vergessen. Nicht mehr an Les Barons zu denken. Der endgültige Vertrag sollte in einigen Wochen unterschrieben werden. Was konnte ich bis dahin erreichen? Ich war in ihren Händen. Auch wenn ich es jetzt bedauerte, sie allein hatten die Macht zu entscheiden, was geschehen würde.

Nicht denken, sich nicht einem ohnmächtigen Bedauern hingeben.

Wichtiger war schließlich unsere Ehe, war die Entdeckung, daß wir uns jeden Tag gegenseitig bereicherten, Virginias Aufblühen unter der Sonne des Midi, ihre Freude, singend durch diese herrliche Landschaft zu streifen, in die überall Tupfer der wie Goldstaub aussehenden Mimosen eingestreut waren. Die Spuren der Feuersbrunst, die vor sieben Jahren die Landschaft in eine schwarze Steppe verwandelt hatte, waren fast verschwunden.

Ich erzählte Virginia von meinem Leben, sie sprach von sich.

Wir lernten unsere Gedanken und Vorstellungen dadurch besser verstehen. Ich machte sie mit den Vorzügen einer gesunden Lebensweise vertraut, ich erklärte ihr, wie sehr einem zu üppigen, zu raffiniert gewürzten Mahl der milde Wohlgeschmack der natürlichen Nahrung vorzuziehen sei, das frische Obst mit seinem köstlichen Saft, das Gesundheit mit herrlichem Genuß verbindet.

Ich wollte, daß sie begriff, daß ein gesunder Körper die Voraussetzung für einen gesunden Geist ist. Ich gab ihr mein Buch *Wie ein Baum gepflanzt an Wasserbächen* zu lesen, ich wollte, daß sie lernte, sich selbst zu erkennen, daß sie entdeckte, was Helen und ich mit diesem Buch sagen wollten. Zu ihrem eigenen Nutzen natürlich, aber auch im Interesse der Kinder, die wir haben würden. Dies alles, unsere Liebe, unser Traum, verkürzte die Tage, und es gelang mir, fast nie an Les Barons zu denken, die Entwicklung in Ruhe abzuwarten.

Jeder Tag war neu, brachte neue Entdeckungen. Das ausdrucksvolle Gesicht Virginias war wandelbar wie eine Landschaft, die sich von Stunde zu Stunde ändert, die, auch wenn die Wolken schwer über ihr hängen, immer erregend schön ist.

Eines Morgens kündigte sie mir an, sie glaube, daß sie ein neues Leben...

Lange gingen wir durch die Heide und den Wald spazieren. Sie schien mir schon runder zu sein, schöner.

Nichts hatte sich in mir geändert, und doch spürte ich, daß auch ich anders geworden war. In dem Augenblick, als sie gesagt hatte: »Martin, ich glaube, daß...«, und als sie mir mit einer Kopfbewegung bedeutet hatte: Hier ist es, worauf du wartest, worauf zu früh zu hoffen du Angst hattest – ich werde die Mutter deines Kindes sein.

Mein gesamtes Inneres, jeder Nerv meines Körpers war von Freude durchdrungen, die mich fiebrig machte.

Ich hätte gewünscht, daß die Zeit schnell vorüberging, daß die neun Monate im Fluge verstrichen, damit das Kind bald da war, der Beweis, daß wir lebten, Virginia und ich, daß wir ein Paar waren.

Aber man kann die Zeit nicht beschleunigen, und es ist auch gut so.

Für alles gibt es den richtigen Augenblick, davon bin ich

überzeugt. Man muß auch die Zeit zu genießen wissen, die ein sehnlichst erwartetes Ereignis vorbereitet. Virginia legte sich in die Sonne, ich setzte mich mit meiner Arbeit neben sie. Es war eine glückliche, entspannte Zeit.

Eines Tages tauchte vor unserem Haus eine Gruppe junger Mädchen auf. Sie lehnten ihre Fahrräder an die Bäume. Sie kamen von Tours. Ziel ihrer Fahrt war dieser Besuch bei mir. Meine Bücher hatten ihnen gefallen, und sie wollten in ihrer Stadt einen Kreis gründen, der allen jungen Leuten offenstehen sollte.

Virginia und ich sahen ihnen nach, als sie weiterfuhren. In einiger Entfernung machten sie halt, wandten sich um und winkten uns zu. Ich war glücklich. Das Schicksal hatte mir erlaubt, die Schranken des Alters zu durchbrechen. Aber ich wollte keineswegs den jungen Mann spielen. Ich hatte meine Jahre zu tragen, ich hatte weder die Macht, sie zu negieren, noch wollte ich sie durch Kunstgriffe verbergen und mich dadurch nur lächerlich machen.

Doch was heißt Alter? Bedeutet es nicht vor allem, in die Grenzen einer Generation eingeschlossen, Gefangener eines Milieus zu sein?

Ich war kein Gefangener. Meine Bücher hatten mir den Zugang zu allen Kreisen der Gesellschaft geöffnet. Meine Leser gehörten allen Generationen an. Und Virginia war die lebendige Verbindung zwischen mir und der Jugend.

Wir lebten also in der Erwartung der Geburt unseres Kindes.

Wir hatten uns, so gut es ging, in dem kleinen Haus eingerichtet, und eines Nachmittags beschloß ich, Les Barons aufzusuchen, um einige persönliche Dinge zu holen, die nach unserer Vereinbarung mein Eigentum geblieben waren.

Ich ging allein, zu Fuß.

War es eine Vorahnung? Virginia hatte mich begleiten wollen, aber ich hatte sie gebeten, zu Hause zu bleiben. Ich war unruhig, so wie ich es manchmal im Getto am Vorabend einer Aktion gewesen war, und fast immer hatten sich meine Vorahnungen bestätigt.

Ich ging langsam auf Les Barons zu. Ich bemühte mich, ruhig zu bleiben. Was hatte ich zu befürchten? Ich war im Recht.

Ich weiß jetzt, daß ich Angst hatte, es würde sich bestätigen, wie dumm meine Entscheidung gewesen war zu verkaufen. Und ich würde die Gewißheit erhalten, daß der Käufer für Les Barons der erste beste war, ein Feind dieses lebendigen Hauses.

Als erstes erblickte ich die Kisten auf dem Rasen. Man hatte angefangen, sie zu öffnen. Ich sah alte Motoren, Karosserien, und ich glaubte Werkstattgeräusche zu vernehmen, Löten oder Schweißen, das Schlagen mit Hämmern auf Stahl.

Hatten sie aus Les Barons eine Fabrik gemacht? Ich läutete am Tor. Die Hunde stürzten heran. Kein Mensch zeigte sich. Ich läutete noch einmal, obwohl das Bellen wirklich nicht zu überhören war. Plötzlich sah ich eine der Töchter des Käufers, eines dieser Kinder, die mir als hinreichender Beweis für die Menschlichkeit dieser amerikanischen Familie erschienen waren und die mich zum Verkauf bewogen hatten. Sie stand auf der Terrasse und schien mich nicht zu erkennen.

Ich rief: »Ich bin Martin Gray, du erinnerst dich doch? Deine Eltern ...«

»Verschwinden Sie!« Sie brüllte, und ich sah, wie sie mit den Händen an der Balustrade rüttelte.

»Verschwinden Sie!« wiederholte sie.

»Ich möchte ein paar persönliche Dinge abholen«, sagte ich.

»Hauen Sie ab!« Ich sah, wie sie sich plötzlich bückte und ein Gewehr hochhob, das sie in meine Richtung schwenkte.

»Wenn Sie nicht sofort gehen, schieße ich. Hauen Sie ab, hauen Sie ab!« brüllte sie, und das wütende Bellen der Hunde war die angemessene Begleitung.

Sie hatten mit ihrem Haß die Seele der Kinder vergiftet. Das würde ich ihnen nie verzeihen.

Was sie aus Les Barons gemacht hatten, das war ein Sakrileg, eine Verhöhnung der Natur, in der sie lebten, eine Beleidigung meiner Kinder, deren Asche noch dort in dem kleinen Haus unter den Bäumen ruhte, die sie verstümmelt hatten.

Als ich zu unserem Haus zurückkehrte, war ich empört und niedergeschlagen, ich fühlte mich hilflos. Ich hatte das Haus der Meinen für immer an Barbaren verkauft, an Amerikaner, wie ich sie während meiner Jahre in den Vereinigten Staaten nicht getroffen hatte.

Als Virginia mich kommen sah, wußte sie sofort, daß ich sie brauchte, daß ihre Stimme und ihre Augen mich daran erinnern mußten, daß sie mein Leben war, sie und das Kind, das sie trug, daß mein Leben nicht in Les Barons war, wenn ich dort auch meine Vergangenheit zurückgelassen hatte.

Sie schlang die Arme um meinen Hals, lächelte mich an. Ich hatte nie zuvor empfunden, wieviel Zärtlichkeit und auch Überzeugungskraft ihre Stimme auszudrücken vermochte.

»Martin«, sagte sie, »wenn du dich endgültig von dem Haus getrennt hast, dann mußt du das auch akzeptieren. Aber wer weiß? Du hast mir selbst erklärt, daß alles möglich ist. Wenn sie solche Barbaren sind, wie du sagst, dann werden sie nicht in Les Barons bleiben können. Irgend etwas wird geschehen, das Haus wird sie vertreiben, Martin, das Haus selbst.«

Ich konnte und wollte nicht glauben, was sie da sagte. Ich wußte, wie oft das Unvorhersehbare sich ereignet, doch ich konnte mir nicht vorstellen, daß Les Barons eines Tages wieder das Haus meines Lebens sein würde, daß der Fehler, den ich begangen hatte, ungeschehen gemacht werden könnte.

Ich war also der festen Überzeugung, daß wir nie wieder in Les Barons wohnen würden, aber allmählich ließ Virginias ruhige Zuversicht doch eine gewisse Hoffnung in mir aufkommen.

Und wenn ich sie von Tag zu Tag mehr aufblühen sah, wenn ich sie anschaute, wie sie friedvoll und glücklich in der Sonne oder im Schatten der Bäume schlummerte, dann wuchs mein Vertrauen.

Was wissen wir schon?

Außerdem, so redete ich mir immer wieder ein, würden wir ja, wenn Les Barons in den Händen des Käufers blieb, in einem großzügigen, schönen Haus auf dem Hügel wohnen. Die Pläne des Architekten waren fertig. Ich breitete sie auf dem Tisch aus und erklärte Virginia sehr genau alle Vorzüge unseres neuen Hauses. Ich zeigte ihr auch die Lage des Schwimmbeckens. Doch ich stieß auf eine gewisse Gleichgültigkeit. Sie schien an dem Projekt nicht sehr interessiert zu sein.

Ich wiederholte: »Hier werden wir wohnen, Virginia.« Sie hielt die Hände gefaltet vor dem Leib, wiegte sich leicht im Schaukelstuhl, der auf dem Rasen vor dem Haus stand.

»Glaubst du?«

»Aber ja.«

Sie zuckte spöttisch die Achseln. »Schön, dieses Haus gefällt mir, aber es ist nicht gebaut, und ich ziehe die richtigen Häuser vor, die alten Häuser wie Les Barons oder dieses hier.« Mit einer Kopfbewegung zeigte sie auf den kleinen Mas. »Warum bleiben wir nicht in diesem Haus? Ich mag diesen Bauernhof.«

Zu klein, der Wirtschaftstrakt nahm den größten Platz ein, unmöglich, hier zu leben. Ich erklärte es Virginia.

»Gut«, antwortete sie, »gut, gut, wir werden woanders wohnen.«

Eines Tages, so hoffte ich, könnte dieses »Woanders« vielleicht doch Les Barons sein.

Der Käufer hatte, so stellte sich heraus, den Vertrag nicht erfüllt. Er bezahlte die Kaufraten nicht zu den festgesetzten Terminen. Er gab dafür keine Erklärung, vorerst konnte er sich ja auf den Besitz des Kaufobjekts stützen.

Gesetzlich war also das Haus wieder in mein Eigentum übergegangen. Alles ist möglich, auch das Unmögliche.

Aber noch galt es, dem Recht Anerkennung zu verschaffen. Und der Käufer war nicht der Mann, sich ohne weiteres dem Gesetz zu beugen.

Aber welchen Sinn hätte es, diese Auseinandersetzung im einzelnen zu schildern – der Prozeß, ein Richter, der sich für nicht zuständig erklärte, ein anderer, eine höhere Instanz, der befand, daß der erste hätte ein Urteil fällen müssen, und der nun tatsächlich zu meinen Gunsten entschied und den Käufer zur Rückgabe meines Eigentums verurteilte.

Die Gendarmen, die Zollbeamten, Besucher, die sich beschwerten, daß sie in Les Barons mit Gewehrschüssen empfangen worden waren. Nachforschungen. Die alten Wagen, demontiert und in Kisten verpackt, waren als persönlicher Hausrat unter Umgehung der Zollbestimmungen eingeführt worden. Les Barons hatte eine geheime Montagewerkstatt für Oldtimer werden sollen, die zweifellos schwarz, unter der Hand verkauft worden wären.

Die Richter und die Anwälte sagten mir: »Noch nie, Monsieur

Gray, sind wir mit einer so unglaublichen Geschichte befaßt gewesen.«

Virginia versuchte mir Mut zu machen: »Du wirst Les Barons wiederbekommen. Du wolltest dich in Wirklichkeit gar nicht von ihm trennen, nun kommt es von selbst zurück. Ist das nicht wie ein Wunder?«

Ich wollte das Grundstück nicht betreten, solange die vom Gericht bestellten Experten es nicht besichtigt hatten. Und ich hatte das Gefühl, daß der Sturm noch nicht vorüber war, daß noch eine letzte heftige Sturmböe zu überstehen war, bevor Virginia und ich endlich in den ruhigen Hafen einlaufen konnten. Ich sehnte mich nach dieser Ruhe, aber ich kannte mein Leben zu gut, um nicht eine gewisse Unruhe zu behalten. Sie war wie dieses harte, dornige Unkraut, das man nicht ausreißen kann.

Nun, mein Eindruck war richtig. Zeichen kündigten mir an, daß der Sturm wieder auflebte.

Als ich durch die Hauptstraße von Cannes ging, sah ich, wie drei junge Burschen über einen alten Mann herfielen, ihn herumstießen und ins Gesicht schlugen. Der Mann stürzte, aus seinem Mund lief Blut. Die Burschen rannten weiter, wobei sie grundlos Passanten anrempelten und schlugen.

Ich lief hinter ihnen her, konnte aber, da meine Arme mit Paketen beladen waren, allein nichts ausrichten. Dutzende Passanten sahen untätig zu, ich forderte mehrere auf, mir zu helfen, die Burschen festzuhalten. Ich kam an einem Paar vorbei. Sie eine schöne junge Frau, er ein kräftiger Mann. Ich rief ihm zu: »Kommen Sie mit mir, Sie sehen doch, was da los ist.«

Er setzte seinen Spaziergang unbeirrt fort. Ich schrie ihn an: »Schämen Sie sich nicht vor Ihrer Frau, ein solcher Feigling zu sein?«

Beide wandten sich ab, gingen rasch weiter.

Die jungen Burschen setzten ihr Treiben fort, es war wie in einem schlechten Krimi, wo die Zeugen eines Gewaltverbrechens unbeteiligt zuschauen.

Ich hielt nach einer Polizeistreife Ausschau. Leider sind sie in Cannes ziemlich selten. In der Menge verlor ich die Burschen aus den Augen.

Ich ging zum nächsten Polizeirevier. Aber man erklärte mir, da ich kein Geschädigter sei, könne meine Klage nicht angenommen werden. Kein einziger Betroffener meldete sich bei der Polizei.

Die ganze Nacht lag ich wach. Die Gewißheit, daß solche Szenen die Symptome einer tödlichen Krankheit unserer Gesellschaft waren, bereitete mir Übelkeit.

Ich mußte an das Getto denken, an alle die, welche ihre Augen abwandten, wenn man ihre Nachbarn ins Konzentrationslager deportierte, diese Bewohner der arischen Stadt, die teilnahmslos der Vernichtung des Gettos, der Ermordung der Juden zusahen. Und einige Monate später war es dieses katholische Warschau selbst, das man in ein Trümmerfeld verwandelte. Und ich hatte auch in den Straßen der amerikanischen Städte die Gleichgültigkeit gegenüber der Gewalttätigkeit erlebt.

Jeder für sich, das war das Gesetz der Menschheit geworden.

Ich klagte die Burschen nicht deshalb an, weil sie jung waren. Es gab Barbaren in allen Generationen, und ein junger Mann wie Robert war mehr wert als diese Erwachsenen, die sich in den Straßen von Cannes geweigert hatten, mir zu helfen. In der Tat, zwischen dem Aggressor und dem, der die Aggression zuläßt, ohne einzugreifen, gibt es eine faktische Komplizenschaft, die man aus denselben Gründen ahnden müßte wie den Gewaltakt selbst.

Ekel. Und vielleicht auch die Angst um mein Kind, das in eine Welt geboren werden sollte, die dem Dschungel glich.

Ich hatte früher einmal einen Film gesehen, der mich sehr beeindruckt hatte: *Asphalt Jungle* (»Asphaltdschungel«) von John Huston. Der Dschungel drang vor. Zuerst überwucherte er die Straßen der Vorstädte, dann griff er auf die Stadt selbst über. Er verbreitete Angst und Schrecken. Und jeder Bewohner der Stadt fühlte sich allein. Jeder versuchte, sich selbst zu retten, sollen die anderen krepieren.

Übelkeit, ja Ekel vor diesem stupiden Egoismus, denn jeder untätig zuschauende Zeuge konnte morgen selbst ein Opfer sein.

In unserem kleinen Haus im Tanneron setzte sich Virginia zu mir. Sie nahm meine Hand, legte sie auf ihren Leib und sagte leise: »Es bewegt sich.«

Alle diese schrecklichen Gefahren, die uns bedrohten, machten mir angst, ich muß es zugeben, für die Zukunft dieses Menschenkindes, das bald zur Welt kommen sollte.

Ich ließ meine Hand auf Virginias Leib ruhen. Ich versuchte mir vorzustellen, mit welchen Mitteln man erreichen könnte, daß wir in den kommenden Jahren, in diesem letzten Viertel des 20. Jahrhunderts, nach anderen Prinzipien lebten als Raubtiere, die sich gegenseitig belauern und hetzen. Wie man das Recht des Stärkeren durch ein Recht der Menschlichkeit ersetzen könnte.

Eine alte Utopie, ich weiß, aber wie könnten wir ohne sie leben?

Wie können wir akzeptieren, daß Gewalt, Ungerechtigkeit, Ungleichheit regieren?

Und zweifellos hing alles zusammen. Eine Krankheit ist immer das Zeichen einer ernsten Störung des ganzen Organismus. Wenn man nur die Symptome kuriert, heilt man nicht. Eine andere Krankheit entsteht, unerwartet und unerklärlich.

»Du tust, was du kannst«, murmelte Virginia. »Du hast getan, was dir möglich war.«

Ich drückte sie an mich. Sie war die Trägerin des neuen Lebens. Stark und zugleich zerbrechlich. Der Wind wehte so kräftig, der Sturm hatte sich noch nicht gelegt. Ich spürte es.

Endlich wurde das Haus meines Lebens, Les Barons, geräumt.

Endlich führten die Experten ihre Untersuchungen durch.

Endlich konnten wir das Haus betreten.

Die Freude, als wir das Tor öffneten!

Eine Freude, die rasch zerbrach.

Eine Räuberbande schien in dem Haus und auf dem Grundstück ihr Unwesen getrieben zu haben. Von den Bäumen standen nur noch die nackten Stämme, der Rasen war verwildert, von Disteln überwuchert. Haufen von Unrat und Schutt, Heizkörper und verrostetes Metall lagen überall herum. Sie hatten elektrische Leitungen herausgerissen, Möbel mitgenommen, Fenster und Glastüren zerbrochen, die Küchenmöbel zerschlagen – mein Haus war vergewaltigt, tödlich verletzt worden.

Die Barbaren hatten nichts verschont, es schien, als ob sie sich an mir hatten rächen wollen. Als ob sie durch ihre Zerstörungswut hätten sagen wollen: Wir haben nicht gewonnen, aber du wirst für immer die Narben behalten. Sie hatten die Wände eingeschlagen, die Kacheln herausgerissen, die Wandteppiche mitgenommen.

Ich ging durch mein ausgeplündertes Haus. Sie hatten auf nichts Rücksicht genommen, nicht einmal auf die Dinge, die mir kostbar waren, weil sie mich an Dina und die Kinder erinnerten.

Ich litt darunter, das alles zu sehen, als wären diese Wunden mir selbst zugefügt worden.

Nie, niemals mehr würde ich mich von Les Barons trennen. Das gelobte ich mir, als ich im großen Kaminzimmer stand. Sie hatten die Kunstgegenstände, die Teppiche fortgeschleppt. In einer Ecke dieses Wohnzimmers hatten sie Spülbecken installiert, die sie in der Küche abmontiert hatten. Kautschukrohre liefen durch das Zimmer.

»Hier ist jetzt unser Zuhause«, sagte Virginia. »Ich wußte, daß es hier war, aber du hattest anders entschieden. Und vielleicht mußte das alles geschehen, damit wir begreifen, daß wir hier leben, daß unsere Kinder hier aufwachsen sollen.«

Das würde seine Zeit brauchen. Der Sturmwind ließ die Bäume um das Haus erzittern, er drückte die Mimosen zu Boden, er pfiff durch das verletzte Haus und ließ die Türen schlagen. Ich wollte auch nicht, daß Virginia kurz vor der Entbindung das Bauernhaus verließ, das mehr Komfort bot als das verwüstete Les Barons.

Aber jeden Tag gingen wir zu unserem Zuhause, dem Mittelpunkt unseres Lebens, hinüber. Wir gingen langsam auf der Straße, und manchmal fuhren wir auch, wie an diesem Tag, mit dem Wagen. Wir parkten ihn vor dem Haus.

Und plötzlich sah Virginia sie. Zwei Gestalten, die von Les Barons fortrannten. Sie hatten uns wohl kommen sehen. Ich setzte ihnen nach. Ich wollte, daß Virginia im Wagen blieb, aber sie folgte mir. Die Männer liefen zur Rückseite des Hauses, sprangen in einen mit Kisten beladenen Lieferwagen und fuhren los. Offenbar hatten sie noch einen letzten Raubzug unternommen. Ich lief hinter dem Wagen her, ich erkannte einen der Männer, einen Sohn des Käufers. In ihrer Eile streiften sie mit dem Wagen einen der Torpfeiler. Ich riß die Wagentür auf, ich schrie; die Wut auf diese Kerle, die mein Haus geplündert hatten, ließ meine Stimme überschnappen: »Halt, bleiben Sie stehen, ich rufe die Polizei.«

Sie sprangen aus dem Lieferwagen und flüchteten ins Gebüsch. Der Kampfinstinkt funktionierte bei mir rascher als der Verstand. Ich ließ die Luft aus den Reifen des Wagens ab. Virginia half mir. Ich rief, sie würden nicht weit kommen, ich würde die Polizei rufen. Virginia stellte sich mitten auf die Straße und hielt einen Wagen an, er brachte uns zu unserem Haus, von wo ich die Polizei anrief. Dann fuhren wir zurück. Ich entfernte mich etwas von dem Lieferwagen, und plötzlich hörte ich Virginia schreien. Ich sah sie im Handgemenge mit den beiden Männern, sie wehrte sich heftig, schlug um sich, ich lief auf sie zu, ich brüllte, und dann fiel Virginia zu Boden, die Männer liefen weg.

Ein schwarzer Schleier vor meinen Augen. Der Sturm tobte, das Schicksal hatte mich wieder eingeholt. Es ließ mich noch nicht aus seinen Fängen.

Allmählich verschwand der Schleier. Die Polizei traf ein. Virginia stand auf. Sie hielt sich den Kopf, den Leib, sie sagte lächelnd: »Es ist nichts, alles in Ordnung.«

Ich schaute sie an. Sie war tapfer, sie war mein Leben. Sie kam zu mir. »Du siehst, wenn ich bei dir gewesen wäre, drüben, in der Vergangenheit, ich hätte mich gut geschlagen.«

Ich preßte sie an mich. Ich wollte nicht, daß sie sich schlug, ich wollte, daß sie lebte und daß sie das Leben gab.

Heute erinnern Virginia und ich uns manchmal an diese häßlichen Ereignisse in den letzten Tagen vor Barbaras Geburt. Ich frage mich dann, ob es sich nicht um eine Prüfung handelte, der man uns unterwarf. Wer? Was?

Sicher träume ich. Meine Phantasie verdrängt gern den nüchternen Verstand. Aber diese gewalttätige Szene, Virginia, die geschlagen wurde, als sie so kurz vor der Entbindung stand, das Haus meines Lebens, zurückgewonnen, doch ausgeplündert, alles das schien mir hinter der vordergründigen Bedeutung einen tieferen Sinn zu verbergen. Vordergründig ein unbedeutender Vorfall, wie man sie zu Dutzenden täglich unter »Vermischte Nachrichten« in den Zeitungen liest. Dahinter ein anderer, geheimer Sinn, verborgen hinter der Maske dieses unbedeutenden Vorfalls. Ein symbolischer Sinn, den man vielleicht entschlüsseln kann. Eine letzte Prüfung? Ein letzter Sturm vor der friedlichen Ruhe?

Jedenfalls weiß ich, daß Virginia unbedingt sofort nach Les Barons zurückkehren, in diesem Haus leben wollte. Ausgeraubt und beschädigt wie es war. Daß sie glaubte, dort müsse sie das Einsetzen der Wehen erwarten, das Gelingen der Geburt hänge davon ab. Sie war so fest davon überzeugt, daß wir uns behelfsmäßig in Les Barons einrichteten. Und in der ersten Nacht, die wir dort schliefen, faßte sie meine Hand, drückte sie und flüsterte: »Ich spüre, daß es kommt.«

Es war in der ersten Nacht im Haus meines, unseres Lebens, daß Virginia das drängende Stoßen des neuen Lebens spürte, das sie seit neun Monaten trug.

Wir fuhren also von Les Barons zur Klinik hinunter. Und Barbara kam. Und sie lächelte, als sie auf den Leib ihrer Mutter gelegt worden war.

Frieden? Endlich Frieden?

Ich habe von dieser Nacht berichtet, als ich allein in den Tanneron zurückfuhr. Ich mußte mein neues Leben mit meiner Vergangenheit konfrontieren.

Und deshalb habe ich über diese sieben Jahre geschrieben. Auch um mir die Gewißheit zu verschaffen, daß der Sturm sich endgültig gelegt hatte.

Als mich einige Tage nach Barbaras Geburt der Arzt rufen ließ und mir mitteilte, daß Virginias linkes Auge verletzt sei, wahrscheinlich ein Riß in der Netzhaut, verursacht durch einen Stoß bei dem Überfall in Les Barons, da hatte ich von neuem das Gefühl, daß der Sturm losbrach. Aber nein, man mußte eine hohe Mauer gegen die vom Verstand nicht beherrschbare Unruhe und Angst errichten.

Und das konnte nur gelingen, wenn wir dem Leben vertrauten.

Es gibt in den Ländern, wo oft ein starker Wind weht, hohe Mauern von Bäumen. Sie laufen quer durchs Land, die Bäume stehen dicht beisammen wie Brüder.

Der Wind beugt sie, aber er entwurzelt sie nicht.

An diese Bäume der windreichen Länder, an diese Bäume, die dem Sturm widerstehen, will ich denken.

Und ich möchte, daß wir beide für Barbara diese Bäume sind.

Für Barbara

Wie sehr, meine Tochter,
Barbara,
meine so eigensinnige und so sanftmütige Tochter –
wie sehr hätte ich gewünscht,
dir eine friedliche Welt bieten zu können.

Die Welt, in die du kommst, hat noch zu viel Ähnlichkeit mit der,
  in welcher ich aufgewachsen bin.
Du wirst sie entdecken, wenn du mit den Fingern
  diesen Narben folgst, meinen Büchern.
Um deinetwillen freue ich mich, daß es sie gibt.
Sie werden, was immer mir geschehen mag,
  ein wenig von meinem Leben
  für dich bewahren.

Ich möchte, daß du nicht die Augen verschließt
  vor all dieser Gewalt, Ungerechtigkeit und
  Grausamkeit, deren der Mensch fähig ist.
Manchmal verbirgt sich hinter der Maske des
  Menschen ein gefährliches Raubtier.
Halte die Augen auf, aber fürchte dich nicht.
Der Gefahr ins Auge zu sehen,
  das ist die Voraussetzung mutigen Handelns.
Ich möchte, daß du das beherzigst
  und immer auf der Seite der Menschen stehst.
Sie sind oft schwach.
Sie sind oft geschlagen.
Sie sind oft verzweifelt.
Du sprichst zu ihnen, und sie hören dich nicht.
Du erklärst ihnen, was Wahrheit ist,

und sie verstehen dich nicht.
Sie marschieren in Reih und Glied, ihre Stiefel
stampfen im Takt, sie brüllen auf Kommando,
sie tun alles, was die Raubtiere mit dem
Menschengesicht ihnen befehlen.
Sie werden dich enttäuschen.
Sie werden manchmal feige sein, aber ein
Augenblick wird genügen, damit du in
einem ihrer Blicke entdeckst,
daß sie Menschen sind.
Sei mit ihnen.
Oft wirst du glauben, daß sie dich
im Stich lassen.
Die anderen haben alle Macht und allen Ruhm.
Auch du wirst verzweifeln.
Aber ein Augenblick wird genügen, damit du
in einem ihrer Blicke entdeckst,
daß sie Menschen sind.
Und mit ihnen zu sein, wird dir
Kraft zum Leben geben.

Ich möchte, daß du das beherzigst.

Träume mit ihnen.
Der Traum ist, was sie vom Stein unterscheidet.
Sie glauben, auch wenn sie nicht wissen,
daß sie glauben,
die Zukunft werde für sie oder für die, welche sie lieben,
besser sein.
Das scheint nicht viel zu sein.
Das ist nur ein abgedroschenes Lied.
Aber die es vor sich hinsummen,
sind Menschen.
Und die anderen sind nichts.

Träume mit ihnen.
Ihr Traum verheißt ihnen, daß es für alle
genug Früchte geben wird.

So wie es für dich immer, wenn du schriest,
  Milch gab.
Ihr Traum verheißt ihnen,
  daß es eine Gesellschaft geben wird,
  in der jeder, der unseren Weg kreuzt,
  uns nahe ist wie ein Bruder.
Ihr Traum verheißt ihnen –
  sie selbst, wie verrückt ihre Träume sind –,
  daß der Tod aufhören wird, die von uns
  zu reißen, die wir lieben.

Träume mit ihnen.
Sie sind vernünftig, diese Verrückten.
Du wirst das mit der Zeit verstehen.
Nur der Mensch aus Stein, der Mensch der Materie
  kann glauben, daß die Gegenwart genügt,
  das Leben eines Menschen zu machen.

Die Lebenskraft gibt nur das Morgen.
Denn morgen, das ist der neue Mensch.
Der Mensch, der kommen wird.
Und wenn du nicht darauf setzt,
  daß er besser sein wird,
  wozu dann leben?
Entscheide dich zu glauben.
Es gibt keine sinnlosere Vernunft,
  Barbara.
Kein weiseres Abenteuer.
Und wenn du zweifelst, weil dir eines Tages
  die Mauern die Luft zum Atmen nehmen,
  dann träume noch höher, noch weiter.
Wähle den unmöglichsten der Träume,
  und lasse dich von ihm tragen.

Anhang

Eines Tages brachte mir in Quebec eine Leserin ein Exemplar meines Buches AU NOM DE TOUS LES MIENS (*Der Schrei nach Leben*). Die Seiten des Buches waren zerlesen, der Einband abgestoßen. Aber dieses Buch verläßt mich nie. Mehrere hundert Personen haben dieses Exemplar gelesen, und jeder von ihnen hat seinen Namen hineingeschrieben. Diese Unterschriften sind für mich wie Hände von Freunden, die ich drücke, Gesichter, die mir zulächeln. Wie könnte ich die Freunde vergessen, die die Leiden und die Hoffnungen meines Lebens geteilt haben?

Seit der Veröffentlichung meines ersten Buches haben mir Tausende von Lesern geschrieben. Ich habe lange gezögert, ehe ich mich entschloß, einige dieser Briefe hier wiederzugeben.

Oft haben sie mir die persönlichsten, geheimsten Dinge aus ihrem Leben anvertraut. Wer hätte das Recht, ihr Vertrauen zu verraten?

Aber in diesen Briefen meiner Leser kommt die Kraft, die uns verbindet, die uns Hoffnung gibt, so viel besser zum Ausdruck als in dem, was ich geschrieben habe, daß die Entscheidung gar nicht anders ausfallen konnte.

Es versteht sich von selbst, daß ich die Anonymität der Verfasser dieser Briefe gewahrt habe. Ich bin ihnen dankbar, daß sie mir das Recht und den Mut gaben, weiter zu schreiben, für sie, für die anderen und auch für mich.

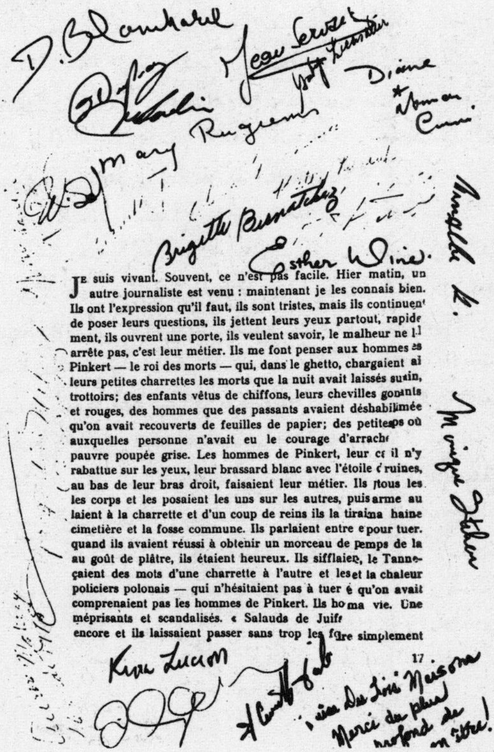
JE suis vivant. Souvent, ce n'est pas facile. Hier matin, un autre journaliste est venu : maintenant je les connais bien. Ils ont l'expression qu'il faut, ils sont tristes, mais ils continuent de poser leurs questions, ils jettent leurs yeux partout, rapidement, ils ouvrent une porte, ils veulent savoir, le malheur ne l' arrête pas, c'est leur métier. Ils me font penser aux hommes de Pinkert — le roi des morts — qui, dans le ghetto, chargaient sur leurs petites charrettes les morts que la nuit avait laissés sur les trottoirs; des enfants vêtus de chiffons, leurs chevilles gonflées et rouges, des hommes que des passants avaient déshabillés, qu'on avait recouverts de feuilles de papier; des petites auxquelles personne n'avait eu le courage d'arracher pauvre poupée grise. Les hommes de Pinkert, leur c rabattue sur les yeux, leur brassard blanc avec l'étoile au bas de leur bras droit, faisaient leur métier. Ils les corps et les posaient les uns sur les autres, puis laient à la charrette et d'un coup de reins ils la tira cimetière et la fosse commune. Ils parlaient entre e quand ils avaient réussi à obtenir un morceau de p au goût de plâtre, ils étaient heureux. Ils sifflaie çaient des mots d'une charrette à l'autre et les policiers polonais — qui n'hésitaient pas à tuer comprenaient pas les hommes de Pinkert. Ils ho méprisants et scandalisés. « Salauds de Juif encore et ils laissaient passer sans trop les f

il n'y … ruines, … tous les … arme au … ma haine … pour tuer. … temps de la … le Tanne … et la chaleur … qu'on avait … ma vie. Une … re simplement

17

Lieber Martin Gray, oder nur „Martin",
ich will nicht lesen, nicht solche Dinge lesen, wie Ihre Bücher; aber ich muß es immer wieder und wieder. Es schafft mich und es tröstet mich; es schafft mich und es hilft mir – alles zugleich! Alle denken, ich sei stets lustig, ich helfe jedem, habe Verständnis!
Aber alleine, niemand kann mir helfen, weiß was ich denke, wie ich lebe, wenn ich mich zurückziehe! Ich schlafe nicht und wann mein Herz! Es gibt niemanden, mit dem ich reden kann, wirklich reden kann; Austausch von Gedanken, nicht nur bla bla! So denke ich, es gibt mit diesem Leben kein Ende. Ich gehe nach Grönland, es nützt nichts, die Gedanken gehen immer mit. Ich vertrage die Lügen nicht, ich will kein bla bla. Manche sagen, ich stellte zu hohe Ansprüche an die Menschen. Ich ecke an, wegen meiner Wahrheit. Ich will nicht mehr kämpfen; ich habe immer gekämpft. Für meinen Sohn hätte ich weiter gekämpft. Aber jetzt, wofür?
Alles geht so dahin.
Wem kann man noch glauben!?

Ich bin 47 Jahre, was habe ich erlebt.
Mit 24 Jahren 3 Söhne, schwer krank, einen
Mann ohne Halt und Charakter. 1969 Trennung,
1971 Scheidung. 18 Jahre älterer Freund. Krank,
gepflegt bis zu seinem Tode. Am 2.8. gestor-
ben, am 10.8.1976 wollten wir heiraten.
Dies war meine schönste Zeit. Mein Mann ist
jetzt schon 3 x verheiratet, immer lanifari!
Mit Sohn zufrieden zusammengelebt.
Er war 20 J. und schon so weise und alt.
Ich konnte ihn alles fragen, er hatte für jeden Zeit.
Er ging mit mir 1 Stunde und dann mit sei-
nen Freunden. Wir gingen in Wiesen und
Wälder, Blätter, Nüsse, Pilze und Beeren su-
chen. Machten ein große Radtouren. Er war
sportlich in vielen Sportarten ganz oben, total fit,
ein schöner Mensch. Abitur, bei der Bundeswehr der
Beste, als Führungskraft vorgesehen; aber nie
laut, immer leise und weise!
Bei der Bundeswehr hängt sein Bild in der
Bücherei. Die Beerdigung war schrecklich, 20°
unter 0, Trompetensolo, Soldaten in Uni-
form hielten Wache und weinten und froren,
die Flagge, seine Kleidung, sein Helm bedeck-
ten den Sarg. Es ist furchtbar, wenn so junge
Freunde weinen. Er hat sich nicht für's Schießen
interessiert, sondern für eine Laufbahn nach
seinem Geschmack!
Das ganze Dorf mochte ihn.

Es ist schlimmer, es ist anders, als wenn mein Freund stürbe, nicht wegen des Aktes. Er hat mich völlig haltlos zurückgelassen. Ich lese, und lese, mache Gedichte. Auch für meinen Sohn. Sein bester Freund hat mir geschrieben. Seine Offiziere haben mir geschrieben, egal wann ich mich melde oder anrufe, auch nach Jahren, sie würden immer wissen, wer ich bin – sie würden nie vergessen. Alle Kameraden – in ganz Deutschland – haben Fotos von ihm zusammengetragen. Er hatte ein gutes, erfolgreiches Leben, aber so kurz. Freunde von mir aus Düsseldorf sagen: „Menschen wie er gehen jung – oder sterben jung!" Aber was bringt es mir? Er ist gegangen: „Tschüß, mach gut, bis nachher, das war's!" Ich muß es akzeptieren, ich kann es aber nicht. Und so sehe ich dies Tag um Tag, Stunde um Stunde! Schlafe so gut wie nicht! Und so lebe ich und so kam alles zusammen. Früher ging es mir finanziell auch gut. Hier ist wenig Hoffnung.

Ich lebe von DM 842,40 – und es macht mir nichts aus. Wir hatten 3 Auto's, ich lebte gut, ein 3-geschossiges Haus, ich lebte mit meinem Freund. Jetzt habe ich manchmal Tage wo ich nichts zu essen und es macht mir nichts aus. Es wird Winter, ich trage die alten Sachen, die zerschlissenen Sachen und es macht mir nichts! Und alle sagen hinter vorgehaltener Hand – früher fiel sie auf, war flott, was die nun jetzt?
Und es macht mir nichts!

Ich mache Gedichte, ich schreibe Gedanken auf, aber es gelingt mir nicht, es oder irgendetwas flüssig und zusammenhängend aufzuschreiben.

Und noch etwas habe ich bis heute nicht geschafft, im 3. Jahr: Dorthin an die Autobahn, an die Brücke zu gehen und hinunterzusehen – 80 m und mehr und zu denken – wie gut es da zu [redacted] paßte, voller Zeit und gründlich, gut und überlegt und endlich! Es ist Zeit sich lösen Beiges 80 m in die Kälte, in die Tiefe zu springen, einsam und allein – und während des Fallens zu wissen, es ist endgültig!

Er hatte alles, Erfolg, Intelligenz, gutes Aussehen, Freunde und doch – er hat gewählt
– er ist gegangen!
Warum?

Daran arbeite ich nun 3 Jahre – es wird mir nie gelingen!

Die Zeit v. 18.12.1984 – 2.1.1985 werde ich nie vergessen, Tag um Tag erlebe ich es! Jede Stunde erlebe ich immer wieder.

Nie wieder wird Weihnachten und Neujahr mehr Ruhe und Sicherheit für mich bedeuten können, werde ich Ruhe finden; heute ertrage ich mich, ich verkrieche mich.

Gerne würde ich mit Ihnen reden.

Auf den folgenden Seiten schreibe ich die Gedichte von mir und die Zeilen seines Freundes.

(Für [redacted] + 30.12.84 (von mir)

Ich bin
verloren gegangen — mit [redacted]
und – Keiner –
merkte es.
Ich ging mich
suchen — in [redacted]
und – Keiner –
merkte es.
Ich rief nach — [redacted]
und nach — mir
und – Keiner –
wollte es.
Wenn's – Keiner –
merkt — [redacted] und viel
wir hätten es gemerkt
so dachte ich
dann wird's nicht
wichtig sein
dann gehe ich
und suche — [redacted]!
Und – Keiner – — wird's merken
– Keiner – — wird uns vermissen
– Keiner – — wird uns suchen!
Und – alle – — werden uns vergessen!
Und sollte, d.h., wenn einer sucht, es wird uns
– Keiner – finden –
denn noch KEINER kam zurück! –5–

Auch noch von mir

Ich schicke Dir all meine guten Gedanken
paß auf
wenn sie ankommen –
und nutze sie!

Es gilt nicht zu sagen:
„Im Moment habe ich keine Lust
für dies und jenes!"...
... der Moment ist vorbei!
Also – fang an, es geht, es muß gehen,
es ging immer weiter...
... seit vielen tausend Jahren!

An meine Freundin zum 30. Geburtstag

Nun – bist Du jetzt schon (erst?) 30 Jahr'
und schau'st zurück –
was da so war –
schau nicht zurück,
schau immer nach vorn'
es kann nur besser kommen
denk daran – und –
du was draus – es wird enorm!

Aufzeichnungen seines Freundes

Er ging fort aus unserer Mitte.
Noch gestern
redeten wir Belangloses,
trafen sich unsere Blicke in der Menge.
Ein Lächeln lang, ein Wort, flüchtig.
Wie immer – während uns Unwissenden
unwiderruflich dieser Augenblick ent-
glitt,
bedeutungslos geworden durch die Gewöhnung!
Doch heute,
da seine Abwesenheit uns schmerzt,
die Spuren seines Menschseins noch lebendig,
drängt sich die bange Frage auf:
Was wußten wir von ihm? Einer von vielen
war er, und doch ein – Besonderer –!
Einer, der lebte, litt und liebte – wie wir
Wir nahmen ihn zur Kenntnis, doch kannten
wir ihn?
Erst morgen – werden wir ihn kennen – vielleicht –
Nicht flüchtig, den Blick getrübt für Wesentliches,
sondern wie Du (ich) von jeher gekannt hast,
so wie Du (ich) vor uns kanntest.
Einer von vielen und dennoch einzigartig,
unvollendet aus unserer Mitte genommen –
doch vollendet in der Mitte – seines Seins –!

Es grüßt Sie und hofft auf eine
Rückkoppelung

Lieber Martin Gray!

Vor wenigen Tagen entdeckte ich in einem Buchladen Ihr zweites Buch "Le livre de la vie". Ich kaufte es mir sofort, denn erst im Januar 1987 hatte ich Ihr Buch "Au nom de tous les miens" gelesen. Ich habe dieses Buch mit tiefer Betroffenheit gelesen, ich habe so sehr mit Ihnen gefühlt, wie ich es fast noch nie zuvor erlebt habe. Es ist wahr, dies Buch ist mit Ihrem Herzen geschrieben worden, denn sonst hätte es nicht eine solche Wirkung. Zuerst aber möchte ich Ihnen schreiben, wer ich bin. Mein Name ist Heike Belz, ich bin 18 Jahre alt und wohne in Frankfurt am Main. Warum ich Ihnen schreibe? Nun, ich habe in "Le livre de la vie" Ihre Adresse entdeckt und wollte Ihnen unbedingt schreiben, wie auch schon tausende vor mir, nicht wahr? Sie schreiben ja, daß dies ein sehr gutes und schönes Gefühl ist. Nämlich das Gefühl, von vielen Menschen verstanden zu werden, ihnen sogar eine Lebenshilfe zu geben und die Ihren in uns weiterleben zu lassen. Ich mache mir viele Gedanken um die deutsche Vergangenheit, las deshalb auch die Autobiografien von Janina David, die ich, falls Sie sie nicht kennen, Ihnen sehr empfehlen würde, lesen sie einmal ihre Bücher ("A Square of Sky"; "A Touch of Earth"; "Light over the Water")

Sie erlebte Ihre Kindheit im Warschauer Ghetto und wurde kurz vor dem Aufstand von ihrem Vater "nach draußen" gebracht. Ihre Eltern sah sie nie wieder. Heute lebt Janina in London. Nach dem Krieg machte sie sich Vorwürfe, ihre Eltern alleine gelassen zu haben. Aber sie war zum Glück so stark wie Sie.
Ihre Bücher, vor allem Ihr erstes, und die drei Bücher jener Janina David sind meine "Kostbarkeiten". Ich habe viel aus ihnen gelernt. Ich schrieb seitenweise Zitate in mein Tagebuch. Und wissen Sie, was ich beim Lesen der Bücher festgestellt habe? Die jüdische Erziehung ist anders als die christliche. Ist es so? Ich hatte das Gefühl, daß Juden sehr viel Wert auf die Liebe legen und sich nicht genieren zu weinen. Das hat mich sehr fasziniert. Es ist doch selten, leider (!), daß Männer Tränen zeigen, ihr volles Herz ausschütten. Ich würde mich sehr freuen, wenn Sie mir darauf eine Antwort geben könnten. Ich weiß nicht, wieviel Deutsch Sie können... wenn Sie wollen können Sie mir auch in französisch oder englisch schreiben. Ich möchte gerne von Ihnen hören (lesen), denn Sie sind mir, obwohl ich "nur" Ihre Bücher las, sehr sehr sympatisch. Sowas ist ja möglich! Was halten Sie von der wunderbaren Verfilmung Ihres Buches? Ich habe, bevor ich mir das Buch kaufte, den Film gesehen, der mich nachts nicht schlafen ließ. Ich war sehr aufgewühlt davon.

Vielen Menschen in Deutschland erging es so wie mir. Sie schrieben ihre Meinung über den Film an Fernsehzeitschriften. Ich möchte Ihnen davon ein paar Ausschnitte aufschreiben, um Ihnen die Reaktionen zu zeigen.

« Kaum vorstellbar, welche Schicksalsschläge ein Mensch verkraften kann, ohne seinen Verstand zu verlieren. In dem dreiteiligen Fernsehfilm zeichnete Robert Enrico die Stationen des Grauens nach, das der polnische Jude Martin Gray erdulden mußte. Zweimal verlor er seine ganze Familie, einmal als Jugendlicher durch die Nazis, später als Familienvater bei einem Waldbrand. Enrico schildert das Unfaßbare, ohne den Zuschauer zu schonen und mit einem atemberaubenden Hauptdarsteller (Jacques Penot). Allerdings stellte man sich auch hier die Frage wie schon beim Film "Holocaust": Ist Treblinka filmisch „nachzustellen"? »

« Der Film ist eine einzige Anklage gegen die Menschheit. In erschreckender Weise wurde gezeigt, zu welcher Brutalität Menschen fähig sind. In ähnlicher Weise werden Millionen von Tieren vernichtet und die Natur zerstört. Was hat der Mensch aus dieser Erde gemacht?

Waren Sie eigentlich bei der Verfilmung Ihres Buches dabei, haben Sie an den Dreharbeiten teilgenommen?

Nun, falls Sie die Bücher von Janina David (noch) nicht kennen, möchte ich Sie darauf neugierig machen, indem ich Ihnen ein paar

Ich hatte daraus aufschreibe:

«Plötzlich durchflutete mich eine ganz unwiderstehliche Welle der Sehnsucht; ich legte meinen Kopf auf's Buch und lauschte mit geballten Fäusten [...] diesem Gefühl, das sich plötzlich zu der Gewißheit verdichtete: Vater ist nahe. [Ihr Vater war in die Armee eingezogen worden.] Er war irgendwo hinter mir und dachte an mich. "Vater, komm bitte zurück, ich weiß, daß du in der Nähe bist, bitte komm zurück, ich kann ohne dich nicht mehr lange leben!» [...]

«"Diesen ganzen Tag hindurch habe ich an dich gedacht. Ich habe deinen Namen gesagt, immer wieder dich gerufen, damit du wüßtest, daß ich hier war." ← (Vater) "Ich weiß", antwortete ich, "ich habe dich gehört!"

(über Warschau:)

«Die ganze Stadt brüllte Mord, aber niemand kam ihr zur Hilfe.»

(Ihr Vater, Marek, bringt sie im Begleitdienst "nach draußen":)

«Einen Augenblick sah ich sein Gesicht über mir – die eingefallenen Augen, in denen die Tränen schimmerten. Ich ertrank noch einmal, und die See füllte meine Brust mit unerträglichem Schmerz.»

(nach dem Krieg sah sie einen Film über ein Konzentrationslager:

«Mit zusammengepreßten Zähnen trat ich hinaus in die kalte Winternacht, Mord im Herzen. Mein letzter Kindertraum war tot, es gab keinen Gott.»

Lieber Martin, ich hoffe, daß Ihnen mein  Brief gefallen hat. Ich hatte das Bedürfnis Ihnen zu schreiben und ich würde mich sehr über eine Antwort freuen. Viele liebe Grüße

Lieber Herr Gray

Vor einem Jahr sah ich die Fernsehserie "Der Schrei nach Leben" in der Ihr Leben verfilmt wurde. Daraufhin habe ich mir Ihr Buch mit dem gleichen Titel besorgt und das hat mich nicht mehr losgelassen. Im Moment lese ich Ihr Buch "Wörterbuch des Lebens" Ich weiß nicht warum, aber der Wunsch, Ihnen zu schreiben ist immer größer geworden. Es ~~ge~~ kann sein, daß dieser Brief ziemlich wirr und durcheinander wird, aber so ähnlich sind meine Gefühle.

Ich ziehe immer wieder Parallelen zwischen ihrem Leben und meinem: Als Sie mit der Roten Armee in Berlin einmarschierten, waren Sie ungefähr im gleichen Alter wie ich. Ich denke immer daran, was hätte ich gemacht? Hätte ich im Getto oder in Treblinka genauso reagiert? Hätte ich überhaupt die Kraft gehabt, solche extremen Situationen durchzustehen? Ich bin von Bekannten schon mit dem Namen Katze bedacht worden, weil ich zäh bin und auch unter Schwierigkeiten durchsetze, was ich erreichen will. Aber es gibt einen großen Unterschied: Ich bin oft noch wie ein Kind in meinem Denken und Fühlen Sie hat man gezwungen, erwachsen zu werden, als Sie noch ein halbes Kind waren. Das ist die zweite Parallele: Mein Vater ist ca. 2 Jahre jünger als Sie, aber auch Ihn hat man mit 16 als halbes Kind noch in den Krieg geschickt. Er könnte einer von den jungen Deutschen sein, die Sie nach dem Krieg verhört haben, und von denen Sie sagen, daß diese Kinder Opfer waren, wie Sie selbst. Da mein Vater zu den Fliegern kam, und diese eine verhältnismäßig „lange" Ausbildung hatten, kam er nicht mehr in direkte Berührung mit dem Gegner und mußte nicht auf Menschen schießen, obwohl er 1½ Jahre bei der Armee war. Ich bin sehr glücklich darüber, und er auch. Und noch eine dritte Parallele gibt es: Ich hoffe, ich tue Ihnen nicht weh, wenn ich sie erwähne. Ich bin 1966 geboren, und die Kinder, die Sie mit Ihrer Frau Dina hatten, könnten meine Geschwister sein. Ich liebe meine Eltern sehr, ich kann mir aber auch vorstellen, Dina und Sie wären meine Eltern. Ich und vor allem meine Eltern können nachfühlen, was es heißt, jemanden, den man liebt zu verlieren. Noch bevor ich geboren wurde starb mein ältester Bruder, und als ich 6 Jahre alt war kam mein jüngster Bruder durch einen Unfall ums leben. Aber ich habe noch einen Bruder und eine Schwester. Ganz allein, wie Sie es waren mußte ich noch niemals sein, und ich bin Gott viel zu selten dafür dankbar. Ich habe mich sehr darüber gefreut, als ich gelesen habe, daß Sie wieder eine Familie haben. Ihre Kinder haben einen Vater, der ihnen Lebenserfahrung vermitteln kann, wie nur wenige. Danke, daß ich durch Ihre Bücher daran teilhaben darf.

Ich habe noch eine Frage: Ich weiß daß Sie an Gott glauben, aber ich möchte genauer wissen wie. Glauben Sie auch an Jesus und an die Auferstehung? Das ist eine sehr pesönliche Frage, und es bleibt bei Ihnen, ob Sie mir antworten wollen.

Ich bin nun am Ende meines Briefes, und das kommt mir wie ein Abschied vor. Es ist als würde ich Sie schon lange kennen. Sagen Sie Ihrer Frau und ihren Kindern viele Grüße. Ich wünschte, ich könnte sie alle näher kennen lernen.

Viele liebe Grüße

Lieber Herr Martin Gray ...
schon sehr lange ist es mein Wunsch mit Ihnen brieflichen Kontakt aufzunehmen. Immer wieder habe ich es verdrängt, da ich denke, daß Sie anderes zu zun haben, als sich mit mir zu beschäftigen.
Und sicherlich ist es auch so.
Seit dem ich im November 1986 den drei-Teiler "Der Schrei nach Leben" gesehen habe, war es mein Wunsch mit Ihnen zu korrespondieren.
So wollte ich Sie auch schon in diesem Sommer besuchen kommen, aber ich habe mich nicht so recht getraut, da ich ja auch nicht angemeldet war und wir uns nicht kennen. Habe in Frankreich wiederholt in Sete-Agde auf einen Campingplatz "La Castella" Urlaub gemacht.
Der Weg zu Ihnen war schon auf meiner Karte vorgezeichnet und auch geplant aber die besagten Gründe hielten mich davon zurück.
Aber dennoch ist in mir immernoch der Wunsch wach, einmal eine persönlich Unterhaltung mit Ihnen zu haben.
Auch ich hätte Ihnen viel zu erzählen, wenn sich die Gelegenheit bieten würde.
Ich möchte Ihre Zeit nicht arg in Anspruch nehmen, deshalb möchte ich an dieser Stelle diesen Brief beenden.
Aber wenn Sie es wünschen, und es Ihnen angenehm ist, daß zwischen Ihnen und mir ein aufrichtiger und auch erbauender Briefwechsel entsteht, dann möchte ich Sie Bitten, lieber Herr Martin Gray, mir doch persönlich Ihren Wunsch mitzuteilen, und mir zu schreiben.
Werde mich im nächsten Brief - Ihnen vorstellen.

Schon sehr auf Post von Ihnen wartend,
verbleibe ich mit freundlichen Grüßen,
und bedanke mich bei ~~Ihn~~en für Ihre Mühe ...

Ich bin 19 Jahre alt, zur Zeit besuche ich noch ein Gymnasium. Je ne sais pas si vous ~~me~~ comprenez ma langue, mais si vous ne comprenez pas, écrivez moi s'il vous plaît. Puis je essayerai d'écrire en français ou en anglais. D'abord je vous écrirai en allemand. J'espère que vous ~~le~~ comprendrez ma lettre.

Ich habe vor etwa 2 Monaten im Fernsehen Ihre Lebensgeschichte angesehen. (Titel: Der Schrei nach Leben) Ich war mehr als nur beeindruckt. Ich habe mir schließlich alle Ihre 4 Bücher gekauft und gelesen. (Wörterbuch des Lebens habe ich noch nicht beendet) Seitdem wurde meine Bewunderung für Sie nur noch größer und ich wünschte mir, ich könnte mit Ihnen einen Briefwechsel beginnen, denn ich habe 1000 Fragen an Sie. Auch würde ich gerne einmal von mir erzählen, da ich außer meinem Vater niemandem erzählen kann, was mich beschäftigt. Jedoch mit meinem Vater verstehe ich mich nicht gut.

Andererseits, wenn ich Sie wäre, würde ich mich fragen, wie kommt dieser junge Mann eigentlich dazu, mich so einfach zu belästigen? Aus diesem Grund habe ich diesen Brief geschrieben. Ich wollte Sie ganz einfach einmal fragen, was Sie von einem Briefwechsel halten. Wenn Ihnen dies unangenehm ist, so schreiben Sie es mir bitte ganz ehrlich, ich wäre Ihnen deshalb nicht böse. Ich könnte dies sogar sehr gut verstehen. Ich hoffe auf eine baldige Antwort von Ihnen. Vielen Dank

Mit freundlichen Grüßen

Hallo Martin,

es tut mir leid, daß ich Sie mit
Ihrem Vornamen anrede, doch
durch Ihr Buch. Der Schrei
nach Leben fühle ich mich so
mit Ihnen verbunden, da konnte
ich gar nicht anders. Ich danke
Ihnen sehr, daß Sie dieses
Buch auch in die deutsche Sprach
haben ~~[illegible]~~ übersetzen lassen,
es hat mich tief getroffen.
Nachdem bei uns der Film
gesendet wurde, habe ich mir
sofort das Buch gekauft und
habe es seit Dezember schon
fünfmal gelesen. Ich glaube
schon, daß ich verstehen kann,
was Sie durchgemacht haben
und was es für Sie be-
deutet, Jude zu sein. Ich
finde es ganz furchtbar,
wenn man Menschen nach
ihrer Herkunft oder Ihrer
Rasse beurteilt, ohne ihren

Charakter zu kennen.
Ich bin zwar erst 18 Jahre alt und habe mit der deutschen Vergangenheit direkt nichts mehr zu tun, aber ich fühle mich trotzdem für die Vergangenheit verantwortlich. Ich kenne zwar nicht viele Jugendliche in meinem Alter, die so intensiv über alles nachdenken, aber die meisten meiner Freunde denken so wie ich.
Ich könnte Ihnen noch so viel schreiben, aber warscheinlich werfen Sie meinen Brief sofort in den Papierkorb.
Wenn Sie mir doch schreiben, worüber ich mich sehr freuen würde, hier ist meine Adresse:

Lieber Martin Grey,

ich hoffe, daß Sie mein Brief erreicht.

Ich habe den Film „Schrei nach Leben" gesehen und muß Ihnen unbedingt schreiben.
Der Film beeindruckte mich sehr tief, weil ich nicht fassen konnte, daß ein Mensch mit so viel Leid fertig werden kann. Ich kann es einfach nicht begreifen. Immer wieder sehe ich die schrecklichen Szenen vor mir, die schrecklichen Enttäuschungen, die Sie erlebt haben.
Wie ist es möglich, all' dies zu überwinden?
Ich selbst habe sehr große innere Schmerzen, vor allem, seitdem vor ca. 2 Jahren meine Verlobung in die Brüche ging. Es ist doch furchtbar, einen geliebten Menschen zu verlieren. Er ist doch nicht mehr da, selbst wenn Sie in Ihrem Buch: „Wie ein Baum..." schreiben, daß alles in der Erinnerung bleibt. In Wirklichkeit ist doch alles weg. Die Zeit ist vorbei, der geliebte Mensch ist weg, alles ist anders.
Ich kann nicht von der Erinnerung leben!
Mein Herz ist so zerstört. Jedesmal, wenn ich Menschenschicksale, wie z.B. Ihres, sehe, dann muß ich weinen und kann nicht mehr aufhören. Ist das Leben nicht unendlich grausam?

Ich möchte so gerne glücklich sein, aber es scheint mir im leben nicht möglich.
Ich kenne Jesus, und ich weiß, daß ER die Erfüllung ist und Menschen froh macht.
Aber in meinem Herzen ist ein riesengroßes schmerzendes Loch.
Das ganze Leid, Grausame, Elend .... wo kommt es her ??! WARUM kann dies alles passieren?
Warum kann eine Liebe durch Tod oder Entzweiung enden? Das alles ist so furchtbar!
Ich leide so am Leben.
Bitte geben Sie mir einen Rat.
Wie wurden Sie mit dem inneren Schmerz fertig, als Sie Ihre Familie verloren? Ich kann es nicht fassen, daß Sie darüber Frieden bekommen haben.
Wie ist das möglich?
Ich bitte Sie, mir zu antworten ... und warte auf Ihren Rat.

Verehrter Herr Gray

Vor einiger Zeit habe ich Ihr Buch gelesen und ich war sehr beeindruckt. Sie sind zu bewundern. Ich bin 16 Jahre alt und habe im Moment ein großes Problem, das ich Ihnen anvertrauen möchte. Vor 4 Wochen habe ich einen jungen Mann von 29 Jahren kennengelernt, der mir mittlerweile sehr ans Herz gewachsen ist. Wir haben uns mittlerweile ineinander verliebt und waren mehrere Male zusammen. Er ist wirklich ein wunderbarer Mensch, den ich um nichts in der Welt wieder missen möchte. Er ist verheiratet, aber seine Ehe scheiterte und seine Frau ist ausgezogen. Ich war wirklich noch nie in meinem Leben so glücklich. Das mag jetzt alles unwahrscheinlich poetisch klingen und Sie denken wahrscheinlich, daß sich eine 16-jährige noch nicht mit solchen Problemen befassen sollte. Aber ich bin schon ziemlich reif für mein Alter und möchte mit ihm

zusammenbleiben. Das Problem ist, daß meine Eltern mir Ausgangssperre und Telefonverbot gegeben haben, als ich ihnen erzählte, was zwischen Bernd und mir läuft. Ich wollte, daß sie (= meine Eltern) es wissen und ich sie nicht hintergehe, wenn ich mit Bernd weggehen möchte.

Es war entsetzlich, was sie mir alles an den Kopf warfen. Ist es denn eine Sünde, wenn man einen Menschen liebt und sich bei ihm geborgen fühlt? Ich weiß einfach keinen Ausweg mehr. Ohne Bernd sehe ich keinen Sinn mehr in meinem Leben. Wie kann ich meinen Eltern das denn beibringen? Glauben Sie, daß ~~meine~~ eine Eltern es zulassen werden, wenn ich älter ~~wä~~ bin?
Ich seh meine letzte Chance darin, Ihnen von meinem Problem zu erzählen. Bitte schreiben Sie mir zurück, ich brauche Hilfe.

P.S. Bitte schreiben Sie keinen Absender auf den Briefumschlag, ~~da~~ da meine Eltern sonst sofort wissen, was los ist.
Bitte schreiben Sie mir!

Die Dina-Gray-Stiftung

Für den Schutz des Menschen einzutreten, sollte Ziel und Zweck eines jeden von uns sein.

Dem Schutz des Menschen hat sich die Dina-Gray-Stiftung verschrieben, die von Martin Gray im Gedenken an seine Frau Dina und seine vier Kinder gegründet worden ist.

Für den Schutz des Menschen einzutreten heißt aber auch, die Umwelt des Menschen zu schützen, also alle Formen von Leben, mögen sie uns auch noch so einfach erscheinen: schon das pflanzliche Leben in allen seinen Formen gehört dazu.

Die Welt ist ein großer Zusammenhang. Wer die Natur zerstört, der bringt damit das Leben der Menschen in Gefahr.

Es sollte die vornehmste Aufgabe von uns allen sein, den Menschen in und mit seiner lebendigen Umwelt zu schützen. Das erfordert unsere Aufmerksamkeit, Wachsamkeit, unsere Solidarität. Entsprechende Aktionen bedürfen der Organisation. Zusammen mit anderen Personen und Gruppen hat die Dina-Gray-Stiftung sich zum Ziel gesetzt, gemeinsames Handeln anzuregen und zu organisieren.

Dazu bedarf es nicht unbeträchtlicher finanzieller Mittel. Die Dina-Gray-Stiftung lebt von den Einkünften aus dem Verkauf der Bücher von Martin Gray. Die Gesamtauflage dieser in achtzehn Sprachen übersetzten Bücher ist sehr hoch; die daraus fließenden Einkünfte sind nicht gering. Trotzdem reichen sie noch nicht aus. Deshalb appelliert Martin Gray an alle seine Leser, zu einer noch größeren Verbreitung beizutragen und sein Werk auch direkt zu unterstützen. Wer das tun möchte, ist eingeladen, der Dina-Gray-Stiftung beizutreten.

Bitte wenden Sie sich schriftlich an:
Fondation DINA GRAY
Domaine »Les Barons«
F-83141 Tanneron
Frankreich

Ein Wort zum Schluß

Dieses Buch habe ich geschrieben, um das Leben zu verstehen, mein Leben; und ich habe es für Sie geschrieben, weil ich versuchen wollte, etwas Nützliches zu tun.

Wenn das Buch, wie ich hoffe, Ihnen helfen konnte, wenigstens im Ansatz Antworten auf die Fragen zu finden, die sich jeder Mensch stellt, dann bitte ich Sie – aber das haben Sie sicherlich schon begriffen –, diejenigen damit bekannt zu machen, die wie ich und Sie nach einer Stimme der Freundschaft verlangen, die sich an sie wendet.

Wenn Sie mögen, schreiben Sie mir! Meine Adresse:
Martin Gray
F-83141 Tanneron
Frankreich

Es würde mich freuen, mit Ihnen den offenen Dialog fortzusetzen, der mit meinem ersten Buch begann und mit dem vorliegenden Band weitergeht.

Martin Gray